SICHUAN UNIVERSITY
LAW REVIEW

四川大學
法律评论

第21卷

主　办
四川大学法学院

主　编
刘昕杰

执行主编
邹　奕

法律出版社
LAW PRESS·CHINA
北京

图书在版编目（CIP）数据

四川大学法律评论. 第21卷 / 刘昕杰主编. -- 北京：法律出版社, 2024. -- ISBN 978-7-5197-9243-5

Ⅰ. D90-53

中国国家版本馆CIP数据核字第2024QL6683号

四川大学法律评论
（第21卷）
SICHUAN DAXUE FALÜ PINGLUN
（DI-21 JUAN）

刘昕杰 主编

责任编辑 陈 慧
装帧设计 汪奇峰

出版发行 法律出版社
编辑统筹 法律教育出版分社
责任校对 晁明慧
责任印制 刘晓伟
经　　销 新华书店

开本 710毫米×1000毫米 1/16
印张 23　**字数** 370千
版本 2024年6月第1版
印次 2024年6月第1次印刷
印刷 北京新生代彩印制版有限公司

地址:北京市丰台区莲花池西里7号(100073)
网址:www.lawpress.com.cn
投稿邮箱:info@lawpress.com.cn
举报盗版邮箱:jbwq@lawpress.com.cn

销售电话:010-83938349
客服电话:010-83938350
咨询电话:010-63939796

书号:ISBN 978-7-5197-9243-5
定价:52.00元

凡购买本社图书,如有印装错误,我社负责退换。电话:010-83938349

四川大學法学院
SICHUAN UNIVERSITY LAW SCHOOL

主　　办

四川大学法学院

四川大學法学院
SICHUAN UNIVERSITY LAW SCHOOL

编 辑 部

卷首语

时下，学术圈的“内卷化”趋势越发明显。许多青年学人面临“不发表就出局”的困境，而许多理论刊物则面临争取优质稿源以及提高引证率的困难。有鉴于此，本书若要在一众法学期刊、集刊中办出较高的水准和鲜明的特色绝非易事。毫无疑问，本书应该继续向国内外优秀的法学出版物看齐，尤其是应该向核心法学集刊学习。坦诚地说，在很多方面，本书与这些优秀法学出版物仍有一定差距。

2022 年 12 月，本书编辑部面向四川大学法学院全体在读研究生、本科生进行了招新，最终将 13 名博士、硕士研究生录用为编辑，将 6 名本科生录用为助理编辑。同时，本书聘请四川大学法学院冯帅副教授、张洪亮助理研究员、严若冰博士研究生担任副主编。

本书编辑部的所有成员均系兼职编辑人员，他们原本已有繁重的学习或者教学、科研工作。考虑到实际情况，第 21 卷的编辑工作在一定程度上简化了程序，但依然采用了三审制，谢绝了“人情稿”“关系稿”。在征稿期间，本书共收到投稿文章近 200 篇。经过三审，19 篇投稿论文被最终录用。第 21 卷设置了两个栏目：“主题论文：行政法治”和“论文”。前者为专栏，主要采用了第二届明远公法论坛暨“数字时代的行政执法与审判”主题研讨会的部分参会论文。

本书建议一稿专投，反对一稿多发，亦不赞赏试探性投稿（缺乏明确的发表意向）和轰炸式投稿（一次性投递三篇以上的文章）。2023 年 10 月 5 日以前的投稿，若未被本书第 21 卷采用，原则上均视为退稿，恕不通过投稿电子邮箱回复，感谢各位作者（译者）的关注和支持！另外，2023 年 7 月 11 日以后的投稿，还有可能被第 22 卷采用。特此告知。

自第 21 卷起，本书决定不再发表内稿，即不再发表由编辑部任何现任成员独作、合作的任何文章。本书还将进一步提升审稿效率、缩短审稿周期。本书编辑部正在考虑委派一名副主编以及若干名编辑进行每月一次或者两次的收稿工作，保证及时回复作者（译者）的投稿以及相关问题。

文章千古事，得失寸心知。向作者致敬，与编者共勉，请读者指正。

邹　奕

2023 年 12 月 15 日

目　　录

主题论文：行政法治

徐　卓　行政审批告知承诺的行政协议属性及实现路径　3

王　昶　赵　谦　食品安全标准规范的二元构造论　20

芦一峰　论行政协议格式条款的性质及其规制　40

何佳佳　在线行政许可证明责任分配研究　58

陈禹竹　吕康宁　言论自由保护视野下的社交平台审查：模式、困境与重构　77

卓裕春　执业壁垒：欠发达地区律师数量与收入关系的重要影响因素　90

周　冰　重访惩罚性赔偿可保性之争　106
——兼议“故意致损不可保”规则的适用

王小源　最高人民法院司法解释的法理困境与出路探析　127

韩若凡　数字法治政府的基本图景与建设路径　153

喻涛滔　行政处罚决定公开的内在逻辑与制度建构　176

张亚兰　跨省共设经济功能区管委会行政职权的合法性审视　202
——以川渝高竹新区管委会为例

论　文

才让拉毛　夏道草　我国涉藏地区智慧司法建设的现实困境及接纳空间　219

袁　嘉　王宇轩　论市场混淆行为认定中的要件联动理论　233

贡保华旦　刑法变通权的融贯性解释　251

马凯旋　我国知识产权犯罪刑事自诉的实践检视与理论展开　269

张　洋　刑事附带民事公益诉讼审判程序体系论　286

何定洁　陈　娟　公平责任一般条款限定适用论　309
——以《民法典》第 1186 条为分析对象

李双君　学生管理法治化视域下大学生法治意识提升路径　323

陈永嘉　二倍工资规则结构性问题实证研究　337

主题论文:行政法治

行政审批告知承诺的行政协议属性及实现路径*

徐　卓**

摘　要:行政审批告知承诺是优化行政审批程序、提高行政效率、强化事中事后监管的重要手段。通过对其立法现状及适用流程进行分析,当下行政审批告知承诺制度存在缺乏《行政许可法》支持、对告知承诺性质界定混乱、忽视公共利益和第三人利益、实现事中事后监管乏力等问题。引入行政过程论视角,通过静态和动态两个标准证立行政审批告知承诺行政协议的法律属性,激发其明确申请人与行政机关之间的权利与责任、明确行为程序、明确法律后果、明晰救济途径等优势。在此基础上完善《行政许可法》关于行政许可设定条款,强调以主体要素、目的要素、内容要素为主要因素构建《告知承诺协议》。

关键词:行政审批　告知承诺　行政协议　法律属性

一、引言

国务院办公厅《关于全面推行证明事项和涉企经营许可事项告知承诺制的指导意见》(国办发〔2020〕42号)(以下简称《告知承诺指导意见》)明确表示为持续开展"减证便民"行动,深化"证照分离"改革,全面推行告知承诺制,并对告知承诺制的发展提出新的要求。在2015年之后,国务院决

---

* 本文系国家社会科学基金西部项目"在线行政行为证据规则研究"(21XFX004)的研究成果。

** 徐卓,四川大学法学院宪法学与行政法学专业2021级博士研究生。

定在上海市浦东新区等地区,对涉企经营许可中的部分事项实行告知承诺制试点,并逐步向全国进行经验复制推广。告知承诺制在提升政府审批效能、服务型政府转型等"放管服"领域中发挥着重要作用。目前,从行政执法实践上来看,告知承诺制度广泛适用及推广于行政管理的各个领域,早已不局限于传统的行政许可领域。[1] 随着实践的发展,目前学术界对告知承诺制的研究主要集中在现实困境与规制创新,侧重于对流程的改造。不可否认的是,理论界对告知承诺的现实发展与未来规划的研究是告知承诺制度永葆生机的重要机理,但对于告知承诺法律属性的探讨却莫衷一是。行政审批告知承诺制被推出并大量采用,面临申请人承诺不实及行政机关不履行承诺,以及如何救济等问题,均需要明确行政审批告知承诺的法律属性。

告知承诺法律属性不明,将极大影响其对行政许可流程改造的作用发挥,有必要在厘清告知承诺法律属性的基础上,重新审视其功能发挥及路径实现问题。告知承诺制是行政机关在行政许可领域的制度创新,旨在提高审批效率、保障相对人的权益,其在本质上是行政机关的过程性行为,通过引入过程论的视角分析告知承诺的性质可谓更加直观和科学。本文通过引入过程论的视角,探析告知承诺在行政许可过程中的功能,分析解决告知承诺法律属性争议以及如何实现其行政协议属性的路径改造。

二、行政审批告知承诺的目标设计与现实背离

行政审批告知承诺旨在通过改造现有行政许可流程,在实现"放管服"改革、降低市场准入门槛、提升行政审批效率等方面发挥功效。但从实践上来看,面对申请人的承诺不实、虚假承诺等现实问题明显出现功能萎缩,制度目标与具体实践的张力越来越突出等现象。通过对告知承诺的立法现状与适用流程的分析,其最主要的问题在于缺乏现行《行政许可法》的支持,并由此产生一系列的具体问题。

(一)行政审批告知承诺的实践现状与现实问题

1.行政审批告知承诺的立法现状

《告知承诺指导意见》要求各省、自治区、直辖市人民政府和国务院有关部门要制定本地区、本部门全面推行涉企经营许可事项告知承诺制的细化

---

[1] 聂帅钧:《行政许可告知承诺制:法律属性、运作逻辑与规范化进路》,载《中国行政管理》2022年第8期。

方案。据不完全统计,以“行政审批告知承诺”为标题进行检索,共检索行政审批告知承诺相关地方政府规章、地方规范性文件、地方工作文件现行有效词条共 48 项。[2] 检索结果涉及领域众多,横跨财政、会计、企业、营商环境、环境保护、卫生等领域;文件覆盖地域广泛,共涉及 16 个省、自治区、直辖市;其中文件效力层级以地方规范性文件为主共 37 项。

各地各部门制发的关于“行政审批告知承诺的实施办法”呈现制定主体纵向分布广泛、“实施办法”效力层级跨度大、横向涉及领域众多等特点,但整体上呈现出内容一致性,甚至趋同化的特点。各地各部门的行政审批告知承诺实施办法不约而同地将行政审批告知承诺的概念置于篇章首部,这是符合立法逻辑和立法技术的,如《上海市行政审批告知承诺管理办法》第 2 条规定,“本办法所称的告知承诺,是指公民、法人和其他组织提出行政审批申请,行政审批机关一次性告知其审批条件和需要提交的材料,申请人以书面形式承诺其符合审批条件,由行政审批机关作出行政审批决定的方式”。各地各部门的行政审批告知承诺办法几乎采取一致概念,如《云南省药品监督管理局行政审批告知承诺办法》《交通运输“证照分离”改革行政审批告知承诺工作规则》《珠海市住房和城乡建设局关于实行行政审批告知承诺的通知》《四川省自然资源厅关于推行行政审批告知承诺和容缺审批的实施方案(试行)》,也有地方文件在此基础上细化了告知承诺的概念,以此加强告知承诺的具体可操作性,如《邯郸市行政审批告知承诺制管理暂行办法》增加了“把住底线,快速审批,批后严管,信用惩戒”的原则、违反承诺的后果、书面方式和审批后核查的方式。各地各部门的实施办法的主要框架大体一致,主要包括总则、组织管理、实施程序、违诺处理、责任追究、附则。

总体来看,各地各部门关于告知承诺的实施办法把握住了《告知承诺指导意见》的要求和精神实质,对告知承诺的定义以及实施办法总体框架的科学性、专业性和技术性进行规范化设置,但是各实施办法聚焦于如何通过告知承诺提升行政审批和管理效力,并未深度思考如何保障行政审批的质能提升,侧重宏观把握而非微观操作。

---

〔2〕 数据来源于北大法宝数据库,http://182.150.59.104:8888/https/77726476706e69737468656265737421e7e056d2373b7d5c7f1fc7af9758/? wrdrecordvisit = 1687954729000,最后访问时间:2023 年 6 月 28 日。

2. 行政审批告知承诺的适用流程

浙江省为贯彻落实中共中央、国务院《关于新时代加快完善社会主义市场经济体制的意见》、《优化营商环境条例》、国务院《关于在自由贸易试验区开展"证照分离"改革全覆盖试点的通知》、《浙江省保障"最多跑一次"改革规定》等规定,出台《浙江省涉企经营许可告知承诺实施办法》(浙政发〔2020〕20号),是现有文件对告知承诺办理流程最为细致全面的规定。

其对告知承诺办理流程的基本规定是,申请人根据行政机关的告知内容,相关期限规定,提交申请书、告知承诺书等其他申请材料;行政机关对提交的申请书、告知承诺书等材料进行受理、审查,对符合条件的行政机关授予其行政许可;申请人承诺具备生产经营条件的,即可领证开展经营,申请人尚不具备经营许可条件但承诺在领证后一定期限内具备的,在达到经营许可条件并按要求补齐材料后,方可开展经营;行政机关对申请人的生产经营活动加强事中事后管理,突出重点领域监管;行政机关对申请人建立信用档案,将违规或者承诺不实记录在案并向社会公开;因未按规定告知造成的损失由行政机关依法承担,因不实承诺或违反承诺造成的损失以及由此产生的法律责任由申请人承担。行政机关实行告知承诺,违反法律法规规定的,由上级行政机关或者有关部门责令改正,视情况对直接负责的主管人员和其他直接责任人员给予处分。具体流程如图1所示。

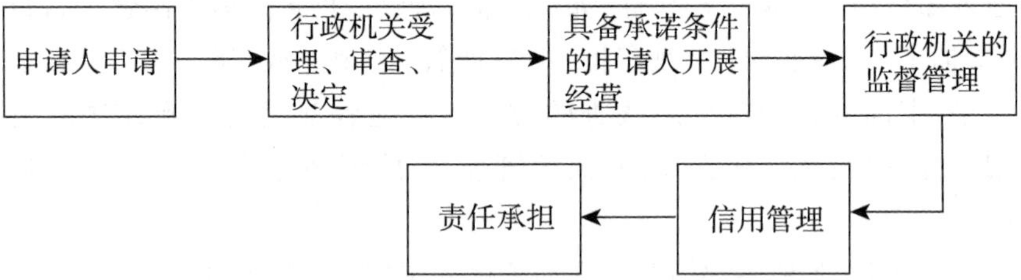

图1　告知承诺基本流程

从文件规定的办理流程来看,告知承诺制并不是一种新的行政许可类型,其仅仅是对行政许可审批的流程再造。其简化了行政许可的流程和手续,但是在强调社会效果的时候,警惕其因承诺不实等带来的问题,因为其更加侧重于事中和事后的监管。但是这种仅靠流程设置,意图化解告知承诺制带来的风险,是值得商榷的。

（二）行政审批告知承诺的现实问题

1. 行政审批告知承诺缺乏《行政许可法》支持

《法治政府建设实施纲要（2021－2025）》提出推行行政审批告知承诺制，《优化营商环境条例》提出国家推进"证照分离"改革，持续精简涉企经营许可事项，依法采取直接取消审批、审批改为备案、实行告知承诺、优化审批服务等方式，这构成了推行告知承诺制顶层设计的依据。从上海浦东新区对行政审批改革进行的试验中可以发现，告知承诺制从涉及部分企业设立开业所涉及的10个行政许可事项，[3]经过多年实践发展，变为绝大部分行政审批事项均采用了告知承诺，依据其自身优势，其拓展适用的趋势已经及于非行政许可领域。告知承诺制是对行政许可制度的流程再造，但从根本上是为了扩展行政许可制度的功能，而非扩散其因为告知承诺制的适用造成的社会风险。

许可承诺制对于法定许可程序的改造，缺少现行《行政许可法》的规范支撑，一定程度上面临形式合法性不足的困境。[4] 首先，从《行政许可法》的制度规定中，不能够为告知承诺找到法律条文支撑。《行政许可法》第31条规定，申请人申请行政许可，应当如实向行政机关提交有关材料和反映真实情况，并对其申请材料实质内容的真实性负责。针对传统行政许可领域，申请人若想申请行政许可需要"如实"地向行政机关提供材料或反映情况，并对其材料"实质"内容的真实性负责。"如实"是指申请人在申请行政许可时的主观心态是诚实守信的，"实质"内容则是申请人的相关材料的实质性的属性和效力，行政机关通过主观心态和客观标准的结合审核是否准予发放该行政许可。而告知承诺制的行政许可方式，不仅很难证明申请人在申请行政许可时的主观心态，并因为"承诺"即推定其材料属实，替代实质内容的审查，也与现行《行政许可法》第31条规定相背离。行政审批告知承诺缺乏《行政许可法》支持，造成实践中的适用困境。

2. 行政审批告知承诺法律属性界定不明

告知承诺在简化审批流程、提升审批效率方面发挥巨大作用。随着告知承诺的推广使用，近年来理论界对告知承诺的讨论也越来越多。其中，笔墨最多的就是告知承诺的性质以及其完善路径。关于告知承诺的法律性

---

〔3〕 袁曙宏、杨伟东：《论建立市场取向的行政许可制度》，载《中国法学》2022年第5期。

〔4〕 卢超：《行政许可承诺制：程序再造与规制创新》，载《中国法学》2021年第6期。

质,主要观点有:周佑勇认为,"申请人做出的《行政审批告知承诺书》实质上是与行政机关签订的行政协议,承诺的内容即是企业合规的具体要求"[5];王青斌等认为,"信用承诺是具有公法意义的单方允诺,是相对人做出的单方意思表示"[6];陈兴华认为,"将信用承诺视为一种新型的监管手段,其不仅能在事前发挥作用,更能在事中发挥作用"[7],从该角度来看,监管的质效是通过信用制度来确保实现的,如何洪全认为,告知承诺是从外部特征与内部机理的双重角度出发,认为告知承诺制在外部程序上是对原行政审批程序的简化,在内部审查中实现条件审查与批准决定的非即时性交割,其具备了信用担保的基本特征。[8]

告知承诺的法律性质、定位不明确,很难形成理论与实践的衔接促进。概其原因,则是因为在《法治政府建设实施纲要(2021－2025)》《优化营商环境条例》的顶层制度设计中,仅阐明了告知承诺对"放管服"改革、优化营商环境等正向的制度远景与目标,但对于告知承诺本身的定位和性质交代不明,地方的政策文件亦是如此。告知承诺制的法律属性和定位是弥合告知承诺与现有法律、实践的前提,任何法律上的概念没有明确的制度定位和清晰的法律性质,只会让其偏离原本的期待轨道并越行越远。

3. 行政审批告知承诺易忽视公共利益及第三人利益

告知承诺的改革实践取得积极成效,"对减少证明事项、简化行政审批、方便企业和群众办事创业发挥了重要作用"[9]。值得注意的是,告知承诺在发挥制度性功能时的主体限于申请人和行政审批机关,对涉及第三人利益的问题,往往被忽视。行政许可制度设置的意义即"很多许可的设立就是为了保护重要的公共利益"[10]。有学者根据行政许可的功能和目的,将行政许可类型分为资源配置类许可、市场进入类许可、危险控制类许可

---

〔5〕 周佑勇:《契约行政理念下的企业合规制度构建——以工程建设领域为视角》,载《法学论坛》2021年第3期。

〔6〕 王青斌、付小彦:《作为公法上单方允诺的信用承诺制度》,载《东北师大学报(哲学社会科学版)》2021年第3期。

〔7〕 陈兴华:《市场主体信用承诺监管制度及其实施研究》,载《中州学刊》2019年第5期。

〔8〕 何洪全:《论告知承诺制的性质——基于信用担保的简易程序》,载《华南理工大学学报(社会科学版)》2021年第3期。

〔9〕 国务院办公厅《关于全面推行证明事项和涉企经营许可事项告知承诺制的指导意见》(国办发〔2020〕42号),2020年10月公布。

〔10〕 孙煜华:《容缺办理行政许可的效力及其风险控制》,载《行政法学研究》2022年第6期。

三大类。[11]

首先,从本质上来看,这三大类的行政许可与公共利益的关系是密不可分的,告知承诺制在提升审批效力的同时,如果不能将申请人"承诺"条件的风险控制在最小范围内,将引发恶劣后果。一方面,将尚不满足行政许可条件的当事人批准进入市场的后果就是,一旦发生虚假承诺、承诺不实等情况,造成的往往是不可逆转的风险。另一方面,突发情况导致的确实无法满足行政许可的条件,行政机关和申请人往往会陷入两难的境地。尤其是规模较大,涉及范围较广的行政许可,如果不能够成就前期"承诺"之条件,已经开工落实的项目往往耗费巨大的社会成本,继续履行或者停止违法行为,都将面临复杂的公共利益衡量与社会风险评估。

其次,行政许可申请人获得行政许可会对第三人产生外部效力。传统行政许可需要申请人具备一定的条件才被允许进入行政许可之中,告知承诺则改变了这种方式,申请人只需根据行政机关的告知事项,对其尚不满足条件的要件,进行承诺即可先行进入行政许可的领域。实践中不乏承诺不实与虚假承诺的申请人,针对这种情况,违法行为的恶劣后果不仅及于同等条件的申请人,同时对第三人产生负面影响。告知承诺的目标是减少审批环节,提高审批效率,如果因虚假承诺或者承诺不实申请人获得了行政许可,并由此给第三人造成侵害,此时将陷入到底由谁来对第三人利益负责的疑问。

4. 行政审批告知承诺难以实现事后监管

告知承诺意在发挥通过市场筛查确保许可申请人承诺的真实性,防范因程序简化带来的市场投机风险。[12] 告知承诺制利用信用机制,赋能行政许可的申请—审批流程,通过将失范行为纳入信用惩戒机制并承担法律风险的后果,规避和调控行政许可过程中的风险。但仅凭失信惩戒的威慑力是否足以规避申请人的承诺不实或者虚假承诺,应当保持理性的态度。失信惩戒能否克服告知承诺带来的风险,其中重要的评价标尺就是其能否通过事后监管的方式达到目的。

行政许可制度是事前规制手段,其旨在"通过解决市场中的信息不对

---

〔11〕 王克稳等:《行政审批制度改革中的法律问题》,法律出版社2018年版,第29页。

〔12〕 卢超:《行政许可承诺制:程序再造与规制创新》,载《中国法学》2021年第6期。

称,消弭市场产生的负外部性来保障社会秩序的安定"[13],而告知承诺制则是简化行政许可的审批流程,使申请人快速进入行政许可中来,如果片面地追求审批效率,行政许可对市场行为的规制作用将被稀释殆尽。虚假承诺或者承诺不实的直接后果是撤销该行政许可,对其涉及的违法行为进行违法性法律评价。这是告知承诺最核心的风险规避机能,在我国经济发展的新时期,这种将信用机制作为市场风险的衡量杠杆的做法,是脱离发展实际的。尤其是告知承诺事后的撤销许可行为,如果最初申请人带着承诺不实或者虚假承诺的主观心态,那么其并不会为申请人附带更加恶劣的法律后果,从而使得申请人纷纷陷入市场投机主义的陷阱,扰乱市场秩序。

三、行政审批告知承诺的行政协议属性及证立

(一)行政审批告知承诺的行政协议属性

关于告知承诺行政协议的法律属性存在诸多观点。认同的观点主要认为:有学者聚焦于"告知承诺书"的格式文本,认为告知承诺是告知承诺运用契约形式处理法律上的强制性规定,用双方合意处理传统行政机关单方行政行为;[14]实践中,少数法院在进行告知承诺合法性审查时认为,告知承诺书的主要目的在于警示申请人对提供虚假信息、材料的相关法律后果起到必要的注意义务,当事人签署告知承诺书应当认定为其真实意思表示,因此当事人应当对其承诺事项承担相应的法律后果。[15] 持反对意见的学者认为,在行政许可告知—承诺的法律关系中,行政相对人无论是做出该承诺还是其承诺内容的本身,皆是相关法律义务的规定,并非出自内心自愿与双方合意的结果,并不符合行政协议的"协商"特征与核心要义。[16]

针对以上关于告知承诺行政协议属性的观点讨论,可知围绕行政协议属性的争论主要在于告知承诺中是否存在申请人的"意思自治"。根据反对的观点,申请人根据行政机关的"告知"而进行的"承诺",是法律法规的规

[13] 林鸿潮、张涛、李昱音:《公共安全领域告知承诺制的困境及其调试》,载《中国行政管理》2021年第3期。

[14] 袁曙宏、杨伟东:《论建立市场取向的行政许可制度》,载《中国法学》2002年第5期。

[15] 焦某然与上海市交通委员会、上海市公安局等交通其他行政行为案,上海市第三中级人民法院(2017)沪03行终767号行政判决书。

[16] 李孝猛:《告知承诺制及其法律困境》,载《法治论丛(上海政法学院学报)》2007年第1期;吕健:《行政审批告知承诺制度合法性质疑》,载《理论观察》2019年第5期;闫海、兰天:《我国市场准入告知承诺制的法治构建》,载《长白学刊》2021年第2期。

定而非出于自愿,此种观点很难解释申请人的承诺不实或者虚假承诺情形。不容置疑的是当事人的意思自治是协议的核心要素,仅凭意思自治讨论告知承诺是或者不是行政协议,未免过于片面。行政协议的识别是一个系统性的工作,不能够因为具备意思表示或者不具备意思表示要素就定义其行政协议的性质,要对行政协议的各要素进行综合性的分析。

(二)行政审批告知承诺行政协议属性证立

1. 行政协议的识别标准

明确行政协议的识别标准,是厘定行政审批告知承诺制行政协议属性的前提条件。"随着行政管理的民主化,行政法领域开始引入体现协商理念的合同或者契约,于是产生了行政协议的概念。"[17] 2019 年我国最高人民法院公布《关于审理行政协议案件若干问题的规定》(以下简称《行政协议若干规定》),为依法公正、及时处理行政协议案件,提升行政审判质效发挥积极效用。但对于行政协议的识别标准在《行政诉讼法》和《行政协议若干规定》中并没有明确规定,只能通过行政协议的概念推演其识别标准,因而也造成了理论界对行政协议识别标准的讨论。

最高人民法院《关于适用〈中华人民共和国行政诉讼法〉的解释》和《行政协议若干规定》对行政协议的概念作出规定,行政协议是行政机关为了实现行政管理或者公共服务目标,与公民、法人或者其他组织协商订立的具有行政法上权利义务内容的协议。[18] 其主要强调的核心要素是主体、目的、内容。目前,行政契约的识别主要是单一说和复合说。单一说是指仅从某一个要素角度确定行政协议的属性,而复合说是从单一标准中选取要素进行组合,进而作为行政协议的识别标准。[19] 单一说无法全面、系统有效地识别行政协议,单纯用主体、目的和内容作为唯一尺度识别行政协议,是无法做到逻辑闭合的。因此,本文对行政审批告知承诺是通过复合说的观点进行识别的,主要包括主体标准、目的标准和内容标准。行政优益权是行政协议的特征,但并非行政协议所独有,部分民事合同一方主体对另一方也具

〔17〕 王利明:《论行政协议的范围——兼评〈关于审理行政协议案件若干问题的规定〉第 1 条、第 2 条》,载《环球法律评论》2020 年第 1 期。

〔18〕 最高人民法院《关于审理行政协议案件若干问题的规定》,载中国人大网,http://www.npc.gov.cn/c2/c30834/201912/t20191210_303149.html。

〔19〕 吴真、李雪:《生态环境损害赔偿磋商协议的行政契约属性》,载《吉林大学社会科学学报》2021 年第 5 期。

有合同监督权,所以行政优益权并不能作为识别行政协议的标准。

2. 行政审批告知承诺行政协议属性证立

为确保对行政审批告知承诺行政协议的论证形成完整的逻辑闭合,本文尝试从静态标准和动态标准两个角度对行政审批告知承诺的性质进行分析。静态标准是指行政协议识别的复合标准,动态标准是指行政审批告知承诺的运行外观是否构成行政协议。通过对一静一动标准的衡量,更加清晰地证明其行政协议属性。换言之,动态标准证明其存在行政协议的外观表现,静态标准则通过对告知承诺实质内容的剖析,进一步厘清其行政协议属性。

(1)行政审批告知承诺的运行外观符合行政协议的形式要件。行政审批告知承诺的运行外观是指实践中告知承诺的运行状态以及外化的表现形式。《行政协议若干规定》第1条规定了行政协议的概念,其核心表达是"行政机关为了实现行政管理或者公共服务目标,与公民、法人或者其他组织协商订立的具有行政法上权利义务内容的协议",即行政协议是协议,其本质上适用《民法典》合同编关于合同成立的规定。

《民法典》合同编第471条规定,当事人订立合同,可以采取要约〔20〕、承诺〔21〕方式或者其他方式。合同订立"是指缔约人为意思表示并达成合意的状态"〔22〕。从行政审批告知承诺制度适用过程来看,"告知—承诺"符合《民法典》合同编规定合同订立时的"邀约—承诺"。从现有政策文件上来看,"告知"是指行政机关将涉及审批事项清单在相关场所一次性告知有意向的行政许可申请人;"承诺"是指经行政审批机关告知,意图申请该项许可,通过一定方式向行政机关作出相关承诺,具备申请行政许可的条件。〔23〕行政

〔20〕根据《民法典》第472条规定,要约是希望与他人订立合同的意思表示,该意思表示应当符合下列条件:(1)内容具体确定;(2)表明经受要约人承诺,要约人即受该意思表示约束。

〔21〕根据《民法典》第479条规定,承诺是受要约人同意要约的意思表示。

〔22〕崔建远主编:《合同法》(第5版),法律出版社2010年版,第40页。

〔23〕如浙江省人民政府《关于印发浙江省涉企经营许可告知承诺实施办法的通知》规定,行政机关的告知。行政机关应当在办公场所、政务服务大厅、部门网站和政务服务网等场所或平台公布告知承诺书格式文本,方便申请人获取、下载。对实行告知承诺的涉企经营许可事项,行政机关应当一次性告知申请人。申请人应当将经签署的告知承诺书当面递交、在线提交或邮寄给行政机关。申请人选择适用告知承诺的,应当对下列内容作出确认和承诺。《上海市代理记账行政审批事项告知承诺实施办法》第2条规定,该办法所称告知承诺,是指申请机构提出行政审批申请,行政审批部门一次性告知其行政审批的条件和要求以及所需相关材料,申请机构以书面形式承诺其符合法定条件和要求,并提交相关申请材料,由行政审批部门作出行政审批决定的方式。

审批告知承诺制“借助契约方式化解了政府必须实现管制目的的强制性，通过合意来调动和发挥公民、法人的积极性，提高了行政效率”[24]。有学者认为，从目前的告知承诺书的文本内容来看，其并非双方协商合意的结果，仅是法律规范的植入和表达，没有对相关条款协商的自由。[25] 其核心强调的是申请人没有足够的意思自治空间，进而否定了契约性，这种观点是片面的。行政协议与民事协议存在不同特征。首先，行政协议是行政机关为了公共利益而与相对人签订具有权利义务内容的协议，因涉及公共利益而使行政机关具有优益权；其次，合同的订立、生效是不得违反法律、行政法规效力性强制规定的，告知承诺并没有“缩减”申请人的意思自治范围，而是在法律、行政法律效力性强制规定范围内的依法行权；最后，因申请人意思自治空间的大小，反驳告知承诺的行政协议属性是不符合法律逻辑的，“协议”意在是否为当事人的真实意思表示，且真实意思表示应要符合法律、行政法规的效力性强制规定以及符合公序良俗。

(2)行政审批告知承诺实质上符合行政协议的识别标准。倘若能证明行政许可告知承诺符合行政协议的识别标准，那么就能够证立行政审批告知承诺的行政协议属性。外观形式上虽符合行政协议形式要件，但若无法完整地揭开告知承诺的性质“面纱”，实质性的标准则使该项工程变得更加具体化和精细化。行政协议实质性的识别标准主要是以《行政协议若干规定》第 1 条行政协议的定义以及“复合说”为理论基础，主要分为主体标准、目的标准和内容标准。

第一，主体标准。行政审批告知承诺制以行政机关为一方主体，以行政审批申请人为相对人，符合行政协议的主体标准。行政协议不同于民事合同，行政协议中行政机关是确定的一方主体，同时双方当事人的法律地位不平等，基于行政协议的目的，行政主体通常享有单方决定行政协议命运的权力。[26] 行政协议的结构化形式特点，行政主体与行政相对人之间的关系，表现在告知承诺制的实践中就是行政审批机关与申请人之间，形成了行政法律关系，且在该法律关系中，行政审批机关与申请人之间的法律地位不平

---

〔24〕 袁曙宏、杨伟东：《论建立市场去向的行政许可制度》，载《中国法学》2002 年第 5 期。

〔25〕 杨慧鑫：《行政领域“信用承诺”的法制逻辑——以行政协议为视角的分析》，载《中国信用》2021 年第 5 期。

〔26〕 郑天峰、王媛：《论公私法交集处的行政协议识别方式》，载《西北民族大学学报(哲学社会科学版)》2022 年第 4 期。

等。出于行政审批告知承诺涉及的公共利益或者行政管理目的,行政审批机关享有行政优益权,主导告知承诺的履行。但是,仅通过主体判断行政审批告知承诺的行政协议属性是具有不确定性的,协议一方主体为行政机关,另一方主体是自然人,很可能是民事协议,需要将主体标准和其他标准相结合进一步确定。

第二,目的标准。《行政协议若干规定》第1条规定,"行政机关为了实现行政管理或者公共服务目标,与公民、法人或者其他组织协商订立的具有行政法上权利义务内容的协议,属于行政诉讼法第十二条第一款第十一项规定的行政协议"。该司法解释将实现公共管理或者公共服务作为行政协议的主要目标。告知承诺制是深入推进简政放权、放管结合、优化服务的重要制度改革,其对优化营商环境、激发市场主体发展活力和社会创造力发挥巨大作用,告知承诺制的目的符合行政协议的目的标准,契合行政协议实现行政管理或者公共服务的目标。告知承诺的制度适用不仅在目标上符合行政协议的标准,在具体适用过程中同样重视申请人的意思表达,并不以实现行政管理或者公共服务作为唯一指标。首先,告知承诺制的适用并不是强制性的,申请人可以自由选择;其次,行政审批机关在告知申请人审批要求以及相关法律后果时,申请人对是否要受到行政审批机关的意思约束,也享有自主决定权。

第三,内容标准。根据一般法律理论,合同是通过互相要价、以共同法律后果为目标的意思表示。[27] 共同要价以及共同法律后果构成了合同的内容要素,行政协议的内容要素是指双方确立的共同要价及共同法律后果构成行政法上的权利义务内容。证立行政审批告知承诺行政协议属性,内容标准是行政协议区别于民事协议的重要标准。杨科雄认为:"行政法上的权利(力)义务可以从以下几个方面进行判断:一是否行使行政职权;二是否为实现行政管理目标或者公共利益;三在协议里或者法律上是否规定了行政机关的优益权。"[28] 行政审批告知承诺的行政审批机关是法律授权的处理行政审批的权力机关,其目的在于实现行政管理目标或者公共利益,从现有的告知承诺文件上来看,行政审批机关对授予的行政许可进行事后监督,例如申请人违反相关法律法规或者做出虚假承诺或者承诺不实,行政机关

---

〔27〕［德］哈特穆特·毛雷尔:《行政法学总论》,高家伟译,法律出版社2000年版,第348页。

〔28〕杨科雄:《试论行政协议的识别标准》,载《中国法律评论》2017年第1期。

依法撤销该行政许可[29]，该权力行使的核心是行政审批机关依法享有行政优益权。

四、确立行政审批告知承诺行政协议属性的意义

行政审批告知承诺行政协议属性的确立，是运用法治思维对告知承诺制度特性与运行机制进行推理演算的结果。基于对行政审批告知承诺的立法现状与适用流程的分析，行政审批行政协议属性的确立为其自身实现制度化、法治化、规范化发展夯实基础，从而推动“放管服”改革、提升行政审批效率以及贯彻权利保障理念发挥功效。

（一）明确申请人与行政机关之间的权利与责任

首先，告知承诺协议根据涉及的具体行政许可，将双方的权利义务、法律后果等事项固定在协议文本中，通过契约的形式固定双方的权利义务关系不仅为事后发生争议提前拟定好了解决之策与后果，更是契合了告知承诺制度利用信用工具参与社会治理的初衷；其次，《告知承诺协议》与《告知承诺书》相比，其具有更好的权利保障功能，《告知承诺书》强调的是如何通过信用工具防止申请人因承诺不实或虚假承诺造成法律后果，是申请人的单方意思表示，其仅仅约束了申请人的违规违法行为，而《告知承诺协议》则是通过双方合意达成行政协议，对行政机关和申请人均具有约束力，既解决了申请人虚假承诺、承诺不实带来的恶性后果，同时也对行政审批机关的公权力进行了有效约束，以现在《告知承诺书》的相关约定，很难解决因行政审批机关出尔反尔导致行政许可审批不力等效力问题；最后，《告知承诺书》仅作为申请人对行政审批机关作出的保证，是单方的意思表示不涉及第三人，而《告知承诺协议》可以通过技术性的条款，避免对第三人造成权力侵害。尤其是涉及重大公共利益的行政审批，如生态环境、医疗卫生等领域的资质类的行政审批，通过《告知承诺协议》的方式，以公共利益和行政管理效能作为出发点，打破只要对行政审批机关“承诺”就获得该资质的情况。

---

〔29〕　如《关于全面推开公共场所卫生许可告知承诺制改革有关事项的通知》（国卫办监督发〔2018〕27号）规定，申请人通过告知承诺方式取得公共场所卫生许可证并营业后，卫生健康行政部门应当对公共场所及申请人承诺事项进行全覆盖核查，发现实际情况与承诺内容不符的，应当责令限期整改，逾期拒不整改或者整改后仍不符合法定条件的，依法撤销审批并予以从重处罚。

（二）明确告知承诺的行为程序

行政审批告知承诺是对行政许可的流程再造，进一步优化行政审批方式，降低企业制度性交易成本、极大提升了行政审批的效率。但是对于行政审批机关在适用告知承诺的具体过程中，行政机关在每个步骤的行政行为尚未完全交代清楚。传统的做法是将行政审批机关的具体操作流程规定于告知承诺实施办法之中，在《告知承诺书》中也鲜有提及。行政行为要置于公众监督之下，告知承诺实施办法中规定的流程应以社会知晓的方式进行公开。

从《告知承诺书》到《告知承诺协议》的改造将提升告知承诺适用中行为程序的透明化，赋能事中事后监督。行政审批机关与申请人签订《告知承诺协议》，一方面，明确了行政审批机关的行为程序，在具体操作中有了更为清晰的程序指引，申请人对告知承诺的认知更为清晰化，有利于控制行政审批机关的权力行使与申请人的权利保障。另一方面，明确了申请人的行为程序，传统《告知承诺书》强调对申请人提交材料真实性的核查，但对申请人在适用告知承诺时的行为指引稍显不足，通过行政协议明确申请人的行为程序，监督机关更加容易、清晰识别申请人在告知承诺过程中的行为及提交的材料，便于从事中直至事后对申请人的承诺事项进行监督。

（三）明确告知承诺的法律后果

目前，各告知承诺办法对告知承诺法律后果的规定比较粗糙，即明确规定具体的法律后果，但是对何种情形适用何种法律后果略显语焉不详。以《上海市行政审批告知承诺管理办法》为例，其规定了对申请人违反承诺的处罚、诚信档案、告知承诺行政审批证件的注销、生效告知承诺书的公开、行政责任等。但是在具体实践中，对于行政审批机关或者申请人由何种行为导致的后果，即作出相应处罚结果所基于的事实并未有细致性规划。

《告知承诺协议》是基于双方意思自治产生的，根据合同相对性原理，该协议约束双方行为，双方将各自的意思表示贯彻在该协议之中，在不违反法律、行政法规等效力性强制规定时极为有效。双方必然约定违约行为与违约后果，并以此产生对双方的约束。其中值得注意的是，明确的告知承诺后果不仅包括了适用告知承诺，同时也包括了申请人拒绝适用告知承诺的情形。

（四）明晰告知承诺的救济途径

现有告知承诺实施办法并未有关于告知承诺救济途径的明确规定，仅有在行政审批人员做出违法、违规行为时，由上级行政机关或者有关部门责令改正，可以对直接负责的主管人员和其他直接责任人员依法给予处分的规定。该类条款并未提及在因行政审批机关违法、违规适用告知承诺情形中许可本身的效力问题，这导致申请人一旦选择了适用告知承诺，救济途径便不明。申请人选择适用告知承诺是行使程序选择权，但有权利必有救济是法治思想核心体现。由《告知承诺书》到《告知承诺协议》的转变，明确申请人与行政机关之间的权利与责任，为申请人行使权利救济指出明路。申请人在法律框架内不仅可以与行政审批机关约定救济方式，而且行政协议自身作为行政诉讼典型的受理案件，为保障申请人的救济权提供重要保障。

五、行政审批告知承诺的协议化改造

传统《告知承诺书》因作为行政机关实现管理目标的落脚点和重要抓手，往往因规定过粗而限制其功能界限。《告知承诺协议》作为告知承诺制度最重要的组成部分，且是最能体现告知承诺制度的精髓、法律属性的规范文本，如何制定、完善《告知承诺协议》是告知承诺制度优化行政审批程序、提高行政效率、强化事中事后监管的关键。

（一）完善《行政许可法》关于行政许可设定的条款

行政审批告知承诺因缺乏《行政许可法》的支持，造成诸多问题。从立法论的角度解决告知承诺“师出无名”的困境是下一步行政审批领域深入开展告知承诺的重中之重。现行《行政许可法》第 31 条第 1 款规定，“申请人申请行政许可，应当如实向行政机关提交有关材料和反映真实情况，并对其申请材料实质内容的真实性负责……”。将该条款调整为，当事人在申请行政许可时可采取两种模式：一种是传统模式，即申请人向行政审批部门提交申请材料，以行政审批部门对材料进行实质性审查；另一种模式是，申请人可选择适用告知承诺并与行政审批部门签订《告知承诺协议》，以行政审批部门审查决定的方式获得许可。

（二）《告知承诺协议》的主要内容

从《告知承诺书》转变到《告知承诺协议》是深化“放管服”改革的现实需要，也是提升行政治理能力和治理效率的重要方式。本文采取了静态和动态两种识别方式证立告知承诺的行政协议属性，未来对行政审批告知承诺的适用完善应聚焦于如何构建《告知承诺协议》。行政协议是行政机关与自然人、法人和其他组织订立的合同，其与民事合同类似，但行政协议的特殊之处,在于它既具有民事合同形式外观又具有行政管理功能。[30] 因此,在构建《告知承诺协议》时要深刻把握行政协议的基本特征,促进告知承诺制度实现行政管理或者公共服务的目的、深化"放管服"改革以及提升行政质效的功能。

1. 明确行政优益权内容,强调主体要素

行政机关处于强势地位,导致行政协议并不是完全对等的合同。因此,"需要关注其受到合法性的约束,以避免行政机关利用自身优势使行政协议相对人实现表面上的合意"[31]。行政优益权是指行政机关根据公共利益的衡量单方行使合同的撤销权,即在法律和公共利益的框架内单方的"毁约",造成当事人损害的给予补偿的机制。《告知承诺协议》是行政审批机关同申请人达成一致的协议,旨在对告知承诺进行权利义务固定和风险控制。

《告知承诺书》没有体现双方合意,仅可视为申请人为了达成合意的单方意思表示,这种承诺仅对申请人产生效力,对行政机关没有法律效力,容易导致行政机关的不作为或者滥用告知承诺导致行政审批秩序的紊乱。强调告知承诺的主体要素使《告知承诺协议》外观符合行政协议的认定标准,且对双方产生约束力。既避免行政机关因不想作为滥用告知承诺,又约束行政机关的违约行为。

2. 明确行政管理或者公共服务目标,强调目的要素

行政协议是行政机关为了行政管理或者公共服务与自然人、法人或其他组织签订的协议,否则行政机关因其他原因与相对人签订的协议是民事协议而非行政协议。因此,《告知承诺协议》要明确行政管理或者公共服务的目标要素,与民事协议相区分。

行政机关与相对人签订协议的目的要素是有效识别行政协议与民事协议的关键,其不仅仅表达了行政机关的行政管理职能,通知也作为行政优益权行使的权源基础,如果没有行政管理或者公共服务所涉及的公共利益,行政机关则无法行使行政优益权。

3. 明确行政法上的权利义务关系,强调内容要素

与《告知承诺书》相较,《告知承诺协议》最大的优势在于将单方行为扩

---

〔30〕 郑天峰、王媛:《论公司法交集处的行政协议识别方式》,载《西北民族大学学报(哲学社会科学版)》2022年第4期。

〔31〕 李凌云:《行政协议合约性审查的逻辑进路》,载《南海法学》2019年第3期。

展至双方合意,并通过文本的方式将双方的权利义务关系予以固定。在构建《告知承诺协议》时,关键的要素就是要明确体现行政法上的权利义务关系,通过确认内容要素约束双方的行为。告知承诺制的初衷是改造行政审批流程,深化"放管服"改革,提高审批效率,但是在实践中,很容易造成"一放就乱"等行政机关的懒政行为。《告知承诺协议》不仅约束了申请人意图获得该许可的应尽义务,同时也通过行政协议的形式约束了行政机关,避免行政机关懒政怠政、出尔反尔。

六、结语

告知承诺制是行政管理领域引入信用工具对行政审批程序的流程再造,意图发挥市场机制、诚信机制效能提升行政审批效率等管理质效。但是,目前实践忽略了行政协议本身就是以信用契约作为工具的产物,现有《告知承诺书》仅表达了申请人的单方意思表示,缺乏现行《行政许可法》的法律支持,表现出对相对人以及第三人的权利保障、实现事中事后监督效果弱等特点。因此,在证立告知承诺的行政协议属性的基础上,构建《告知承诺协议》以充分发挥告知承诺制度对行政审批流程改造的作用。

(李思洁　审阅)

(康思远　校对)

食品安全标准规范的二元构造论*

王　祁　赵　谦**

摘　要:随着我国食品安全法律制度的修改、完善,食品安全标准作为食品安全协作共治的基础与手段,其重要性逐渐凸显。探析食品安全标准的规范构造,厘清所涉国家、地方、行业、企业标准的属性区别,依循公私混合规制的路径,梳理食品安全标准规范的二元构造体系。食品安全强制性标准主要包括国家标准和地方标准,以中央与地方双层治理结构实现食品安全治理的政府规制,凸显食品安全标准规范的羁束效力;食品安全推荐性标准主要指向行业标准和企业标准,以行业与企业双层自治结构实现食品安全治理的自我规制,彰显食品安全标准规范的宣示效力。食品安全标准规范的二元构造体系旨在凸显在食品安全治理过程中政府规制与自我规制并行的协作治理方式,通过强调国家与地方标准、行业与企业标准的属性区别,明确不同标准的涵盖范围,统一不同法规范之间的理念表达,进而对标准规范开展系统化的整体构建。

关键词:食品安全标准　标准属性　强制性标准　推荐性标准　公私混合规制

---

* 本文系重庆市研究生科研创新项目“食品安全标准立法问题研究”(CYS22158)以及 2019 年度司法部国家法治与法学理论研究项目中青年课题“食品安全社会共治的行政法研究”(19SFB3012)的研究成果。

** 王祁,西南大学法学院宪法学与行政法学专业 2021 级硕士研究生、公法与国家治理研究中心研究人员;赵谦,西南大学法学院教授、博士生导师,法学博士。

一、问题的提出

食品安全是联系着人类生存与健康的一项权利，为"保证任何人在任何地方都能得到为了生存与健康所需要的足够食品"[1]，食品安全以"食品无毒、无害，符合应当有的营养要求，对人体健康不造成任何急性、亚急性或者慢性危害"的实定法概念明确食品安全标准应为食品安全领域"对食品的安全性能规定共同的和重复使用的规则、导则或特性的文件"[2]，是"人们在社会生活（包括生产活动）中的行为准则，是一种特殊规范"[3]。食品安全标准规范的二元构造是指立足于国家、地方、行业、企业标准"各种可供认知或比较的方面"[4]，明确食品安全标准的强制性或推荐性，进而厘清食品安全标准体系结构。有必要围绕所涉标准属性条款"法律体系、制度、结构和概念等因素在不同法系之可比阶段的发展、范围和应用"[5]，形成食品安全标准规范"兼顾局部突破和整体构建两方面与规范性、规划性、规律性特点"[6]的法治文本创新表达，实现四类标准条款的局部突破与标准体系的整体构建。

近年来，相关规范性文件明确了"织密筑牢食品领域安全标准网"[7]的建设目标，通过"加快完善食品安全标准、监管体系"[8]"实现食品安全标准与国际标准基本接轨"[9]"强化食品药品安全监管"[10]等方式落实食品安全战略实施，为构建食品安全标准体系提供了方向性指引。直接明确了食品安全标准对于我国食品安全、标准化、乡村振兴等领域建设的重要性，对

---

〔1〕 丁晓雯、柳春红主编：《食品安全学》，中国农业大学出版社 2011 年版，第 2 页。

〔2〕 艾志录、鲁茂林主编：《食品标准与法规》，东南大学出版社 2006 年版，第 68 页。

〔3〕 周才琼主编：《食品标准与法规》，中国农业大学出版社 2009 年版，第 2 页。

〔4〕 刘春卉：《现代汉语属性范畴研究》，巴蜀书社 2008 年版，第 1 页。

〔5〕 赵震江主编：《法律社会学》，北京大学出版社 1998 年版，第 45 页。

〔6〕 付子堂：《中国共产党创造法治文明新形态的历史叙事》，载《中国社会科学》2022 年第 12 期。

〔7〕 《中共中央 国务院印发〈国家标准化发展纲要〉》，载中央人民政府网 2021 年 10 月 10 日，http://www.gov.cn/gongbao/content/2021/content_5647347.htm。

〔8〕 《中共中央 国务院印发〈乡村振兴战略规划（2018－2022 年）〉》，载中央人民政府网 2018 年 9 月 26 日，http://www.gov.cn/gongbao/content/2018/content_5331958.htm。

〔9〕 《中共中央 国务院印发〈"健康中国 2030"规划纲要〉》，载中央人民政府网，http://www.gov.cn/zhengce/2016－10/25/content_5124174.htm。

〔10〕 习近平：《高举中国特色社会主义伟大旗帜　为全面建设社会主义现代化国家而团结奋斗——在中国共产党第二十次全国代表大会上的报告》，载《人民日报》2022 年 10 月 26 日，第 1 版。

建成高质量标准体系的推动性。就食品安全标准属性规范而言,《标准化法》与《食品安全法》作了原则性规定,但两大部门法对于食品安全各类标准的属性规定存在差异,同时现有规范设定大多零散、间接,缺乏系统、直接的规定。对于食品安全标准规范的体系构造,有必要基于“强制性标准与推荐性标准约束性”〔11〕差异,对现有规范本身展开研究,探析食品安全标准规范的二元构造。

随着相关规范设定的不断修改完善,食品安全标准体系研究愈发完整、深入,大多聚焦于标准本体要素事项与标准法律规范事项。一方面,就标准本体要素事项而言,尝试针对“纵横交错的食品标准体系”〔12〕,明确食品安全标准“科学属性和社会属性的双重属性”〔13〕“行为规范性、普遍约束力、强制性”〔14〕的特质,构建“最严谨的食品安全标准”〔15〕,助推食品安全行业发展。另一方面,就标准法律规范事项而言,尝试从规范视角对其法律效力作出进一步界定,明确“在制定程序、外在表现形式上,食品安全标准尚且不具有法律规范的外观”〔16〕,现实存在“法规范之间有冲突、标准本身不合理”〔17〕“具体标准和法规的制定上不够协调和系统”〔18〕等不足,应“进一步明确食品标准的范围”〔19〕,统合食品安全标准法律概念体系。上述研究较少从不同食品安全标准的属性特点、法律效力的角度来展开,有必要依循现有规范设定的内容、意义与效力,明晰食品安全标准“在命令控制型规制与自我规制层面的规范设定方向”〔20〕。

近年来,我国食品安全法律机制不断创新,自2009年《食品安全法》修改后,我国食品安全标准法律制度得到重塑。食品安全领域“从‘开放型控

---

〔11〕 吉维主编:《企业标准体系理论与实践》,湖南科学技术出版社2009年版,第3页。

〔12〕 陈佳维、李保忠:《中国食品安全标准体系的问题及对策》,载《食品科学》2014年第9期。

〔13〕 欧元军、史全增:《关于我国食品安全标准的规范分析》,载《法律适用》2012年第10期。

〔14〕 伍劲松:《食品安全标准的性质与效力》,载《华南师范大学学报(社会科学版)》2010年第3期。

〔15〕 卢江:《最严谨的标准是我国食品安全的基本保障》,载《中国食品卫生杂志》2019年第3期。

〔16〕 厉珊珊:《浅析食品安全标准的法律性质》,载《现代商业》2015年第6期。

〔17〕 欧元军、史全增:《关于我国食品安全标准的规范分析》,载《法律适用》2012年第10期。

〔18〕 朱育菁、冒乃和、刘波:《关于我国食品安全法律和标准的建设》,载《科技导报》2004年第3期。

〔19〕 樊永祥、何来英等:《完善食品安全标准制度研究》,载《中国食品卫生杂志》2014年第4期。

〔20〕 赵谦:《公私合作监管的原理与策略——以土地复垦为例》,载《当代法学》2021年第2期。

制’与‘衡平化自律’这两个方面”[21]来推进改革，旨在形成食品安全标准规范的“自我规制与社会规制”[22]治理结构。通过“寻求法律规范的字面意义及其字面意义背后可能存在的隐含意义”[23]，明确“规范效力和意义内容”[24]，建立起“以食品安全标准为核心”[25]的规范构造体系。具体而言，依循相关规范设定的内在逻辑和体系构成，尝试从强制性和推荐性两个面向来梳理食品安全标准要素，厘清食品安全标准体系之间的结构特点与耦合关系，确立起二元属性双层面向的四级标准规范体系，为有效落实食品安全战略和践行食品安全协作共治提供必要的逻辑参考。

二、强制性标准：食品安全标准规范事项的羁束之维

强制性标准“就是指法律、法规规定，必须强制执行的标准。”[26]食品安全强制性标准即是食品安全领域“强制性的技术规范”[27]，其强制性源自法律法规授权。该类条款旨在明确食品安全标准规范事项下中央与地方“政府间事权的合理划分”[28]，用强制执行的标准保障食品生产过程的安全，包括国家标准和地方标准。

（一）国家标准：国家作为规制者的政府规制形式

作为“对全国经济、技术发展有重大意义的，必须在全国范围内统一的标准”[29]，该类事项由中央行政部门制定并发布，基于食品安全国家标准“所具有的性质、特点”[30]，由中央行政部门制定并发布，作为政府规制治理的上位机制，充分凸显了国家标准强制性最高、适用范围最广的特点，对食品安全风险具有最大管控能力。有必要检视既有规范设定，通过统一核心

---

〔21〕 赵谦、索逸凡：《食品安全社会共治的主体结构论》，载《西南大学学报（社会科学版）》2022年第4期。

〔22〕 ［英］科林·斯科特：《规制、治理与法律：前沿问题研究》，安永康译，清华大学出版社2018年版，第54页。

〔23〕 谢晖：《论规范分析方法》，载《中国法学》2009年第2期。

〔24〕 ［德］卡尔·拉伦茨：《法学方法论》，黄家镇译，商务印书馆2003年版，第253页。

〔25〕 宋华琳：《中国食品安全标准法律制度研究》，载《公共行政评论》2011年第2期。

〔26〕 陈楚俊编著：《强制性标准和推荐性标准》，冶金工业出版社1993年版，第11页。

〔27〕 何鹰：《强制性标准的法律地位——司法裁判中的表达》，载《政治论坛》2010年第2期。

〔28〕 朱丘祥：《中央与地方行政分权的转型特征及其法治走向》，载《政治与法律》2009年第11期。

〔29〕 叶柏林、陈志田：《标准化》，中国科学技术出版社1988年版，第28页。

〔30〕 刘春卉：《现代汉语属性范畴研究》，巴蜀书社2008年版，第1页。

法律概念体系、明确标准涵盖范围,凸显国家标准强制属性的规范表征。

一方面,就标准的确定性强制属性而言。该类条款明确了食品安全国家标准的强制属性,凸显出国家标准在食品安全标准体系的最高强制性定位,旨在明确国家作为规制者对"被规制者进行的'外部式'的'他律'"〔31〕行为的准据。对此,有必要追溯食品安全法与标准化法的修订历程,立足于两部门法的表达差异,明确统一的食品安全国家标准的法律概念体系,避免食品卫生与食品安全概念差异导致法律冲突。

所涉食品安全国家标准的性质效力规范设定,主要承载于《标准化法》《标准化法实施条例》《食品安全法》《国家标准管理办法》中。《标准化法》第2条、《食品安全法》第25条明确食品安全国家标准的强制性。《标准化法实施条例》第18条明确食品卫生国家标准的强制性,《国家标准管理办法》第36条则解释了"强制性标准必须执行"。由此,根据《食品安全法》规定可知食品安全标准是唯一的食品类强制性标准,但标准化法体系中明确了食品卫生国家标准为强制性标准,二者关于食品强制性标准的概念界定明显不一致。

就现有规范而言,食品安全法与标准化法对于国家标准属性的核心概念规范表达存在冲突,体现为"内容上的不一致和效力上的互相排斥"〔32〕。标准化法体系采用的"食品卫生标准"与食品安全法体系采用的"食品安全标准"内容不一致,核心概念"食品安全的含义与食品卫生的含义混淆"〔33〕,两类国家标准的效力范围也不一致。"'食品安全'范畴包括了成分安全、功能安全、免疫安全、遗传安全等内涵,从广度和深度上都远远超出了传统的基于防范食品加工、流通环节等属于的'食品卫生'范畴"〔34〕,可见,食品安全国家标准内容范围广于食品卫生国家标准。此外,食品卫生到食品安全的概念转变凸显了食品卫生法到食品安全法的核心变革,食品安全法强调的"食品安全包含食品卫生和食品质量两个基本要素和其他相关要素"〔35〕,概念重点在数量、质量安全,对"不存在任何掺假掺杂或添加任何非

---

〔31〕 宋华琳:《论政府规制中的合作治理》,载《政治与法律》2016年第8期。

〔32〕 严存生、宋海彬:《"立法冲突"概念探析》,载《法学论坛》2000年第1期。

〔33〕 任端平、潘思轶等:《食品安全、食品卫生与食品质量概念辨析》,载《食品科学》2006年第6期。

〔34〕 吴芳:《食品安全立法中基本概念辨析》,载《价格月刊》2008年第7期。

〔35〕 孙效敏:《论〈食品安全法(草案)〉立法理念四大突破》,载《法学杂志》2009年第2期。

法物质”要素界定不足。

对于两大部门法规范表达存在的这一法律规范冲突，有必要追溯食品安全部门法体系的历史变革。在标准化法中对于强制性标准的规定与当时有效的食品安全相关法律规范一致，故标准化法体系中采用的“食品卫生标准”“食品卫生国家标准”，与已失效的《食品卫生法》的规范表达相同。但我国食品领域法律已由食品卫生法变迁为食品安全法，食品安全概念涵盖食品卫生、食品质量的观点已被国际社会所接受，因此需要修改滞后规定保持法律概念体系的统一。相较于食品卫生，食品安全“包含环节更多，侧重结果安全和过程安全的完整统一”〔36〕，概念更完整。这一转化体现了我国丰富食品安全法律概念，建成协调、高效的食品安全法律体系的决心。因此，需修改标准化法中“食品卫生”的规范表达为“食品安全”，与食品安全法保持一致，以建成统一的食品安全法律概念体系、食品安全标准体系。此外，除统一食品安全的表达内容外，还需对食品安全法的食品安全概念深入拓展，尽量落实“不存在任何掺假掺杂或添加任何非法物质”的国际食品安全概念要求，真正实现食品安全法对综合安全的规定。

另一方面，就作为技术要求的范围设定而言。该类条款旨在明确食品安全国家标准所涉事项范围，指向食品安全国家标准的有效制定范围，涵摄了中央行政部门的授权权限。两大部分法体系对于国家标准所涵盖范围的规定均不具体，有必要再分类、再细化现有规范的原则性表达。

关于食品安全国家标准适用范围的规范设定较少，主要集中在标准化法体系中，承载于《标准化法》《强制性国家标准管理办法》《食品安全国家标准管理办法》中。通过《标准化法》第 10 条、《强制性国家标准管理办法》第 3 条规定强制性国家标准的涵盖范围为：对保障人身健康和生命财产安全、国家安全、生态环境安全以及满足经济社会管理基本需要的技术要求。据此，食品安全国家标准范围则应为满足食品领域安全与需要的技术要求。《强制性国家标准管理办法》第 5 条、《食品安全国家标准管理办法》第 2 条则明确了该类标准科学性、规范性、时效性的特点。标准化法体系对于强制性国家标准的范围作了原则性、定义性界定，但对该涵盖范围的界定过于原则、概括。而以《食品安全法》为代表的法律体系对此范围则没有明确规定，

〔36〕 张守文：《当前我国围绕食品安全内涵及相关立法的研究热点——兼论食品安全、食品卫生、食品质量之间关系的研究》，载《食品科技》2005 年第 9 期。

仅可从第26条关于内容的规定中大致推测。

该类事项主要指向食品安全国家标准的范围事项,食品安全法体系的规范缺失难以体现食品安全国家标准作为食品安全领域强制性标准的特别之处,《食品安全法》第26条关于标准内容"广泛的'空白式'的一揽子授权"[37]也过于概括。所涉范围规定应予以细化,体现强制性国家标准与食品安全国家标准一般与特殊的关系。按照标准化法原则性规定难以明确相关食品安全技术要求应否属于食品安全国家标准调整范围,是否具备强制性属性。因此,应基于《标准化法》对强制性国家标准范围的一般性规定,科学设置食品安全这一特殊事项下强制性国家标准的范围规定。有必要在食品安全法体系中增加相关的配套解释或专款规定,详细说明食品安全国家标准的涵盖范围。结合对《食品安全法》第26条关于内容规定的细化,对这一"不具有操作性的原则性规范或概括性规定予以细化"[38]。可在《食品安全国家标准管理办法》中新增食品安全国家标准的范围条款,强调食品安全标准这一技术要求范围界定应体现食品安全"从数量安全到质量安全,再到综合安全"[39]的概念深化,重点在于保障健康和生命财产安全、食品数量安全、质量安全、综合安全以及食品安全管理基本需要。对食品安全法标准内容规定再细化、再分类。可从法律法规层面,或出台专项解释,明确在标准分类基础下可以被纳入食品安全强制性国家标准的部分,明确强制性国家标准的内容范围。

(二)地方标准:地方作为规制者的政府规制形式

作为"由地方标准化主管部门组织制定、审批和发布的标准"[40],该类事项通常作为国家标准的补充,由省级政府有关部门依据地区具体情况制定并发布在该省行政区域范围内适用的标准。不同于国家标准,是省级政府作为规制者进行的政府规制行为,其强制性范围与适用范围有限,不同地域间也因规范不同属性效力相互矛盾。有必要检视相关标准"所具有的性

[37] 伍劲松:《食品安全标准的性质与效力》,载《华南师范大学学报(社会科学版)》2010年第3期。

[38] 徐向华、周欣:《我国法律体系形成中法律的配套立法》,载《中国法学》2010年第4期。

[39] 孙效敏:《论〈食品安全法(草案)〉立法理念之不足及其对策》,载《法学论坛》2010年第1期。

[40] 叶柏林、陈志田:《标准化》,中国科学技术出版社1988年版,第29页。

质、特点”[41]的规范设定,凸显地方标准的特别定位。

一方面,就部门法不同属性规定而言。该类条款明确地方标准在地区范围内的强制性,旨在与国家标准共同呈现出央地之间“二元互动的治理结构”[42],往往凸显出食品安全标准对于地方特色食品的特别定位。地方政府具备自主制定标准的权限,但中央、地方规定不一导致地方标准属性互相矛盾、难以确定,基于此,应统一中央规定,整合地方规定,明确地方标准在地区范围内的强制性。

关于地方标准性质效力条款的规定可见于标准化与食品安全法律体系。所涉规范设定主要承载于《标准化法》《标准化法实施条例》《食品安全法》《地方标准管理办法》中,《标准化法》第2条、《地方标准管理办法》第3条明确了地方标准的推荐性。依据《食品安全法》第25条“一刀切”式的规定,地方标准应具备强制性。根据《标准化法实施条例》第18条规定,可推定食品工业产品安全地方标准,在相应区域内为强制性标准。在地方政府规章和规范性文件中对于食品安全地方标准属性的规定大致可分为两类,一类是各地出台的地方标准管理办法,其中规定各地地方标准为推荐性标准。例如《上海市地方标准管理办法》第8条、《重庆市地方标准管理办法》第7条规定其为推荐性标准,但强调上位法律法规授权制定强制性地方标准的,从上位法规定。另一类是地方出台的食品安全地方标准管理办法,大多明确规定食品安全地方标准在相应行政区域内为强制性标准。例如《安徽省食品安全地方标准管理办法》第5条、《西藏自治区食品安全地方标准管理规定(试行)》第6条、《浙江省实施〈食品安全地方标准管理办法〉细则》第5条、《江西省食品安全地方标准管理办法》第47条、《海南省食品安全地方标准管理办法》第5条等。此外,部分地方标准管理办法也同样规定该类标准为强制性标准,例如《四川省地方标准管理办法》第7条将地方标准分为强制性标准与推荐性标准,而食品安全地方标准应属于“保护人体健康的要求”的范围,为强制性标准。但此条还规定了该地区的强制性标准包括全文强制和部分条文强制两种形式。综上可知,在法律和行政法规、部门规章层面,标准化法体系中规定的地方标准均为推荐性标准,但按照《食品

---

〔41〕 刘春卉:《现代汉语属性范畴研究》,巴蜀书社2008年版,第1页。
〔42〕 许天翔:《央地二元互动下地方政府行政审批权“相对集中”的内在逻辑》,载《中国行政管理》2018年第8期。

安全法》中关于所有食品安全标准均为强制性标准的规定,食品安全地方标准也应归为强制性标准。在地方规范性法律文件的规定中,部分地区规定本地区行政区域内的地方标准均为推荐性标准;部分地区规定食品安全地方标准为强制性标准,四川还别具一格地规定了全文强制与部分强制的形式。可见,现有法律规范对该类地方标准的规定较为混乱。

依循现有规范,发现食品安全地方标准的属性定位混乱,不同部门法间、不同层级法间存在规范冲突。“标准化的特点是统一”〔43〕,因此在设置标准化法时地方标准是否设立已经成了一个热点问题,这一效力规定带来的冲突不可忽视,包括一般法与特别法之间、不同地区规范性文件之间的冲突。

其一,食品安全与标准化规范设定的既有冲突。该类冲突存在于食品安全法与标准化法体系中,依据标准化法体系中的规定可推定出食品安全地方标准的推荐性,以《标准化法》第2条、《地方标准管理办法》为代表;依据食品安全法体系的规定则可认为食品安全地方标准作为食品安全标准应属强制性标准,以《食品安全法》第25条的规定为代表。面对这一冲突规定,是否能适用“特别法优于一般法”的原则?地方标准究竟应确定为推荐性标准还是强制性标准?对此,应从整体、系统的角度出发,抓准《标准化法》作为“标准化事业的基本法”〔44〕定位,明确《食品安全法》就食品安全标准这一事项应作为特别法。有必要依循《标准化法》第10条“法律、行政法规和国务院决定对强制性标准的制定另有规定的,从其规定”的规定,在《标准化法实施条例》关于地方标准在相应行政区域的强制性属性规定中增加食品安全类别,在标准化部门法中确定食品安全地方标准的强制性属性。鼓励各省级政府制定相关管理办法,明确食品安全地方标准在行政区域内的特殊强制性,鼓励参考四川省的规定,采取全文强制与部分强制这一类的灵活规定,避免不同区域间的效力规范冲突。

其二,不同地区管理文件规范设定的既有冲突。不同地区的规范性法律文件关于地方标准属性效力的条款规定存在“法律与法律相冲突、地方性法规与法律相冲突”〔45〕的问题,可能会给食品安全地方标准的制度建设造

---

〔43〕 宋华琳:《中国食品安全地方标准法律制度研究》,载《北京行政学院学报》2012年第6期。

〔44〕 汪江连、余聪:《论“特别法优于一般法”与〈标准化法〉的修改》,载《河南财经政法大学学报》2017年第3期。

〔45〕 蔡定剑:《法律冲突及其解决的途径》,载《中国法学》1999年第3期。

成危害。部分地区规定食品安全地方标准为强制性标准,包括安徽省、西藏自治区、浙江省、江西省、海南省、贵州省、山东省、内蒙古自治区、甘肃省等地的食品安全地方标准管理规范;部分地区则将其属性明确为推荐性,包括上海市、重庆市等地的地方标准管理规范。究其根本,仍源于食品安全法体系与标准化法体系之间的属性规定冲突。对此,应注重央地法律体系的基本一致,有必要在《食品安全法》或其实施条例这类上位规范中明确"'不抵触'和'地方性事务'的标准"[46],划定合理的食品安全标准地方立法基于上位法的创制范围。通过明确省级政府可自主制定食品安全地方标准,强制性范围限于该省。同时,限制地方标准制定行政授权范围,省级以下政府卫生行政部门无权制定食品安全地方标准。由此,将强制性地方标准的制定权限、强制范围确定在省级单位,避免地方标准数量冗余、复杂,引起体系的混乱。

另一方面,就标准核心范围概念设定而言。该类条款明确了地方标准的具体规范对象、范畴,凸显出地方标准与国家标准的核心区别,旨在彰显地方标准作为食品安全强制性标准的特殊性。应立足于地方标准涵盖范围的根本指向,也即地方特色食品的定义范围,结合地方标准作为国家标准、行业标准的范围补充,细化特色食品定义、分类。

现有规范明确地方标准制定范围为地方特色食品领域相关要求,存在国家标准的领域不得制定地方标准。地方规范性法律文件对此的规定大体可分为两类。一类是明确地方标准涵盖范围应针对没有国家标准的地方特色食品或特殊技术要求领域,这一类规定与上述部门规章的规定较为贴近。包括《重庆市地方标准管理办法》第 7 条、《深圳市地方标准管理办法》第 3 条、《山西省食品安全地方标准管理办法》第 5 条、《安徽省食品安全地方标准管理办法》第 4 条、《甘肃省食品安全地方标准管理办法(试行)》第 3 条、《西藏自治区食品安全地方标准管理规定(试行)》第 4 条等规定。另一类则没有地方特色食品的限制,而是基于地域范围和国家标准范围进行的规定。明确食品安全地方标准范围不局限于地方特色食品,而是基于行政区域需要,且是国家标准未涵盖的范围即可。其包括《北京市食品安全地方标准管理办法(试行)》第 5 条、《浙江省实施〈食品安全地方标准管理办法〉细

---

〔46〕 俞祺:《重复、细化还是创制:中国地方立法与上位法关系考察》,载《政治与法律》2017 年第 9 期。

则》第4条、《海南省食品安全地方标准管理办法》第4条、《贵州省食品安全地方标准实施细则》第4条、《江苏省实施〈食品安全地方标准管理办法〉细则》第3条、《山东省食品安全地方标准管理实施细则》第4条、《内蒙古自治区食品安全地方标准管理办法》第2条等规定。

所涉规范设定较为笼统,标准范围主要针对地方特色食品,但地方特色食品的法律定义、范围界定则比较模糊。在地方规范中关于地方标准的涵盖范围大多表述为行政区域内地方自然条件、风俗习惯等领域需统一的技术要求,或没有国家标准的地方特色食品。在北京市、浙江省、江西省、海南省、贵州省、江苏省、山东省、内蒙古自治区的规范性文件中,规定范围更广,不再局限于无国家标准的地方特色食品。可见,“地方特色食品”是法律法规规定的地方标准核心规范内容,所涉“地方特色食品”定义为何?“地方特色”体现在哪里?然而,“目前尚无对于地方特色食品概念的权威解读”[47],地方特色食品这一概念缺少具体定义和分类。同时,行政区域对地方标准涵盖范围的规定多样复杂,法律法规中的规定过于宽泛,给地方政府制定地方标准留出了空间,难以限制地方政府的权力。

对此,有必要修改地方特色食品的法律定义,通过明确“鼓励增加地方特色食品的特征性品质指标”[48],确定食品安全地方标准的具体涵盖范围。可以从地方特色食品的定义出发,地方特色食品是指在部分地域有30年以上传统食用习惯的食品,包括地方特有的食品原料和采用传统工艺生产的、涉及的食品安全指标或要求现有食品安全国家标准不能覆盖的食品。从定义来看,具有30年以上传统食用习惯是成为地方特色食品的前提,其后述及的“地方特有的食品原料和采用传统工艺生产的”与“涉及的食品安全指标或要求现有食品安全国家标准不能覆盖的食品”两部分更近乎一种并列关系,但该定义实际应更倾向“涉及的食品安全指标或要求现有食品安全国家标准不能覆盖的”的地方特色食品可制定食品安全地方标准,因此这一部分应作为前述地方特色食品的条件限制,而具有30年以上传统食用习惯和地方特有的食品原料和采用传统工艺生产的食品均应属于地方特色食品的具体范畴。因此,建议在《食品安全法》或《食品安全地方标准管理办法》中

---

〔47〕 于航宇、樊永祥、王家祺:《我国现行食品安全地方标准分析》,载《中国食品卫生杂志》2019年第5期。

〔48〕 张凯华、臧明伍等:《我国食品安全地方标准现状及问题分析》,载《保鲜与加工》2019年第3期。

明确地方特色食品的定义为“我国部分区域存在30年以上传统食用习惯的、地方特有的食品原料或采用传统工艺生产的食品,包括涉及的食品安全指标或要求现有食品国家标准尚不能覆盖的食品”〔49〕。

三、推荐性标准:食品安全标准规范事项的宣示之维

“食品标准可分为强制性标准和非强制性标准”〔50〕,在标准化法体系中,非强制性标准表现为推荐性标准,食品安全推荐性标准是指“应当自愿采用”〔51〕的食品安全标准。在我国标准化法体系中对于推荐性标准的表述通常为国家鼓励自愿采用,该类条款凸显了食品安全治理过程中的自我规制事项,也即“国家以外主体为履行任务给自己设定的行为标准”〔52〕,是传统命令控制型规制的补充,包括由行业协会、企业等社会主体制定的行业标准、企业标准。

(一)行业标准:团体自律的自我规制形式

行业标准,是“对没有国家标准而又需要在全国某个行业范围内统一的技术要求”〔53〕制定的标准,符合推荐性标准“不具有法的属性,属于技术文件”〔54〕的要求,具备标准适用的推荐性。不同于国家、地方标准由明确的有权行政机关制定,适用于全国或某一省级行政区域,行业标准由有权机关组织、行业协会等社会团体起草制定,适用于某一行业,是食品行业“规制对象自身内部的自律行为”〔55〕。

该类事项旨在凸显行业标准的自我规制,完善食品安全标准体系的羁束效力,贯通强制性标准与推荐性标准。通过检视食品安全法的性质、范围设定,确定行业标准在食品安全法中的法律属性,明确其推荐性地位,厘清食品行业标准条款的属性规定,协调《标准化法》与《食品安全法》一般与特殊的关系。

---

〔49〕 王泽亿、田卉玄等:《我国地方特色食品政策与欧盟相关法规比较分析》,载《中国现代中药》2022年第4期。

〔50〕 余以刚主编:《食品标准与法规》(第2版),中国轻工业出版社2017年版,第2页。

〔51〕 张磊:《关于实施推荐性标准的几点思考》,载《中国标准化》1994年第11期。

〔52〕 高秦伟:《社会自我规制与行政法的任务》,载《中国法学》2015年第5期。

〔53〕 《标准化法》(1988年制定,2017年修订)第12条第1款规定:“对没有推荐性国家标准、需要在全国某个行业范围内统一的技术要求,可以制定行业标准。”

〔54〕 陈楚俊编著:《强制性标准和推荐性标准》,冶金工业出版社1993年版,第12页。

〔55〕 高秦伟:《社会自我规制与行政法的任务》,载《中国法学》2015年第5期。

关于食品安全行业标准的现有规范设定可见于标准化法体系,食品安全法并未将行业标准纳入标准范畴,存在规范缺失。所涉规范设定主要承载于《标准化法》第2条、《标准化法实施条例》第18条及《行业标准管理办法》第2条等,围绕标准性质、范围的属性定位展开,明确行业标准应为推荐性标准,但食品卫生行业标准可归为强制性标准。地方规定中尚无行业标准性质的相关规定。行业标准范围则为"没有国家标准而又需要在全国某个行业范围内统一的技术要求";同时,明确其效力"不得与有关国家标准相抵触",要求相关行业标准"应保持协调、统一,不得重复"。除此,尚无其他相关规定。综上,可明确行业标准特点主要有三:第一,范围特点。行业标准是对国家标准的补充,主要针对没有国家标准但行业内需要统一的技术要求而制定。第二,效力特点。行业标准不得与国家标准相抵触,且一旦实施相应的国家标准,现行行业标准即行废止。第三,实行特点。相关行业标准之间应保持协调、统一,尤其是不得重复。但上述规范基本来自标准化法体系,食品安全法体系对于行业标准规定存在整体缺失,有必要在《食品安全法》及相关法律法规中明确食品安全行业标准的属性定位。

一方面,就位于标准体系的具体定位而言。该类条款并未明确规定食品安全行业标准的属性,仅可推定食品卫生行业标准的强制性,难以凸显食品安全行业标准的体系定位。具体体现在"《食品安全法》中未对行业标准作出规定"[56],关于食品安全行业标准的体系定位、标准属性规范完全缺失。食品安全行业标准是否现实存在?是否有必要明确其法律定位?就前者而言,食品安全相关行业标准现实存在并广泛运用,在以国务院《关于加强食品安全工作的决定》为代表的规范中明确应清理整合食品行业标准中强制执行标准[57],由此说明立法中也承认食品安全行业标准的存在。就后者而言,"标准化法确立的标准化基本原则和基本框架是不能随意变更的"[58],食品安全法不能动摇基本框架,变更四级标准基本体

---

〔56〕 汪江连、余聪:《论"特别法优于一般法"与〈标准化法〉的修改》,载《河南财经政法大学学报》2017年第3期。

〔57〕 《国务院关于加强食品安全工作的决定》,载中央人民政府网,http://www.gov.cn/zwgk/2012-07/03/content_2175891.htm。

〔58〕 王艳林、杨觅玫、韩丹丹:《论〈食品安全法〉中的企业标准——对〈食品安全法〉第25条的注释与评论》,载《法学杂志》2009年第8期。

制。因此，应参考标准化法体系关于行业标准为推荐性标准的规定，不能仅以食品安全法关于食品安全标准均为强制性标准的“一刀切”式规定来断定食品安全行业标准的强制属性。

有必要立足于标准化法统一化的特点与食品安全行业标准整合清理工作的现状，厘清食品安全行业标准的定位，建构契合标准统一化特点的食品安全四级标准体系。确定食品安全行业标准的体系定位与标准属性，如果只根据现有标准化法体系不明确的规定来认定食品安全行业标准属性略显偏颇，应立足于行业标准的自身性质、规范目的，重点落在完善食品安全法行业标准属性规定，同时更新标准化法体系的规定与之保持统一。行业标准由有权行政主体组织监管，是行业协会、商会等社会团体在食品安全行业中为实现行业自律而“进行独立于国家行政权的自我规制”〔59〕，因此其作为“非约束性规则”〔60〕的推荐性意味更强。应把握标准化法确立的基本规则与一般规则，参考《标准化法》四级标准体系，在《食品安全法》第 3 章中增加食品安全行业标准的规定，明确食品安全四类标准的法律属性，以契合食品安全行业标准实际存在且广泛运用的现状，与标准化的四级标准体制保持统一。另外，同国家标准保持一致，在标准化法体系中“食品卫生标准”的规范表达也易引起与“食品安全标准”属性规定的矛盾，及时更新标准化法体系中的规范表达，与《食品安全法》的规定保持一致。

另一方面，就行业标准的涵盖范围而言。该类条款明确了食品行业标准适用的具体范畴，往往凸显出食品安全行业标准对强制性国家标准的范围补充，旨在为缺失食品安全国家标准的领域提供执行标准。所涉标准与国家标准的范围界限、效力次序如何确定？依循《标准化法》相关规定，行业标准是对国家标准的补充，是行业内没有国家标准的统一技术要求，其效力与适用低于国家标准，不能与国家标准重复，可以被国家标准所取缔。国家标准可作为统一事项实现全范围适用，食品安全行业细分广泛，食品卫生、质量、加工等各行业所需标准多样，难以保证食品安全国家标准能满足食品安全相关行业的所有需求，而地方标准与企业标准在适用范围上难以概括某一行业全范围。

---

〔59〕 张青波：《自我规制的规制：应对科技风险的法理与法制》，载《华东政法大学学报》2018 年第 1 期。

〔60〕 ［英］科林·斯科特：《规制、治理与法律：前沿问题研究》，安永康译，清华大学出版社 2018 年版，第 8 页。

有必要基于《标准化法》“作为标准化活动基础规则与一般规则”〔61〕的定位,以国家标准为参考,补充行业标准涵盖范围规范设定,充分体现行业标准作为标准体系的过渡与沟通,明确四级标准间的效力适用次序,改善“我国食品安全标准分为国家标准、地方标准、企业标准三类”〔62〕的现状,构建全面统一的食品安全四级标准体系。明确行业标准的枢纽定位,是国家标准规范不到位、不及时的补充,比地方标准适用范围更广,比企业标准更具效力,更能满足行业总体要求。建议在《食品安全法》及相关规范中明确食品安全行业标准的制定范围,确定为在食品行业中没有国家标准而需要统一的技术要求。行业标准作为食品安全国家标准的补充,具备推荐性,为缺失国家标准的食品安全相关行业提供一个全国范围内的自律行为标准。

(二)企业标准:个体自律的自我规制形式

企业标准,“是对企业范围内需要协调统一的事项制定的标准”〔63〕。食品安全企业标准,则是食品企(事)业制定的适用于企业范围内食品生产事项的标准。旨在为企业生产提供必要的技术支持,通过企业自主制定标准,加上从规范层面作出严格限制,实现企业生产技术要求的规范化。企业标准由企业自主制定,并用于企业经营活动。企业作为“执行标准的最基层单位”〔64〕,体现了企业作为“被规制者自己采取的‘内部式’的‘自律’行为”〔65〕,可以分为企业标准性质、范围规范来明确其属性。

一方面,就其特殊属性规定而言。该类条款明确了企业标准由国家鼓励企业自主制定、采用的推荐属性,凸显出食品安全企业标准区别于其他标准的特别属性,旨在明确企业标准的相对推荐性。企业标准的属性表达在两大部门法体系中均无明确规定,其推荐性属性体现在企业的自主制定适用与国家的鼓励采用态度上。应立足于这一标准与其他标准的核心属性差异,通过梳理现有属性规范设置,细化《食品安全法》“一刀切”式的标准属性规定,明确其特殊的相对推荐性,限制企业标准涵盖范围,完善食品安全企业标准属性规范设定。

---

〔61〕　汪江连、余聪:《论“特别法优于一般法”与〈标准化法〉的修改》,载《河南财经政法大学学报》2017年第3期。

〔62〕　宋华琳:《中国食品安全标准法律制度研究》,载《公共行政评论》2011年第2期。

〔63〕　唐晓燕编著:《企业标准编写》,中国计量出版社2007年版,第2页。

〔64〕　陆强民:《推荐性标准是否具有强制性》,载《中国标准化》1995年第8期。

〔65〕　宋华琳:《论政府规制中的合作治理》,载《政治与法律》2016年第8期。

关于企业标准性质效力的规范设定较为稀少、模糊，法律、行政法规及部门规章中对此几乎没有直接规定，需要从现有规范中推测解释。国家对此通常表述为“鼓励企业自主制定”，结合推荐性标准为国家鼓励采用的表述，可推定企业标准性质为推荐性，其企业标准的效力应当低于其他标准，是对其他标准的选择或补充。所涉规范主要承载于《标准化法》第 2 条、第 20 条、第 21 条，《标准化法实施条例》第 18 条第 4 款。此外，地方性法律规范明确为鼓励制定和实施企业标准，进一步限定企业标准不可与其他强制性标准相抵触，效力低于国家标准、地方标准。最具代表性的包括《黑龙江省食品安全条例》第 19 条、第 98 条，《深圳经济特区食品安全监督条例》第 24 条，《山西省企业标准管理办法》第 10 条、第 12 条规定。

现有规范难以体现出企业标准的特殊属性，相较其他标准，食品安全企业标准性质特殊，其属性定位规定也明显不同于其他标准。对此，是否应按照《食品安全法》第 25 条的规定，认为食品安全企业标准也应为强制性标准？其属性应如何定位？就前者而言，类似于行业标准，这一规定明显不符合企业标准自律性质，食品安全强制性标准与推荐性标准最大的区别在于标准制定授权性质不同，国家标准、地方标准都是有权机关制定的标准，企业标准则是企业自主制定的标准，“前两者是约束制定者以外的行政相对人或民事主体的，而后者是约束自我的”[66]。法律规范以强制性、推荐性来区分标准属性，体现了行政机关针对不同标准的不同行政权限设置。国家、地方标准均可从法律法规中找到其强制性授权规定，若以《食品安全法》“一刀切”式的规范设置确定企业标准为强制性标准明显不当，不符合该类标准的企业自律性质，使食品安全企业标准与其余三类标准的定位界限更为模糊。而且，若以强制性标准定位食品安全企业标准，更会引发有权制定企业标准的食品企业是否被赋予了行政权力，企业制定的标准是否应被强制适用等后续问题。

因此，有必要采用最能凸显食品安全企业标准特殊性质的规范设定，即明确其相对推荐性定位。基于推荐性标准的本质含义，“由企业自愿采用，这就是说，对于推荐性标准，有关各方（其中包括生产企业和用户单位）可以采用，也可以不采用。采用时，可以完整地采用，也可以只采用标准中的部

---

〔66〕 曾祥华：《论食品安全企业标准的法律性质和法律效力》，载《杭州师范大学学报（社会科学版）》2019 年第 5 期。

分内容”。[67] 这与推荐性标准由“国家鼓励、支持制定”的性质高度吻合,相对于强制适用的国家标准,食品安全企业标准的推荐性毋庸置疑。同时,食品安全企业标准属性体现为推荐性,与其在企业内部的强制性并不冲突,确定其推荐性标准更符合标准体系整体要求。而食品安全企业标准的强制性,限于企业内部,是“一种在企业内部的强制性,全体员工必须遵守,所有产品必须符合标准的要求”[68],而这种强制性本质与国家标准的强制性截然不同。明确企业标准为推荐性标准、在企业内部强制的相对推荐性定位,体现其区别于国家标准、行业标准、地方标准的本质特点。通过改善《食品安全法》“立法上大而化之、不分具体情形的笼统规定”[69],对其第25条“一刀切”式的属性规定作出区分,以“国家鼓励食品企业自主制定企业标准”类似表达明确其食品安全推荐性标准的属性定位,再从企业标准范围、备案等方面增加监管,以保证其内容质量足以作为推荐性标准在各级行政区域内推荐适用。

另一方面,就企业可自主制定标准的产品范围而言。该类条款规范了企业可以制定标准的具体范畴,明确企业标准与国家标准、地方标准、行业标准的适用范围区别,旨在限定企业制定标准的自主性,强化食品安全社会共治与监管。企业标准涵盖范围广泛,对于企业自主制定标准要求不够严格。应立足于其他三类标准的范围规定,限缩企业可自主制定标准的范围、加大制定标准的严格要求,适当限制企业标准制定的自主性。现有规范设定主要承载于《食品安全法》第30条、《标准化法实施条例》第17条、《企业标准化管理办法》第3条中。企业标准涵盖范围主要针对没有国家标准、地方标准、行业标准的产品,或企业范围内需要协调、统一的技术要求、管理要求和工作要求。地方性法律规范诸如《黑龙江省食品安全条例》第19条、《湖北省食品安全企业标准备案办法》第3条则规定了企业标准适用于企业内部,需严于其他标准规定。

该类法律规范将食品安全企业标准的适用统一限定于企业内部,具体涵盖范围主要限定于没有国家、行业、地方标准的产品,抑或针对已有国家、

---

[67] 陈楚俊编著:《强制性标准和推荐性标准》,冶金工业出版社1993年版,第13页。

[68] 曾祥华:《论食品安全企业标准的法律性质和法律效力》,载《杭州师范大学学报(社会科学版)》2019年第5期。

[69] 曾祥华:《论食品安全企业标准的法律性质和法律效力》,载《杭州师范大学学报(社会科学版)》2019年第5期。

行业、地方标准的产品，但企业标准需严于上述标准。可制定企业标准的范围规定则较为模糊、宽泛。就前者而言，企业标准范围及于没有国家、行业、地方标准的领域，缺少了法律规范要求企业标准应严于上级标准的限制，导致企业在制定标准的过程中自主性较强，以致“在没有其他标准的领域，企业会选择低制定成本、低违规风险的次优标准”[70]。这样，以企业标准来规范食品安全的目的也会因标准内容、质量不达标而难以实现。就后者而言，内容范围规范基于上层标准，企业可以在符合法律要求下对所有产品制定标准，内容范围广泛，但具体要求不明确。对于这类已有其他类型标准产品参考的范围，规范要求企业标准制定须严于其他标准，但如何实现严于其他标准，对于限量、质量、卫生等不同安全要求，更严格的标准是什么？这些具体内容没有明确规定。对企业标准安全要求的严格标准不明确，难以保证企业标准真正实现了严于其他标准的要求。而对于没有参考标准的食品产品，企业制定自主性更强，更难保证以标准规范食品安全目的的实现。

对此，有必要适当限制企业制定标准的自主性，通过限缩企业标准范围来保证监管，严格把控企业制定过程。尤其是涉及国民生命和健康安全的食品安全标准，更是需要国家、地方有权行政机关把控全局。对此，首先，应当做好食品安全标准清理工作，尽可能从国家、地方层面制定全面的食品安全标准体系，尽可能实现每一类食品产品企业标准都有食品安全国家标准或地方标准作为参考，要求“任何企业不能自行制定标准，更不能在无国家标准、地方标准的情况下进行生产”[71]。这也顺应了《食品安全法》的修改思路，2009 年《食品安全法》第 25 条规定企业可制定的标准还包括没有食品安全国家标准或者地方标准的食品，而 2015 年、2021 年《食品安全法》已经删掉了此类表达，仅规定企业可制定严于国家标准或地方标准的企业标准。其次，则需要在已有参考标准的基础上，明确具体的食品安全指标要求，做好企业标准的备案审查。参考《山西省企业标准管理办法》第 10 条的规定，在备案审查中要求食品安全企业标准必须符合法律法规的要求，符合对应国家标准、地方标准的强制性要求，以此确定企业标准严于现行强制性

---

〔70〕 王艳林、杨觅玫、韩丹丹：《论〈食品安全法〉中的企业标准——对〈食品安全法〉第 25 条的注释与评论》，载《法学杂志》2009 年第 8 期。

〔71〕 徐媛媛：《〈食品安全法〉中的企业标准备案制定探析——基于浙江省对新〈食品安全法〉的实践》，载《中国标准化》2018 年第 7 期。

标准。具体而言,可允许企业在制定企业标准的过程中整体或部分引用食品安全国家标准文件,尤其是在涉及食品添加剂、农药、兽药等残留规定时,需要等于或严于国家标准、地方标准的残留数值规定。由此,政府可通过完善食品安全国家标准、地方标准把控企业标准质量,明确企业标准严于其他标准安全要素规定,限缩并明确企业可制定的食品安全产品范围。

四、结语

食品安全标准条款作为食品安全规范体系的一类核心规范事项,从食品安全标准的角度探讨食品安全多元治理格局的形成,关系着食品安全风险把控与食品安全战略落实。有必要厘清食品安全国家、地方、行业、企业四类标准的属性区别,立足于强制性标准和推荐性标准两个面向,构建食品安全标准规范的二元构造体系,形成政府与社会协作治理视角下的多中心、多主体、多层级的食品安全规制模式。一方面,以国家标准、地方标准构成的强制性标准代表食品安全治理中的公权力主体治理,从中央到地方的政府规制实现食品安全标准规范事项的羁束效力。另一方面,以行业标准、企业标准构成的推荐性标准代表了食品安全治理中的私权利主体治理,从行业到企业的自我规制彰显食品安全标准规范事项的宣示效力。围绕标准化法与食品安全法两大部门法关于四级标准属性规范设定、食品安全核心法律概念规范表达,明确四级标准属性效力有冲突、涵盖范围不具体,标准法律概念体系不一致的现有不足。通过强化国家与地方标准、行业与企业标准的属性区别,明确不同标准的涵盖范围,统一不同法规范之间的理念表达,加强标准体系架构联系。在食品安全标准体系构建过程中,注重以标准化法作为食品安全标准化活动基础规则与一般规则,以食品安全法作为特别细化规定,保持标准化法与食品安全法基本法律概念与属性规定的一致性。通过更新标准化法体系的食品卫生规范表达,建立协调一致的食品安全法律概念体系,明确食品安全标准具体范围。同时,细化《食品安全法》第25条“一刀切”式的食品安全标准均为强制性标准的规定,体现强制性标准与推荐性标准作为他律与自律行为的本质区别。国家标准与地方标准作为传统政府规制形式,行业标准与企业标准作为新兴的自我规制形式,二者相结合,并不会使政府规制被替代或被削弱,相反是重要的互补关系,有助于实现国家与社会之间食品安全多元主体网络型治理。由此,依据食品安全标准二元规范结构形成公私混合规制策略指引下的双轨化路径,体现了食品安全标准监管控制与自律的平衡，食品安全治理体制集权与放权的平衡，实现对不同区域、不同面向的食品安全治理，分级、分类管控食品安全风险，保障国民生命与健康。

（李思洁　审阅）

（康思远　校对）

论行政协议格式条款的性质及其规制

芦一峰*

摘　要:当前行政协议格式条款的司法应用存在理论供给不足、实体法规范缺位、司法监督与审判适用困难这三方面问题。在认识论层面,行政协议格式条款属于合同条款而非一种规范,是行政管理与服务规范及市场交易规范等(含行政惯例与交易习惯)通过条款的方式在行政协议中的具体体现。在方法论层面,对于行政协议格式条款的规制途径主要是立法规制、行政自制和司法监督。在立法规制方面,应建构订入规则、解释规则、效力规则等实体法规范;在行政自制方面,应规范格式条款拟定程序、备案制度、研定并推广示范合同文本;在司法监督方面,可通过建构识别标准、改进审判方式、诉诸法律原则、加强"上位"规范一并审查等角度,实现行政协议格式条款争议的正当裁判。

关键词:行政协议　格式条款　立法规制　行政自制　司法监督

在民事合同领域,对于格式条款已经形成了较为成熟的学理体系和法律规范体系。但在行政协议中,对于格式条款的专门研究较少,对于其不同于民事合同格式条款的特点尚未形成统一认知。而在司法实践中,公民、法人或者其他组织作为行政协议的缔约一方,在提起履行协议或者协议无效之诉中,往往会提出格式条款应作有利于己方之解释或者格式条款无效等

* 芦一峰,中国政法大学法学院宪法学与行政法学专业2018级博士研究生,天津市第一中级人民法院行政审判庭一级法官。

诉讼理由,对此,立法、司法及学理均缺乏有效回应。因此,对于行政协议格式条款的性质的认识及其订入规则、解释规则、效力规则的特殊性有必要从与民事合同相比较的视角展开讨论。同时,从行政自制以及行政权与司法权的关系视角,探讨对于行政协议格式条款的有效规制,以期实现行政协议格式条款提高交易效率、保障公共利益、预防风险及争议的作用,同时避免行政协议格式条款对缔约相对方合法权益的不利影响,实现公法意义上的契约实质正义。

一、行政协议条款识别不清、司法裁判理据不足的问题

根据民法学理通说及我国《民法典》第496条第1款(合同编总则部分)的规定,民事合同中的格式条款是当事人为了重复使用而预先拟定,并在订立合同时未与对方协商的条款。[1] 格式条款是民事合同发展到一定阶段,商品交易日臻活跃、市场竞争机制与垄断并存、传统合同自由原则受到挑战的产物。[2] 而行政协议也是在民事合同和政府行政管理方式发展到一定阶段,为适应多元行政任务而借鉴民事合同衍生发展起来的一种行政方式。而且行政主体基于其管理权能及政策信息优势,有着与那些成熟、完备、规模化的市场主体相类似的缔约优势地位,于是行政协议之中自然会有格式条款的存在。行政协议因缔约一方恒为行政主体,且系以行政法上权利义务为契约标的,行政协议格式条款的概念可以在继受民法已有通说及成熟立法的基础上,突出上述特征而予以表述。

据此,笔者认为,行政协议中的格式条款是指行政主体为了重复使用而预先拟定,在订立行政协议时未与对方协商的,具有行政法上权利义务内容的条款。

然而,这一概念界定只是为本文的讨论提供一个暂时的共识性基点,只是行政协议的"外壳",理性化的程度并不高。目前,理论研究者和实务工作者对于行政协议格式条款的理性认识,远不及对民事合同格式条款那样精密和严谨,制度和理论双重供给侧的不足,导致了行政协议格式条款识别和适用方面的问题。

---

〔1〕 王利明:《合同法通则》,北京大学出版社2022年版,第175页。

〔2〕 苏号朋:《格式合同条款研究》,中国人民大学出版社2004年版,第26~30页。

(一)理论供给不足

在利益诉求日益多元化的时代,行政活动和司法实践均有赖于理性认识的指导,才能在处理各类利益冲突中纲举目张,游刃有余。行政协议格式条款是公共利益与个体利益的交织点,是公平与效率价值的交汇处,所面临的首要问题就是理性认识尚未形成,理论供给不足。对于行政协议的研究,大多集中于行政协议本身的性质、识别、行政优益权及行政协议诉讼规则等方面的研究,单就行政协议格式条款这一论题,没有形成像民事合同格式条款那样精密而富有层次、争议点与通说并存的理论体系。

究其原因,一是作为后发出现的行政协议格式条款,没有经过民事合同格式条款那样实践与理论交互式、渐进式发展的过程,而是直接“借用”民事合同格式条款既有的成熟规则,自身缺乏扎实的理论根基;二是在行政活动与司法实践中,对行政协议格式条款的特殊性认识不足,没有在与民事合同格式条款及相关行政管理规范的比较中厘清其特殊性质。

(二)实体法规范缺位

现阶段,我国对于行政协议的实体规范尚属欠缺,仅有《行政诉讼法》及最高人民法院《关于审理行政协议案件若干问题的规定》作为诉讼程序规范。在该司法解释中规定了“人民法院审理行政协议案件,可以参照适用民事法律规范关于民事合同的相关规定”,更进一步规定“人民法院可以适用民事法律规范确认行政协议无效”。总的来看是“参照适用”规则,与行政诉讼可以参照民事诉讼法的规定别无二致。具体到确认协议无效的情况下,则是“直接适用”规则,在目前缺乏行政协议无效情形实体规定的情况下,可以径行适用民事法律规范。对于行政协议格式条款的实体规则,亦没有专门的规定,只能依据民事法律规范及相关法律原则进行审查和裁判。

在行政协议格式条款作为当事人诉请或抗辩的载体的情况下,行政协议格式条款需要具体的缔约规则、履约规则、解释规则、效力规则等体系化的实体法律规范,才能应对行政活动及司法审判的实践需求。特别是行政协议具有区别于民事合同的显著特征,涉及公益与私益、公平与效率等核心法律价值的平衡,公共利益取向及权力监督关切的色彩更为浓厚,亟待形成符合自身特点的实体法律规范体系。

(三)司法监督与审判适用存在困难

行政协议格式条款的理论供给不足、实体法规范缺位,导致司法监督(行政协议诉讼)作为行政协议争议的末端解决机制,难以发挥其判断职能和规则导向，难以准确地适用法律和学理对案涉格式条款的利益各方给予有效回应。具体表现在以下方面。

1. 裁判者对行政协议格式条款的识别不准确

在一些案件中，裁判者仅从形式上识别行政协议格式条款，而未从实质上甄别条款内容是否符合格式条款的特点。例如在山东省济南市中级人民法院审理的宋某诉历城区政府履行《整合村民住宅拆迁安置补偿协议》一案中，法院认定该协议条款"甲方提供位于历城区范围内的房屋作为乙方的住宅安置房，并保证房屋符合国家规定的设计规范和质量标准"属于格式条款。[3] 笔者则认为，上述条款本身是行政机关履行行政补偿职责的法定要求，是不涉及合同权利义务的一种交互式分配，而不是合同强势一方为了有利于己方交易利益而拟定，在解释上亦不存在有利于哪一方的分歧，因此认定为格式条款在司法评判合同权利义务的实现方面并没有实际意义。再如，在上海市高级人民法院审理的某公司诉上海市浦东新区规划和自然资源局要求返还国有建设用地使用权出让竞买保证金一案中，《挂牌须知》规定"本地块因无人报价或报价均无效而不能成交的，则已获得竞买资格的竞买申请人，三年内不得参加本市国有建设用地使用权招标拍卖挂牌出让活动，同时以不少于全额竞买保证金的数额承担违约赔偿责任"。[4] 案涉《挂牌须知》虽是处于正式出让合同形成前的缔约阶段，但从其权利义务及风险分配的表述看，具有格式条款的性质，法院应当按照格式条款进行审查。

裁判者对于格式条款识别不准确带来的问题是，对于条款的订立、效力及解释是适用普通条款的规则进行审查还是适用格式条款的规则进行审查不明晰，容易造成缔约及履约过程中的权利义务及风险分配失衡，既不能有效发挥格式条款的应有作用，也不能起到司法审查对格式条款的监督和规制作用。

2. 裁判者对行政协议格式条款的效力判断及解释论理不足

对于行政协议案件的审判不同于对传统行政行为案件的审判，在传统行政行为合法性审查中，法院占据主导地位，以裁判者为主导的合法性判断论证构成了主要的裁判语言表达方式。而在行政协议案件审理中，缔约各方的主张与抗辩均构成裁判语言的来源，裁判者应当体现论证式语言与回

---

〔3〕 山东省济南市中级人民法院行政判决书，(2019)鲁01行初483号。

〔4〕 上海市高级人民法院行政裁定书，(2019)沪行申637号。

应式语言相结合的论理技艺,从实质上回应当事人诉求。在行政协议案件中,一些当事人往往主张协议中的某一条款为格式条款,应当作出对己方有利的解释,或者径行主张格式条款无效,这时裁判者因为未熟练掌握格式条款审理规则和审理思路,导致裁判文书中体现的论证乏力。[5] 究其原因,主要是当下行政协议格式条款的实体性规则缺失,而行政法官又普遍缺乏民事合同的审判专业性,故对于格式条款的审查判断存在"短板"。

3. 行政协议诉讼中缺乏对格式条款"上位"规范的审查机制

实践中,一些行政协议案件的私人主体一方,表面上是对格式条款有异议,但实质上是对作为格式条款来源或依据的行政规范性文件(可以称之为格式条款的"上位"规范)有异议。这些行政规范性文件,有些属于法律、法规及规章,格式条款只是将法律、法规、规章的要求通过格式条款在当下行政协议中予以具体化,当事人无权质疑法律、法规、规章的规定,法院审查也只能遵照规范本身含义或有权机关的合法解释予以理解适用。另有一些则属于位阶较低的其他规范性文件,例如行政机关制定的招商引资办法、撤村建居公告、安置补偿方案等,这些规范性文件本身未必合法,在其转化为格式条款之后,法院应当具有对其效力和解释的审查空间。

但是根据现行《行政诉讼法》第53条规定的规范性文件一并审查制度,其启动条件是当事人认为"行政行为所依据的"规范性文件不合法,"在对行政行为提起诉讼时",可以一并请求对该规范性文件进行审查。虽然行政行为的概念经过现行《行政诉讼法》的修订已有所拓展,但逻辑上难以将行政协议诉讼解释为对行政行为提起的诉讼,且格式条款的来源及依据也不能被解释为"行政行为所依据的"规范性文件,故上述规定其实排除了对作为行政协议格式条款来源及依据的规范性文件的审查。当事人因格式条款的来源及依据不合法而权益受损,单纯在行政协议中通过格式条款的解释难以获得有效的救济。

二、行政协议格式条款性质的厘清

欲解决上述问题,首先要从认识论角度厘清格式条款特有的性质,即在与民事合同格式条款从产生到功能的反复比较中,剥离诸如单方拟定性、反复适用性、不可协商性等各类格式条款的外在特点,提炼出行政协议格式条

---

[5] 陈无风:《格式条款解释规则在行政协议中的适用研究》,载《浙江学刊》2018年第3期。

款与民事合同格式条款在性质上的共同点与特殊性。

(一)民事合同格式条款性质的相关学说

根据苏号朋教授的研究考证,在民法学领域对格式条款性质的学说主要有合同(私法)说、规范说和事实契约说。合同(私法)说站在传统私法契约观念的立场,认为格式条款只不过是“将要订入的合同草案”[6],与一般合同条款在法律性质上并无二致。该学说因未承认格式条款“未经协商”的特异性而忽视格式条款特有的订入规则和解释规则,故逐渐不被学界所采纳。规范说认为“格式条款具有规范组织体外观而将其视为一种类似于法规或自治规章的规范”[7]。该学说虽然指出了格式条款不同于一般协商性条款而具有的规范性特点,但忽略了合同与规范的本质区别,格式条款不具有规范所具有的对世效力。事实契约说认为格式条款属于一种事实契约,其发生效力系基于交易事实。该学说片面强调事实关系而忽略法律关系要件,有可能使得格式条款基于既存的事实而自动产生法律效力,意味着承认现实中存在的交易强权,[8]故也不足以采纳。苏号朋教授经过分析认为,应当采取折衷态度,从现代社会私法与公法相渗透、相融合的视角,将格式条款的性质表述为“已经规范化或制度化的合同条款”[9],即格式条款本质上仍是合同条款,只不过从其产生来源及发生效力的方式看,具有规范化或制度化等公法因素。崔建远教授虽然认为格式条款具有“交易上的制度或规范的性质”[10],但同时强调格式条款的解释应有别于法律、法规等规范的纯粹客观解释,对于同一属性的可能缔约人尽量保持解释同一性,同时注意与合同其他条款的可调和性及个别商议条款的优先性。

笔者认为赞成对民事合同格式条款在“条款”与“规范”之间的折中定性,理由如下:首先,格式条款在形式上一般表现为合同条款,另有表现为张贴在告示、须知或印刷于车票、保单等票据之上等形式者,[11]内容无不体现为合同项下的权利义务,约束缔约各方,因此无论是形式还是内容,均属合

---

〔6〕 苏号朋:《格式合同条款研究》,中国人民大学出版社 2004 年版,第 57 页。

〔7〕 苏号朋:《格式合同条款研究》,中国人民大学出版社 2004 年版,第 57 页。

〔8〕 黄越钦:《论附合契约》,载《政大法学评论》1977 年第 16 期。转引自苏号朋:《格式合同条款研究》,中国人民大学出版社 2004 年版,第 60 页。

〔9〕 苏号朋:《格式合同条款研究》,中国人民大学出版社 2004 年版,第 64 页。

〔10〕 崔建远:《论格式条款的解释》,载《经贸法律评论》2019 年第 3 期。

〔11〕 周恒宇:《民法典格式条款规定适用规则探析》,载《法律适用》2022 年第 9 期。

同条款;其次,随着格式条款的发展,其内容体现了交易中形成的习惯或规则,是市场自制、行业自制的体现,可以起到节约交易成本和规范交易秩序的作用,具有一定公法规范性质,是对传统的"绝对的契约自由"和格式条款发展早期"强势方的契约自由"的修正;最后,格式条款必须在合同法框架下得以规制,其虽然可能来源于交易习惯或行业规则,但本身并不具有"规范"的对世效力。

(二)行政协议格式条款的性质

首先,行政协议格式条款具有规范的外观。行政协议格式条款是行政主体所拟定的,且其来源包括法律、法规、规章及行政规范性文件,所以其所带有的公法规范色彩更加浓厚。例如,在原建设部制定的《城镇供热特许经营协议示范文本》中对于供热企业安全保障义务,不得扩大、缩小、委托、出租供热主业以及在特定情形下必须报经"甲方(政府)批准"方可行事等义务性规定,〔12〕属于格式条款,部分来源于《市政公用事业特许经营管理办法》等部门规章,具有明显的管理规范意味。

其次,行政协议格式条款在性质上仍然是合同条款,不同于作为格式条款来源或者作为格式条款拟定依据的行政规范性文件,即其效力和解释方法仍需要在协议的框架下予以分析,并不具有当然的规范效力。

所谓规范,是指由特定的主体专门制定或由历史延续而成、对人们的行为和思想具有一定约束作用的规则和要求,遵守规范可以获得相关的利益,违反规范会承担不利的后果。〔13〕在人类社会领域,法律规范是最为重要的规范,此外还有习惯规范、道德规范、宗教规范、社会组织自制规范以及政治权威机关的自制规章等。〔14〕

通过对"规范"概念和范围的理解可知,法律规范及其他社会规范可以作为行政协议格式条款的重要来源和拟定依据,但行政协议格式条款本身并不属于规范,虽然是"为了重复使用"而制定,但其客观约束力仅及于缔约各方。

基于以上分析,笔者认为行政协议格式条款的法律性质可以用以下表述予以概括:行政协议格式条款是行政管理与服务规范及市场交易规范等

---

〔12〕原建设部《关于印发城镇供热、城市污水处理特许经营协议示范文本的通知》,2006年5月22日发布。

〔13〕赵亮:《道德规范在民族复兴中的历史价值研究》,东北大学出版社2018年版,第2页。

〔14〕刘作翔:《论建立分种类、多层级的社会规范备案审查制度》,载《中国法学》2021年第5期。

（含行政惯例与交易习惯）通过条款的方式在行政协议中的具体体现，亦符合民事合同格式条款在“条款”与“规范”之间的折中定性的基本原理。

（三）行政协议格式条款的特点

第一，行政协议格式条款的拟定者一般是行政主体，民事合同格式条款的拟定者一般是在交易中处于优势地位的市场主体。

格式条款之所以能在未经协商的情况下订入合同，缔约对方心甘情愿受其约束，主要原因是格式条款的拟定方具有交易优势地位，在交易中拥有主导权，缔约对方只能“要么接受，要么走开”〔15〕。在民事合同中，占据资金、管理及信息技术优势的规模化企业处于优势地位，小微企业、购买商品和服务的个人等，则处于弱势地位，格式条款一般由优势方拟定。为了保护弱势方权利免受不公格式条款之侵害，在实质上体现合同公平原则，除《民法典》外，在《保险法》《消费者权益保护法》等特别法中制定了规制格式条款更为具体的规定。在行政协议中，行政主体一般是政策法规及监管领域的专家，具有信息资源布局和预判风险能力，特别是在政府特许经营、国有自然资源出让等领域，政府更是交易资源的实际掌握方，享有当然的优势地位，因此制定格式条款具有可能性。同时，行政协议既反映平等主体之间的经济关系，又反映私人部门作为参与公共服务的经营者与行政主体作为公共服务的市场监管者之间的公法关系，〔16〕行政主体为履行监管职责，防范履约风险，达成行政目标，亦具有制定格式条款的必要性。

第二，民事合同格式条款以拟定者追逐效益、规避风险的“利己”取向为主，兼及规范行业秩序与促进交易安全的公共利益价值取向；行政协议格式条款以公共利益的价值取向为主，但也存在行政主体规避交易风险的“利己”取向。

民事合同格式条款产生之初，垄断色彩浓厚，突出反映了居于优势地位市场主体最大限度追逐利益、不合理分配合同风险的“利己”特点。随着国家干预的出现和市场成熟度的提高，政府和行业组织通过制定合同示范文本等方式对格式条款予以规制，经过规制的格式条款在一定程度上发挥了节约交易成本、规范行业秩序及促进交易安全的公益功能。

行政协议格式条款依托行政协议而生发，自始具有助力达成行政目的

〔15〕 韩世远：《合同法总论》（第4版），法律出版社2018年版，第918页。
〔16〕 徐孟洲：《论政府和社会资本合作关系的经济法调整》，载《中国法律评论》2017年第1期。

的公益属性,一些行政协议格式条款其实是行政管理与服务规范及行政惯例在缔约、履约领域的重申,因此行政协议格式条款虽然在形式上看似有利于行政主体一方,实则非为行政主体追逐私利。同时,也有部分行政协议格式条款缺乏规范方面的依据及来源,系行政主体为自身规避履约风险而制定,也有可能会不当限制缔约对方的权利。

第三,民事合同格式条款经历了"由条款到规范"的发展历程,而行政协议格式条款的来源与发展则体现为"由规范到条款"。

我国台湾地区学者黄越钦先生以如下流程反映民事合同格式条款的产生历程:科技发达、企业组织扩张—大规模生产、大众化消费—经济生活内容定型化—契约定型化—格式合同—格式条款。〔17〕从这一过程来看,其实是个别交易经过多次重复逐步一般化的过程,格式条款也由个别交易条款的性质逐步定型,具有了一般化的、规范化的性质。笔者将其概括为"由条款到规范",想要表达的意思是"由个别条款到规范化的条款",其本质仍是合同条款。

就行政协议格式条款而言,由于行政活动方式经历了从高权行政到福利行政、契约行政的转变,高权行政时代行政活动所依据的管理规范则转变为管理服务规范,在行政协议上又将这些规范融合具体的行政惯例及市场交易习惯后,转化为格式条款,通过格式条款这种契约化表达方式,将一般化的规范内植于个别化交易所形成的契约之中,以利于达成契约的行政目的。因此,行政协议的格式条款经历了"从规范到条款"的演变。

第四,行政协议格式条款既是行政益权的体现载体,同时又可以成为行政优益权的规制工具。

行政优益权,即"根据公务(公共利益)的需要,行政机关可以依职权执行合同,可以在行政协议中规定当事人对于第三者享有某些特权,可以自由解除合同、变更合同,具有超过民商事合同的指挥和监督权力等"〔18〕。行政优益权作为行政协议中行政主体一方"适度的主导性权力"〔19〕,是行政协议"不平等性"的表现,应当受到规范和监督。学理上一般认为行政协议中的行政优益权表现为单方变更、解除合同的权力及对合同履行的监督指挥权

〔17〕苏号朋:《格式合同条款研究》,中国人民大学出版社2004年版,第28页。
〔18〕江必新、梁凤云:《行政诉讼法理论与实务》,北京大学出版社2009年版,第223页。
〔19〕余凌云:《行政契约论》(第2版),中国人民大学出版社2006年版,第118页。

等。在新近研究中,胡建淼教授进一步精确地指出,“行政协议中的优益权是指作为合同一方当事人的行政机关在合同中依照法律规定或者合同约定所具有的合同权益……行政协议中的优益权必须存在于合同之内而不是合同之外”〔20〕。

如果从“合同之内”即合同文本考查,格式条款无疑是行政优益权的一种体现载体,可以作为行政优益权在合同条款上的依据。但行政优益权不能恣意滥用,要受到来自法律和协议本身的双重约束。当格式条款的规定涉及行政优益权的内容时,通过对其效力审查规则以及解释规则,可能会否定那些不正当的格式条款的效力,还可能会作出格式条款有利于缔约对方的解释,这时对格式条款涉及的行政优益权内容实际上是不予认可的,对行政优益权可能带来的缔约对方权益受损起到了预防作用,也对行政优益权本身起到了规制作用。

三、行政协议格式条款的规制方式及司法适用

在解决认识论的问题之后,还需要从方法论的角度形成一套行政协议格式条款的规制机制,才能使其理性化、规范化。

对于民事合同来说,规制格式条款的目的在于“在社会利益的天平上平衡契约自由与契约正义、平衡效率与公平、维护消费者权益”〔21〕。从规制途径看,主要有立法控制、行政控制、司法控制、社团控制等。对于行政协议来说,规制格式条款的目的,需要立足于行政协议的公法性与契约性加以分析,目的一在于缓和行政主体与私人主体在缔约地位与交涉能力事实上的不平等性,以达成行政协议履约上的实质公平;目的二在于约束行政主体一方的行政优益权,促进行政优益权依法、依约、诚信行使;目的三在于平衡公共利益与个体利益,预防和纾解缔约各方的交易风险。规制方式主要有:立法规制、行政自制、司法监督。

(一)立法规制

立法规制是指立法机关通过制定法律,明确行政协议格式条款的订入规则、效力规则和解释规则。

---

〔20〕 胡建淼:《对行政机关在行政协议中优益权的重新解读》,载《法学》2022年第8期。

〔21〕 韩世远:《合同法总论》(第4版),法律出版社2018年版,第919页。

1. 行政协议格式条款的订入规则

订入规则是从条款内容能否成为合同内容的角度,为格式条款提供方规定若干缔约程序义务,包括告知提示及解释说明等,违背该义务则导致相应格式条款不成为合同内容,不涉及效力评价。

根据我国《民法典》的规定,民事合同格式条款的订入规则主要是:(1)格式条款拟定方应遵循公平原则确定当事人之间的权利义务;(2)采取合理方式提示对方注意与其有重大利害关系的条款;(3)按照对方要求,对该条款予以说明;(4)未履行提示或说明义务致使对方未注意或理解前述重大利害关系条款的,对方可以主张该条款不成为合同内容。

行政协议格式条款的订入规则基本可以沿用上述《民法典》的规定。但应当看到,民事领域上述订入规则在原《合同法》、《消费者权益保护法》、《保险法》等20余年的规范实践中,告知与解释说明义务已经逐渐成为市场主体的一种自觉行为,普通自然人签订与自身重大经济利益相关的格式合同时,亦有意识行使要求商家解释说明的权利。但于行政协议而言,因为缺乏统一的缔约程序法律规范,所以行政主体履行告知与解释说明义务的意识还不强,需要通过加强规范供给及强化司法外部监督的方式,促进行政机关缔约程序的正当化。

2. 行政协议格式条款的效力规则

我国《民法典》对格式条款无效情形的规定有三个层次:一是民法典总则部分对民事法律行为无效情形的一般规定,即无民事行为能力者实施的、以虚假意思表示实施的、违反法律法规强制性规定或违反公序良俗的、行为人与相对人恶意串通损害他人合法权益的民事法律行为无效,相应格式条款亦然;二是合同编对于免责条款无效情形的一般规定,即造成对方人身损害或者因故意或重大过失造成对方财产损失的免责条款无效,格式条款的免责内容存在上述情形者,自然无效;三是作为格式条款无效情形的特别规定,即格式条款提供方不合理地免除或者减轻其责任、加重对方责任、限制对方主要权利或者排除对方主要权利的,格式条款无效。根据最高人民法院审理行政协议规定的观点,民事合同格式条款无效的情形同样可以适用于行政协议格式条款效力的判断,但行政协议的公法属性决定了其效力规则具有特殊性。

首先,依法缔约是依法行政的必然要求,行政协议格式条款对权利义务的分配应当具有法律依据。《行政诉讼法》中关于行政行为无效的"重大且明显"情形应当适用于格式条款效力的评判。"重大且明显违法"是对行政权力行使的底线性约束，行政主体在拟定行政协议的格式条款时应当遵循该标准，参照最高人民法院《关于适用〈中华人民共和国行政诉讼法〉的解释》第99条关于“减损权利或者增加义务的行政行为没有法律规范依据”属于“重大且明显违法”情形之规定，行政协议格式条款减损缔约对方权利或者增加缔约对方义务没有法律规范依据者，该格式条款应属于无效。基于当前我国缺乏统一的行政协议实体法律规范的现实，此处的“法律依据”可以扩大解释为法律、行政法规、地方性法规和规章。

其次，行政协议以达成行政目的、实现公共利益为本旨，公共利益本身具有多元性，因此在权利义务分配的“合理性”判断上需要进行利益衡量，只有明显不合理地加重对方义务或限制对方权利的格式条款，才有可能归于无效。民事法律规范把“不合理地”倾斜分配权利义务作为格式条款无效的情形，行政协议中则需要考虑公益与私益之间的平衡性和比例性，在我国以政府为主导的整体型公共行政模式下，笔者建议在“不合理”的基础上加入“明显”的标准，以突出行政协议的公益性目的。具体判断标准可以与(单方)行政行为撤销之诉中的“明显不当”标准相对接，借助“明显不当”的解释力，实现(单方)行政行为与行政协议司法监督标准的衔接统一。在主观层面，行政主体拟定格式条款在主观上不能存在偏私、恣意、不相关考虑、滥用职权的情况。在客观层面，为达成公共行政目标，免除或者减轻行政主体责任、加重相对方责任、限制或者排除相对方主要权利的，应当具有手段与目的之间的必要性，并且格式条款可能给相对方带来的交易风险，应当控制在可预见的最小幅度内。

综合以上两点，如果考虑到和《民法典》规定的格式条款无效情形融合，则可以将行政协议格式条款无效情形表述为：行政协议格式条款减损缔约对方权利或者增加缔约对方义务没有法律规范依据者，或者虽有法律依据但根据行政协议情事明显不合理者，该格式条款应属于无效；行政协议格式条款排除对方主要权利〔22〕的，应属无效。《民法典》关于民事法律行为及一般免责条款无效情形的规定，仍然可以在行政协议领域援引适用。

3. 行政协议格式条款的解释规则

《民法典》关于格式条款解释的规定是，首先采用通常解释，当通常解释

---

〔22〕 基于合同的主要权利，在民事领域的讨论已经比较详细，主要包括基于合同目的获得对价的权利、依法依约获得违约金或者赔偿、补偿的权利等。

存在两种均具有合理性的不同解释观点时,则采“疑义利益解释规则”,[23]即不利于格式条款拟定方的解释;当格式条款与经协商的非格式条款不一致时,应当采用非格式条款。行政协议格式条款的解释规则在参照上述民事合同解释的同时,还应注意以下方面。

一是通常解释的获得应采用客观解释原则,以拟定格式条款的行政主体之一般职务素养和交易对方之一般理解能力为判断基准。传统上,合同解释以在契约自由原则下探求当事人意思表示为目的,采主观解释立场;法律解释的目的则在于探求法律本身所具有的合乎逻辑的、普遍的、客观的意义,采客观解释立场,[24]合同解释与法律解释是二元对立的。随着格式条款的产生和发展,该种条款具有规范的外观和特征,系面向未来而可能成为潜在交易条款的内容,故对于格式条款的解释,应以客观解释为原则,兼顾已经客观化、一般化的主观交易能力与注意义务。具体到行政协议格式条款,其规范属性更强,这就要求格式条款的解释应当具有像对规范的解释那样的统一性,不因个案事实而异,对拟定方而言应以该领域行政管理部门平均而合理的职务素养为理解基准,对于缔约而言应以协议所预设的“交易圈”的平均而合理的交易能力为理解基准,同时结合合同法上文义解释、体系解释等方法,获得该格式条款的通常解释。

二是行政主体作出的合法行政解释及正当行政惯例可以作为通常解释的来源。行政协议中的格式条款一般源于法律、法规、规章、其他行政规范性文件及行政惯例,那么行政主体对上述规范作出的行政解释以及行政惯例均可以作为行政协议格式条款通常解释的潜在来源。基于司法监督行政及法院拥有合同最终解释权的原理,法院在决定是否采用行政解释及行政惯例作为格式条款的通常解释时,对该行政解释及行政惯例应行使司法审查的权力,合法的行政解释及正当的行政惯例才能成为通常解释的来源。

对行政解释的司法审查应当从行政机关是否具有作出解释职权、是否具有事实根据、是否与上位法相抵触、是否符合法律的精神和原则等方面进行,法院对协议之外第三方有权机关作出的行政解释的审查强度可以弱于对作为协议格式条款提供方的行政机关自己作出行政解释的审查强度。例如在最高人民法院指导案例76号“萍乡市亚鹏房地产开发有限公司诉萍乡

---

〔23〕 陈无风:《格式条款解释规则在行政协议中的适用研究》,载《浙江学刊》2018年第3期。
〔24〕 崔建远:《论格式条款的解释》,载《经贸法律评论》2019年第3期。

市国土资源局不履行行政协议案”中，法院认为有权机关（协议外第三方萍乡市规划局）在职权范围内对行政协议条款（案涉争议土地性质）作出的解释对协议双方具有约束力，可以作为审查行政协议的依据。[25]

对行政惯例的司法审查应当采取“强尊重、弱审查”态度，一般仅对行政惯例是否明显违反法律规定、明显不正当地限制或排除相对人权利等进行审查，还应考虑有无明显违反诚实信用、信赖保护、交易风险防范的一般原则，如果经审查认为属于正当的行政惯例，则可以作为格式条款通常解释的来源。

三是对行政主体与占据市场资源优势的规模化市场主体所定行政协议中格式条款的解释，不应机械适用“疑义利益解释规则”。在民事合同领域，对通常解释后仍存疑的格式条款做有利于弱势一方的解释，一般是存在于“B2C”合同中，即商家对个体的合同中，至于“B2B”即企业之间的合同是否适用该规则，根据韩世远教授的观点，在我国合同法立法及司法实践中均未作出区分，因此“疑义利益解释规则”对上述两类合同均是适用的。[26]

在行政协议中，该规则适用于行政主体与个人、行政主体与小型企业等签订的合同自不待言，但是不应机械适用于行政主体与成熟的规模化市场主体之间签订的行政协议，需要根据交易内容具体判断。例如，政府委托经营的很多公用项目，有资质作为缔约方承接项目的绝大多数都是具有一定垄断地位的大型企业，在该类行政协议中，行政主体是掌握政策资源的专家，而成熟的规模化市场主体则是掌握市场资源的生产或营销专家，二者各有优势，难以区分谁是独占优越、主导地位。在这种情况下，即使行政主体提供格式条款，也可推定缔约对方有足够的能力去理解该条款，从国有资产的公法保护角度考虑，不宜径行适用“疑义利益解释规则”作有利于企业而不利于行政主体的解释。在该类协议中，可以借鉴美国政府采购合同领域的“询问规则”和“确信规则”，即为缔约对方在增设缔约前对明显模糊条款含义的询问义务，如果未履行该义务，则视为缔约对方是基于自己对格式条款的解释而自愿订立合同，缔约后另行主张对己方有利的解释则不应被支持。[27] 设定前述格式条款缔约及解释规则，有助于平衡行政主体与大型企

---

〔25〕 陈无风：《格式条款解释规则在行政协议中的适用研究》，载《浙江学刊》2018 年第 3 期。

〔26〕 韩世远：《合同法总论》（第 4 版），法律出版社 2018 年版，第 921 页。

〔27〕 陈无风：《格式条款解释规则在行政协议中的适用研究》，载《浙江学刊》2018 年第 3 期。

业的权利义务和风险负担,是行政协议走向成熟的一个标志。

(二)行政自制

行政自制是行政权自身理性的集中表现,是指“行政主体自发地约束其所实施的行政行为,使其行使的行政权在合法合理的范围内运行的一种自主行为”〔28〕。行政主体作为行政协议格式条款的拟定者和主导者,可以发挥自身理性的能动和自律作用,基于行政管理领域的专业性,实现对行政协议格式条款正当性的自我规制。

其实在民事合同格式条款的发展过程中,行政管理的规制就发挥着重要作用。交易监管部门通过制定行政规则、发布合同示范文本等方式,对于不正当的格式条款予以规制,不断发展合法、理性的格式条款,供市场主体参照。在我国,在计划经济时期以及市场经济发展早期,行政机关就具有合同管理的职责,虽然是行政权“插手”市场交易的时代产物,但从积极角度看,行政机关在合同管理方面积累了丰富经验,部分地区通过制定地方性法规、规章的方式,形成对民事合同格式条款的监管规则。随着民事立法的完善及市场经济日趋成熟,这些地方立法文件大部分进行了修改或予以废止,现《上海市合同格式条款监督条例》《重庆市合同格式条款监督条例》《新疆维吾尔自治区合同格式条款监督条例》《吉林省合同格式条款监督办法》等将近10部地方立法文件仍然有效。在国家层面,原国家工商总局发布了《网络交易平台合同格式条款规范指引》,有效规范了平台经济背景下的合同格式条款,双向保护消费者和经营者的合法权益。

现今在行政协议格式条款领域,行政主体完全可以借鉴曾经的行政规制经验而实现行政自制,即通过完善格式条款的拟定程序、备案制度、研定并推广示范合同文本等自我规制方式,避免格式条款的滥用。特别是基于我国从计划经济到市场经济的转型实践,政府、市场、社会经历了从混沌不清到相对分离的过程,诸如供水、供电、供热等公用企业原先均属于行政机关系统,几经改革才实现了市场化下的“政企分离”,因此这些公用合同管理中关于格式条款的规制经验,可以吸收运用到当下法律框架内的行政协议中,调整和规范政府监管部门与公用企事业单位之间的权利义务关系。

---

〔28〕 崔卓兰、刘福元:《行政自制——探索行政法理论视野之拓展》,载《法制与社会发展》2008年第3期。

(三)司法监督

根据依法行政原则,行政主体在订立行政协议过程中未经协商自行拟定的格式条款不是“法外之地”。2014年修正后的《行政诉讼法》将行政协议纳入行政诉讼受案范围,相应地,行政主体拟定的格式条款亦纳入司法监督的框架内,司法监督的审查标准也从传统的合法性审查、合理性审查向合约性审查发展。

司法监督的具体内容为:审查行政协议格式条款的拟定方是否遵循格式条款订入合同的程序规则,格式条款能否成为行政协议内容;审查行政协议格式条款是否存在违法或不当限制、排除对方权利、减免己方责任等无效情形;对有争议的格式条款进行最终解释;对合法有效的格式条款,监督各方是否依约履行;通过发送司法建议、发布典型案例等方式,推动行政机关规范格式条款拟定程序及备案制度,指导行政机关发展类型化示范合同文本等。

笔者针对在检索到的部分案例中发现的司法实务中存在的问题,提出如下纾解思路。

1. 在司法监督中应明确行政协议格式条款的识别标准

从形式标准看,行政协议格式条款是行政主体为重复使用,在未经与对方协商的情况下预先拟定的条款。从实质标准看,该条款规定是对行政法上权利义务的分配,且这种分配有利于拟定方。只有在同时符合形式标准与实质标准,且格式条款有效的基础上,裁判者方得进一步以解释论视角评判该权利义务分配是否得当。

2. 运用法律原则拓展司法监督审理及裁判论理的思路

司法监督应立足行政协议的公法属性,从公、私法相融合的视角灵活运用诚实信用原则、比例原则等,审视格式条款中权利义务及风险分配的实质内容。正如余凌云教授所说“行政法官对公法因素的体察更敏锐”〔29〕,行政协议格式条款所体现的公法因素更为明显,单依靠民事法律规范所确立的格式条款订入规则、效力规则和解释规则不能完全解决行政协议格式条款可能产生的争议。在行政协议格式条款实体性规则亦属缺位的情况下,可以尝试诉诸法律原则。在行政协议这一兼具公法、私法因素的领域,传统民法的诚实信用原则和传统行政法上的比例原则都能

〔29〕 余凌云:《论行政协议的司法审查》,载《中国法学》2020年第5期。

焕发出新的生命力。

具体来说,诚实信用原则是被法律化的市场道德,亦是良善政府的行政伦理要求,依法行政和诚信履约同等重要。诚实信用原则侧重要求缔约各方恪守诺言、讲究信用,各方基于信赖所生的信赖利益应受到保护。比例原则是要求行政主体在公共利益的正当目标下,不宜对私人主体权利造成过度的损害或限制。行政协议格式条款虽然具有规范化的特征,也是行政主体优益权的体现,但不能违反诚实信用的原则损害缔约对方的信赖利益,亦不得违反比例原则,对各方权利义务及风险造成不合比例的分配,在“平等协议”外壳下,[30]以“条款”为名行“管制”“干预”之实。

3.在司法监督(诉讼)程序中加强全面理性规范沟通

司法监督还应重视行政协议的契约属性,以程序合作主义为审理模式,通过诉讼阶段搭建对话平台,达成全面理性规范沟通,[31]弥补行政协议格式条款缔约阶段沟通不足的问题,引导双方就格式条款的效力、解释等问题充分对话,实现契约正义的续造。

在行政协议格式条款中,告知说明义务的履行程序及其达到的程度远不如民事合同缔约阶段那样成熟,存在单方拟定且沟通不足的问题,如果一概以未经告知或说明而认定该格式条款内容未订入合同,似于公共利益保护及行政目的达成方面照顾不周。在行政协议争议进入诉讼后,就有了弥补沟通不足的平台,行政主体和缔约对方可以就格式条款的效力及解释等问题充分举证质证、发表意见。法官则要完成从传统行政行为合法性审查中的职权主义者到行政协议案件中类似民事法官那样的中立倾听者、对话组织者的角色转化,探索斡旋、商谈、调解等审理方式,通过法院审理,矫正和治愈行政协议缔约和履约过程中的瑕疵,使之成为理性对话、寻找共识的平台。[32]

理想的情况是,根据合同法上“鼓励交易”的原则,不轻易否定格式条款的效力,而是从实质化解行政协议争议的角度,在不损害公共利益的前提下,引导双方就格式条款达成相对一致的解释合意,从而继续履行合同,达成合同目的。

---

[30] 王学辉:《行政何以协议:一个概念的检讨与澄清》,载《求索》2018年第2期。

[31] 陈文曲:《现代诉讼的本质:全面理性的规范沟通》,载《政法论丛》2020年第2期。

[32] 高家伟主编:《行政行为合法性审查类型化研究》,中国政法大学出版社2019年版,第322~323页。

4. 探索对于格式条款来源的规范性文件一并审查

在行政协议诉讼中，可以尝试通过司法解释的拓展，允许当事人在格式条款发生争议时一并提起对格式条款所依据的规范性文件的审查请求，法院在对该规范性文件进行审查时，也是获得格式条款合法、正当解释的过程，以便及时对格式条款的争议作出实质性裁判。例外情形是，当格式条款所依据的规范性文件已经过另案生效判决被认定合法时，不支持当事人要求在本案中再行一并审查的请求。例如，在房屋征收补偿协议中，关于补偿方式和补偿标准的格式条款，均是源于房屋征收补偿方案，而房屋征收补偿案往往在该片区被征收户起诉房屋征收决定时，就经被告举证而为法院所审查。法院在房屋征收决定案的判决中，往往会对其所附征收补偿方案是否合法进行评价，那么在其后具体的房屋征收补偿协议个案中，当事人就不能再提起对房屋征收补偿方案的附带审查。

四、结语

平等观念的深植任重道远，无论是在民事合同还是行政协议中均是如此。格式条款的存在，正是一种“不平等性”的体现，唯有经过有效、理性规制的格式条款，才能在提高交易效率、预防交易风险的前提下，重新达成缔约各方权利义务实质上的平等，实现契约正义。

另外，从目前司法解释罗列的有名行政协议看，均是行政主体占据交易主导地位，在未来政府职能深度转变，政府购买社会服务更加普遍的情况下，可能会存在某些大型企业占据交易主导地位，拟定格式条款，而由行政主体予以接受和附合形成行政协议的情况。这种行政协议中的格式条款与民事合同格式条款有无区别以及如何规制，是本文未尽的论题。

（李思洁　审阅）

（李启萱　校对）

在线行政许可证明责任分配研究

何佳佳*

摘　要:证明责任是行政程序证据制度的核心问题,其中证明责任分配问题尤为重要,即从立法者角度在当事人之间分配证明责任,划定权利与义务。我国数字法治政府的建设推动了行政许可程序的变革,行政许可程序呈现新的样态,在线行政许可程序的出现与发展也将促进行政程序证据制度的跃迁。相较于线下许可程序,在线程序虽只是对其进行了优化、改造,但仍发生了许多新变化,在线行政许可程序对证明责任分配的规则要素带来了影响,在线模式呈现出相对人需要证明的对象减少、行政机关提供证据的能力加强、行政机关举证更为便利,以及行政机关的举证方式与所得利益不一致等特点。基于在线行政许可程序的特殊性,仍然移植适用线下许可证明责任必将面临诸多现实困境,无论是在理论上还是实践中都会产生矛盾冲突,因此有必要构建在线行政许可证明责任的分配规则,进一步明确在线行政许可法律关系中各主体的证明责任。其中,行政机关因职权承担的证明责任增加,而相对人证明责任随之减少,但在举证方式与所得利益不一致的情况下,保证相对人提供证据的权利也极其重要。

关键词:在线行政许可　证明责任　行政程序证据　证明责任分配

一、问题的提出

2021年,《法治政府建设实施纲要(2021-2025年)》提出"九、健全法

---

* 何佳佳,四川大学法学院宪法学与行政法学专业2022级硕士研究生。

治政府建设科技保障体系,全面建设数字法治政府”。[1]《法治政府建设实施纲要》的颁布标志着数字法治政府的建设被纳入我国行政法治的建设轨道,全面建设数字法治政府将成为未来行政法治发展的重要任务。近年来,为促进国家行政治理能力的现代化转型升级,我国推行“互联网+政务服务”,并推动全国一体化在线政务服务平台的建设与应用,要求“政务服务事项应上尽量上”,[2]行政行为由线下向线上转移,不断加快在线行政程序的发展。

数字时代的到来,数字政府建设成为一种新的趋势,在这一背景下,行政程序领域发生了一场深刻的变革。“数字治理带来数据采集、共享和运用电子化,行政活动实现远程合作和协同办理,在线行政成为主要方式”,[3]数字技术的应用推动着政府治理模式和行政行为方式的巨大变革,行政程序的在线模式随之出现,带来了行政程序的结构性变化。

一方面,在线模式契合行政效能原则的要求,突破了传统行政结构科层级行政模式架构的限制,化解了行政管理中资源有限与需求扩大的矛盾。另一方面,在线模式契合行政便民原则的要求,提升了行政许可机关的信息处理能力与行政治理能力,方便了行政相对人的信息获取。在此基础上,行政许可程序实现了从线下到线上的转变,由各部门分别审批向多部门协同管理的方向发展。依托在线模式的数字化优势,行政许可程序更加灵活、高效、简化且合乎行政目的,便利了行政相对人办事,提高了行政机关的工作效率。

全国一体化政务服务平台的建设,带来了行政许可程序的巨大变革,其中较为显著的就是在线行政许可程序带来的行政程序证据规则的变革。在线行政程序在追求数字化、自动化、智能化的过程中,应当处理好与传统行政实践的融合问题。本文将聚焦在线行政许可程序的变革,探寻在线模式的推行对行政许可证明责任分配的影响,并综合考虑影响分配的要素的变化,尝试构建我国在线行政许可程序证明责任分配规则。

二、从线下许可到在线许可:行政许可程序的变革

与传统行政许可程序相比,在线行政许可程序本质不变,即行政许可程

---

〔1〕 中共中央、国务院《法治政府建设实施纲要(2021－2025年)》,2021年8月印发。

〔2〕 国务院《关于加快推进全国一体化在线政务服务平台建设的指导意见》,国发〔2018〕27号,2018年7月25日发布。

〔3〕 徐继敏:《数字治理背景下行政程序证据规则的调整》,载《政法论丛》2023年第2期。

序,具有传统线下许可程序的基本特征。例如,行政许可程序的主体和流程不发生变化,依旧是许可申请人向行政许可机关依法申请许可,行政机关依法受理申请、进行审查,并依据审查情况讨论决定是否赋予相对人许可证。而作为数字法治政府建设下行政许可程序的重大变革,在线行政许可程序所运用的数字化技术手段带来了行政方式与行政程序的巨大变化,因此在线模式呈现出不同于传统线下许可程序的特殊性。

(一)实施模式由线下转为线上

在线模式与行政程序的融合,在我国2003年制定的《行政许可法》中就可以窥见,其中第33条〔4〕明确规定在行政许可制度中推行电子政务,实现行政许可事项网上公开、在线行政许可申请和在线行政许可信息共享。该法是我国行政法律体系第一次明确赋予电子政务程序法意义的规定,对数字技术驱动下行政方式在线实施予以规范认可。

数字法治政府的建设,使国家政务服务平台得以快速应用与发展,我国在线行政许可程序的事项范围也进一步扩大。一方面,行政许可信息网上公开的范围扩大。主要有以下两个方面:一是行政许可的基础性事项。依据《行政许可法》之相关规定,行政许可相关信息、材料在行政许可机关的办公场所公示。在线政务服务平台实质上属于行政机关办公场所在互联网的延伸,因此,《行政许可法》第30条规定在办公场所公示的事项也应当在线上平台同步公开。〔5〕二是行政许可的程序性事项,即行政许可实施中的过程性内容,如受理信息公开、许可决定公开。得益于此,在线行政许可程序便于民众获取行政许可信息,进一步加深了行政机关与行政相对人的沟通,保障了行政相对人的程序权利。另一方面,行政许可网上申请与受理的范围扩大。从《行政许可法》第33条可以看出,行政相对人可以在线提交许可申请;行政机关可以通过在线政务服务平台完成对许可申请的受理、审核、发布决定等事项。〔6〕

---

〔4〕《行政许可法》(2003年)第33条规定:"行政机关应当建立和完善有关制度,推行电子政务,在行政机关的网站上公布行政许可事项,方便申请人采取数据电文等方式提出行政许可申请;应当与其他行政机关共享有关行政许可信息,提高办事效率。"

〔5〕《行政许可法》第30条规定:"行政机关应当将法律、法规、规章规定的有关行政许可的事项、依据、条件、数量、程序、期限以及需要提交的全部材料的目录和申请书示范文本等在办公场所公示。申请人要求行政机关对公示内容予以说明、解释的,行政机关应当说明、解释,提供准确、可靠的信息。"

〔6〕宋华琳:《电子政务背景下行政许可程序的革新》,载《当代法学》2020年第1期。

传统行政许可的启动即行政相对人到行政机关的线下办公场所提出许可申请,会受行政机关办公时间与办公场地距离的限制。随着"互联网+政务服务"的推进与在线政务服务平台的建立,线上模式在行政实践中被广泛应用,"引入数字化技术,才有可能'将跨部门、跨机构的后台办公作业无缝集成到一个系统'",[7]行政许可程序的实施模式由线下转为线上。相对人可以随时随地通过在线政务服务平台提出行政许可申请,也可以在平台上随时查询到有关许可的信息,打破了时间与空间的限制。从"互联网+政务服务"的发展情况来看,在线模式将成为未来行政许可程序的主要发展方向,行政机关将提供更快捷化、数字化的行政许可服务。

(二)行政证据链发生变化

在线政务服务平台将使行政机关以电子的方式实施行政许可,如行政相对人线上提交行政许可申请,行政机关也将通过在线方式向行政相对人颁发行政许可。行政机关大量实施在线行政行为势必导致行政程序证据链发生变化,其中证据的形式,证据的收集、提取和保存等都将与传统行政证据制度有所区别。

其一,案卷形态将可能由以书证为主的证据材料形式转变为以电子的形式出现。伴随着在线政务服务平台的建立以及在线行政许可程序的广泛应用,行政许可申请可以通过电子的方式提出,在线行政许可程序中电子证据将普遍存在。其中,不仅有以电子数据形式存在的行政程序证据,还有在线政务服务系统运行过程中产生的记录许可程序内容并用以证明案件事实的电磁记录物。从证据形式上看,在线行政许可程序中的案卷材料将从纸质档案转变为电子档案,案卷内容涵盖了申请、受理、审查、决定等整个行政许可程序中所依据的一切事实与规范证据。从证据形成与收集方式上看,在线政务服务平台具有全过程全自动记录的技术性特点,在线许可程序中的程序性事实可以直接转化为电子案卷进行收集、保存,这样一来许可相关的程序性事实就将直接以电子证据的形式出现。[8] 与此同时,国务院《关于在线政务服务的若干规定》对电子档案的法律效力予以认可,这也意味着案卷形式将从纸质档案逐渐过渡到电子档案。

---

[7] 余凌云:《数字时代行政审批变革及法律回应》,载《比较法研究》2023年第5期。

[8] 刘品新:《电子证据的基础理论》,载《国家检察官学院学报》2017年第1期。

其二,在线行政许可程序中行政机关的证据优势地位更突出。电子证据容易保存、提取,有巨大的优越性,但由于在线政务服务平台的运营者是行政机关,平台相关的数据信息的维护、保存都由行政机关负责。行政机关在行政许可程序中的角色增加,其与行政许可程序证据的联系更加紧密,不仅是程序的参与者,还是程序证据的收集者、保存者。由于身份的局限性,行政程序中的行政相对人获取证据较为困难;而相较于线下模式,在线模式形成的电子证据在过程性行政相对人收集、保存上都更为困难,因此在线模式实际上促使行政机关的证据优势地位更加突出,但这也会进一步影响证据相关责任的分配。

其三,在线许可程序中电子证据的收集将由行政机关依职权收集。在传统行政许可程序中依据不同的证据类型采用相应的证据收集方法,在线许可程序中电子证据的大量运用将改变原有程序证据规则确定的证据收集主体。例如基于相对人收集电子证据具有难度以及行政机关具有证据收集优势地位等的综合考量,一些本应由相对人自行收集的证据将转变为行政机关依职权收集。此外,在线政务服务平台未来甚至可以实现自动化收集证据,系统自动转化成电子案卷,那么证据的收集则自然由在线政务服务平台的运营者,即行政机关承担。

(三)部分证明对象不再需要相对人证实

行政许可程序的证明对象包含实体性事实和程序性事实,行政相对人要对实体性事实和程序性事实都证实才能满足证明责任的要求,符合程序正义的要求。[9]

相对人在申请取得行政许可时需要证明的内容主要有两个部分:一是证明被许可人的身份;二是证明被许可人符合许可条件。由于行政许可的特定性,行政许可与被许可人之间是绑定的,因此证明被许可人的身份至关重要。我国行政许可共设定有五种类型,其中许可、认可和登记与一般公共利益、民事权益有关,限制较小,申请人只需证明被许可人的身份;而特许则需要对相对人的资质、能力等进行举证。我国在线政务服务平台依托庞大的数据资源库的支持,可以提供自然人身份信息、法人单位信息等主体资格

---

〔9〕 徐继敏:《行政证据制度研究》,中国法制出版社2006年版,第25~30页;徐继敏:《行政证据学基本问题研究》,四川大学出版社2010年版,第161~168页。

信息的数据资源,[10]同时建立起电子证照共享服务实现电子证照互信互认。因此,在行政相对人进行许可申请时则可以精简身份认证、能力资质的证明材料,避免反复证明,减少相对人的办事成本。

此外,国务院《关于在线政务服务的若干规定》第7条直接明确规定了,行政相对人将不再提供行政机关可以通过数据库获取的材料。[11] 因此,在线政务服务平台依靠庞大基础数据资源的支持,在线许可程序中行政相对人将不再需要证实行政机关通过数据库可以获取的能够证明案件事实的部分证明对象。

(四)打破许可一般不采取行政主体依职权调查案件事实的原则

行政许可决定程序中,通常是行政相对人在申请许可时自行提供申请材料用以证实其符合许可的法定条件,而行政许可机关则不必依职权进行调查,只需对申请人所提交的材料进行核查、审查,在审查时行政机关通常也只对材料的真实性、正确性进行核验。[12] 因此,在传统的线下行政许可决定程序中,遵循许可机关一般不依职权调查案件事实的原则,这也是由行政许可的依申请行政行为的特征所致的。

而在线行政许可决定程序中,作为依申请的行政程序,行政许可程序仍然是由行政相对人所启动,在线模式中相对人同样需要自行准备许可申请的办事材料。在线许可程序中行政机关调取数据、资源更加便捷,因此行政机关可以通过行政资源数据库获取的信息就不需要相对人再另行提供,行政许可程序由线下转为线上使得行政机关不需依职权调查许可申请事实转为需要依职权调查部分许可申请事实。在线行政许可程序中行政机关主动依职权获取并调查案件事实,打破了行政许可不依职权调查案件事实的惯例,这也是对行政许可程序的一重大变革。

---

[10] 国务院《关于加快推进全国一体化在线政务服务平台建设的指导意见》,国发〔2018〕27号,2018年7月25日发布。该指导意见明确指出全国一体化在线政务服务平台将提供"统一身份认证"的服务,"国家政务服务平台基于自然人身份信息、法人单位信息等国家认证资源,建设全国统一身份认证系统,积极稳妥与第三方机构开展网上认证合作,为各地区和国务院有关部门政务服务平台及移动端提供统一身份认证服务"。

[11] 国务院《关于在线政务服务的若干规定》,中华人民共和国国务院令第716号,第7条规定:"行政相对人在线办理政务服务事项,应当提交真实、有效的办事材料;政务服务机构通过数据共享能够获得的信息,不得要求行政相对人另行提供。政务服务机构不得将行政相对人提交的办事材料用于与政务服务无关的用途。"

[12] 徐继敏:《行政证据通论》,法律出版社2004年版,第141页。

三、在线许可的推行对证明责任分配带来的影响

在线行政许可程序提升了行政效能,改变了行政许可的模式。目前,在线行政程序正成为行政法治现代化建设的重要内容,在线程序的应用不仅拓展了政府的服务能力,还将对传统行政方式带来挑战。我国在尚未构建起在线行政许可证明责任分配规则的前提下,在线许可程序应用线下许可程序证明责任分配规则能否相适应,是否会产生应用上的局限性值得进一步探讨。

(一)现行行政许可证明责任

证明责任是证据制度的核心内容,但在我国行政程序中,证明责任的问题并没有得到很好的解决。"中国现今还没有统一的行政程序法典,因而没有统一的公共行政证据规则。"[13]事实上,我国尚未建立起真正意义上的统一的行政程序证据体系,只有在诸如《行政许可法》等部门法中有关于行政程序证据制度较为分散的规定。在行政许可程序中,行政许可机关与相对人双方都必须承担一定程度的证明责任,但是由于双方当事人法律地位的不平等性、行政许可程序中法律关系的不对称性,[14]导致了二者在证明责任分配上的差异。

1. 行政程序证明责任

在行政程序中,证明责任是程序与实体的结合,对于认定事实和适用法律有不可或缺的作用。从主体上说,除行政法律关系的直接当事人行政主体与行政相对人外,还包含与行政行为有利害关系的第三人。从内容上看,证明责任是指行政机关或行政相对人以及第三人有提供证据证明其主张的义务,并且当某种对行政决定具有实质性影响的事实无法确定时所负担的主张不成立的后果责任。[15]

行政程序包括提供证据的责任与说服责任。其中,提供证据的责任又称为推进责任,是指提出相关主张的当事人有提供该主张所依赖的证据的责任,通常也被称为作为行为性责任。说服责任,是指当事人就其提供的证据具有证明力以确定其主张成立,且证明主体会因此承担主张不成立的风

---

〔13〕 冉瑞燕:《论公共行政中的证据规则》,载《河北法学》2004年第9期。

〔14〕 陈峰:《法治理念下的行政程序证据制度研究》,苏州大学2010年博士学位论文,第104~107页。

〔15〕 姬亚平:《行政证据制度构建研究》,中国政法大学出版社2015年版,第52~54页。

险的后果责任,因此通常也被称为作为结果性责任。[16]

2. 线下行政许可证明责任分配规则

"我国行政许可证明责任的分配应当采用法律要件分类说,即主张权利者,应对权利根据的事实举证;对方则应对权利妨碍的事实或权利消灭的事实举证",即"谁主张,谁举证"的证明责任分配规则。但在我国的行政体制职权主义模式色彩的影响下,行政机关在行政程序中还要依职权查明案件事实。

行政程序中无论是行政许可的取得、变更还是延续,都是由行政相对人推进的。依据《行政许可法》第 31 条,行政相对人要承担证实其符合授予许可条件的证明责任。

当然,在一些情况下行政机关也要承担证明责任。一是行政机关对许可程序中与职权相关的事实承担证明责任,尤其是有一定自由裁量权的行为。例如,特许通常通过拍卖、招标一个特别领域只有一个申请人可以获得许可被赋予准入资质,行政机关应当对选取最优特许人的过程和结论的正确性负证明责任;核准的结果关系行政相对人是否被予以许可,行政机关在许可程序中提供的技术检验结果是对申请人是否颁发许可证有实质性影响的主张,因此行政机关亦应对其技术检验的结果的正确性负证明责任。二是行政机关应对不授予相对人许可的事实承担证明责任。其实从《行政许可法》第 38 条[17]和第 72 条[18]可以发现立法在行政程序中分配了行政机关一定的证明责任。行政机关经过审查决定拒绝授予相对人许可证,即构成相反的主张,并且该主张会对相对人的权益产生实质性影响,因此行政机

[16] 徐继敏:《行政证据制度研究》,中国法制出版社 2006 年版,第 76 ~ 78 页。

[17] 《行政许可法》第 38 条规定:"申请人的申请符合法定条件、标准的,行政机关应当依法作出准予行政许可的书面决定。行政机关依法作出不予行政许可的书面决定的,应当说明理由,并告知申请人享有依法申请行政复议或者提起行政诉讼的权利。"

[18] 《行政许可法》第 72 条规定:"行政机关及其工作人员违反本法的规定,有下列情形之一的,由其上级行政机关或者监察机关责令改正;情节严重的,对直接负责的主管人员和其他直接责任人员依法给予行政处分:(一)对符合法定条件的行政许可申请不予受理的;(二)不在办公场所公示依法应当公示的材料的;(三)在受理、审查、决定行政许可过程中,未向申请人、利害关系人履行法定告知义务的;(四)申请人提交的申请材料不齐全、不符合法定形式,不一次告知申请人必须补正的全部内容的;(五)违法披露申请人提交的商业秘密、未披露信息或者保密商务信息的;(六)以转让技术作为取得行政许可的条件,或者在实施行政许可的过程中直接或者间接地要求转让技术的;(七)未依法说明不受理行政许可申请或者不予行政许可的理由的;(八)依法应当举行听证而不举行听证的。"

关应当对其承担证明责任。例如,当行政许可机关消极处理行政许可事项时,如故意沉默、刁难、拖延等,拒绝行政相对人或认为相对人不构成行政许可申请条件构成了新的主张,行政机关对此应当承担相应的证明责任。三是行政机关因证明责任倒置而承担证明责任。基于合理行政和以人为本的行政原则,行政程序证明责任的分配应适当考量行政相对人与行政机关的地位和举证能力,在具体情况下实行证明责任倒置,由行政机关承担证明责任。如针对弱势群体的许可事项和为公共利益申请的许可事项,可以实行证明责任倒置。[19]

(二)在线模式对证明责任分配规则要素的影响

在线行政许可程序证明责任的实质性问题即证明责任如何分配的问题,具体应由谁承担证明责任。在线行政许可程序证明责任的分配需要综合若干要素进行,相较于传统线下行政许可程序,在线环境对证明责任分配应当考虑的因素产生了或多或少的影响,证明责任也随之发生变化。

1. 在线模式行政相对人证明对象减少

行政许可程序的证明对象是行政许可程序中需要证明主体提供证据证明的事实,包括程序性事实与实体性事实。在线政务服务平台明确要求行政机关能够提供的材料将不再需要相对人重复提供,因此对于相对人而言,在线模式中行政许可证明对象减少。

通常来说,在行政许可程序中,行政许可申请人需要对其符合获取行政许可的法定条件进行举证,这属于行政许可的实体性事实。在线行政许可程序的应用,对于行政许可实体性事实的证明带来了巨大的变化。目前,我国在线政务服务平台可以办理统一身份认证业务,平台提供基础资源、数据的支撑,精简了行政许可相对人在申请行政许可时提供的身份证明的办事材料。简言之,目前相对人启动在线申请行政许可已逐渐不用再提供身份证明等实体性事实的证据材料。

行政许可的程序性事实有很多,包括提出行政许可申请与受理行政许可申请的事实、行政机关履行义务的事实、不予许可程序中说明理由的事实等。在线行政许可程序中平台可以运用技术对行政许可的实施全过程进行电子自动记录,因此大多数需要证明的程序性事实不再需要行政机关或行政相对人另行提供材料予以证明,在线行政许可程序的存在与运行即全过

---

〔19〕 何家弘:《论推定规则适用中的证明责任和证明标准》,载《中外法学》2008年第6期。

程记录、调取、保存了行政许可的程序性内容,如相对人申请行政许可的事实,当相对人在网上平台正式提交申请即可记录并证明相对人业已提出申请及是否符合要求。

2. 在线模式许可机关提供证据的能力提升

在行政诉讼中行政机关需要对其行政行为的合法性承担证明责任,行政机关的证明责任远远重于行政相对人,这一诉讼证据规则的理论与现实基础是行政机关与行政相对人在证明能力上的不对等。回到行政程序中,行政机关是国家的象征,以国家为依托,享有丰富的资源,而行政相对人多为普通民众,行政机关具有强大的调查能力和经济实力,具有相对人难以比拟的优势。行政许可程序作为依申请启动的行政程序在证明责任的分配上较为不同,由于相对人对自己的情况更加熟悉,因此在许可程序中行政许可申请人被分配了主要的证明责任,而行政许可机关虽仍负有依职权查明案件事实的职责,但其证明责任更多是辅助性的。

在线行政许可程序中,行政相对人与行政机关的证据收集能力均发生了较大的变化。一方面,在线程序构建起协同审查与数据资源共享的在线平台,使得行政机关利用行政信息资源的能力大幅提升。另一方面,一些证据需要一定的技术手段与设备才能获取,行政相对人却受限于此,难以收集由在线程序产生的电子证据。因此,在线行政许可程序中相对人与行政机关在证明能力上的差异增大,行政机关提供证据的能力提升。

3. 在线模式行政机关举证行为与所得利益不一致

利益的内容和性质决定着行政许可程序证明责任的标的和范围,并且也会引导当事人的行为,影响行政许可活动与结果。所得利益与当事人提出的主张,以及对主张可能不成立承担的后果责任有关,对于确定行政许可程序证明责任极为重要。当事人只需承担证明对自己有利的事实的证明责任,不用对自己不利的事实承担证明责任。在行政许可程序中,就由申请人承担自己符合予以许可条件的证明责任。

然而在线行政许可程序将改变所得利益考量的事实主张的利益倾向性。在线行政许可程序中,行政相对人不用再对其身份反复提交证明材料,也就是说行政机关实际上就相对人的身份证明事实承担了更多的举证责任。如果由于系统故障等无法获得身份信息,不利后果可能归于相对人,也可能归于行政机关。行政相对人承担的是无法获得身份证明从而影响申请行政许可的不利后果责任,行政机关则要面临行政执法不力的绩效风险或在线程序可靠性存疑的风险。由于在线行政许可程序中行政机关相比传统线下行政许可程序多了一重身份,即“证据存储者”的身份,因此在某一次具体的在线行政许可行为中,所得利益者为行政相对人,但行政机关却承担提供相对人身份证明的责任。从某种程度上说,行政机关虽然对主张有利于相对人的事实承担了证明责任,但放眼于整个在线行政许可程序,在线许可程序的变化方便了行政机关行政,对提升行政效能、提高治理能力有极大的帮助。

4. 在线模式行政机关举证更为便利

便利原则是指在行政许可程序中应当考虑当事人提供证据的方便程度,以确定证明责任的分配。该原则源于英美法系国家的证据公平理念和法律法系国家的“举证责任倒置”制度。便利原则要求在行政许可程序中,当事人承担举证责任成本较低,或者更有可能证明案件事实真实性、便于提供证据的,应当优先提供证据;对难以提供证据的,甚至可以依法免除举证责任。[20] 证明便利原则是衡量程序价值的重要标准和程序正义的一项重要内容。

在传统线下行政许可程序中,行政相对人由于对自身情况更为了解,掌握被许可人申请许可的材料,因此在行政许可程序中相对人承担主要的证明责任。

从证据调取、收集、存储的便利性出发,在线行政许可程序中高科技技术的运用,原本由行政相对人承担证明责任的程序性事实转变为在线程序自动记录,身份证明等实体性事实不再需要相对人反复提交。根据证据距离原则的要求,举证责任由距离证据较近的当事人承担,从而更容易完成举证责任,证据距离不是考虑物理上的时空距离,而是考虑诉讼过程中谁掌握证据,或者谁更容易获得证据。由于行政机关在行政许可法律关系中处于支配地位,往往能够更快、更充分地掌握相应的证据,其证据距离较近,能以较低的举证成本查明案件事实。行政机关收集、存储的证据,在需要使用时可以自动调取的公民或法人的主体信息材料、在线行政许可程序中发生的程序记录,将不再需要相对人举出,或许可能在未来成为“免证事实”。目前,相对人不需要提交不等于免证,只不过由于行政许可程序方式的变化,由行政机关代为承担相关部分的证明责任。从更大范围来看,行政机关不仅因其负责在线行政许可程序中相关证据材料的调取、保存而承担提供证

〔20〕 徐继敏:《行政证据制度研究》,中国法制出版社2006年版,第88页。

据的责任,并且行政机关需要对材料的正确性负责,要确保提取的数据与相对人所需的材料对应,因此举证不能的不利后果可能会增加行政机关的证明责任。

(三)在线许可程序移植线下许可程序证明责任分配规则的现实困境

在线行政许可程序在我国得以广泛应用,但在行政程序证明责任都未得以统一立法规制的情况下,在线行政许可程序的证明责任并未形成统一、明确的规则。目前一些散见的规范约束的对象是线下行政许可程序,其规制的范围并未涵盖在线行政许可程序,尽管在一些国务院等出台的规范中有证明责任分配规则的影子,但无论是从立法层级上还是规范适用上,在线行政许可证明责任分配规则只是处于待发展的阶段。把线下许可程序证明责任分配规则简单地适用到在线行政许可程序中,无论是在理论上还是实践操作中都会造成不适应。

从理论上讲,不同的法律有不同的适用范围,虽然目前关于行政许可证明责任的规定并未直指线下行政许可程序,但不难从其立法背景发现是基于线下行政许可程序构建的。如前文所述,在线行政许可程序具有其特殊性。行政许可的在线模式,一方面便民利民,但另一方面实质上加剧了行政许可法律关系的不对称性。行政许可程序中的行政许可机关与行政相对人的关系实际上是一种支配与从属的关系,行政机关行使法律赋予的行政管理职能,行使行政权,处于优势的支配地位,许可机关与相对人的关系并不对等。这种现象产生的原因也在于传统权力观念对行政行为合法性判断标准的影响以及在行政立法和执法过程中行政赋权的要求,同时也受到在线行政许可程序自身的限制,因而在线行政许可程序在一定程度上加剧了行政许可法律关系的非对称性。所以,正是由于行政机关与行政相对人这种权力和地位的不平等性,在证明责任的分配上应当加以平衡和调整,考虑由行政机关承担较多的证明责任。若严格按照线下行政许可证明责任,要求行政相对人承担主要的举证责任是不正确的,也与在线政务服务平台的设计内容相违背。

从实践上讲,一方面是对合理行政的影响。“数字治理模式中,法律要件事实已被保存在其他机关或者数据平台中的材料证明,无须在具体个案中再度证明。”[21] 在线模式与传统模式最大的区别是,在线模式利用数据库

---

〔21〕 徐继敏:《数字治理背景下行政程序证据规则的调整》,载《政法论丛》2023 年第 2 期。

获取所有数据证明案件事实,传统模式则是利用个案收集证据材料证明案件事实。因而,要求在线行政许可程序严格适用线下行政许可证明责任分配规则也违反行政法治原理的要求。此外,在线行政许可程序中行政机关的地位、力量都远远超出相对人,提供证据具有极大的优势,那么适用线下行政许可程序证明责任将会导致证明责任分配不公平,相对人承担了过多可以不由其承担的责任。大量的资源掌握在行政机关手中,如果坚持在线行政许可程序中可以由行政机关代为举证的事实仍然由行政相对人承担,那么行政相对人需要向行政机关申请调取证据,又要将从行政机关处调取的证据转交给行政机关,行政程序应当是灵活的而不是僵化的,这也不符合合理行政的要求,降低了行政效率,增加了办事成本。另一方面是对合法行政的影响,在线程序适用线下行政许可证明责任的分配规则将在法律上产生冲突。例如,国务院《关于在线政务服务的若干规定》明确提出,行政机关可以获取的材料相对人将不再提供,但线下行政许可证明责任并未排除相对人提供这些材料的责任,那么仍然适用更高层级的线下行政许可证明责任分配的规定,在线行政许可程序的建设目标就难以实现,甚至说这一系列的便民措施都将形同虚设。另外,在线行政许可程序所依托的在线政务服务平台是跨地区的全国一体化平台,而我国不同地方关于线下行政许可证明责任的规定也有一定出入。例如《湖南省行政程序规定》对行政程序中证明责任的分配进行了详细而有益的探索,其中第72条明确依申请的行政行为,当事人承担证明责任,但若行政机关认为相对人不符合条件,行政机关则要对此承担举证责任。〔22〕然而,规定行政机关承担反证义务的做法无论是在我国学界还是地方实践中都有较大的争议,并未达成统一的认识。那么,当行政许可申请存在跨地区因素时,在线行政许可程序适用传统线下行政许可证明责任的规则具体应适用哪部规定、证明责任又该如何分配都将成为问题。

综上所述,基于在线行政许可程序与线下行政许可程序的差异决定了在线程序不可能也不应当完全移植适用线下行政许可证明责任分配规则,在线行政许可证明责任分配规则应当具有不可替代性。当前,在线行政许

〔22〕《湖南省行政程序规定》第72条规定:“行政机关对依职权作出的行政执法决定的合法性、适当性负举证责任。行政机关依申请作出行政执法决定的,当事人应当如实向行政机关提交有关材料,反映真实情况。行政机关经审查认为其不符合法定条件的,由行政机关负举证责任。”

可程序快速发展,仍适用线下许可证明责任存在矛盾冲突,制约了行政许可证据制度的功能,不利于行政执法规范化。行政程序证据制度是行政活动的重要组成部分,是行政主体实施依法行政、保证程序合法性的制度基础。因此,必须对其进行立法完善和司法适用上的统一。从"程序和实体相结合"原则出发,我国行政程序应当确立以事实认定为核心的证据规则体系,并构建起在线行政许可证明责任分配规则。

四、在线行政许可证明责任分配规则的构建

现代行政要求依法行政,行政程序必须依法实施。行政执法难主要集中在事实的认定上,证据是认定事实的关键,影响行政权力的行使。从理论和实践两方面分析可知,我国关于行政程序的法律规定对事实认定存在诸多问题:一是立法体例不完善;二是缺乏统一规范的证据规则,而要解决这些问题,必须完善我国行政程序证据制度体系。在行政程序中,行政行为都离不开实施,在行政程序中到底由谁提供证据证明案件事实是不可忽视的重要问题,因而在行政程序中明确证明责任的分配意义重大,如果证明责任的分配不合理,很有可能导致结论的错误。当前,我国关于在线行政许可证明责任以及线下行政许可证明责任的规定凌乱且并不统一,有关内容也是少之又少。因此,尽快构建我国在线行政许可证明责任的分配规则十分必要。

(一)在线行政许可证明责任分配的一般原则

1. 坚持"谁主张,谁举证"的证明责任分配原则

在线行政许可证明责任的分配仍然应当以法律要件分类为主,即"谁主张,谁举证"的分配原则。在我国行政法律体系中并没有明确具体地规定行政许可证明责任分配原则,行政行为是依申请作出的行政行为,程序由行政相对人提起,行政相对人承担首要的举证责任,行政机关承担的举证责任则是辅助性的。但是在线行政许可证明责任在分配上相较于传统线下行政许可程序最大的变化在于明确的程序设计规定导致行政相对人的证明责任减少。至于在线行政许可程序,由于行政相对人能力和地位的限制,收集证据和提供证据的能力较弱,行政机关举证更为便利,则相当一部分的证据材料由行政机关依职权调取。但是需要明确的是,在这样的情形下,证明责任是否真正发生了转移需要进一步考量。证明责任的分配需要着重考察主张与利益的一致性,因此也不能简单地认为行政机关代替相对人承担了其应当承担的证明责任,即证明责任并非直接转移到行政相对人一方。

2. 坚持公平原则平衡证明责任的分配

我国《行政许可法》明确规定了行政许可应当遵循公平原则，公平原则是行政程序中的一项重要原则，符合行政管理的基本要求，在线行政程序证明责任的分配也应重点考虑公平。

从形式公平的角度看，行政许可的证明责任分配，应当遵循"谁主张，谁举证"的原则。这一原则主要适用于民事诉讼程序中，民事诉讼中的双方当事人在地位上具有平等性，虽有一定的差距但在诉讼程序中提供证据的能力和参与诉讼的能力大致相同，因而采用"谁主张，谁举证"的分配原则既符合形式公平的要求又符合实质公平的要求。在行政程序中则不同，行政机关与行政相对人的身份、地位悬殊，完全采用这样的分配方法则不符合行政实践的特点，也完全背离实质公平，如此一来行政相对人申请行政许可的办事成本与证明责任的成本增加，也不符合行政许可便民原则的要求。

行政程序证明责任的分配需要平衡各种因素，如举证便利情况的平衡、当事人之间地位的平衡、举证能力的平衡。证据制度的功能是为了化解纠纷，并不是激化矛盾冲突。证明责任本质上是一项义务，可以用来调整各方之间的力量。[23] 但由于我国现行行政程序制度中缺乏对证明责任这一概念和内容进行明确界定的相关法律规定，因而在实践中可能造成不必要的麻烦，甚至影响到行政效率。如果当事人之间的力量对比极不平衡，必要的证据材料集中在一方当事人手中，那么另一方当事人往往可能处于举证困难的境地。如果仍然坚持严格、固化的举证责任分配，举证不便的一方将会因为举证失败承担负面的法律效果评价，那么会严重违反实质性正义或产生极度不公平的现象。

在线行政许可证明程序总体上并未改变行政相对人与行政机关地位不平衡的状况，相反由于在线程序的应用还加剧了行政机关与相对人之间信息不对称的矛盾，双方在在线行政许可程序中力量更加不平衡。在传统行政许可程序中，行政机关的身份具有双重属性，既是证明主体，又是裁判者；[24] 在线行政许可程序中，行政机关的角色增加，增加了证据材料的存储者的身份，其身份具有三重属性。为平衡证明责任，行政机关的证明责任应

---

〔23〕 潘家祥、陈红：《衡平原则在证明责任中的运作与意义》，载《社会科学》2004年第6期；徐继敏：《行政证据通论》，中国法制出版社2004年版，第20页。

〔24〕 王维民编著：《行政程序证据制度研究》，中国言实出版社2014年版，第156~157页。

当被加重以防止行政机关权力的滥用。此外，在线行政许可程序的载体是行政机关负责建立和运营的在线平台，行政机关有绝对的控制权，行政相对人是被动的，并且在在线程序中行政相对人的听证权、取证权和阅卷权等都被实质性限缩，那么当双方地位不平衡的时候，在分配证明责任时就需要向弱势的一方倾斜。

平衡证明责任的分配能够促进程序正义的实现。任何可能影响程序进程的事项均应以证据方式进行。权利义务对等原则也意味着权利越多，义务就越多。在行政程序中，当事人一方或双方的实力不平衡时，会导致行政许可程序出现矛盾和冲突。解决这种纠纷需要运用各种手段，首要之义便是衡平，即调节当事人双方的力量，实现双方力量均衡的主要标准是双方权利和义务的对比状态。在线行政许可程序中，行政机关处于优势地位，那么可以考虑增加其程序中的义务以限制其权力，实现责任分配平衡的目标。

（二）在线行政许可证明责任分配的具体适用规则

1. 行政相对人承担主要的证明责任，且具有提供证据的权利

原有的许多观点认为，在行政许可中行政相对人应当承担主要甚至全部的证明责任。因为行政许可的申请人对个人情况更了解，且由其提供证据证明自己符合许可条件更方便，因此证明申请人符合许可条件的证明责任由行政相对人承担。决定许可申请的主张以及相对人的举证行为与最终是否予以许可的所得利益结果密切相关，而若行政相对人无法证实其符合颁发许可证的法定条件，则要面临举证不能的不利后果。

但在线行政许可程序中，部分程序性事实与实体性事实将不再需要行政相对人举证，其中包括：(1)关于申请人身份认证、资质能力的实体性事实，从由行政相对人承担提供证据的责任转变为由行政机关承担提供证据的责任。在线政务服务平台依托行政共享资源，相对人将不再提供关于身份信息、资质能力的材料，在线行政许可程序中平台拥有各类身份认证信息并实现证照互认，因而在线上进行行政许可申请时平台可以直接调取数据库中存储的相关身份或资质能力的资料，不再需要相对人提交。(2)关于在线行政许可程序中的程序性事实，行政相对人不再需要对其主张与事实相关的事项承担证明责任。在线政务服务平台未来可以引入信息技术手段自动记录行政活动的过程并形成电子证据，那么一些程序性事实将不需要另行证明，例如相对人不必对其提交了许可申请的程序性事实进行证明。(3)行政机关可以通过在线许可程序的数据库调取的其他材料。

从主张与不利后果的关系来看,这些不再需要行政相对人提供的证据,其中必然包含利于相对人主张的证据,那么当举证不能或者举证不足时,该证明对象证明的不利后果应当由相对人承担。不由相对人举证的证据因举证失败导致相对人主张的事实不能成立而引起对其不利的法律后果,很明显证明的后果责任是由行政相对人承担的。又从不利后果与举证行为的关系来看,二者应当具有一致性,举证行为应当是指向事实清楚的。有学者认为,“当事人只有在案件事实有利于他,希望查明案件事实的情况下,才有提供证据的动机”。〔25〕行政程序的特殊性导致,行政机关虽然是另一方当事人,但出于行政权行使的需要也应依职权调查案件事实、提供证据。与此同时,行政相对人当然地对上述证明对象具有提供证据的权利。而当平台出现技术故障可能无法正常提供相关证据材料或调取的材料有误,行政机关基于职权需要产生的举证责任难以实现时,也应当保障相对人提供证据的权利。这是因为行政许可程序的最终结果直接关系行政相对人的权益,那么当可能出现对行政许可决定的结果不利影响时,相对人理应有权利提供证据证明自己的主张。

2. 行政机关承担职权事实的证明责任

行政许可是依申请行为,但是在线行政许可程序中行政许可机关也并非完全是被动的,在许可程序中也存在依职权采取的行政行为,因此行政机关应当承担职权行为的证明责任。《行政许可法》第48条第1款第4项〔26〕的规定可以解释行政许可程序中行政机关的证明责任。

由于行政权的行使需要考虑公共利益与国家相关政策的执行,以及行政程序职权主义的特点,行政机关有义务依职权对案件事实进行调查。诚然,行政机关负有的依职权调查案件事实的责任并不意味着其承担案件事实的证明责任。《行政许可法》规定的行政机关关于行政许可的“说明理由”的职责,并非举证,而是质证。〔27〕

在线行政许可程序中行政机关的行为可以说都是由于行政职权而作

---

〔25〕 黄永:《证明责任分配基本理论:以刑事诉讼为参照的研究》,中国法制出版社2019年版,第177页。

〔26〕 《行政许可法》第48条第1款第4项规定:“举行听证时,审查该行政许可申请的工作人员应当提供审查意见的证据、理由,申请人、利害关系人可以提出证据,并进行申辩和质证。”

〔27〕 严若冰、白利寅:《数字政府背景下的行政许可证据规则研究》,载《河南社会科学》2022年第11期。

出,如果行政机关提供的证据不能导致相对人直接承担不利后果将会使行政许可程序失衡。在线行政许可程序中双方当事人缺乏平等性,我们不应当强加相对人证明其不可控事实的责任,这是其根本无法履行的责任。否则,一方面为了程序的简便和高效,我们转移行政相对人提供证据的责任给行政机关;但另一方面,我们又让行政相对人对行政机关举证不能的后果承担责任,这肯定是不合理的。因此,这里讨论的是证明责任,并非仅指行政机关提供证据的责任。

这里将在线行政许可程序中行政机关承担的证明责任概括为依职权所承担的,主要有以下几个方面:(1)身份资质实体性事实。在线行政许可程序对于身份认证、证照互认等事项通过程序优化免除了行政相对人提供证据的责任,虽然是在线程序自动调取该部分的数据,但实质上行政机关承担了提供相关证据的责任,并且可能会面临因证据的调取故障或证据的不真实而承担不利后果的风险。(2)程序性事实。行政机关负责在线行政许可程序的运营与维护,作为数据的存储者,根据证明便利原则,行政机关获取证据的能力更强,由行政机关承担其负责维护、存储的证据的证明责任更佳,应当优先举证,例如在线行政许可的程序性事实。(3)"不予许可"事实。行政机关不予许可不应只是说明理由,应当对不授予相对人许可的理由不成立而承担后果责任,"说明理由"也应有说服责任、证明主张的含义在,因此毋庸置疑,行政机关应承担证明责任。(4)因行政公共职能导致的证明责任倒置。我国在线行政许可程序证明责任的分配中应当注重发挥行政机关的行政职能,照顾弱势群体、维护公共利益的证明责任倒置,以平衡公共利益、维护社会和谐安定。

3. 有利害关系的第三人具有提供证据的权利

在线行政许可程序必须注重对申请人以外的第三人权利的保障,由于在线行政许可平台是"一对一"的,每个用户只能凭借自己的身份信息注册登录系统,因此在线行政许可的程序虽然是公开、透明的,但是很多行政许可程序的内容仍然是非相对人不可获取的,所以与行政许可行为有利害关系的第三人应从法律上赋予其参与在线行政许可程序的权利。也就是说,在线行政许可程序中有利害关系的第三人可以享有提供证据的权利。

五、结语

行政许可行为以事实为依据,而行政许可所依据的事实由谁提供证据证明是行政许可程序的关键问题。证明责任是行政程序证据制度的灵魂,而证明责任的首要之义又是证明责任的分配问题。近年来,随着数字法治的快速发展,在行政实践中当新兴行政程序样态与传统的证明责任分配规则发生碰撞时,线下许可证明责任的分配规则显得不合时宜。笔者将行政程序证明责任分配置于在线行政许可程序的框架下,以“在线行政许可程序的变化”为线索,对在线行政许可程序对证明责任分配的影响作了探讨,着重分析分配规则要素的变化与在线程序移植适用线下许可证明责任规则面临的困境,并据此构建在线行政许可证明责任分配规则,为数字行政的发展与行政证据制度的革新提供新思路。

(严若冰　审阅)

(苏琦航　校对)

言论自由保护视野下的社交平台审查:模式、困境与重构*

陈禹竹　吕康宁**

摘　要:在互联网时代,网络言论在人们的日常表达中逐渐占据重要比例。社交平台作为枢纽对用户言论进行审查,这一审查存在两个问题:一是过度审查导致“寒蝉效应”;二是虚假信息审查缺陷引发“反向审查”。社交平台在维护网络空间秩序的同时,需兼顾并保障用户的言论自由。可行的应对方案是在社交平台引入数字主体与数字人权理念,确立硬法与软法双重保护机制并建立事前与事后审查正当程序,从而平衡创新激励与权利保护之间的张力。

关键词:网络言论　平台审查　言论自由　数字人权　正当程序

网络平台的崛起是数字经济发展的标志之一,然而科技创新又滋生了新型违法行为。网络平台治理的介入使传统的“公权力—私权利”博弈格局向“公权力—私权力—私权利”博弈格局转变。[1] 对用户言论进行内容审查是社交平台私权力扩张的表现之一。一方面,社交平台作为网状系统发

---

* 本文系教育部人文社科研究青年基金项目“法律规则立法原理的法经济学分析研究”(18XJC820003)的阶段性研究成果。

** 陈禹竹,互联网法治研究院(杭州)助理研究员,法学硕士;吕康宁,西北大学法学院讲师,法学博士。

〔1〕 马长山:《智能互联网时代的法律变革》,载《法学研究》2018 年第 4 期。

挥信息交换的功能;另一方面,社交平台作为基础设施起到提供服务的作用。社交平台扩充了言论表达的渠道,降低了信息交换的成本,使人们不再依赖街道、公园等“传统公共论坛”发表言论,但此种“现代公共论坛”却引发了诸多争议。

2016年著名挪威作家汤姆·埃格兰在脸书(Facebook)上传一张越南战争期间的儿童裸照,但该言论却因含有敏感字眼而被Facebook删除,汤姆·埃格兰的账号也被封锁。[2] 我国中央气象台官方微博发布的台风黄色预警也曾因“涉黄”而被微博删除。[3] 一方面,社交平台不当删除用户言论的行为增多,使用户言论自由受到威胁。有学者基于网络治理的新格局,提出平台的审查活动存在侵犯用户权利的风险,而平台的私法属性却使其逃逸于公法的约束之外。[4] 另一方面,虚假信息的泛滥催生“新型言论审查”,用户言论自由遭遇侵蚀。有学者从假新闻是什么、为什么和怎么办三个维度出发探讨假新闻的治理。[5] 基于互联网时代背景下新型的博弈格局和对虚假信息反制的必要,解决社交平台言论审查存在的问题需要跳出传统的规制路径。本文试图通过阐明网络时代言论审查的模式,着重思考社交平台言论审查带来的言论自由隐忧,探讨可能的应对之道。

一、社交平台言论审查的模式

随着互联网时代的到来,发言者将目光从“街头”转向社交平台。截至2023年6月,我国网民规模达10.79亿人,其中即时通信用户规模达10.47亿人。[6] 即时通信类应用功能齐全,集新闻、通讯、社交、办公于一体,已成为人们日常生活中必不可少的交流工具。这种转向带来的是言论规制结构的改变以及社交平台私权力的扩张。

---

〔2〕 Ian Mahoney, *Censoring the Terrors of War*, Open Democracy (Sept. 19, 2016), https://www.opendemocracy.net/en/transformation/censoring-terrors-of-war/.

〔3〕 《中央气象台发布台风黄色预警却因“涉黄”被删 微博回应》,载搜狐网2017年10月15日,https://www.sohu.com/a/198175156_115479。

〔4〕 孔祥稳:《网络平台信息内容规制结构的公法反思》,载《环球法律评论》2020年第2期;李延枫:《网络平台内容治理的公法规制》,载《甘肃政法大学学报》2022年第2期。

〔5〕 左亦鲁:《假新闻:是什么? 为什么? 怎么办?》,载《中外法学》2021年第2期。

〔6〕 《第52次〈中国互联网络发展状况统计报告〉发布:我国网民规模达10.79亿人》,载人民网,http://finance.people.com.cn/n1/2023/0828/c1004-40065362.html。

(一)言论规制结构从二元走向多元

在美国，基于“街头发言者”的模式，其政府被视为言论的规制者及言论自由的威胁者。传统言论自由的保护基于政府与个人的二元对立。在纽约时报诉沙利文一案中，布伦南大法官明确指出，是否适用美国宪法第一修正案关键在于政府的权力事实上是否得以运用，而不在于政府运用何种形式的权力。[7] 然而，社交平台的介入使互联网时代的言论规制结构不再是“政府—个人”的二元结构，言论规制结构从二元走向多元。[8]

首先，政府在多元结构中仍然扮演着关键角色，但言论规制机理却发生了改变。政府不再直接规制非法有害言论，而通过规定平台的审查义务，要求平台对用户言论进行内容审查从而消除非法有害言论。其次，“水军”独立于普通用户，成为独立主体。在互联网时代，“新型言论审查”依托于社交平台，主要有两种方式：第一，利用“水军”批评甚至辱骂用户以致用户不敢发表言论；第二，通过制造虚假信息等手段扭曲或淹没用户言论。[9] 由于言论发表的成本低廉，用言论对抗言论演变为压制言论的武器。最后，以社交平台为代表的数字基础设施成为规制言论的主体，同时也成为对言论自由的威胁。除了提供言论表达的渠道，社交平台还对用户发表的言论进行内容审查。社交平台审查用户言论源于两方面原因。一方面，技术赋能使社交平台处于规制言论的优势地位。政府希冀社交平台能够第一时间识别不被允许的言论并切断其流通，从而整饬网络空间秩序，实现公共目的。因此，出于政府的期待及相关法律法规的要求，社交平台对用户发表的言论进行审查，进而维护网络空间的健康生态。另一方面，社交平台出于盈利的需求对用户的言论进行审查。一般而言，社交平台通过平台上的广告获利，其收入与活跃用户数、广告点击率等因素有关，即用户使用平台的频率越高，在平台上逗留的时间越长，社交平台获利的可能性越大。而淫秽、仇恨、虚假信息等言论通常不为大多数用户所接受。社交平台主动对用户言论进行审查的目的在于希望能够营造一个令用户满意的使用环境，以吸引用户，增加平台收入。

社交平台处于多元言论规制结构的中心，各主体之间的关系交错纵横。

---

〔7〕 New York Times Co. v. Sullivan, 376 U. S. 254 (1964).

〔8〕 Jack M. Balkin, *Free Speech in the Algorithmic Society: Big Data, Private Governance, and New School Speech Regulation*, 51 U. C. Davis Law Review 1149, 1210 (2018).

〔9〕 Tim Wu, *Is the First Amendment Obsolete?*, 117 Michigan Law Review 547, 565 (2018).

多元主体之间的互动可能将用户言论置于双重甚至多重规制。例如,政府可能通过口头干预(jawboning)[10]、约谈、开展整治活动等手段要求社交平台删除某类或某条具体的言论。“水军”可能通过贿赂社交平台工作人员来达到有偿删帖的目的。因此,互联网时代的言论规制结构不再是“政府—个人”的二元结构,也不再是“政府—企业—个人”的三元结构,而是以社交平台为中心,以规制用户言论为目的的多元复杂结构。

(二)社交平台作为言论审查的枢纽

在20世纪90年代,互联网的出现被认为是乌托邦时代的来临——网络平台将为言论表达提供自由民主的空间。[11] 社交平台往往将自身定位为发言者,强调与用户一样享有言论自由。然而,社交平台去中心化的假象往往让人忽视了其再中心化的努力。

美国最高法院在Red Lion Broadcasting v. FCC一案中提出法院应基于各种传播媒介的属性,适用不同的表达自由标准和原则。[12] 传播媒介不再是一个特殊的发言者,而是具有代理或受托义务的传播者,在一定程度上传播媒介如广播不能自行决定其意欲传播或不传播的内容。然而,斯蒂文斯法官在Reno v. American Civil Liberties Union一案中认为互联网传播具有极易接近、内容多样、主动获取、去中心化四大特征,与广播的传播特征不同。[13] 斯蒂文斯法官对互联网传播特点的判断有待考究。阿利托法官在Packingham v. North Carolina一案中一针见血地指出网络空间与物理世界存在较大的不同,法院在进行类比时应当慎重,因为不同的类比将会带来不同的法律后果。[14]

事实上,社交平台传播并不完全存在斯蒂文斯法官所言的“主动获取”与“去中心化”。一方面,社交平台使用的算法个性化推送服务使用户不是主动获取而是被动接受信息。用户基于信任将个人信息与数据交给社交平台,社交平台由此为用户提供服务,其中便包括根据用户的喜好推荐适宜的

---

[10] Daphne Keller, *Who Do You Sue? State and Platform Hybrid Power over Online Speech*, Hoover Institution(Jan. 29, 2019), https://www.hoover.org/research/who-do-you-sue.

[11] Hannah Bloch-Wehba, *Global Platform Governance: Private Power in the Shadow of the State*, 72 Southern Methodist University Law Review 27, 34(2019).

[12] Red Lion Broadcasting Co. v. Federal Communications Commission, 395 U.S. 367(1969).

[13] Reno v. American Civil Liberties Union, 521 U.S. 844(1997).

[14] Packingham v. North Carolina, 137 S. Ct. 1730(2017).

内容。在这个过程中,社交平台在一定程度上决定了用户表达的信息基础。另一方面,社交平台集规则的制定、适用和裁判于一体,权力的集中使其从去中心化走向再中心化。社交平台犹如水龙头,而用户言论犹如管道里的水,水的流动完全取决于水龙头的开关。[15] 社交平台对用户言论的审查结果是决定用户言论能否表达的关键。至此,社交平台成为言论控制的枢纽。

二、社交平台言论审查的双重困境

社交平台对网络言论的审查既存在过度审查又存在审查不足的现象。社交平台言论审查的双重困境使用户的言论自由受到不同形式、不同程度的压制。

(一)过度审查导致"寒蝉效应"

社交平台对用户言论的审查容易成为压制言论的利剑。在前互联网时代,"寒蝉效应"[16]的产生多是由于法律法规等规定的宽泛或模糊,人们陷入表达抑或不表达的两难境地,而社交平台过度审查用户言论引起的"寒蝉效应"是外因与内因共同作用的结果。

基于政府趋于强化平台责任的外因,社交平台对用户言论的审查不断趋严。一方面,《网络安全法》《互联网信息服务管理办法》等法律法规建立起以平台而非用户为中心的规制体系。《互联网信息服务管理办法》明确规定社交平台不得制作、复制、发布、传播的九类信息,并规定平台相应的停止传输、保存记录、提交报告的义务。[17] 在此基础上,部分规章如《网络信息内容生态治理规定》《微博客信息服务管理规定》,还要求社交平台主动进行用户言论发布审核。[18] 另一方面,监管部门擅于使用更为直接的方式要求社交平台履行相应的言论审查职责,如约谈、整治等。[19] 该类手段以潜

---

〔15〕 Orit Fischman - Afori, *Online Rulers as Hybrid Bodies: The Case of Infringing Content Monitoring*, 23 U. Pa. J. Const. L. 351, 354 (2021).

〔16〕 "寒蝉效应"指人们"因为害怕言论遭到国家的刑罚或者是高额赔偿而不敢发表意见,如同蝉在寒冷天气中噤声一般"。参见[美]卡斯·R.桑斯坦:《谣言》,张楠迪扬译,中信出版社2010年版,第5页。

〔17〕 《互联网信息服务管理办法》(2011年修订)第15条、第16条。

〔18〕 《网络信息内容生态治理规定》(2019年公布)第9条;《微博客信息服务管理规定》(2018年公布)第6条。

〔19〕 《互联网新闻信息服务单位约谈工作规定》(2015年公布)第6条。

在的制裁能力为后盾,存在规范性贫乏、适宜性减损等问题。[20] 社交平台作为趋利避害的理性主体,在用户发布的内容存疑的情况下自然优先选择删除用户言论。为了避免承担责任,社交平台从源头上整治网络言论,其制定的平台规则往往严于法律规定。例如《微博社区公约》规定的违法信息管理规则,其中不仅包括《互联网信息服务管理办法》所禁止的信息内容,还包括不良信息等。[21] 社交平台对用户言论的过度审查限缩了用户言论表达的范围。相比于"街头","寒蝉效应"在社交平台可能更为严重。

社交平台审查能力存在局限是造成过度审查的内因。全面且细致的言论审查需要社交平台人力、物力、财力的支持。平台因自身条件差异,审查的强度不尽相同。以脸书为例,言论审查方式主要分为系统审查和人工审查。鉴于脸书用户数量庞大,平台上绝大部分内容由系统自动审查,即利用现有的数据库过滤言论。除此之外,脸书组建社区运营团队(Community Operations team),团队中共有 7500 多位审查员对平台上的言论进行审查。[22] 然而,无论平台是使用系统审查还是人工审查,用户言论都存在被不当删除的风险,造成过度审查的结果。[23] 同时,审查员也可以基于用户的举报,审查并删除不符合规范的言论,但该制度存在被滥用的风险。近年来,平台收到的举报呈数量级增长趋势。2009 年谷歌共收到 100 件请求删除的通知,而在 2014 年,谷歌共收到 3450 万件。[24] 面对如此之多的通知,平台并不具备相应精细处理的能力,其为了免责往往倾向于直接删除言论。过度审查破坏了用户表达言论所需要的预期,迫使用户改变交流方式。

---

〔20〕 刘乃梁、潘盛龙:《平台经济治理中的行政约谈:实践源流与优化向度》,载《电子政务》2023 年第 7 期。

〔21〕 《微博社区公约》第 36 条,载微博网 2021 年 5 月 27 日,https://service. account. weibo. com/h5/roles/gongyue? ua = HONOR – ELZ – AN00. weibo. 12. 8. 1. android. android12。

〔22〕 Monika Bickert, *Publishing Our Internal Enforcement Guidelines and Expanding Our Appeals Process*, Meta (Apr. 24, 2018), https://newsroom. fb. com/news/2018/04/comprehensive – community – standards.

〔23〕 法国文化部报告显示,超过 70 万网民的言论曾被网络平台不当删除。See Daphne Keller, *Empirical Evidence of "Over – removal" by Internet Companies under Intermediary Liability Laws*, The Center for Internet and Society (Feb. 8, 2021), https://cyberlaw. stanford. edu/blog/2021/02/empirical – evidence – over – removal – internet – companies – under – intermediary – liability – laws.

〔24〕 Joe Karaganis & Jennifer Urban, *The Rise of the Robo Notice*, Communications of the ACM (Sept., 2015), https://cacm. acm. org/magazines/2015/9/191182 – the – rise – of – the – robo – notice/fulltext.

（二）虚假信息审查缺陷引发“反向审查”

《互联网信息服务管理办法》针对谣言的管制采取后果导向，即没有重大社会负面效果的谣言并不在管制范围之内。《微博社区公约》同样将“不实信息”定义为“造成一定社会影响和关注的虚假信息”。[25] 社交平台的选择性审查导致故意制造但未造成显著社会后果的虚假信息在社交平台上泛滥。虚假信息的传播成为遏制言论的新手段。

互联网时代虚假信息的传播得到广泛关注不是因为传播媒介的转移，而在于其作用机理与作用效果的改变。在前互联网时代，假新闻的传播可被视为言论自由的正当行使，除非在涉及公共人物范畴时违反实质恶意原则。在“思想市场理论”下，虚假信息可以在言论市场中自由竞争。打击虚假信息最好的方式就是反言（counter speech），[26] 因为真实的言论最终会在市场中胜出。然而，在互联网时代，传播虚假信息却成为压制言论的新手段。在信息爆炸的当下，用户每天接收海量的信息，但受制于有限的时间与精力，较少用户会深究信息的真假。因此，受众的注意力成为稀缺品。“新型言论审查”转变为以受众为中心，通过大量的虚假信息吸引受众的兴趣，以致受众没有时间、精力挖掘真实的信息，或通过大量的虚假信息混淆视听，以致受众丧失挖掘真实信息的兴趣，从而达到屏蔽言论的效果。有学者将这种手段称为“反向审查”（reverse censorship）。[27] 这些虚假信息不一定能够引起社会动荡，造成严重的社会后果，但足以淹没其意欲遏制的言论。现代虚假信息的传播试图以集体性手段实现工具性目的。据统计，推特（Twitter）上大概存在480万个网络机器人，部分网络机器人被用于在重大事项发生前后传播虚假信息。[28] 深度伪造（deep fake）所具有的高度真实性也给言论自由保护带来新的挑战。当视频经深度伪造技术篡改，人们可能说着其从未说过的话，做着其从未做过的事，但受众却浑然不知。言论审查不再以发言者为对象，而以受众为对象，通过操纵虚假信息，间接屏蔽发

---

〔25〕《微博社区公约》第50条，载微博网2021年5月27日，https://service.account.weibo.com/h5/roles/gongyue? ua = HONOR – ELZ – AN00.weibo.12.8.1.android.android12。

〔26〕Whitney v. California, 274 U.S. 357 (1927).

〔27〕Tim Wu, *Is the First Amendment Obsolete*? 117 Michigan Law Review 547, 565 (2018).

〔28〕Onur Varol et al., *Online Human – Bot Interactions: Detection, Estimation, and Characterization*, Int'l AAAI Conf. Web & Social Media (Mar. 27, 2017), https://arxiv.org/pdf/1703.03107.pdf.

言者的言论。对于社交平台上大量的具有针对性的虚假信息,反言在后真相时代已不再是一个有效的反制措施。

《微博客信息服务管理规定》要求微博客服务提供者建立健全辟谣机制,发现微博客服务使用者发布、传播谣言或不实信息时应当主动采取辟谣措施。[29] 然而,微博等社交平台仍然充斥着大量虚假信息的现象从侧面反映出该规定的落实存在难度,可能的原因是直接运行的信息成本过于高昂。信息成本对法律实施的影响体现在两重机制中:第一,立法机关制定的一般性规范要求,在被适用于具体情境中时,其内容需要获得规制对象的理解才能被遵守,需要被权威执法和司法机关解释后才能获得执行,而上述理解和解释活动的效果均可能因信息成本过高而受限;第二,即使法律规范包含的行为要求已获得适当理解和/或解释,这些规范获得执行的效果也受制于不同执行主体获取、分析和传递信息的成本。[30] 具体到辟谣机制及辟谣措施,微博客服务提供者首先需要判断哪些言论属于谣言或不实信息,而这一判断往往依赖于第三方提供的信息,即辟谣措施的执行受制于其他主体。在这个真假难辨的时代,微博客服务提供者本身并不具备分辨真假的能力,导致该规定的制定初衷难以实现。在此情况下,微博客服务提供者可以建立信息提醒机制,如有国外学者认为在不违反美国宪法第一修正案的情况下,政府可以要求脸书和谷歌等平台提供一定的信息,帮助用户判断言论的真伪。[31] 目前社交平台在虚假信息审查方面仍存在能力不足、机制缺失等缺陷,导致网络言论表达环境恶化。当用户不再有言论表达或倾听意愿时,言论自由已失去其价值。

三、社交平台言论审查的重构

社交平台可以去中心化或中心化表明其具有较强的可规制性,架构并不唯一。[32] 重构社交平台言论审查应当将保障用户言论自由确立为价值

---

〔29〕《微博客信息服务管理规定》(2018年公布)第11条。

〔30〕戴昕、申欣旺:《规范如何"落地"——法律实施的未来与互联网平台治理的现实》,载《中国法律评论》2016年第4期。

〔31〕Richard L. Hasen, *Cheap Speech and What It Has Done (to American Democracy)*, 16 First Amendment Law Review 200, 202(2018).

〔32〕[美]劳伦斯·莱斯格:《代码2.0:网络空间中的法律》,李旭、沈伟伟译,清华大学出版社2018年版,第36页。

追求,并从机制与程序两个方面完善社交平台的言论审查行为。

(一)引入数字主体与数字人权理念

随着互联网向社会生活的渗透,个人形态经历了数字化重塑。人们由“生物人”向“信息人”转变,数据和信息逐渐成为人们的构成要素。数字主体的建立是人权形态变革的前兆,有学者认为以“数字人权”为代表的“第四代人权”由此开启。[33]

不同于以往三代人权,数字人权涵盖信息法益,然而信息要素的囊括却引发了权利变异过程中的“类现象”。[34] 社交平台掌握着规则制定权、审查执行权、争议解决权,用户与社交平台的权利义务始终处于失衡状态。技术变迁带来的言论规制范式变化引发了全新的人权威胁,凸显了重新认识言论自由,重新塑造人权保护格局的必要性。社交平台作为数字时代的基础设施,不仅在国家治理平台的过程中有协同政府保护人权的责任,也应在其自身的内部治理过程中承担必要的人权保护义务。[35] 社交平台不仅被用于公共话语的流通,也致力于用户认知能力的增强。换言之,社交平台集多功能于一体的特点使其同时服务于民主正当(democratic legitimation)与民主胜任(democratic competence)。民主正当指言论自由能使政府正当化,而民主胜任使公民能够胜任民主。[36] 民主正当从发言者角度出发,要求公共对话给予发言者平等、宽容的发言环境;而民主胜任从受众角度出发,要求错误、虚假的言论受到惩罚。因此,服务于民主正当与民主胜任双重目的的社交平台需要对不同种类的言论采取不同手段,在平台上建立相应的人权保护机制。

在贯彻数字人权理念的同时要求社交平台重新塑造网络结构。社交平台本是以盈利为驱动力的网络平台,但社交平台在公民言论表达过程中发挥越发重要的作用,使其成为服务于民主的一部分,如美国最高法院便声明脸书和油管(YouTube)等平台充当着“现代公共广场”的角色。[37] 然而,商业主体搭建的社交平台在追逐利益的本性下难以充分保障用户的言论自

---

〔33〕 马长山:《智慧社会背景下的“第四代人权”及其保障》,载《中国法学》2019 年第 5 期。

〔34〕 马长山:《智慧社会背景下的“第四代人权”及其保障》,载《中国法学》2019 年第 5 期。

〔35〕 马长山:《数字公民的身份确认及权利保障》,载《法学研究》2023 年第 4 期。

〔36〕 [美]罗伯特·波斯特:《民主、专业知识与学术自由——现代国家的第一修正案理论》,左亦鲁译,中国政法大学出版社 2014 年版,第 7 页。

〔37〕 Packingham v. North Carolina, 137 S. Ct. 1730(2017).

由。技术上的可行并不等同于公共利益的实现,只有给权力和科技套上缰绳,才能确保基本权利得到保障。〔38〕将"数字人权"视为"第四代人权",目的是克服技术发展过程中对人权的威胁,强化互联网时代下的人权保护,进而"用人性的洞察设计更人性的社会"〔39〕。例如,Gobo网站通过人性化的设计加强用户对其言论环境的控制,赋予用户对抗平台言论审查和算法操纵的手段。用户可以自行设置言论审查规则,从而控制其所视的言论,实现"通过双眼看世界"而非"通过平台看世界"〔40〕。除此之外,社交平台还可以建立信息提醒机制,在一定条件下向用户提供信息,帮助用户判断言论真伪。总而言之,数字时代的人权保护需要社交平台进行更为精细的结构设计,更为具体的权益平衡。社交平台应从"数字人权"出发,重塑网络结构,净化网络生态,构建共建共享体系。

(二)确立硬法与软法双重保护机制

一般而言,"软法"是指那些难以或者不能运用国家强制力保证实施的具有公共规制性质的规范性文件或者惯例,它区别于能够依靠国家强制力来保证实施的法规范——"硬法"。〔41〕硬法与软法在网络治理方面均有优缺点,只有两者较好地配合,治理效能与言论自由才能达致平衡,创新激励和权利保障才能齐头并进。网络空间的虚拟性和高速性改变了人们的交流习惯和交易规则,传统的控制手段不足以应对网络平台上出现的治理难题。不同于硬法的滞后,软法的反应速度更快,回应性更强,能够从解决局部纠纷入手防止事态扩大,在较短时间内控制局面。在互联网时代,软法实现了从填补性到建构性的升级,〔42〕其涵盖范围之广以致在现实生活中出现了替代硬法的趋势。然而,"软法之治"存在优势地位、价值偏好等问题和局限。〔43〕社交平台相对于用户而言具有显著的优势地位,其与用户签订的服务合同成为约束用户的工具之一。社交平台的价值偏好也各不相同,具体

---

〔38〕郑戈:《在鼓励创新与保护人权之间——法律如何回应大数据技术革新的挑战》,载《探索与争鸣》2016年第7期。

〔39〕[美]阿莱克斯·彭特兰:《智慧社会——大数据与社会物理学》,汪小帆、汪容译,浙江人民出版社2015年版,第185页。

〔40〕Anna Woorim Chung, *Gobo: Your Social Media, Your Rules*, MIT Center for Civic Media, https://civic.mit.edu/2019/06/03/gobo-your-social-media-your-rules/.

〔41〕马长山:《互联网+时代"软法之治"的问题与对策》,载《现代法学》2016年第5期。

〔42〕马长山:《互联网+时代"软法之治"的问题与对策》,载《现代法学》2016年第5期。

〔43〕马长山:《互联网+时代"软法之治"的问题与对策》,载《现代法学》2016年第5期。

体现在其制定的言论审查标准中。由于部分社交平台在生活中发挥着越发重要的作用，缺乏相应议价能力的用户无法再“用脚投票”。在绝大多数情况下，用户只能对集“立法者”“实施者”“裁决者”于一体的社交平台全盘接受。

化解上述“软法之治”存在的问题及局限是推进软法之治的前提。2018年扎克伯格提出网络监管的新图景，他深刻认识到“关于言论自由与安全的重大事项，不应该由 Facebook 做决定”。[44] Facebook 在各方压力下决定对言论审查实行新的软法，即设立独立的监委会，建立监委会章程及相应言论审查规则，以进一步审查 Facebook 删除用户言论的决定。监委会拥有独立于 Facebook 的资金与人手，以保证其最终决定的公正性。[45] 当用户言论被 Facebook 删除且用户穷尽 Facebook 内部的救济途径时，用户可将 Facebook 删除言论的决定提交至监委会，由监委会最终决定是否删除言论。同时，用户可以提交申辩，申辩内容包括但不限于其言论的含义、发表言论的用意等。除此之外，监委会还具有建议权。Facebook 可向监委会提交其认为重要且难以作出审查结果的言论，监委会从中选择审查结果对公共话语有重大影响或审查结果能够促使 Facebook 相关政策改变的言论进行审查。[46] 除非可能违反法律，否则 Facebook 对于监委会的审查结果必须执行。

然而，相较于 Facebook 删除的言论数量，监委会审查的数量少之又少。监委会的设立可能无法改变大多数用户面临的困境。另外，以营利为目的的社交平台较少会主动克服其存在的价值偏好、优势地位、私人腐败等问题。在此情况下，硬法与软法的配合意味着，一方面，应当坚持“以网管网”的理念，硬法可以容许并鼓励平台在言论审查方面做出一定程度的规则创新；另一方面，硬法应当矫正软法的偏向，弥补软法的不足，在一定条件下确定软法的效力。硬法与软法的良好配合有利于形成言论自由的双重保护机制。

（三）建立事前与事后审查正当程序

无救济则无权利。在 2018 年之前，若 Facebook 用户言论被不当删除，

---

〔44〕 Brent Harris, *Oversight Board to Start Hearing Cases*, Meta (Oct. 22, 2020), https://about.fb.com/news/2020/10/oversight-board-to-start-hearing-cases/.

〔45〕 See Kate Klonick, *The Facebook Oversight Board: Creating an Independent Institution to Adjudicate Online Free Expression*, 129 The Yale Journal 2418, 2434 (2020).

〔46〕 Brent Harris, *Oversight Board to Start Hearing Cases*, Meta (Oct. 22, 2020), https://about.fb.com/news/2020/10/oversight-board-to-start-hearing-cases/.

用户并没有相应的救济途径。在2018年以后,用户仅就部分类型的言论被删除时可以向Facebook提起申诉,审查员在24小时之内对言论进行再次审查。[47] 社交平台往往以与用户签订的服务合同约定及其自身享有言论自由为由逃避对删除用户言论的行为承担责任。[48] 在此情况下,正当程序的缺失使社交平台的审查权力缺少制衡,用户的言论自由无法得到保障。全面建立正当程序有利于规范社交平台的审查行为。正当程序应包括但不限于保障用户的知情权,给予用户申诉、答辩的权利,有关言论审查结果的纠纷由公正的第三方决定等。[49]

正当程序不仅应适用于言论审查之后,也应适用于审查之前,即审查标准的制定也应当遵循正当程序原则。网络空间规则的制定权掌握在社交平台手中,如Facebook的内部准则由Facebook组建的内容政策团队(Content Policy team)制定。[50] 与硬法制定程序中的民主参与不同,用户对于社交平台规则的制定并无话语权。社交平台逐渐成为由创始人建立的,有特定取向与偏好的"帝国"。通过对言论内容进行审查,特定的取向和偏好在社交平台上得以塑造,潜移默化地影响着用户群体。在互联网时代,"无须法律的秩序"源于社交平台制定的规则,而这种软法的正当性基础在平台自主性的掩盖下被淡化。为夯实社交平台内容审查标准的正当性基础,社交平台在制定言论审查标准时应当遵循正当程序。汉斯·林德法官指出立法的正当程序具体包括立法者在投票之前应充分了解法案,立法时应考虑立法的目的及立法可能会带来的结果,在立法的过程中应做好记录工作等。[51] 一方面,言论审查标准的制定需进一步民主化。鉴于网络言论审查涉及用户的切身利益及基本权利的行使,社交平台在制定言论审查标准的过程中应当听取用户意见。另一方面,言论审查标准的制定需进一步科学化。社交

---

[47] Brent Harris, *Oversight Board to Start Hearing Cases*, Meta(Oct. 22, 2020), https://about.fb.com/news/2020/10/oversight - board - to - start - hearing - cases/.

[48] Daphne Keller, *Who Do You Sue? State and Platform Hybrid Power over Online Speech*, Hoover Institution(Jan. 29, 2019), https://www.hoover.org/research/who - do - you - sue.

[49] Frederick Mostert, *'Digital Due Process': A Need for Online Justice*(Mar. 11, 2020), Journal of Intellectual Property Law & Practice, Available at SSRN: https://ssrn.com/abstract = 3537058.

[50] *Product & Content Policy at Facebook: How We Build Safe Communities*, Meta(Feb. 20, 2019), https://www.facebook.com/careers/life/policy - at - facebook - how - we - build - safe - communities.

[51] Hans A. Linde, *Due Process of Lawmaking*, 55 Nebraska Law Review 197(1976).

平台在制定言论审查标准时应当充分考虑审查标准的制定目的及审查标准对用户基本权利的影响。当审查标准的规制范围超出法律法规规定的范围时,社交平台至少应当给予充分的说理来论证其标准制定的正当性与合理性。

(严若冰　审阅)
(苏琦航　校对)

执业壁垒:欠发达地区律师数量与收入关系的重要影响因素

卓裕春*

摘　要:在既有研究中,大多数学者将欠发达地区律师数量少归因于律师的经济理性选择。然而,实证研究显示,仅用经济理性选择解释县域律师数量少,理由还不够充分。D县律师数量少,但绝大多数收入并不低,究其原因,在县域法律服务市场总体有限的情况下,县域律师通过社会资本垄断了法律服务市场。长此以往,构筑起较高的执业壁垒,使社会资本匮乏的新进律师几乎没有生存空间。因此,执业壁垒是影响县域律师数量与收入关系的重要因素。该解释不仅在一定程度上为促进我国欠发达地区律师行业良性发展提供了新的解题思路,还启发我们在建设覆盖城乡的现代公共法律服务体系的过程中不应忽视欠发达地区律师业存在的执业壁垒现象。

关键词:律师地域分布　县域律师　法律服务市场　社会资本　执业壁垒

一、问题的提出

我国律师业发展的一个重要特征是律师地域分布不均衡,即大量律师

---

* 卓裕春,四川大学法学院诉讼法学专业2021级博士研究生。

聚集在经济发达地区，经济欠发达地区的律师数量较少。[1] 经济欠发达地区律师数量少问题历来是理论界与司法实务部门共同关注的热门话题。[2] 2021 年 12 月司法部发布的《全国公共法律服务体系建设规划（2021 - 2025）》指出，发挥律师在公共法律服务中的主力军作用，加强欠发达地区公共法律服务建设。党的二十大报告进一步提出，要建设覆盖城乡的现代公共法律服务体系。因此，深入探究欠发达地区律师数量少的原因，进而提出合理化建议，对构建覆盖城乡、便捷高效、均等普惠的现代公共法律服务体系尤为重要。

既有大多数研究将欠发达地区律师数量少归因于律师自身的经济理性选择，即由于欠发达地区经济发展水平较低，法律服务市场较为有限，因而律师收入较少，因此绝大部分律师选择从欠发达地区向经济发达地区流动。从宏观角度，有学者基于官方公布的零星统计数据，比较了全国、上海、北京、深圳的律师总收入和律师数量之间的关系，验证了律师群体出于理性人或经济人的利益最大化，更倾向于往东部发达地区、大城市流动的理论假设；[3] 有学者运用《中国律师年鉴》等官方统计资料所提供的 2007 ~ 2009 年的律师业务收费数据，将全国及 30 个省级区域的律师年人均收费情况进行对比，证实了中国律师基于择业经济理性，在执业地选择上，优先考虑的是东部经济发达地区，其次才是中西部地区；[4] 有学者则依据 2004 ~ 2010 年在中国 12 个省份的访谈、2009 年的问卷调查及相关文献资料，认为收入

---

[1] 例如，朱景文及其研究团队统计分析，31 个省（自治区、直辖市）人均 GDP 与律师的相关系数为 0.80，可见经济发展程度与律师拥有率之间具有较强的相关性，即经济发达的省份律师数量较多，经济不发达地区律师数量较少。参见朱景文主编：《中国法律发展报告：数据库和指标体系》，中国人民大学出版社 2007 年版，第 67 页。又如，邹小华、薛德升、黄颖敏通过分析 2011 年中国排名前 50 位的律师事务所的总部及其分支机构在 289 个城市的分布，揭示了我国主要的法律服务机构分布在大约 20% 经济发达的城市，参见邹小华、薛德升、黄颖敏：《等级化、网络化与区域化：基于律师事务所空间分布的中国城市体系研究》，载《华南师范大学学报（自然科学版）》2015 年第 2 期。

[2] 典型文献如郑效军：《中国律师 30 年分化与流动》，载《中国律师》2009 年第 6 期；张永咏：《律师流动问题实证分析》，载《中国律师》2010 年第 3 期；刘耀堂：《律师行业多方合力 破解县域律师事务所发展困境》，载《中国律师》2015 年第 1 期；曹扬文、宫照军、刘潇：《江苏省县域律师发展研究——县域律师业发展三年行动计划实施监测分析》，载《中国司法》2020 年第 4 期。

[3] 冉井富：《律师地区分布的非均衡型——一个描述和解释》，载《法哲学与社会学论丛》2007 年第 1 期。

[4] 程金华：《中国律师择业理性分析——以业务收费为核心的实证研究》，载《法学》2012 年第 11 期。

和工作机会上的差距是促使中国律师由经济欠发达地区向经济发达地区迁移的最根本原因。[5] 从微观视角来看,有学者基于山西省某贫困县的个案调查,发现贫困县律师数量较少的直接原因是律师收入低,而律师收入低的原因是律师业务少和收费标准低;[6] 有学者基于对"法律边疆地区"法律服务状况的访谈和参与观察,发现律师在法律职业层级系统中的弱势地位才是导致律师业在"法律边疆地区"发展缓慢的根本原因,而律师摆脱这一弱势地位的选择之一便是从相对不发达地区流向大城市。[7] 虽然上述研究有一定的科学性、合理性,但在宏观层面,其研究对象是全国范围内各省市的律师数量及其年收入情况,且运用的研究数据较为零星、笼统;在微观层面,其研究对象主要以贫困县或边疆地区的法律服务状况为主,而该地区律师业市场化程度较低,律所组织形式主要为"国办所";而以经济发展相对较好,且律师业已完全实现市场化运行的欠发达地区律师群体为研究对象的学术成果还较少。

有鉴于此,本文选择经济发展相对较好的某西部地区欠发达地区——C市D县的律师作为实证研究对象,通过定性与定量研究相结合的方式,深入探寻该地区律师数量少的真实原因。根据世界银行的定义,欠发达地区是指当年人均GDP低于全国人均GDP的地级市,该地级市包括了地级市市辖区、城市下设县、建制镇等在内的行政区域。[8] 位于西部地区的D县,是C市管辖范围内的一个小县城,截至2021年年底,D县全年人均GDP为77337元,同年全国人均GDP为80976元,参考世界银行的衡量标准,D县属于欠发达地区。[9] 此外,截至2021年年底,D县常住人口为64.99万人,

---

〔5〕 刘思达、梁丽丽、麦宜生:《中国律师的跨地域流动》,载《法律和社会科学》2014年第1期。

〔6〕 冉井富:《律师地区分布的非均衡型——一个描述和解释》,载《法哲学与社会学论丛》2007年第1期。

〔7〕 所谓"法律边疆地区",并不只是地理意义上的边疆,而是指那些没有律师事务所或只有一个国办律师事务所的地区,其至少包括遍布全国各地的近千个区县。参见刘思达、吴洪淇:《法律边疆地区的纠纷解决与职业系统》,载《社会学研究》2010年第1期。

〔8〕 熊玲、龚勤林:《统筹城乡发展带动欠发达地区经济发展效应评估》,载《经济问题》2022年第3期。

〔9〕 D县坐落在四川盆地东部长江之阳的平行山岭间,距离C市主城都市区120千米,全境面积1516.3平方千米,辖2个街道、22个镇;2021年全县GDP总量达502.58亿元,全县常住人口64.99万人,地方财政收入43.32亿元,地方财政支出93.59亿元,经济发展水平居于C市所辖12个县中上水平,但仍需依靠财政转移支付,同年C市对D县转移支付补助31.90亿元,中央直达资金补助7.20亿元。

近20年约有11.54万常住人口流失,且仍属于“财政转移支付县”。因此,以D县律师群体为样本的研究,对与D县经济发展程度相近、法律服务市场生态相似的欠发达地区律师业而言具有较强代表性。

二、现状:县域律师数量少但收入不低

(一)县域法律服务市场总体有限

由于我国法律并未禁止律师跨地域执业,县域律师的法律服务市场并不局限于县域范围。但法律专业技能很大程度上依靠地方性知识与地方性社会关系网,[10]因此在竞争激烈的市场环境下,D县律师很难获得来自县域外的大量案源。根据访谈,D县律师跨地域执业的情形十分有限,一方面,外地的业务大多来源于D县本地人及其亲友(在外地务工)的委托,而外地当事人聘请D县律师前往外地提供法律服务的情形较少;另一方面,对于在县域积累了一定业务经验与名气,且在县外(尤其是主城都会区)拥有较多案源的律师而言,他们大多选择了向案源丰富的地区流动。因此,尽管法律未对律师执业地域有禁止性规定,但对于县域律师而言,他们的执业注册地是其主要的法律服务市场所在地。

一个地域的律师数量的多少与当地法律服务市场需求息息相关,即法律服务市场需求越大,则律师数量越多,法律服务市场需求越小,则律师数量越少。而一个区域法律服务市场需求的大小又与当地经济发展程度呈现出较强的相关性,即经济发展程度越高,则法律服务市场需求越大,经济发展程度越低,则法律服务市场越小。[11] 进而通过该区域的经济发展水平我们可以大致推断出D县的法律服务市场概况。本文选取“地区生产总值”“人均地区生产总值”作为衡量C市全市、C市主城都会区,以及C市D县的经济发展水平指标,根据《C市统计年鉴2022》,2021年C市全市生产总值为27894.02亿元,人均生产总值为86879元;主城都会区生产总值为21455.64亿元,人均生产总值为101350元。而根据《D县统计年鉴2022》,2021年D县全县生产总值为502.58亿元,人均生产总值为77337元。可见,D县经济发展水平不仅显著低于主城都会区,还

〔10〕 刘思达、梁丽丽、麦宜生:《中国律师的跨地域流动》,载《法律和社会科学》2014年第1期。

〔11〕 程金华、李学尧:《法律变迁的结构性制约——国家、市场与社会互动中的中国律师执业》,载《中国社会科学》2012年第7期。

低于全市平均水平,这在一定程度映射出D县县域法律服务需求较为有限的现实情况。

此外,一个区域的经济发展情况除了对该地的法律服务需求大小产生影响外,亦在很大程度上决定了该地区因经济活动而产生的纠纷种类,这无疑会对当地所需要的法律服务提出有所区别的要求。[12] 调研发现,受经济发展水平影响,D县的法律服务市场以传统诉讼业务为主,例如,民间借贷纠纷、婚姻家庭纠纷、侵权纠纷、劳动争议等;少有的非诉业务主要是提供民事调解服务、简单法律咨询以及为县或乡镇政府、企业提供法律顾问服务;而企业并购、破产、外商投资、企业上市等收费较高的非诉业务在县域法律服务市场十分罕见。即便有投融资、并购、破产重组等类型的高端法律业务,当事人也会选择委托主城都会区或北京、上海等经济发达地区专门从事此类业务的律师代理。关于D县的法律服务市场整体情况,可以从D县一家律师事务所的主任口中窥见一二:

D县的法律服务市场主要以传统的诉讼业务为主,像投融资、上市并购、破产重组、证券这些业务我们都没有做,即使给我们做,由于我们没有这方面的经验,也做不下来,可以说是"心有余而力不足"。并且,D县律师几乎都是"单打独斗",很少有律师能够团队作战,这也决定了我们做不了"非诉"这种需要大量律师合作的业务。为什么我们不采用团队合作办案的方式呢?因为D县地方太小了,"蛋糕"只有这么一点,如果团队合作,很可能会抢占案源,所以平时我也不愿意带律师,一个案子基本上是我一个人全程接触,当然对于案件标的额比较小的案件,或者我自己忙不过来的案件,我会介绍给律师事务所里面的其他律师做。

那么,以传统诉讼业务为主的D县法律服务市场对律师的需求量究竟有多大。本文根据《D县年鉴》以及D县人民法院公布的历年《D县法院年度工作报告》统计了2017年至2021年D县法院受理的刑事案件、民商事案件、行政案件以及执行案件情况,发现近5年来,D县每年的诉讼案件体量维持在1万件左右,且民事案件与执行案件居多,刑事案件和行政案件较少(见表1)。需注意的是,由于绝大多数执行案件是由律师代理的民事案件等衍生出来的案件,对于该类型案件的收费并不高,甚至有的律师对于执行案件并不单独收费,因此实际上D县的案件体量远低于1

---

[12] 傅郁林主编:《农村基层法律服务研究》,中国政法大学出版社2006年版,第16页。

万件。

表1 2017~2021年D县民事、刑事、行政、执行案件受理数量统计

单位:件

年份	民事案件受理量	刑事案件受理量	行政案件受理量	执行案件受理量
2017	7350	451	147	3284
2018	6762	400	421	4132
2019	5372	398	183	4609
2020	6578	334	279	4549
2021	8674	408	288	6210

由于并不是每一个案件均有律师代理,上述案件体量仅能代表D县的潜在法律服务需求。本文以中国裁判文书网公布的2021年D县法院作出的285份刑事判决书、1511份民事判决书为研究样本,探究其实际法律服务需求。[13] 分析发现,中国裁判文书网公布的285件刑事案件共有被告387人,其中有111名被告人委托了刑事辩护律师,刑事案件委托辩护率为28.68%。此外,笔者以裁判文书网上公布的1511份民事判决书为研究样本,其中共有1603名原告、2348名被告,在1603名原告中有813名委托了律师代理,原告律师委托率为50.72%;而在2348名被告中有528名委托了律师代理,被告律师委托率仅为22.49%。综合来看,刑事案件被告人与民事案件当事人选择委托律师代理的概率并不高,2021年刑事与民事案件中仅有1452人委托律师代理,律师委托率仅为33.47%。可见,以传统诉讼业务为主的县域法律服务市场的实际法律服务需求较为有限。

(二)县域律师少且数量增长缓慢

受县域总体发展有限的法律服务市场影响,C市绝大部分律师聚集主城都会区,县域律师数量最少。根据行政区划,C市分为主城都会区、市辖区和县。[14] 根据C市公共法律服务网公布的律师信息,截至2023年1月底,C市

---

〔13〕 中国裁判文书网未公布2021年D县法院审理的行政案件判决书。

〔14〕 其中,主城都会区包括:Ⅰ区、Ⅱ区、Ⅲ区、Ⅳ区、Ⅴ区、Ⅵ区、Ⅶ区、Ⅷ区、Ⅸ区、Ⅹ区、Ⅺ区;市辖区包括:a区、b区、c区、d区、e区、f区、g区、h区、i区、j区、k区、l区、m区、n区、o区、p区;县包括:A县、B县、C县、D县、E县、F县、G县、H县、I县、J县、K县、L县。其中I县、J县、K县、L县是少数民族自治县。

全市共有律师12818人,其中主城都会区的律师数量为10277人,占比80.18%;市辖区律师数量为1888人,占比14.73%;县域律师数量为653人,占比5.09%。此外,结合C市统计局公布的《2022年C市人口发展概况》,[15]C市主城都会区、市辖区、县域每万人拥有的律师数量存在明显差异。具体而言,主城都会区常住人口所占比例为31.62%,却集中了全市80.18%的律师,高于其常住人口所占比例;市辖区和县域的常住人口所占比例分别为48.32%和20.06%,而律师所占比例分别仅占全市律师的14.73%和5.09%,低于其常住人口所占比例。以"每万人口拥有的律师数"进行考察,C市每万人拥有律师数为3.87人,主城都会区每万人拥有的律师数为9.81人,高于全市平均水平,而市辖区和县域每万人拥有的律师数分别仅有1.18人和0.98人,显著低于全市平均水平(见表2)。

表2 C市主城都会区、市辖区和县域律师数量及其每万人拥有律师数

地区范围	执业律师		2022年底常住人口		每万人拥有律师数/人
	人数/人	所占比例/%	万人	所占比例/%	
主城都会区	10277	80.18	1047.76	31.62	9.81
市辖区	1888	14.73	1601.30	48.32	1.18
县	653	5.09	664.94	20.06	0.98
全市	12818	100	3314.00	100	3.87

此外,D县律师数量少并非孤例。根据C市公共法律服务网公布的各县域律师情况(见图1),截至2023年1月底,全市12个县的平均律师数量为54.42人,其中,律师数量最多的县有95人,律师数量最少的县仅有13人。笔者所调研的D县,其律师数量为61名,在C市县域范围内居于中上水平。

[15] 由于C市统计局尚未公布《2023年C市人口发展概况》,以截至2022年年底的常住人口数作为统计依据。此外,由于本文对C市律师数量统计的时间节点为2023年1月,与2022年12月的常住人口数量统计时间节点仅相差1个月,误差较小。

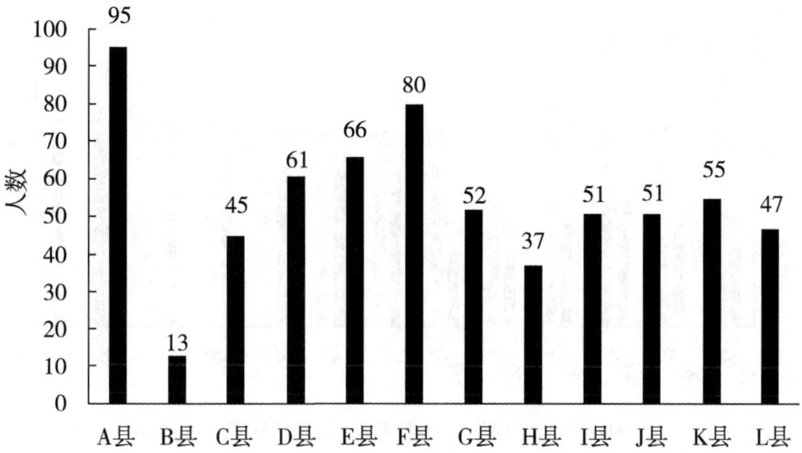

图1　截至2023年1月底C市12个县域律师数量情况统计

值得一提的是,D县律师除数量少外,其年增长数量亦十分缓慢。自2001年D县律师事务所完成“脱钩改制”至今,[16]D县律师行业发展了20余年。令人诧异的是,D县律师数量从“脱钩改制”时期的18名,发展至2021年的56名,在这长达20年的时间里,其律师数量一共仅增加了38名,平均下来每年仅增长1.90名律师。根据《D县县志》《D县统计年鉴》,在早些年份,D县甚至出现律师数量下滑的现象,且直到2019年D县律师数量才首次超过该县的基层法律服务工作者(见图2)。[17]

---

〔16〕 2000年7月国务院办公厅发布的《国务院办公厅转发国务院清理整顿经济鉴证类社会中介机构领导小组关于经济鉴证类社会中介机构与政府部门实行脱钩改制意见的通知》规定,要求中介机构的人员、财政、业务和名称等方面与挂靠单位彻底脱钩,并指出中介机构的“脱钩改制”应于2000年10月31日前完成。实际上,D县律师事务所于2001年才完全完成“脱钩改制”,失去事业编制的18名律师分别创立了三个普通合伙所,这三个普通合伙所也成为D县迄今为止最老牌的三个律师事务所。

〔17〕 在D县的法律服务市场上,除了律师这种“正规军”外,还存在扎根于乡镇或者街道,为老百姓提供价格较为低廉法律服务的基层法律服务工作者。基层法律服务工作者的诞生与改革开放之初我国律师资源短缺有很大的关系。基层法律服务工作者最早于1980年年底出现在广东、福建、辽宁等地,主要是面向广大农民群众,调解生产经营性纠纷,并从事代书、解答法律咨询等简单的法律服务工作。2012年《民事诉讼法》修改了关于诉讼代理的规定,把基层法律服务工作者与律师并列为诉讼代理人,赋予了基层法律服务工作者代理民事案件的权限。

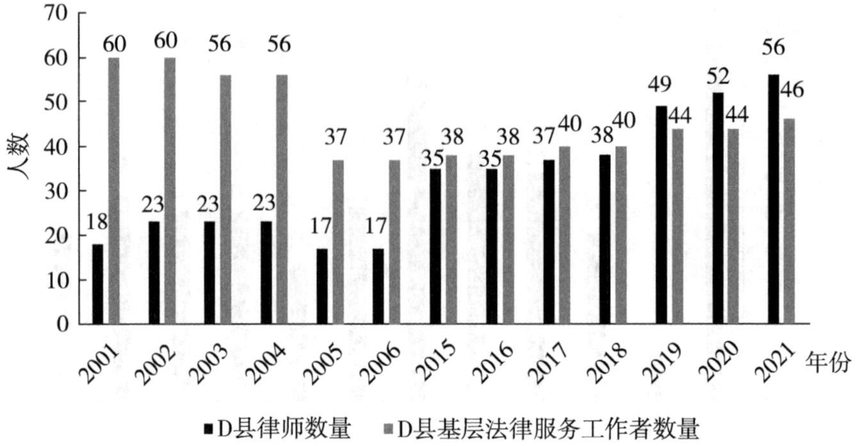

图2　2001～2021年D县律师、基层法律服务工作者数量对比

(三)绝大多数县域律师收入不低

首先,根据统计数据,尽管D县律师数量较少,但其年均收入并不低。以2021年为例,D县全县56名律师共计创收约1700万元,律师人均创收为30.36万元。[18] 这在县域范围内已是一笔相当可观的收入,根据《2021年D县统计年鉴》,D县城镇常住居民人均可支配收入为4.33万元,农村常住居民人均可支配收入仅2.05万元。此外,虽然D县属于C市的经济欠发达地区,但其律师人均创收额并不明显低于全市律师人均创收水平,根据C市律协公布的数据,2021年全市14580名律师共计创收41.88亿元,律师人均创收37.8万元。

其次,根据访谈,D县绝大多数律师对目前的收入较为满意,且绝大部分律师表示当前没有前往经济发达地区执业的职业规划。由于律师的年龄在一定程度上反映了其执业年限,为了更加详细地了解D县律师的收入情况,笔者随机访谈了不同年龄层次的14名律师,他们的平均年龄为46岁,其中年龄最大的律师为60岁,年龄最小的律师为30岁。根据C市公共法律服务网公布的D县律师的年龄,D县56名律师的平均年龄为45.23岁,30岁以下(不包含30岁)律师仅有3人,年龄在31～39岁的律师有17人,年龄在40至

---

〔18〕 根据D县司法局公布的《D县司法局关于律师事务所2021年度检查考核等次公示信息》,2021年D县律师数量为56名。此外,关于2021年D县律师的总创收数据来源于笔者对在D县司法局工作的同学的访谈。

49 岁的律师有 11 人,年龄在 50 ~ 60 岁的律师有 23 人,年龄超过 60 岁(不包含 60)的有 2 人。从年龄层面,笔者访谈的 14 名律师的平均年龄、最高年龄、最低年龄与 D 县整体律师年龄水平相差不大,具有样本代表性。在 14 名律师中,有 4 名律师年收入已过百万元,他们的年龄均超过 50 岁,执业年限均超过 25 年;有 1 名青年律师年收入约为 15 万元,他刚过 30 岁,在县域执业年限为 3 年;有 8 名律师虽然未明确告知笔者其收入水平,但均表示,对目前在 D 县执业的状况较为满意,这种满意程度用接受笔者访谈的一名县域律师的话来说,"如果你想在县城过上'中产阶级'的生活,选择当律师也还是可以的"。将 D 县律师的年收入与 D 县公务员的年收入进行横向对比,可以发现在县域从事律师职业极具吸引力。据了解,近几年 D 县初级职称公务员的年收入在 10 万元左右,中级职称公务员的年收入在 13 万 ~ 15 万元,高级职称公务员的年收入在 23 万 ~ 28 万元。

需正视的是,虽然笔者访谈的绝大多数县域律师都对自己的职业生涯感到满意,但是县域律师行业依然存在执业收入不如意的律师。在笔者所访谈的 14 名律师中,有 2 名律师表达了未来预计前往主城都会区执业的想法,而这 2 名律师打算往主城都会区流动的原因亦不同,1 名律师是出于子女教育问题,1 名律师是出于经济压力。实际上,表示有经济压力的律师属于刚回到县域执业的新进律师,在接受笔者访问时,他告诉笔者,他在 D 县实习 1 年并通过了考核后,目前刚好独立执业满 1 年。虽然该律师今年已过 40 岁,但经历了在上海、广州、湖南的几种与法律行业无关的、失败的工作后,他决心破釜沉舟,辞职参加法律职业资格考试,在 2020 年考过法律职业资格考试后,其便选择回到自己的家乡 D 县实习、执业。在 D 县执业的这两年,其业务量并不是很大,甚至可以用惨淡来形容,在没有案源的时候,甚至要靠做一些兼职来勉强维持生计。

三、缘何如此:社会资本构筑的执业壁垒阻碍了新进律师的流入

与大多数研究认为县域律师数量少是因为其经济收入低相悖离的是,尽管县域法律服务市场总体较为有限,但 D 县绝大多数律师收入不低,甚至部分律师收入与主城都会区部分合伙人律师收入水平相差不大。此外,县域律师亦呈现出老龄化的特征,30 岁以下律师仅占比 5.36%,究竟是何种因素阻碍了新的律师(包括青年律师)进入县域法律服务市场,基于皮埃尔·布迪厄(Pierre Bourdieu)的社会资本理论,并结合笔者的实地调研,笔者对经济欠发达地区律师数量较少补充提出一种重要影响因素,即社会资本构筑的执业壁

垒阻碍了新进律师的流入。布迪厄突破了经济资本理论,将资本分为经济资本、文化资本与社会资本,其中,经济资本是包括金钱、股票、不动产等在内的能立即转化为金钱的财物;文化资本是指人们从小到大接受的教育,习得的知识技能、文化气质等;而社会资本是实际的或潜在的资源的集合体,这些资源与某种持久性的网络的占有密不可分,这一网络是大家共同熟悉的、得到公认的,而且是一种体制化关系的网络。〔19〕 而且,三种资本之间可以有限度地进行转换,例如,通过将经济资本转换为社会资本,可以实现社会资本的再生产;又如,文化资本可以转为经济资本,但是这个过程往往比较漫长。以布迪厄的社会资本理论作为解释视角,在一定程度上可以帮助我们理解县域律师数量少但绝大多数收入不低这一"意料之外,情理之中"的现象。在总体有限的法律服务市场中,D县律师通过积累和维护社会资本,继承社会资本,以及经济资本、文化资本转换为社会资本的方式,获得了较为充足的案源,同时社会资本的长期集中亦构筑起了一道执业壁垒,使得社会资本匮乏的新进律师案源匮乏,进而难以在县域法律服务市场立足。

(一)头部律师通过积累和维护社会资本占有了大部分法律服务市场

部分头部律师依靠社会资本的"原始"积累和维护,获取了县域法律服务市场的大部分案源。"二八定律"除在主城都会区法律服务市场存在外,在县域依然存在。"社会世界是一部积累的历史,而资本是积累的劳动,当这种劳动在私人性,即排他的基础上被行动者或行动者小团体占有时,这种劳动就使得他们能够以具体化的或活的劳动的形式占有社会资源。"〔20〕通过对社会资本长时间的积累和维护,D县部分头部律师占有了县域80%的法律服务市场。这些头部律师的共同特征在于他们均成长于"脱钩改制"时期,是律师行业市场化后县域的第一批执业律师,执业年限较长,且在其执业早期D县律师行业尚未出现职业分化。D县头部律师在20多年的执业经历中建立起来的"关系网络",为其占据80%的法律服务市场奠定了基础。这种"关系网络"优质、丰富且复杂,不仅包括与"公检法司"、行政机关等体制内人员的"关系网络",还包括与当事人的、与其他提供法律服务竞争者的"关系网络"。笔者所访谈的两位普通合伙所的创始合伙人和两位个人律师事务所的主任均

---

〔19〕 包亚明主编:《文化资本与社会炼金术:布尔迪厄访谈录》,上海人民出版社1997年版,第189~211页。

〔20〕 包亚明主编:《文化资本与社会炼金术:布尔迪厄访谈录》,上海人民出版社1997年版,第189页。

是县域头部律师的典型代表。其中,甲律师、乙律师经历了律师从编内人员到编外人员的转变,在体制内的工作经历不仅为其积累了丰富的办案经验,还积累了大量来自体制内的优质人脉关系;丙律师、丁律师早年均为基层法律服务工作者,后来通过了法考,获取了律师执业证,成功转型为律师,早年基层法律服务工作者的经历,使他们累积了较为丰富的社会资本。而且,对于丁律师而言,为县政府、乡镇政府、企事业单位提供法律顾问服务,此类在县域范围内相对来说较为高端的法律业务,已占据了其收入的1/3。根据丁律师的个人执业经历,我们可以更加深刻地理解早年的"关系网络"搭建和维护对其律师职业生涯的影响:

我是1993年开始从事法律服务工作,那时我还是法律服务工作者。在乡镇做了十多年后,我的业务越来越多,有的业务已经做到城里,甚至县国土局都成为我的客户,聘请我担任他们的法律顾问。随着业务量的扩张,后来我就干脆从乡下搬到了城里。到了县城后我就不得不逼自己向律师转型了,因为我如果再不转型的话,业务类型就受限了,而且基层法律服务工作者的身份对我个人的竞争力也有影响。因此,我在2008年参加了法考,考取了C证,实习一年之后就拿到律师执业资格证了。目前来说,诉讼业务只占我业务类型的1/3,剩下的2/3的业务类型是调解业务和法律顾问服务,其中的法律顾问服务主要是为县政府、乡镇政府、企事业单位等提供法律顾问服务。

(二)部分律师通过继承社会资本获得了丰富的案件资源

社会资本具有传承性,部分县域律师通过继承其父辈的社会资本可以获得丰富的案源。在县城,律师职业成为家族传承并不罕见,就笔者所访谈的5名执业年限较长的律师而言,其中3名的子女在大学所学的专业为法律专业,1名律师的子女本科所学虽非法律专业,但目前正在跨考法律专业的研究生。此外,笔者还观察到法律职业成为家族传承的一个典型例证。在D县北城区,有一位于2020年通过法律职业资格考试的高龄(52岁)基层法律服务工作者,当事人都尊称他为"戊律师",[21]其早年是乡中学外语教授,后来辞职考了乡镇治安巡防员,由于转不了正式编制,于2008年辞职,进入法律服

[21] 在县域普通老百姓大多分不清基层法律服务工作者和律师的区别,故将基层法律服务工作者统称为"律师"。按照《律师法》等相关规定,申请律师执业资格证需要到律师事务所实习一年,由于戊律师业务繁忙,且律师身份对他影响不大,即基层法律服务工作者除了刑事案件不能代理之外,其他案件均可以代理,因此其仍以基层法律服务工作者身份从事法律服务工作,未到律师事务所实习挂证。

务工作者行业,其二子一女均系从事法律服务工作:大儿子大学本科毕业后,通过了法律职业资格考试,以律师身份执业;二儿子和女儿由于是专科学历,因此以基层法律服务工作者身份执业。家族四人在D县北城区开设了工作室,属于不愁案源的职业群体,笔者在他们位于城北的个人工作室进行访谈时,过来咨询的当事人较多,且需要排队。此外,以2021年D县法院公布的判决书为检索对象,据笔者统计,民事案件中共有256名原告、151名被告委托的代理人系基层法律服务工作者,而其中共有22个原告、25个被告委托了"戊律师",其案件代理量占据了全县基层法律服务工作者案件代理量的十分之一有余。诚如布迪厄所言:"一个继承性的社会资本的占有者,通过由一个伟大名字构成的象征手段,有能力把所有的关系转变为持久的联系。"〔22〕通过继承父辈积累的社会资本,D县部分新进律师得以在县域法律服务市场的激烈竞争中立足。值得一提的是,在笔者访谈的5名年龄在35岁以下的青年律师中,有2位律师的父亲是基层法律服务工作者,2位律师的父亲是律师,1位律师虽未告诉笔者其父辈职业,但其在当律师之前有长达8年的在D县法院当书记员的工作经历。以今年34岁的己律师为例,其父亲是一名执业年限超过20年的基层法律服务工作者,在是否回县城当律师这件事上,己律师也经过一段迷茫时期,但后期的职业发展让他觉得选择回到县城当一名律师似乎是一个较为正确的职业选择。他告诉笔者:

我一开始并没有想要从事律师职业,中途也没有用心考取A证,勉强考了个C证。毕业后也很迷茫,最终选择回到县城第一个原因是在主城做律师,竞争压力太大了,第二个原因是我只考了C证,按照规定只能回到户籍所在地执业。回到县城后,在父亲的指导和帮助下,业务能力慢慢得到了提升,办案过程中也得到当事人的欣赏和认可。慢慢地,我的案源逐渐增多,现在我周一到周五都很忙,基本上周末也要加班,有一些案子我做都做不赢(忙不过来),这两年在考虑将我手头的一些案子转手给其他律师做。

(三)部分律师通过转经济资本为社会资本方式在法律服务市场立足

通过将经济资本转换为社会资本,少数律师得以在县域法律服务市场立足。布迪厄认为资本之间具有可转换性,不同类型的资本都可以从经济资本中获得,但只有以极大变革的努力为代价才能获得。也就是说,通过一定程

---

〔22〕 包亚明主编:《文化资本与社会炼金术:布尔迪厄访谈录》,上海人民出版社1997年版,第205页。

度的努力，经济资本在一定程度上可以转换为社会资本。[23] 通过笔者的观察，发现D县律师除了通过时间积累、继承获得社会资本外，还存在小部分律师是通过经济资本的转换从而获得一定的社会资本。此类型律师的共同点是属于父母在县城经商比较成功的，在县域有一定社会资源与人脉关系。通过对社交活动长期的投资，此类型律师在拓展法律服务市场过程中往往会无偿花费时间、注意力、关心和关注，并"经过时间上的推延，纯粹的、简单的负债"[24]进而实现其将所拥有的经济资本转化为社会资本的目的。而这种"转换"在律师执业过程中将会以金钱或其他形式表现出来。早年有学者在甘肃G县调研时，便发现了当地律师事务所一位主要是做古董生意的律师。[25] 而笔者在D县调研时也发现存在经商家庭的孩子在县城当律师的情况。为何选择回到县城当律师，他向笔者解释了其中的缘由：

我大学学的不是法律专业，是在成都学的计算机专业。2016年我本科毕业，那个时候我父亲的企业出现了一些纠纷，卖出去很多货收不到钱，起诉了十几、二十次，所以就叫我回来帮忙。我父亲一直有自己的法律顾问，那一两年我的主要工作就是配合律师，他需要什么材料，我就给他拿什么材料。那个时候就接触了很多法官、律师，学到了很多法律知识，因此，我就走上了律师这条路。在没有通过司法考试的时候就在法律服务所当基层法律服务工作者，从2017年开始做，一直做到2019年，在2019年我取得了法律职业资格证，就开始转型做律师。

（四）部分律师将文化资本作为进入法律服务市场的"敲门砖"

布迪厄认为，文化资本可以以三种形式存在：（1）具体的状态，以精神和身体的持久"性情"的形式；（2）客观的状态，以文化商品的形式（书籍、图片、词典等）；（3）体制的状态，即个人所持有的文化资本在制定上被广泛认可，例如学业证书或执照。个人可以通过展示自己的学识、教育背景和文化修养等，获得他人的认可和尊重，从而获得社会资本，建立起属于自己的社会关系网络。曾有一位中国政法大学本科毕业生，通过校友力量获得了家乡律所面试机会，由于两位合伙人对其学历的认可，其最终获得进入小城法律服务市

---

〔23〕 包亚明主编：《文化资本与社会炼金术：布尔迪厄访谈录》，上海人民出版社1997年版，第207～211页。

〔24〕 包亚明主编：《文化资本与社会炼金术：布尔迪厄访谈录》，上海人民出版社1997年版，第208页。

〔25〕 刘思达：《割据的逻辑：中国法律服务市场的生态分析》，上海三联书店2011年版，第46页。

场的机会。[26] 根据其自述,尽管前两年,该律师半年收入不到2万元,只能帮律师们打下手,但依靠其后期努力,实现年度创收40万~50万元。在D县也存在与上述执业经历相似的律师。庚律师于2016年毕业于西南地区某知名政法院校,法学本科学历,考取了C证,由于未考取A证,无法在主城都会区做执业律师,因此其毕业后在C市主城从事保险业务。由于工作的不理想,他最终于2019年选择回到自己的家乡D县执业。虽然其资历不足,父母均为农民,且家里亦没有从事法律职业的亲戚、朋友,但其凭借在社会上被广泛认可的学历证书,得以顺利进入县域一家律师事务所。该律师事务所的主任曾于2002年在庚律师所就读的政法院校"专升本",因此凭借校友关系以及个人努力,庚律师得以进入县域法律服务市场,且年度总创收在10万~20万元:

我回到D县执业是与我们律所的主任有关,三年前我通过校友介绍,认识了我现在执业律所的主任律师。最开始我是和主任律师合作办案,但是现在已经独立出来了。我主要的案件来源除了主任律师介绍之外,还有律所里面以及其他律师介绍的一些案件,比如说我们律所里面有些律师忙不过来的案件,他们会交给我处理。还有部分案件来源是县司法局指派的法律援助案件,主要以劳动争议案件为主。还有些案源是之前服务过的当事人介绍的,包括离婚纠纷、交通事故纠纷、民间借贷纠纷等。除此之外,还有一些是亲戚、朋友得知我回来做律师给我介绍的,但是这类型案件比较少。

综上所述,社会资本构筑的执业壁垒是县域律师数量少但收入并不低的重要原因。在县域,社会资本匮乏的律师很难获得案源。通过后期的回访,笔者了解到前文所述由于经济压力想要往主城都会区流动的律师已经前往C市主城都会区执业。

四、讨论与结论

通过对D县法律服务市场的实证研究,本文对影响欠发达地区律师数量与收入之间的关系的原因提供了一个新的观点,即欠发达地区律师数量少的原因并非仅仅是由于欠发达地区律师收入较低。恰好与此相悖,在律师行业已经完全实现市场化运行的欠发达地区,绝大多数律师收入并不低,甚至头

---

〔26〕 职问旗下:《法大毕业,我在四线小城当律师》,载澎湃网2020年5月9日,https://www.thepaper.cn/newsDetail_forward_7313775。

部律师年度总创收已然过百万元,而律师群体在欠发达地区发展缓慢的一个重要原因在于社会资本的长期积聚与集中使法律服务市场被现有律师群体垄断,进而形成社会封闭。而欠发达地区法律服务市场长期被垄断现象,不仅阻碍了该地区律师行业的良性发展,还削弱了该地区律师行业的竞争活力。该垄断行为,一方面,使大批律师,尤其是社会资本匮乏的青年律师对选择回到欠发达地区执业望而却步,加剧了我国律师地域分布不均衡问题;另一方面,还对我国加快建设覆盖城乡、便捷高效、均等普惠的现代公共法律服务体系形成一定阻力。虽然本文的研究是基于D县的个案研究,具有一定局限性,但该研究至少为如何促进与D县经济发展水平相似,人口规模相当,法律服务市场生态相差不大的欠发达地区律师行业良性发展提供新的"解题思路"。此外,欠发达地区司法行政机关以及相关律师行业协会是否应该出台相应的措施规制律师行业垄断现象,即是否应用非市场化手段规制市场化行为,是未来理论界与司法实务界仍需共同关注与探讨的问题。

(吕　川　审阅)

(邹雨桐　校对)

重访惩罚性赔偿可保性之争
——兼议“故意致损不可保”规则的适用

周　冰*

摘　要:在流行的以公共政策为主导的分析路径下,惩罚性赔偿是否具有可保性的裁判结果,基本取决于法院对于责任保险是否阻碍威慑和报复功能实现的价值判断。这不仅会带来很大的社会成本,在更深层面,也是一种与现实脱节的且片面的侵权法逻辑,缺少了保险法的视角。保险风险的可保性要求是控制道德风险的一种手段,本质上是为了确保保险损失具有概率性的特征。据此,对于可保性问题而言,真正重要的不是侵权责任的性质,而是侵权行为的性质。更优的裁判思路是将侵权事实划分为偶然事故与故意行为,进而以“故意致损不可保”规则判断引发惩罚性赔偿的风险是否具有可保性。“故意致损不可保”规则的适用应当同时满足两个条件,一是导致损失的行为处于被保险人的“实质性控制”之下,二是该行为极大背离了一般公众的通常行为范畴。

关键词:责任保险　惩罚性赔偿　可保性　公共政策　故意行为

题记

有关保险的理念和实践定义了一个社会中的核心权益与责任。从这个意义上说,我们的保险安排形成了一种实质宪法,它日常而平凡的交易运

* 周冰,上海交通大学凯原法学院法学理论专业2021级硕士研究生。

作,勾勒了个人和社会责任的轮廓。出于这个原因,研究谁有资格获得何种保险权益,谁承担支付义务,是对于社会契约的良好指南,其意义不亚于最高法院的任何观点组合。

——汤姆·贝克(Tom Baker)〔1〕

一、引言

侵权诉讼与责任保险是共生的法律制度,它们共同决定了社会中加害者与受害者的责任与福利。对保险法认识的匮乏会阻碍我们对侵权法体系的正确理解;反之亦然。〔2〕肯尼斯·亚伯拉罕(Kenneth Abraham)将二者在法律系统中的关系形象地比作双子星系统中的恒星:两个实体相互独立,但又在共同形成的引力场中运行。〔3〕不过,责任保险的发展对侵权制度也带来了一定冲击。侵权制度要求加害者将其行为造成的社会成本内部化,但责任保险似乎切断了加害者行为与其经济后果之间的联系;保险人作为实际的风险承担者,是在为其他人应承担的损失付费。〔4〕这一矛盾在责任保险标的涉及惩罚性赔偿时格外凸显,由此引发的关于惩罚性赔偿可保性的争论至今仍在持续。

在主流的裁判思维下,可保性问题由合同解释和公共政策两个部分构成,法院通常相应地采取两步分析法。法院首先对保险合同条款进行解释,如果合同条款明确将惩罚性赔偿排除在承保范围之外,保险人就无须承担赔偿责任;但如果不存在此类条款,则根据"疑义不利于保险人"的解释原则,法院就会进入第二步分析,即判断惩罚性赔偿进入承保范围是否有违公

---

〔1〕 Tom Baker, *On the Genealogy of Moral Hazard*, 75 Texas Law Review 237, 291 (1996).

〔2〕 Seth J. Chandler, *The Interaction of the Tort System and Liability Insurance Regulation: Understanding Moral Hazard*, 2 Connecticut Insurance Law Journal 91, 93 (1996); Kent D. Syverud, *The Duty to Settle*, 76 Virginia Law Review 1113, 1114 (1990); David A. Fischer & Robert H. Jerry II, *Teaching Torts without Insurance: A Second - Best Solution*, 45 Saint Louis University Law Journal 857, 857 (2001).

〔3〕 Kenneth S. Abraham, *The Liability Century: Insurance and Tort Law from the Progressive Era to 9/11*, Harvard University Press, 2008, p. 1.

〔4〕 Tom Baker & Peter Siegelman, *The Law and Economics of Liability Insurance: A Theoretical and Empirical Review*, in Jennifer H. Arlen ed., Research Handbook on the Economics of Torts, Edward Elgar Publishing, 2013, p. 169.

共政策。[5] 在惩罚性赔偿可保性案件中,公共政策分析的焦点是惩罚性赔偿的制度目的是否会因责任保险而落空。

一般认为,惩罚性赔偿具有威慑(deterrence)、报复(retribution)和赔偿(compensation)三项主要功能,而公共政策分析的结果,基本取决于法院对于责任保险是否会阻碍威慑和报复功能的实现的判断。[6] 其中,惩罚性赔偿的威慑功能是最为法与经济学的学者所关注的行为控制作用。[7] 根据主流的"有效威慑理论"(efficient – deterrence theory),惩罚性赔偿向侵权人施加实现有效威慑所需的赔偿数额,其目的不只是制裁被告,更是向整个社会发出威慑信号,以使其他人不敢如此行事,最终实现社会福利的最大化。[8] 与之不同,报复功能根植于道德哲学和正义理论,认为惩罚性赔偿旨在维护受害者的尊严和自主性权利。[9] 由于侵权人严重侵害了这些价值,根据"报复式正义"(retributive justice)的观念,个人和社会都必须对侵权人进行惩罚和复仇。[10]

鉴于威慑和报复功能关注重点的不同,经济分析和道德考量中的种种冲突价值都会进入法院的裁判过程中,造成相互冲突的裁判结果。[11] 缺乏确定性的裁判结果不仅有损司法的公信力,还会对责任保险的商业运作增

---

〔5〕 Catherine M. Sharkey, *Revisiting the Noninsurable Costs of Accidents*, 64 Maryland Law Review 409, 420 – 421 (2005); Robert E. Keeton, Alan I. Widiss & James M. Fischer, *Insurance Law: A Guide to Fundamental Principles, Legal Doctrines, and Commercial Practices*, *2nd edition*, West Academic, 2017, p. 400 – 402.

〔6〕 Tom Baker, Kyle D. Logue & Chaim Saiman, *Insurance Law and Policy: Cases and Materials*, 5th editon, Wolters Kluwer, 2021, p. 462.

〔7〕 Robert D. Cooter, *Economic Analysis of Punitive Damages*, 56 Southern California Law Review 79 (1982); Keith N. Hylton, *Punitive Damages and the Economic Theory of Penalties*, 87 Georgetown Law Journal 421 (1998); A. Mitchell Polinsky & Steven Shavell, *Punitive Damages: An Economic Analysis*, 111 Harvard Law Review 869 (1998).

〔8〕 Anthony J. Sebok, *Punitive Damages: from Myth to Theory*, 92 Iowa Law Review 957, 977 (2007).

〔9〕 Marc Galanter & David Luban, *Poetic Justice: Punitive Damages and Legal Pluralism*, 42 American University Law Review 1393 (1993).

〔10〕 Jean Hampton, *Correction Harms versus Righting Wrongs: The Goal of Retribution*, 39 UCLA Law Review 1659 (1992). "报复式正义"要求"一个做错事的人所受的痛苦应该与其所做的错事成比例……适当惩罚的严厉程度取决于行为的邪恶程度"。See John Rawls, *Two Concepts of Rules*, 64 Philosophical Review 3 – 5 (1955).

〔11〕 John F. Dobbyn & Christopher C. French, *Insurance Law in a Nutshell*, 5th editon, West Academic, 2016, p. 122 – 124.

加很大的社会成本。在更根本层面，公共政策分析是一种片面的侵权法逻辑，缺少了保险法的视角，忽视了风险可保性规则的经济理性与本质要求。本文试图走出公共政策之争的泥淖，对风险可保性要求的经济理性及其对侵权法的意义进行更深入的探讨，融贯保险法与侵权法的底层逻辑，提供一种建立在侵权行为/风险事件的性质区分基础上的关于惩罚性赔偿可保性问题的解决方案。

二、惩罚性赔偿可保性的公共政策之争及反思

自20世纪60年代，在醉驾事故引发了大量机动车责任保险纠纷的背景下，美国有关惩罚性赔偿可保性的争议开始兴起，延续至今仍未有定论。[12] 该时期产生了两个极具影响力的判例，分别是佛罗里达州的Northwestern National Casualty Company v. McNulty [13]（以下简称McNulty案）与田纳西州的Lazenby v. Universal Underwriters Ins. Co. [14]（以下简称Lazenby案）。此后50余年，美国法院无论对惩罚性赔偿可保性的态度如何，其裁判都在这两个案件奠定的论证框架下进行。这两个案件也勾勒出了该领域公共政策之争的基本轮廓。[15] 我国学界受此知识背景的影响，对惩罚性赔偿可保性的争论也明显被公共政策分析的思路所束缚。

（一）美国责任保险诉讼中公共政策分析的缘起与发展

McNulty案是美国法院对惩罚性赔偿的可保性问题采取公共政策分析的起点，在此之前，这类纠纷仅仅是被作为一个合同解释的问题对待。[16] 该案中，一场醉驾事故导致原告遭受了脑损伤，原告要求被告（肇事者的保险人）向其理赔肇事者被判处的惩罚性赔偿。不过，第五巡回法院认为，公共政策禁止惩罚性赔偿被纳入责任保险范围，并提供了三点理由作为支撑：第一，只有让行为人为其不法行为承担责任，才能确保其受到惩处，这与法

---

〔12〕 Catherine M. Sharkey, *Revisiting the Noninsurable Costs of Accidents*, 64 Maryland Law Review 409, 422 (2005).

〔13〕 307 F. 2d 432 (5th Cir. 1962).

〔14〕 383 S. W. 2d 1 (Tenn. 1964).

〔15〕 Jeffrey W. Stempel, Peter N. Swisher & Erik S. Knutsen, *Principles of Insurance Law*, 4th edition, 2012, LexisNexis, p. 94.

〔16〕 Robert C. Burrell & Mark S. Young, *Insurability of Punitive Damages*, 62 Marquette Law Review 1, 13 (1978).

律禁止为刑事责任提供保险是同样的道理;[17]第二,如果不法行为人借此逃避了制裁,该案就无法对公众产生示范效应,会极大削弱惩罚性赔偿的威慑力;第三,如果保险人支付了惩罚性赔偿,这笔成本最终还是会转嫁给购买保险的社会公众,实际上是让整个社会为被保险人的不法行为买单。[18]

在 McNulty 案最终判决的两年后,田纳西州最高法院在 Lazenby 案中面临了相似的案情,却作出了相反的判决。[19] Lazenby 案的法院也提供了支持惩罚性赔偿可保性的三点理由:第一,惩罚性赔偿的实际威慑力值得怀疑,既然刑事制裁都未能有效制止醉驾事故,那就没有理由认为惩罚性赔偿就能实现威慑的目的;第二,被保险人的合理期待是更值得保护的利益;第三,一般的过失行为和可能被判处惩罚性赔偿的过失行为之间界限模糊,而确保相对恶性较小的行为不会受到过重惩罚也是社会利益所在。[20]

McNulty 案与 Lazenby 案开创的公共政策分析仍然主导着美国当前关于惩罚性赔偿可保性的争论。目前,接受 Lazenby 案观点的州占据了多数,甚至有四个州(夏威夷、蒙大拿、内华达和弗吉尼亚)直接通过立法承认了惩罚性赔偿的可保性。[21] 不过,分属两个阵营的州都各自在判例中发展出了例外情形,一定程度上体现了观点的相互交融。一方面,禁止为惩罚性赔偿投保的州大多承认一种例外情形,即当被判处的惩罚性赔偿是替代责任(vicarious liability)时,为其提供保险并不违反公共政策。[22] 这包括雇主为雇员、监护人为被监护人承担责任,以及董事、高级管理人员责任保险等情形。[23] 其背后的逻辑是,承担替代责任的被保险人相较直接实施了侵权行

---

〔17〕 John T. Porter, *Public Policy Challenges the Insurance Policy: McNulty Rejected*, 18 South Dakota Law Review 497, 500 (1973).

〔18〕 Grace M. Giesel, *The Knowledge of Insurers and the Posture of the Parties in the Determination of the Insurability of Punitive Damages*, 39 University of Kansas Law Review 355, 394 (1991).

〔19〕 William P. Zuger, *Insurance Coverage of Punitive Damages*, 53 North Dakota Law Review 221, 244 (1976).

〔20〕 Gary S. Franklin, *Punitive Damages Insurance: Why Some Courts Take the Smart out of Smart Money*, 40 University of Miami Law Review 979, 1004 – 1007 (1986).

〔21〕 Catherine M. Sharkey, *Revisiting the Noninsurable Costs of Accidents*, 64 Maryland Law Review 409, 427 (2005).

〔22〕 Providence Washington Ins. v. City of Valdez, 684 P. 2d 861 (Alaska 1984); Pennbank v. St. Paul Fire and Marine Ins. Co., 669 F. Supp. 122 (W. D. Pa. 1987); USF&G v. Open Sesame Child Care Center, 819 F. Supp. 756 (N. D. Ill. 1993).

〔23〕 Ina Ebert, *Punitive Damages and Liability Insurance*, in Helmut Koziol and Vanessa Wilcox eds., Punitive Damages: Common Law and Civil Law Perspectives, Springer Vienna, 2009, p. 216.

为的人是“无辜”的，允许其投保责任保险并不违反公共政策。[24] 另一方面，在认可惩罚性赔偿可保性的州，可保的情形也被限定在行为人非故意侵权。[25] 例如，爱荷华州最高法院解释道，“禁止将故意行为纳入可保情形，是为了使故意实施不法行为的人无法依靠保险逃避民事后果，因而能阻止被保险人故意伤害他人”。[26] 弗吉尼亚州和内华达州的立法中则明确区分故意行为和过失行为，前者被排除在可保范围之外。[27]

（二）中国的惩罚性赔偿可保性之争

自 1993 年《消费者权益保护法》开创我国惩罚性赔偿立法之先河，我国就已经突破了大陆法系坚守的民事侵权责任的损害填补原则。[28] 当前，《民法典》除在总则编第 179 条第 2 款对惩罚性赔偿作了一般性的认可外，还在侵权编中明确规定，故意侵犯知识产权（第 1185 条）、产品侵权（第 1207 条）与环境侵权（第 1232 条）案件中，被侵权人可以请求惩罚性赔偿。此外，我国有关惩罚性赔偿的规定还散见于《反垄断法》《食品安全法》《劳动合同法》《旅游法》等单行法与最高人民法院的司法解释中。不过，我国现行法律尚未能回应惩罚性赔偿的可保性问题，司法实践中也未曾出现相关案件。但随着我国惩罚性赔偿的法律体系不断完善和适用范围的逐步扩张，在理论上探求可保性问题的解决方案，仍具有重要的现实意义。[29]

我国学界对于惩罚性赔偿可保性问题充满争议，未有定论，并且学者的观点分歧带有显著的美国公共政策之争的思维色彩。有关讨论最早产生于我国台湾地区，林德瑞最先撰文介绍了美国的争议问题和法院的裁判思路，但未表明自己的立场，只是指出“保险契约如将惩罚性赔偿金约定为承保事故范围之内，则法院即须就该约定是否因违背公共秩序而无效之问题予以决定”。[30] 大陆学者中，关淑芳最先明确提出了惩罚性赔偿不可保的观点，

---

〔24〕 Michael A. Pope, *Punitive Damages: When, Where and How They Are Covered*, 62 Defense Counsel Journal 539, 541 (1995).

〔25〕 Catherine M. Sharkey, *Revisiting the Noninsurable Costs of Accidents*, 64 Maryland Law Review 409, 432 (2005).

〔26〕 Grinnell Mut. Reinsurance Co. v. Jungling, 654 NW 2d 530 (Iowa 2002).

〔27〕 Virginia Code § 38.2 – 227; Nevada Revised Statutes § 681A.095.

〔28〕 高志宏：《惩罚性赔偿责任的二元体系与规范再造》，载《比较法研究》2020 年第 6 期；朱晓峰：《论〈民法典〉中的惩罚性赔偿体系与解释标准》，载《上海政法学院学报（法治论丛）》2021 年第 1 期。

〔29〕 武亦文、赵亚宁：《论惩罚性赔偿责任的可保性及其扩张》，载《浙江社会科学》2019 年第4 期。

〔30〕 林德瑞：《论惩罚性赔偿金可保性之法律争议》，载《中正大学法学集刊》1999 年第 2 期。

理由是,“基于惩罚性赔偿制度的功能和力图实现法律价值的考量,若允许其可保,就会使惩罚性赔偿的功能丧失殆尽,致该项制度形同虚设”。[31] 这与美国 McNulty 案的主要观点如出一辙。两年后,正如 Lazenby 案对 McNulty 案的反驳一样,王艳玲与何勇生也针锋相对地提出,“只要在法的容留空间之内,允许潜在的加害人购买责任保险来使承担惩罚性损害赔偿的责任予以分化和转嫁似乎也未为不可”。[32] 此后,易萍也表达了对惩罚性赔偿可保性的肯定,但未展开详尽论证。[33] 叶延玺采取了折中立场,认为可以承认惩罚性赔偿的可保性,但需通过经验费率、免赔额、不保风险等机制加以限制。[34] 武亦文与赵亚宁则代表了最激进的支持惩罚性赔偿可保的立场,甚至认为故意行为所致损害也应纳入可承保的范围。[35]

(三)公共政策分析的缺陷反思

通过对中美两国关于惩罚性赔偿可保性的学说与实践的回顾,不难发现,源自美国裁判观点的以公共政策为主导的分析路径存在严重的内在缺陷。允许法院以相互冲突的公共政策目标评价一类合同的有效性,往往会产生不统一的裁判结果,尤其是在司法权未受足够制约的情况下,法院可以轻易操纵模糊不定的公共政策目标来支持其结论。[36] 如此,保险人、被保险人与受害者对于诉讼结果都缺乏稳定预期,带来很大的社会成本:一方面,裁判结果的不确定性导致三方都难以评估自己可能面临的财务后果,产生了大量不必要的诉讼纠纷,也削减了庭外和解的前景,徒增诉讼成本;另一方面,保险人对其承保的风险池可能产生的总体损失的测算精度下降,增加了责任保险市场的总体运行成本。[37]

更深层次的问题是,在公共政策分析的思维路径下,惩罚性赔偿的可保性问题被简单地等同为对惩罚性赔偿制度本身的主观评价,是单一的侵权

---

〔31〕 关淑芳:《论惩罚性赔偿责任的可保性》,载《当代法学》2006年第1期。

〔32〕 王艳玲、何勇生:《惩罚性损害赔偿责任的可保性问题研究》,载《保险研究》2008年第7期。

〔33〕 易萍:《责任保险的保险标的研究》,载《私法研究》2014年第2期。

〔34〕 叶延玺:《论惩罚性赔偿的可保性》,载《河北法学》2016年第3期。

〔35〕 武亦文、赵亚宁:《论惩罚性赔偿责任的可保性及其扩张》,载《浙江社会科学》2019年第4期。

〔36〕 Gary S. Franklin, *Punitive Damages Insurance: Why Some Courts Take the Smart out of Smart Money*, 40 University of Miami Law Review 979, 998 – 1000 (1986).

〔37〕 Erik S. Knutsen, *Fortuity Victims and the Compensation Gap: Re – Envisioning Liability Insurance Coverage for Intentional and Criminal Conduct*, 21 Connecticut Insurance Law Journal 209, 217 – 218 (2014).

法逻辑,缺少了保险法的视角。[38] 受到这种片面思维的影响,美国法院和我国学者以往的分析都仅仅关注了惩罚性赔偿作为一种民事责任的特殊性,却忽视了保险风险本身的重要性。责任保险的原理要求在判断风险可保性时,关注的是侵权行为/风险事件的性质,而不仅是侵权责任的性质。正如詹姆斯·费舍尔(James Fischer)指出的一样,在考虑是否应该允许惩罚性赔偿进入承保范围时,法院应避免赋予"惩罚性赔偿"一词以不适当的象征意义;当下,惩罚性赔偿的扩大适用不断弱化了其与公共政策分析的联系,可保风险的范围将取决于被保险人实施侵权行为的意图,而非用于补偿或鼓励原告提起诉讼的救济理论。[39]

三、故意致损不可保:寻找责任保险与侵权行为的交汇点

(一)原理探析:保险风险可保性的本质要求

保险的本质是一种通过将风险在大量个人或企业间进行分配来管理风险的方法:风险厌恶的被保险人向保险人支付保险费,换取其在风险事件发生时予以赔偿的承诺,即被保险人以承受较小损失的确定性消除遭受较大损失的不确定性。[40] 对于个体风险(individual risk)而言,保险的这种基本功能被称为"风险转移"(risk transfer),即基于保险合同的安排,某一事件的风险从一方被转由另一方承担。[41] 不过,保险也只是众多实现风险转移的合约安排中的一种,现实中还有例如有关商品和服务未来价格、供应和安全

---

〔38〕 Gary S. Franklin, *Punitive Damages Insurance: Why Some Courts Take the Smart out of Smart Money*, 40 University of Miami Law Review 979, 1000 (1986).

〔39〕 James A. Fischer, *The Exclusion from Insurance Coverage of Losses Caused by the Intentional Acts of the Insured: A Policy in Search of a Justification*, 30 Santa Clara Law Review 95, 167 (1990).

〔40〕 Kenneth S. Abraham, *Distributing Risk: Insurance, Legal Theory, and Public Policy*, Yale University Press, 1986, p. 1 – 2.

〔41〕 事实上,几乎任何合同安排都具有某种程度上的风险移转功能。例如,当买方同意以特定价格购买卖方的货物时,约定的价款中通常包含一定溢价,以换取将来卖方以该价格履行合同的允诺,其效果相当于买方事实上购买了对将来卖方履行成本上升的保险。但是,保险合同的特殊性在于,风险的转移是被合同条款所明确规定的,并且构成双方缔约的主要目的。See Ronen Avraham & Zhiyong Liu, *Incomplete Contracts with Asymmetric Information: Exclusive Versus Optional Remedies*, 8 American Law and Economics Review 523 (2006); Ronen Avraham, *The Economics of Insurance Law: A Primer*, 19 Connecticut Insurance Law Journal 29, 38 (2012).

的风险转移工具。[42] 与其他风险转移工具相区分,保险还具有"风险减少"(risk reduction)的重要功能,而实现这一功能的前提就是保险损失必须是"概率性的"(probabilistic),由此产生了对保险风险的可保性的要求。

具体而言,损失的概率性意味着某一项或者一组损失的发生可以用概率分布来描述:分布的平均值代表损失最有可能的发生概率;散布在平均值周围的误差项代表损失发生概率的离散程度;所有事件带来的损失的加权平均数就是期望损失。可以发现,在给定平均值的前提下,概率分布的离散程度越大,风险的期望损失也就越大。因此,概率分布的方差就反映了风险的绝对量。[43] 保险的功能就在于,通过将概率上相互独立的损失聚集在一起,损失的误差项相互抵消以减小方差,以降低风险总量。换言之,当许多相互独立且具有相同损失特性的个体风险聚合成风险集合时,风险集合的相对变异性要小于个体风险的相对变异性,即保险的"风险减少"功能。[44] 不仅如此,在大数定律(law of large number)的运作下,随着样本数量的增加,损失的概率密度函数趋于集中在平均值附近,这意味着风险聚集后形成的保险风险池越大(pool of insured risks),保险的风险减少能力与对风险水平的预测能力就会越强。[45]

不过,保险在使风险减少的同时,也可能提升潜在风险行为的活动水平,又反过来增加了风险,这就是所谓的"道德风险"(moral hazard)的现象。任何类型的保险合约都有潜在的道德风险问题,而保险人的应对方法之一,就是限制其所承保的风险范围。保险风险的可保性规则正是控制道德风险的一种重要手段,其本质目的就是确保保险人所承保的损失是概率性的。当承保某类风险所导致的道德风险无法被适当地控制时,此类风险就因缺少概率性的特征而不具备可保性。[46]

---

〔42〕 Kenneth S. Abraham, *Distributing Risk: Insurance, Legal Theory, and Public Policy*, Yale University Press, 1986, p. 2.

〔43〕 George L. Priest, *Insurability and Punitive Damages*, 40 Alabama Law Review 1009, 1019 – 1020 (1989).

〔44〕 姜建清主编:《金融定量分析百科全书》,中国金融出版社2006年版,第1149~1150页。

〔45〕 Tom Baker, Kyle D. Logue & Chaim Saiman, *Insurance Law and Policy: Cases and Materials*, 5th edition, Wolters Kluwer, 2021, p. 4 – 5; George L. Priest, *A Principled Approach toward Insurance Law: The Economics of Insurance and the Current Restatement Project*, 24 George Mason Law Review 635, 641 – 642 (2017).

〔46〕 Michael G. Faure, *The Limits to Insurability from a Law and Economics Perspective*, 20 Geneva Papers on Risk and Insurance 454, 456 (1995).

不难发现,导致惩罚性赔偿的行为类型与不可保风险的范围之间存在高度的重合。传统上,惩罚性赔偿所针对的,是那些与一般公民的正常活动相去甚远的极端行为,此类行为的存在无法被社会道德所允许。[47] 传统上,法院认为,只有当侵权人的行为是"令人发指"或"构成对合法行为的极端背离",且其动机反映了高度反社会的精神状态时,才能判给惩罚性赔偿金。[48] 而在保险的语境下,此类行为也往往与一般被保险人所面临的风险大相径庭。换言之,因为此类行为极大偏离了风险概率分布的平均值,所以无法进入保险赔偿的范围。不过,随着现代以来受惩罚性赔偿约束的行为范围的不断扩大,部分惩罚性损害赔偿也能够满足可保性的要求。[49]

(二)制度表达:"故意致损不可保"作为解决可保性问题的基础规则

可保风险的概率性本质与侵权法制度相结合,就形成了责任保险领域的"故意致损不可保"规则。对此,耶鲁大学法学院教授圭多·卡拉布雷西(Guido Calabresi)的经典著作《事故的成本:法律经济学的分析》(*The Costs of Accident:A Legal and Economic Analysis*)提供了重要的见解。传统观点认为,侵权法处理的是由侵权行为产生的侵权人与被侵权人之间的一对一关系,而正义的实现体现为侵权人对被侵权人的损害赔偿。[50] 卡拉布雷西从根本上反驳了这种矫正正义的立场,提出侵权本质上不是一个特定行为双方之间的问题,而是一个关于事故的社会成本如何分散的社会问题。[51] 为支持其主张,卡拉布雷西指出,责任保险的广泛流行,恰恰反映了必须由侵权人赔偿被侵权人的观念已经被抛弃,"我们不再特别关心过错方是否向受害者赔偿,只要受害者得到了赔偿就可以了"。[52] 他同时指出,责任保险确实会减弱侵权责任对故意侵权行为的威慑效果,但这负面影响并非不可克

---

〔47〕 David G. Owen, *The Moral Foundations of Punitive Damages*, 40 Alabama Law Review 705, 727 (1989).

〔48〕 Dan Dobbs, Paul T. Hayden & Ellen M. Bublick, *Hornbook on Torts*, 2nd edition, West Academic, 2016, p. 862.

〔49〕 George L. Priest, *Insurability and Punitive Damages*, 40 Alabama Law Review 1009, 1027 - 1028 (1989).

〔50〕 Guido Calabresi, *The Cost of Accidents: A Legal and Economic Analysis*, Yale University Press, 1970, p. 414.

〔51〕 Jules Coleman, *The Costs of the Costs of Accidents*, 64 Maryland Law Review 337, 343 (2005).

〔52〕 Guido Calabresi, *The Cost of Accidents: A Legal and Economic Analysis*, Yale University Press, 1970, p. 302 - 305.

服,只要对故意侵权行为施加"不可保的侵权罚款和处罚"(noninsurable tort fines and penalties)即可。对此,他解释道,"一个普通人可以在事故发生前选择是否实施不法行为,适当的不可保罚款的威慑力必然比已经支付的保险费更有效"。[53] 如此,建立于偶然事故和故意行为的区别之上,卡拉布雷西在可保的"成本"(costs)和不可保的"罚款"(penalties)之间划分了一条界线。[54]

卡拉布雷西对侵权行为的"偶然事故—故意行为"二分法,与保险法中"故意致损不可保"制度,共同体现了保险风险的概率性本质对可保性的要求。"故意致损不可保"是保险法中的"偶然性"(fortuity)理论[55]进入责任保险领域后产生的一项要求,在责任保险合同中通常表现为"被保险人已预见或有意造成(expected or intended)的身体伤害或财产损失"不在赔偿范围内的约定。[56] 不过,基于该规则的基础性地位,即便合同中缺少此种条款,法院也可以在裁判中径行适用。[57] 我国《保险法》第27条第2款、第44条以及第45条都将被保险人的故意行为所致损失排除在保险人的赔付范围之外,也正是因为此种行为无法用概率分布来描述,或者极易被道德风险所左右。

虽然卡拉布雷西所称的"不可保的侵权罚款"不能直接等同于经典意义上的惩罚性赔偿,但随着惩罚性赔偿适用范围的不断扩张,传统的"补偿性赔偿—惩罚性赔偿"的侵权责任二分已经逐渐变得模糊。当前,随着惩罚性赔偿案件从经典的机动车事故逐渐扩展到产品责任、劳动纠纷、侵犯基本民

---

〔53〕 Guido Calabresi, *The Cost of Accidents: A Legal and Economic Analysis*, Yale University Press, 1970, p. 268 – 270.

〔54〕 Catherine M. Sharkey, *Revisiting the Noninsurable Costs of Accidents*, 64 Maryland Law Review 409, 413 – 416 (2005).

〔55〕 美国一些州对"偶然性"理论有成文法的表达,例如《加利福尼亚州保险法典》(California Insurance Code)第533节规定:"保险人对被保险人的故意行为造成的损失不负责任;但他不因被保险人及其代理人或其他人的过失而免责。" Christopher C. French, *Debunking the Myth that Insurance Coverage is Not Available or Allowed for Intentional Torts or Damages*, 8 Hastings Business Law Journal 65, 65 – 66 (2012).

〔56〕 Travis Luis Pantin, *What Can't Be Insured: The Policyholder's Own Bad Acts*, 29 Connecticut Insurance Law Journal 53, 70 – 71 (2022).

〔57〕 Robert E. Keeton, Alan I. Widiss & James M. Fischer, *Insurance Law: A Guide to Fundamental Principles, Legal Doctrines, and Commercial Practices*, 2nd edition, West Academic, 2017, p. 398 – 399.

事权利等领域,美国越来越多州法院的判例开始将“社会性补偿”(societal compensation)作为除威慑和报复外的惩罚性赔偿的重要功能。这种观念认为,惩罚性赔偿在本质上也是“补偿性”的,是由于被告的行为对整个社会造成了损害,因而还需补偿原告以外的受害者的损失。[58] 而这进一步表明,对于可保性问题而言,重要的不是侵权责任的性质(责任是补偿性的还是赔偿性的),而是侵权行为的性质(风险是偶然事故还是故意行为)。

根据汤姆·贝克对美国保险业实践的研究,美国的保险公司大多认为,“故意致损不可保”规则就足以解决为惩罚性赔偿提供保险可能引发的道德风险和逆向选择问题,因此,他们通常不会在合同条款中专门将惩罚性赔偿排除出赔偿范围。[59] 贝克还在对美国人身伤害律师(personal injury lawyers)的采访中发现,即便是在判例明确否认惩罚性赔偿的可保性的情况下,保险公司事实上照样会为某些惩罚性赔偿提供保险。[60] 可见,断然禁止惩罚性赔偿的保险索赔并没有太大的现实意义,问题的关键还是在于风险是偶然事件还是故意行为,而非最终产生的赔偿责任是补偿性的还是惩罚性的。

因此,对于惩罚性赔偿的可保性问题,本文主张,首先应当判断引发损失的侵权事实是偶然事故还是故意行为,其次以“故意致损不可保”规则判断风险的可保性,而不是纠结于为惩罚性赔偿提供保险的公共政策支撑。本文主张的方案具有两点重要优势。第一,由于非概率性的故意行为被排除于保险范围之外,事故的成本由对行为具有控制力的个人承担,潜在的损害程度也能被减少。这意味着少数极端个人的故意行为所造成的损失不会被均摊到其他被保险人支付的保费中,保险人得以向占主导地位的社会公众提供最广泛的保险产品。[61] 第二,这一方案也鼓励保险人更积极地对被保险人进行监控,以阻止其从事可能引致惩罚性赔偿的行为。通过利用保险人的客观性、专业性和丰富经验,被保险人能够实现更高水平的合规性和

---

〔58〕 Marshall S. Shapo, *Principles of Tort Law*, 4th edition, West Academic, 2016, p. 554; Catherine M. Sharkey, *Punitive Damages as Societal Damages*, 113 Yale Law Journal 347, 350–352(2003).

〔59〕 Tom Baker, *Reconsidering Insurance for Punitive Damages*, 1998 Wisconsin Law Review 101, 122(1998).

〔60〕 Tom Baker, *Transforming Punishment into Compensation: In the Shadow of Punitive Damages*, 1998 Wisconsin Law Review 211, 219–221(1998).

〔61〕 George L. Priest, *Insurability and Punitive Damages*, 40 Alabama Law Review 1009, 1025–1026(1989).

安全性。这尤其有助于避免产品责任、大规模侵权等事故的发生。[62]

四、"故意致损不可保"规则的具体适用

本文主张将"故意致损不可保"作为解决可保性问题的基础规则,不过,该规则的解释与适用向来在司法实践中充满争议,只有对此提供明确的标准,本文方案才可能行之有效。本文的基本立场是,对"故意致损不可保"的解释也应遵循风险可保性的基本原理,将其作为道德风险的控制条款而非旨在实现惩罚、威慑等目的的公共政策条款。

(一)中国司法实践对"故意"认定的主要问题

在我国责任保险纠纷的司法实务中,最典型的"故意"认定的疑难情形,即被保险人实施的在侵权法(或刑法)上应被评价为重大过失的行为可否纳入保险赔偿的范围。我国法院的一种流行做法是将保险法中的"故意"与侵权法中的"故意"甚至"直接故意"等同对待,从而严格限制了"故意致损不可保"规则的适用范围。例如,在"寇某远与天安财产保险股份有限公司烟台中心支公司债权人代位权纠纷案"[63](以下简称寇某远案)中,被保险人与被害人寇某远发生冲突,寇某远扒住投保车辆左车门,在车辆行驶300米左右后从车上摔下,被车轮碾轧致伤。再审法院认为,"故意致损不可保"中的"故意"应解释为侵权法中的直接故意,由于该案保险公司未能证明被保险人系直接故意,故不能免除赔偿责任。除寇某远案外,在"中华联合财产保险股份有限公司广州市黄埔支公司与田某伟等机动车交通事故责任纠纷案"[64]和"高某云等与蔡某华等生命权、身体权、健康权纠纷案"[65]两起同样由交通事故引发的责任保险纠纷中,法院也直接采用了侵权法中"故意"的评价方式。然而,这种径行借用侵权法概念的裁判方法,忽视了保险法中风险可保性的本质要求,致使保险法中"故意"的概念丧失了其独立的规范品格。

我国也有一部分法院选择了对被保险人行为是否应纳入"保险事故"的范畴进行独立评价,没有直接采取侵权法中的"故意"概念。这些法院很可

---

[62] Dan Markel, *How Should Punitive Damages Work?*, 157 University of Pennsylvania Law Review 1383, 1465 - 1469(2009).

[63] 山东省高级人民法院民事判决书,(2018)鲁民再278号。

[64] 广东省广州市中级人民法院民事判决书,(2021)粤01民终13975号。

[65] 上海市第一中级人民法院民事判决书,(2021)沪01民终11782号。

能是直觉地感受到了案涉行为与“保险事故”内在的偶然性特征不符，因而也拒绝为其提供保险。例如，在与寇某远案案情相似的“上海锌腾机电工程有限公司与中国人民财产保险股份有限公司上海市分公司保险合同纠纷案”〔66〕中，二审法院认为，“驾驶员叶某宏通过交通工具对争执对象所实施的拖带行为存在重大过失”，该起事故“当属民事侵权行为”，而“不属于保险合同所承保的保险事故”。遗憾的是，法院在判决书中未能对其观点进行详尽论证，也未对保险法中“故意”的认定提供更具普遍意义的指引。

（二）美国司法实践中“故意”判断的观点分歧

在责任保险求偿案件中，美国法院大多不会将保险人免责事由的“故意行为”与侵权法中的“故意侵权”直接画等号，而是更多地从保险法制度的角度，为“故意致损不可保”规则确立适用标准。〔67〕美国在此领域也存在几个关键的争议问题，至今尚未有定论，但其经验可以方便我们更好地理解“故意致损不可保”的裁判规则应当解决哪些方面的问题。

1.“故意”判断的主客观标准之争

“故意”的判断标准很大程度上决定了“故意致损不可保”规则的适用范围。在实践中，如果法院更愿意使受害者获得赔偿，就会采取“主观标准”（subjective standard）对“故意致损不可保”规则作限缩解释；如果法院更倾向让侵权人为自身行为承担责任，则会以“客观标准”（objective standard）扩大“故意”的范围。〔68〕

在主观标准下，“故意”被定义为被保险人实际地、主观地希望造成损害的意愿。虽然主观意愿的事实认定有较大困难，但在大多数州法院所采取的“推定意图”（constructive intent）理论下，只要从被保险人行为的性质中可以推断其极大概率将造成损害结果，法院就会推定存在法律意义上的“故意”。〔69〕例如，在 Maxson v. Farmers Insurance of Idaho, Inc.〔70〕一案中，被保险人与酒吧中的另一名顾客发生争吵，被保险人一拳重击其脸部。爱荷华

---

〔66〕上海市第一中级人民法院民事判决书，（2011）沪一中民六（商）终字第 94 号。

〔67〕John Dwight Ingram, *The Expected or Intended Exclusion Clause in Liability Insurance Policies: What Should It Exclude?*, 13 Whittier Law Review 713, 714 – 715 (1992).

〔68〕Kristin Wilcox, *Intentional Injury Exclusion Clauses: What is Insurance Intent*, 32 Wayne Law Review 1523, 1530 – 1531 (1986).

〔69〕Kristin Wilcox, *Intentional Injury Exclusion Clauses: What is Insurance Intent*, 32 Wayne Law Review 1523, 1531 – 1532 (1986).

〔70〕107 Idaho 1043, 695 P. 2d 428 (1985).

州上诉法院认为,在法律层面,应当推定被保险人明知拳打他人必会导致损害结果。

客观标准则更接近于侵权法中过失的概念,只要法院认为被保险人应该预见到行为后果,就可以适用“故意致损不可保”规则。对于“应该预见”的判断,法院通常会借用侵权法中的“理性人”(reasonable person)标准作为评价标尺,认为一个理性人导致的“可合理预见的”(reasonably foreseeable)或“有相当大概率发生”的损失都属于故意致损。[71] 适用客观标准的后果,使侵权法意义上的绝大部分过失行为也被排除在可保风险之外。[72] 例如,在Red Ball Leasing, Inc. v. Hartford Accident and Indem. Co.[73]一案中(以下简称Hartford案),被保险人的财务系统因故障显示其顾客拖欠了卡车货款,使被保险人误认为其对已出售的卡车仍享有权利,并造成了顾客的财产损失。对此,法院仍认为,尽管被保险人存在错误认识,但其对顾客财产权的侵害仍是故意为之,由此造成的损失不能获得保险赔偿。

2. 实际损害结果偏离被保险人本意时不同的处理意见

除了被保险人“故意”的判断标准外,对于实际损害结果与被保险人本意出现较大偏差(如轻伤故意造成重伤结果、打击错误、对象错误等情形)时如何处理的问题,美国各州法院也尚未达成一致意见。一种观点认为,例如威斯康星州最高法院在Pachucki v. Republic Insurance Co.[74]一案(以下简称Pachucki案)中认为,一旦认定被保险人具有造成损害的意图,就无须再考虑实际损害结果的程度与性质与其意图是否一致。该案中,被保险人向受害人扔出一个大头针,本意是刺痛其身体,却不料击中了眼睛。法院认为,被保险人故意使用大头针伤害受害人的身体,尽管受伤部位和严重程度偏离了其本意,但不影响“故意致损不可保”的适用。不过,上述观点在美国并非主流意见。另一种观点认为,如果被保险人造成的损害结果与其预期的不一致,就不能适用“故意致损不可保”规则。[75] 例如,在Breland v.

---

[71] King v. Hartford Life & Accident Ins. Co., 414 F. 3d 994(8th Cir. 2005).

[72] Christopher C. French, *Debunking the Myth that Insurance Coverage is Not Available or Allowed for Intentional Torts or Damages*, 8 Hastings Business Law Journal 65, 76-77(2012).

[73] 915 F. 2d 306(7th Cir. 1990).

[74] 278 N. W. 2d 898(Wis. 1979).

[75] John F. Dobbyn & Christopher C. French, *Insurance Law in a Nutshell*, 5th edition, West Academic, 2016, p. 125-126.

Schilling[76]一案中,被保险人愤怒地拳打受害人的下巴,不料拳力过猛,将原告下巴打成两段。对此,路易斯安那州最高法院认为,由轻伤故意造成的重伤结果仍应属于责任保险的赔偿范围。

(三)重新解释不可保的"故意行为"

"故意致损不可保"规则的本旨是抑制道德风险,以确保保险人所承保的风险具有概率性特征。然而,无论是我国还是美国的法院,在裁判中都很少从保险法的这一基本理念对该规则进行解释。对于上述种种争议问题,法院的观点都主要是基于道德原则而非保险原则,秉持的仍然是二元的、矫正正义的侵权纠纷处理观念,对是否应当由责任保险人进行赔偿的判断也往往还是纠结于震慑侵权人与补偿受害者孰为优先。[77] 我们需要认识到,在现代风险社会,责任保险作为基于过错的事故赔偿制度的关键支撑,已经在某种意义上成为了一种重要的"公共物品"(public good);责任保险合同也超越了私人契约范畴,具备了某种"社会契约"(social contract)的品格。[78] 因此,在责任保险条款解释中,法院应当贯彻更广泛的社会目的,而不是单纯的私法上的道德感和正义观。[79]

更适当的适用方法,应当体现"故意致损不可保"规则的抑制道德风险和维持风险概率性的根本目的,保障责任保险"风险减少"的社会功能的有效发挥,以及实现侵权事故的社会成本的合理分配。[80] "故意"的概念在保险法中有其独立的内在逻辑与规范架构。如此核心的法律概念应当"在稳定和变化之间取得平衡,这两者对于一个法律体系的有效运作都是至关重要的"[81]。因此,"故意致损不可保"规则的适用标准,既要有一个"稳定的内在含义"(stable intrinsic meaning),同时也要保持"规范上的开放性"

---

〔76〕 550 So. 2d 609(La. 1989).

〔77〕 Tiffany M. Miller, *Wrestling with Public Policy underlying Intentional Act Exclusions to Insurance Coverage: Why Such Exclusions Should Warrant Closer Examination*, 51 South Dakota Law Review 346, 357 – 362(2006).

〔78〕 Erik S. Knutsen, *Auto Insurance as Social Contract: Solving Automobile Insurance Coverage Disputes through a Public Regulatory Framework*, 48 Alberta Law Review 715, 716(2011).

〔79〕 Erik S. Knutsen, *Fortuity Clauses in Liability Insurance: Solving Coverage Dilemmas for Intentional and Criminal Conduct*, 37 Queen's Law Journal 73, 112 – 113(2011).

〔80〕 George L. Priest, *Insurability and Punitive Damages*, 40 Alabama Law Review 1009, 1029 – 1030 (1989).

〔81〕 Wesley Newcomb Hohfeld, *Some Fundamental Legal Conceptions as Applied in Judicial Reasoning*, 23 Yale Law Journal 16, 58(1913).

(normatively open-ended)。[82] 本文提出,作为保险人免责事项的“被保险人故意致损”,应当同时满足两个适用标准:(1)致损行为处于被保险人的“实质性控制”(substantial control)之下;(2)该行为极大背离了一般公众的通常行为范畴。只有满足该“两步分析法”,才可以认为被保险人实施了不可保的“故意行为”,保险人免除赔偿责任。

1. 导致损失的行为处于被保险人的“实质性控制”之下

亚伯拉罕指出,保险法中的“控制”概念是用于要求个人承担保险责任的各种因素的规范性结论。[83] 标准(1)旨在明确,只有当被保险人对于致损行为施加了“实质性控制”时,该行为在保险法领域产生的后果才可以被归属于被保险人的主观故意。换言之,只有对于一个理性人而言是出于某种意外而产生的致损行为,才符合可保风险的概率性本质。[84] 在此,“控制”的概念引导裁判者关注被保险人的主观意图与致损行为之间的因果关系。正如班克斯·麦克道尔(Banks McDowell)所言,可保与不可保的风险之间的区别,“几乎总是要从因果关系的角度来定义,因为‘偶然性’本身就是一个因果关系的概念,只有那些在被保险人因果控制之外的事件才是偶然的”。[85]

对于被保险人而言,“实质性控制”意味着损失的发生是其自由选择的结果,即当其在明知自己有其他更合理选项的情况下,却依然决定如此行事。例如,司机先天性的反应迟钝可能是造成事故的原因之一,但这并不在他的控制范围之内;反之,一个司机在驾驶时对路况给予多大程度的注意力,则是其可以自主选择的。[86] 具体而言,“实质性控制”可以进一步分解为四个要素:(1)行为人对其身体活动有充分的控制(而不是反射运动或抽搐等);(2)行为的作出是自愿的(而不是受威胁、强迫等情况);(3)行为人

---

〔82〕 Travis Luis Pantin, *What Can't Be Insured: The Policyholder's Own Bad Acts*, 29 Connecticut Insurance Law Journal 53, 85 (2022).

〔83〕 Kenneth S. Abraham, *Distributing Risk: Insurance, Legal Theory, and Public Policy*, Yale University Press, 1986, p. 90.

〔84〕 James E. Scheuermann, *Fortuity, Intent, and Causation in Liability Insurance Law*, 9 Elon Law Review 329, 342 (2017).

〔85〕 Banks McDowell, *Causation in Contracts and Insurance*, 20 Connecticut Law Review 569, 580 (1988).

〔86〕 Kenneth S. Abraham, *Distributing Risk: Insurance, Legal Theory, and Public Policy*, Yale University Press, 1986, p. 89-90.

能够认识到其所处环境及其行为通常会产生的后果;(4)行为人基于其自身的目的或信念而实施行为。只有当这四个要素都具备时,才能认为被保险人实质性控制了其致损行为。[87]

在标准(1)下,法院可以有效地排除"故意致损不可保"规则对一些偶然事故的适用。例如,在前述的 Hartford 案中,意外的财务系统故障导致被保险人难以正确认识其行为后果,所以不应认定其对致损行为施加了"实质性控制"。[88] 有关标准(1)的分析还常见于替代责任的案件中。由于被保险人对他人的行为通常无法实施"实质性的控制",所以保险法"并不禁止一个人对另一个人的故意行为进行保险,因为他可能会被要求承担替代责任"[89]。在此,保险法借助"实质性控制"的概念与侵权法划分了边界,是法院判决保险责任承担方案时必须考量的因素。[90]

2. 该行为极大背离了一般公众的通常行为范畴

对被保险人主观意图与致损行为的因果关联的分析只是适用"故意致损不可保"规则的第一步,另一个关键步骤,是对致损行为本身是否具备概率性的特征进行评价。标准(2)确立,当致损行为"极大背离了一般公众的通常行为范畴",就不应再被纳入其中。此类行为或是难以被纳入保险风险的概率分布,或是极易诱发无法遏制的道德风险。据此,法院在裁判中要考量的最关键因素,是案涉致损行为是否如此极端,以致被保险人群体中的绝对多数希望将其排除在承保范围之外。[91] 以此标准作为"故意"认定的基石,可以确保极端行为与道德风险所带来的高昂成本不会被平摊到其他被保险人的保费中,保费的降低使更广泛的社会公众能够参与到保险中,而风险池中样本量的增加又可以进一步降低保费,形成正向循环。不仅如此,该标准也能有效降低被保险人实施极端行为的动机,降低总体的损失水平,减

---

〔87〕 James E. Scheuermann, *Fortuity, Intent, and Causation in Liability Insurance Law*, 9 Elon Law Review 329, 331 - 332 (2017).

〔88〕 James E. Scheuermann, *Fortuity, Intent, and Causation in Liability Insurance Law*, 9 Elon Law Review 329, 376 (2017).

〔89〕 McBride v. Lyles, 303 So. 2d 795 (La. Ct. App. 1974).

〔90〕 Travis Luis Pantin, *What Can't Be Insured: The Policyholder's Own Bad Acts*, 29 Connecticut Insurance Law Journal 53, 89 - 90 (2022).

〔91〕 George L. Priest, *Insurability and Punitive Damages*, 40 Alabama Law Review 1009, 1029 - 1030 (1989).

少潜在受害者群体的数量。[92]

根据标准(2),法院能够明确将非概率性的极端行为排除保险赔偿范围之外。例如,在 Farm & City Insurance Co. v. Potter[93]一案中,被保险人故意将刹车剪短后开车上路,企图自杀,不料在路上与其他车辆多次相撞并致人受伤,最终被判处惩罚性赔偿责任。爱荷华州最高法院认为,由于被保险人只具有自杀的故意,还采取了一些避免伤及他人的措施,所以保险人仍需承担赔偿责任。但在标准(2)下,该案会得出截然不同的(或许是更合理的)分析结果:自杀行为显然极大背离了一般公众的通常行为范畴,是非极端的、非概率性的道德风险行为。如果将自杀导致的交通事故从机动车责任保险的风险池中剔除,就可以使更广泛的社会公众受益;拒绝为自杀提供保险,也很可能会降低总体的事故率。因此,即便该案的被保险人对事故结果近持侵权法意义上的过失心态,在保险法层面,也应根据"故意致损不可保"规则令其自负责任。[94]

在标准(2)下,被保险人的伤害故意是从非概率性致损行为的反常性中推定的,据此,法院也能有效区分实务中常见的"恶作剧"(prank)案件和其他极端的故意行为。该标准不要求被保险人必须时刻做到法律意义上的"合理"行事,毕竟即便是最轻微的风险行为也可能产生严重的事故。[95] 正如费舍尔所言,恶作剧行为的目的是骚扰或惹恼受害者,恶作剧自身不包含伤害的企图。[96] 例如,对于前述的 Pachucki 案,在本文分析标准的检视下,被保险人与受害者相互朝对方身体扔大头针并非超出一般公众日常活动的极端行为,此类玩笑通常是可以为一般人所接纳的;至于眼部损伤的严重后果,则应认定为"意外事故"而非"故意致损"。

标准(2)认为,对致损行为的法律评价的重心,应当是其是否具备概率

---

[92] George L. Priest, *Insurability and Punitive Damages*, 40 Alabama Law Review 1009, 1026 (1989).

[93] 330 N. W. 2d 263(Iowa 1983).

[94] George L. Priest, *Insurability and Punitive Damages*, 40 Alabama Law Review 1009, 1031 (1989).

[95] Erik S. Knutsen, *Fortuity Clauses in Liability Insurance: Solving Coverage Dilemmas for Intentional and Criminal Conduct*, 37 Queen's Law Journal 73, 106(2011).

[96] James A. Fischer, *The Exclusion from Insurance Coverage of Losses Caused by the Intentional Acts of the Insured: A Policy in Search of a Justification*, 30 Santa Clara Law Review 95, 159 (1990).

性本质，至于被保险人预期的损害结果与实际情况是否一致，都不影响极端行为被保险赔偿所排斥。据此，法院也能有效处理对象错误、打击错误等实际损害结果偏离被保险人本意的案件。例如，在 Smith v. Moran[97]一案中，被保险人朝餐馆的一名服务员连续开枪，其中一颗子弹误伤了另一名服务员，伊利诺伊州上诉法院认为，由于第二名服务员的损伤不是被保险人故意造成的，所以保险人对此不能免责。但根据本文观点，鉴于在餐馆内开枪射击的行为极大背离了一般公众的通常行为范畴，被保险人的打击错误不应影响“故意致损不可保”规则的适用。

3.“两步分析法”对我国案件的应用

对于我国司法实践中的疑难案件，在本文主张的“两步分析法”下，也可以迎刃而解。以前述寇某远案为例，在第一步分析中，应当考察被保险人在行为时是否存在其他合理的选项。尽管受害人寇某远扒住左车门的行为也是导致损失的直接原因之一，但是被保险人完全可以选择停车来防止损害结果发生，但他依然自主选择了继续驾驶车辆。因此，应当认为被保险人对其实施的致损行为具有“实质性控制”。

进入第二步分析后，则需要考察寇某远案中被保险人此类行为是否具有概率性的特征。显然，当有人扒住车门并有很大的坠落风险时，一般的驾驶员会选择立刻停车。然而，被保险人不仅没有立刻将车停下，而且驶出300 米左右，直至寇某远从车上摔下，还继续行驶从其身上碾轧过。可见，被保险人实施的是置他人安危于不顾的极端危险行为，这已极大背离了一般公众的通常行为范畴。因此，与再审法院的裁判结论不同，被保险人的行为应认定为不可保的“故意行为”，保险人对损失不承担赔偿责任。

五、结语

本文全面回顾了中外有关惩罚性赔偿的公共政策之争，指出如此裁判路径存在非常大的局限。基于保险的经济原理所揭示的风险可保性要求的本质目的，辅之以将侵权事件区分为偶然事故和故意行为的洞见，本文提出，对于可保性问题而言，真正重要的不是侵权责任的性质，而是侵权行为的性质。进而，本文提供了以“故意致损不可保”规则解决可保性问题的完整方案。为更好地发挥保险法制度的根本功能，该规则适用应当同时满足

---

〔97〕 209 N. E. 2d 18(Ill. Ct. App. 1965).

两个条件,一是致损行为处于被保险人的“实质性控制”之下,二是该行为极大背离了一般公众的通常行为范畴。不难发现,本文既提供了惩罚性赔偿可保性问题的釜底抽薪之法,同时也在对该问题的处理过程中淡化了补偿性赔偿与惩罚性赔偿的区别。如此做法的正当性在于,随着惩罚性赔偿适用范围的日益扩张,其作为一种特殊民事责任形式的典型性正在消弭;为偶然事故引发的惩罚性赔偿提供保险,虽然削弱了惩罚性赔偿的道德根基,但是增强了其作为“社会性补偿”的功能和价值。这也再次凸显了本文开篇指出的侵权法与保险法交融视角的重要意义。

(张亦衡　审阅)

(袁境徽　校对)

最高人民法院司法解释的法理困境与出路探析*

王小源**

摘　要:最高人民法院司法解释当下所面临的"立法化"质疑,根源于其超出赋权范围的解释对象与解释限度,以及缺乏实定法明确赋权但事实上所具备的近乎于法律的适用效力。就制定范围,对司法解释的解释对象应依照《立法法》第119条予以严格限缩,从而对目前司法解释实质外延不断扩张的趋势予以纠偏。就适用效力,基于对现有实定法规范的教义学展开,宜承认司法解释的正式法源地位,并肯定其介于法律与行政法规之间的"准法律"效力。对于面临法理困境的抽象司法解释规范,一方面不宜"一刀切"式地彻底否定其制度逻辑与实践价值,另一方面也应在立法活动不断趋于精细化的法治背景下,通过《立法法》的相应规范对其出台与适用展开渐进式纠偏,促使司法实践逐步脱离对抽象司法解释的过度依赖,进而推动司法解释制度在合宪轨道中行稳致远,服务于中国式法治现代化的实现。

关键词:司法解释　《立法法》　效力位阶　法律渊源　解释限度

一、我国司法解释制度的实践逻辑与其所面临的法理困境

(一)特殊立法背景下司法解释空前发展的实践逻辑

法律适用是实现法律价值、使法律由应然走向实然的关键一环,但作为

* 本文系国家社科基金重大项目"建设中国特色社会主义法治体系的理论基础和实施方案"(23ZDA073)的研究成果。

** 王小源,中国社会科学院大学法学院2022级刑法学专业硕士研究生。

司法适用之依据的实定法规范,由于受到立法技术、社会客观情况变化等现实因素的影响而始终难以呈现完美、全面的样貌。加上法律条文本身所固有的概括性与抽象性特点,在法律实现的过程中,通过法律解释活动实现法律规范化抽象为具体、变概括为特定的过程就显得尤为必要。在当代中国的法律解释体制中,司法解释作为具有事实上的法律(或准法律)效力的一种正式解释规范,在全球视野下都是极为特殊的存在。而从其自20世纪80年代以来所起到的统一法律适用、填补法律空白的实效来看,司法解释制度的建立又具有充分的实践合理性与必然性。[1]

改革开放初期,邓小平同志在《解放思想,实事求是,团结一致向前看》一文中对立法活动提出了"宜粗不宜细"的要求。[2] 基于这一宏观立法理念,全国人大常委会在立法实践中逐步确立起"宁疏勿密""成熟一个制定一个""先立单项法,后立综合法"等一系列指导性的立法方针,[3]帮助中国迅速走上了法制建设的"快车道",并初步建构完成了由宪法和各部门法所组成的中国特色社会主义法律体系。但也正是在此般纲要式、框架式的立法过程中,大量粗疏、滞后的法律条文不可避免地为司法机关的法律适用制造了难题。以1979年发布的《刑法》为例,作为新中国成立后的第一部系统性刑法,其总条文数仅有192条(总则89条、分则103条)。与后来总条文数达452条的1997年《刑法》相比,1979年《刑法》不仅在规范体系的设定上显得过于简略,同时于立法趣旨上亦表现出了一定的陈旧性——这从该法没有明文规定罪刑法定原则,却肯定了与罪刑法定原则相矛盾、亦与现代主流刑法理念相悖的类推原则中可见一斑。[4] 与1979年《刑法》相类似的,彼时的多数部门法在立法体例与规范内容上都显得粗疏与滞后,这对于司法机关在个案中保证裁判结果的可接受性、维护法律的实质正义价值显然是较为不利的。

在此背景下,全国人大常委会于1981年通过了《关于加强法律解释工作的决议》(以下简称《加强法律解释决议》),针对法律和法令的解释,分别赋予了作为立法机关的全国人大常委会、作为司法机关的最高人民法院与

---

〔1〕 尹艳丹:《最高人民法院司法解释的法源地位》,载《上海政法学院学报(法治论丛)》2011年第6期。

〔2〕 乔艺:《"宜粗不宜细"立法的历史实践与法理反思》,载《东南大学学报(哲学社会科学版)》2019年第21卷增刊。

〔3〕 谢晖:《解释法律和法律解释》,载《法学研究》2000年第5期。

〔4〕 刘守芬:《关于"97刑法"与"79刑法"若干问题的比较》,载《中外法学》1997年第3期。

最高人民检察院(以下简称“两高”),以及作为行政机关的国务院及主管部门以特定范围内的解释权限,进而构建了我国由立法解释、司法解释与行政解释所组成的正式解释(亦称法定解释或有权解释)体制。在这一立法性决定中,“两高”被赋予对“凡属于法院审判工作(检察院检察工作)中具体应用法律、法令的问题”进行解释的权力,自此司法解释制度在我国得到空前发展,也几乎普遍性地成了司法实践中法官裁判案件的“最基本的依据”。[5] 数量对比是衡量司法解释之空前盛况及其实践价值的一个较直观维度:截至2009年,仅就最高人民法院所发布或参与联合发布的司法解释,以及具有事实上司法解释效力(如司法政策性文件与复函等)的规范性文件,已经超过了4800件;[6] 而作为对比,截至2023年7月我国现行有效的法律文件则仅仅只有297件。[7] 十数倍于法律数量的司法解释,通过可操作性的指引为司法机关的法律适用提供了更为确定、灵活与可靠的依据,丰富和扩大了法律的意义空间,甚至在无法可依的场合下“创造了法律”。从这一角度讲,司法解释制度在当代中国的社会发展转型与法治建设进程中所发挥的实践价值是毋庸置疑的。[8]

而在明确法条含义、为各级司法机关构建可操作性标准的作用之外,近年来也有学者从司法解释“合宪性调适”功能的视角来考察其之于推动宪法实施的意义。[9] 司法解释的制定,本身包含了基于宪法的基本精神,尤其是宪法中权利规范的精神,对被解释的法律条文进行合宪性判断的过程;对于具体部门法条文与宪法规范间的欠融洽之处,有权机关可以通过制定司法解释,使法律在适用环节能动地回归到实质正义与合宪的轨道之中,这一过程是司法解释之“合宪性调适”功能的体现。例如,对于我国《刑法》所规定的非法持有、私藏枪支、弹药罪等“涉枪”犯罪,刑事司法部门主要遵循刑法中的空白罪状指引,依照《枪支管理法》第46条“……足以致人伤亡或者丧失知觉”等标准进行“枪支”构成性的认定。与此同时,《枪支管理法》第4

[5] 袁明圣:《司法解释“立法化”现象探微》,载《法商研究》2003年第2期。

[6] 王胜俊主编、最高人民法院审判委员会编:《中华人民共和国最高人民法院司法解释全编》,人民法院出版社2009年版。

[7] “现行有效法律目录(截至2023年6月28日)”,2023年7月3日发布,载中国人大网:http://www.npc.gov.cn/npc/c30834/202307/2db13d5e01494c3398b5eff3ec041490.shtml,2023年9月30日最后访问。

[8] 沈岿:《司法解释的“民主化”和最高法院的政治功能》,载《中国社会科学》2008年第1期。

[9] 周光权:《刑事司法领域的宪法判断与刑法制度文明》,载《中国社会科学》2022年第8期。

条"国务院公安部门主管全国的枪支管理工作"的规定则给予了公安部通过部门规章或其他规范性文件对"枪支"外延进行具体明确的笼统权限。基于此番授权,公安部《枪支致伤力的法庭科学鉴定判据》中"枪口比动能1.8焦耳/平方厘米"成了此后刑事司法实务中认定刑法意义上"枪支"的直接依据。然而,由于该规范性文件对于枪支致伤力的界定标准规定畸低,长期以来实践中发生了大量侵犯公民基本权利、难以为公众所接受的"玩具枪入刑"案件,学界对相应判决的实质正当性也提出了诸多质疑。[10] 为对此种现象进行纠偏,2018年"两高"联合发布了《关于涉以压缩气体为动力的枪支、气枪铅弹刑事案件定罪量刑问题的批复》这一司法解释,要求司法机关在涉枪案件裁判中充分考虑致伤力大小、主观认知等各种因素,综合考虑社会危害性。该批复发布的近5年时间里,涉枪罪名的适用大幅度减少,针对相关案件的刑事追诉也与《宪法》第33条第3款所规定的"国家尊重和保障人权"的价值追求实现了更为深刻的内在统一。

(二)司法解释面临法理困境的三重原因

至此可见,海量出台的司法解释在长期以来的司法运行体制中起到了填补立法漏洞、统一法律适用、调适规范合宪性的实效,不过也应当注意到,由于现行法律对司法解释的解释对象、法源地位以及司法适用效力的规定不够明确,因而该制度本身在合法性与实质正当性上所存在的巨大争议始终未被消解。

司法解释的正当性基础,即其"作为一种公权活动而被守法者接受或者说认同的原因或者说源头"。[11] 尽管有学者试图通过将司法解释的本质理解为"授权性质立法"的理路来对司法解释"立法化"命题予以证伪,[12] 或者援用埃利希《法社会学原理》中的"法官之法"理论来为司法解释这样一种基于司法经验的造法形式提供合理性依据,[13] 抑或通过"司法解释权包含

---

〔10〕 罗翔:《圆圈正义:作为自由前提的信念》,中国法制出版社2019年版,第46页。

〔11〕 黄金兰:《我国司法解释的合法性困境及其应对建议》,载《法商研究》2020年第3期。

〔12〕 聂友伦:《论司法解释的立法性质》,载《华东政法大学学报》2020年第3期。

〔13〕 钱炜江教授认为,对最高人民法院司法解释之定位的正确认识,应当摒弃立法权与司法权的绝对两分,将司法解释理解为类似于埃利希"法官之法"的介于立法与司法之间的过渡阶段,也即,通过司法过程中个案裁判经验的积累,为后续的立法提供素材和准备。参见钱炜江:《论最高人民法院司法解释的定位与限制》,载《甘肃政法大学学报》2021年第5期。

于审判权之中,是审判权的延伸"[14]的逻辑理路证成其合法性,甚至基于对我国《宪法》第132条[15]的教义学解读而认定宪法已经实质上赋予最高人民法院以"发展法律"的功能;[16]但不可否认的是,伴随着中国特色社会主义法治体系建设的进程,越来越多的学者仍对司法解释的实质合法性问题表现出了担忧。司法解释制定范围的模糊性以及对司法机关来说无限近似于法律的拘束力,已经在事实上构成了"对立法权限的僭越";甚至有学者将最高人民法院形容为除全国人大及其常委会和国务院以外的"第三立法部门",而其所掌握的"准立法权"是哪怕判例法国家的司法机关都未曾享有的。[17]

司法解释日趋"立法化"过程中所面临的法理危机,首先来源于司法解释在制定程序上所表现出的主动性倾向和在解释对象上所表现出的恣意性倾向。在权力分立的宪法框架内,与立法权和行政权所应秉持的主动性立场不同,司法权原则上应当是一种"被动适用"的权力。这种被动性一方面表现在法院对于案件的"不告不理",另一方面也体现于法院在适用法律过程中所进行的法律解释应当是谦抑、克制和场景化的——也正因如此,有学者将司法解释作为我国法源的实质合法性问题概括为"司法能动与司法克制之间关系的问题"。[18] 同时,前述1981年全国人大常委会《加强法律解释决议》中对最高人民法院的赋权以"法院审判工作中具体应用法律、法令的问题"为前提,似乎已明确了司法解释的对象应当是个案中遭遇的、亟待解决的具体问题,而非超脱于具体案件的、对法规范笼统而抽象的理解问题。然而,数十年来司法解释实践所呈现的情况,却与前述所阐明的法理逻辑大相径庭。以内容上是否结合个案情形为标准,司法解释文件往往被划分为"具体司法解释"与"抽象司法解释"两种类型。[19] 其中,前者是基于具

---

〔14〕 韩丽欣、肖萍、郑国:《论审判权的限度——以最高人民法院司法解释权的合理界限为视角》,载《南昌大学学报(人文社会科学版)》2010年第6期。

〔15〕 《宪法》第132条规定:"最高人民法院是最高审判机关。最高人民法院监督地方各级人民法院和专门人民法院的审判工作,上级人民法院监督下级人民法院的审判工作。"

〔16〕 苗泳:《最高人民法院司法解释权再思考——兼与郭辉、史景轩博士商榷》,载《河北学刊》2014年第1期。原文中表述为《宪法》第127条,在2018年《宪法》修订后改为第132条,故本文采用第132条的表述。

〔17〕 袁明圣:《司法解释"立法化"现象探微》,载《法商研究》2003年第2期。

〔18〕 尹艳丹:《最高人民法院司法解释的法源地位》,载《上海政法学院学报(法治论丛)》2011年第6期。

〔19〕 沈岿:《司法解释的"民主化"和最高法院的政治功能》,载《中国社会科学》2008年第1期。

体个案对特定法律条文的理解和适用问题进行解释,在解释对象上完全符合立法机关的授权范围,故而鲜遭诟病或批评;但对于后者,它脱离了具体个案的语境,甚至往往并不针对具体的条文和用语,而是意在以“事前”的方式进行法律含义的阐明,具有鲜明的“立法化”倾向。董皞教授认为,我国如今的抽象司法解释往往“只在解释案的题目中引用了原法律(被解释法律)的名称,在具体的解释内容中既看不到原法律的条文,也不明确被解释的法律用语,而是不顾文本另搞一套”,[20]就解释对象的范围或解释结果的边界而言有着很强的恣意性。值得反思的是,如今在司法解释体系中,以近似于法规范的功能所呈现的抽象性解释占据了绝大多数——这种以解释之名行立法之实的状况,被一些学者称为“司法解释权的异化”。[21]

其次,司法解释事实上所具有的法律或“准法律”适用效力,也是其实质正当性遭受诟病的关键原因。按照一般的理解,广义的“立法”是指拥有立法权的国家机关按照法定程序创制法律、法规、规章或其他规范性文件的活动;而在立法活动的诸多特征中,其实施的专门性与主体的特定性是最为关键的要素。在我国的立法体制下,合格的立法主体来自《宪法》和《立法法》的规定和授权,司法机关则并不属于这一范围,因此其“准立法”的行为在合法性上面临挑战。更何况,目前实践中司法解释所享有的事实拘束力并不止于地方性法规、规章等相对低位阶的规范性法律文件,而是直指全国人大及其常委会所制定的(狭义的)法律。全国人民代表大会作为我国的最高立法机关,是民主集中制的政治语境下充分吸收民意、将广泛的人民意志注入实定法规范的权威机构。相较而言,虽然最高人民法院在1997年与2007年分别制定了《关于司法解释工作的若干规定》和《关于司法解释工作的规定》,对司法解释的制定主体、制定程序、效力范围等作出了较为详尽的规定,甚至后者还史无前例地构建了“公民动议司法解释立项”和“公开征求意见”机制,但在创制程序的民意普遍性与广泛性层面,它仍然无法与作为立法机关的全国人民代表大会相提并论。因此,司法解释作为效力渊源,甚至是“准法律”的实质正当性是存疑的。

最后,司法解释在解释结果上所表现出的“逸出性”,也为其制造了法理基础方面的隐忧。从解释方法的角度看,法律解释包括文理解释和论理解

〔20〕 董皞:《司法解释论》,中国政法大学出版社2007年版,第16页。

〔21〕 郭辉、史景轩:《最高人民法院司法解释权的异化及反思》,载《河北学刊》2013年第2期。

释:前者又称为文义解释,即基于法律条文的字面意思进行解释的方法;后者则包括目的解释、体系解释、历史解释、比较解释等具体解释技巧。在面对实质正当性存在瑕疵的法律条文时,司法解释往往通过规范目的解释的理路实现对法规范内涵的调适和对法规范适用的纠偏,最终达成裁判结果的合法性与可接受性的统一。不可否认的是,这正是司法解释之于宪法实施的重要实践价值的体现。但即便如此,对于目的解释的使用也绝不意味着解释结果可以漫无边界,[22]因为以规范目的为落脚点对法规范所展开的语意延伸,仍然应该承受文义解释的检验,以避免法律解释的泛化,甚至走向恣意解释。[23] 然而,目前大量司法解释在解释结果上显然已经“逸出”了原有法律条文可能的文字射程范围,进而使司法解释的制定在部分时候几乎成为一种“有解释之名而无解释之实”的“创法”活动。

此外,也有学者犀利地指出,在我国一元二级的司法解释制度框架之下,最高人民法院制定大量细密的司法解释,“明显地改变了上下级法院的关系”,[24]并可能构成对审判独立这一宪法基本原则的威胁。根据《宪法》第132条的规定,最高人民法院与地方法院之间、上级法院与下级法院之间是监督关系而非领导关系,各级法院应当独立行使审判权,这正是审判独立原则的基本内涵。但是,对于地方法院而言,最高人民法院所制定的司法解释在实践中是“应当适用”的裁判依据,而非“可以适用”的参考性说理标准;与此同时,下级法院逐级向最高人民法院请示,以最高人民法院作出的批示为依据进行裁判的“批复”型司法解释,更是“侵蚀了请示的下级法院的司法权,损害了该下级法院司法权的独立性和完整性”。[25] 不可否认的是,在现行司法解释体制下,下级法院在审判中主动行使法律解释权的“释法积极性”正在不断被消磨,对于无法确认是否应该由自己解释的场合往往不敢轻易进行解释,而会采取逐级上报请求批复这一更为稳妥、保险的方案。通俗地说,最高人民法院可以通过制定司法解释的方式,对下级法院的审判活动施以变相的干扰或控制。透过前述基于不同角度的种种质疑可见,对于司法解释在法律适用中所具有的事实上法源地位及适用效力,我们

---

〔22〕 刘仁文:《构建我国立体刑法学的思考》,载《东方法学》2009年第5期。

〔23〕 劳东燕:《刑法中目的解释的方法论反思》,载《政法论坛》2014年第3期;张苏:《刑法目的视阈下的刑法解释》,载《东方法学》2010年第6期。

〔24〕 刘风景:《司法解释权限的界定与行使》,载《中国法学》2016年第3期。

〔25〕 贺日开:《司法解释权能的复位与宪法的实施》,载《中国法学》2004年第3期。

仍亟待为其寻找到更加坚实的法理正当性基础。

(三)研究对象的聚焦:从制定范围与适用效力的双重面向切入

不过,在笔者有限的考察范围内,学界也鲜有从可存续性的层面根本性否定最高人民法院司法解释制度的观点出现;相反,大多数论者基于各自的理由,相对明确、具体地对司法解释的解释对象、解释限度及适用效力等问题表达了担忧。基于前述对司法解释之价值逻辑与理论困境的阐明,如今一个基本达成的共识是:我们更宜在承认司法解释本身制度价值的基础上,对司法解释的制定范围和法源地位进行法教义学层面的进一步规范与明确,从而保障司法解释制度在不破坏宪法分工与权力秩序构造的前提下发挥其重要的实践价值。

本文认为,司法解释的制定范围(包括解释对象与解释限度)与司法解释的法源地位(适用效力),是位于不同位阶的两个问题,应该递进式地进行逐一考察。从研究价值的角度看:如果说前者关乎实定法究竟授予了作为解释主体的"两高"针对何种对象、在何种范围内解释法律的权限;那么后者——对于司法解释法源地位的界定,则至少具有双重层面的体系性意义。第一,其究竟属于我国的正式法源、非正式法源抑或非法源,这直接决定了各级法院在裁判过程中应当将司法解释置于何种阶层位置进行适用(或者不适用);第二,如果其属于我国的正式法源,那么在由宪法、法律、行政法规、地方性法规、规章等所构建的正式渊源体系中其具体应处于何种位置,这直接决定了它在与前述若干规范性法律文件发生冲突时应该遵循怎样的解决路径。

当然,在我国一级二元制的司法解释体制下,最高人民法院与最高人民检察院同为司法解释的制定主体。而与最高人民法院的审判解释相比,最高人民检察院制定的检察解释则又面临颇为不同的情况:一方面,相比最高人民法院独立制定的审判解释,最高人民检察院独立制定的检察解释在二元司法解释体制中显得较为边缘与弱势;这是因为,检察院是在刑事追诉流程的"上游"行使职权,并不能直接左右裁判结果,无论其针对具体案件作出怎样的解释,在提起公诉后位于追诉流程"下游"的法院仍可以在检察院的解释结果之外独立地作出终局性的裁判。另一方面,相比审判解释,检察解释又可能陷入更加难以解决的合法性困境;这是因为,与处于中立地位的法院不同,检察院在刑事追诉中扮演着与当事人存在利益对抗的公诉方角色,如果赋予检察院以作出有权解释的权限,那么也就意味着检察院不仅是游戏本身的参与者,同时又成为游戏规则的制定者,这对保障犯罪嫌疑人、被告人的人身权利显然是不利的。正因如此,近年来关于检察解释制度存废必要性的讨论并不鲜见,一方面部分学者对检察解释之制度合理性、功能正当性及实践必要性予以充分肯定,[26]另一方面也有诸多学者鲜明地提出无论是将检察权界定为司法权、抑或司法权之外的独立权力,检察机关都欠缺享有法定解释权的法理基础,[27]甚至应当因此废除当前的检察解释制度。[28]

本文无意介入关于检察解释制度存废的争论,而旨在把目光聚焦于体量更大、争议更多,同时也更加具有实践价值的最高人民法院审判解释。[29]从我国长期的审判实践传统来看,最高人民法院司法解释具有无限近似于法律的拘束力,因此其制定范围与适用效力必须进行严格的界定,这是维护我国宪法中权力秩序构造的必然要求。本文从最高人民法院司法解释之制定范围(解释对象与解释限度)与法源地位(适用效力)两个面向展开研究,以期寻求司法解释实践价值与制度合宪性间的统一。

二、限缩司法解释制定范围的法理必要性与路径构建

(一)司法解释权力渊源的厘清:以宪法性法律规范为脉络

对于司法解释制度法理基础的研究,首先涉及对司法解释的制定是否存在明确、正当的权力依据的考察。虽然在中华人民共和国成立初期,1954年第一届全国人民代表大会所通过的《人民法院组织法》已经对最高人民法院的法律解释权作出了规定,但从更加宏观的视角看,中国的法制建设在随后的20年间历经了极尽曲折的发展。彼时法院裁判案件主要依靠国家政策,而即便存在陆续制定的司法解释,它们在"解释"的外观之下也仍然传达出政策性文件的实质内涵。所以,在1949年至1978年的时间跨度内,尽管在部门法严重缺失的历史条件下司法解释的确起到了为法院提供一定裁判依据的作用,但彼时的"司法解释"在解释主体、制定程序、解释限度、适用效

---

[26] 孙谦:《最高人民检察院司法解释研究》,载《中国法学》2016年第6期;黄硕:《论最高人民检察院司法解释的实质合理性》,载《政法论丛》2014年第3期。

[27] 侯菊英:《我国司法解释中存在的主要问题及完善建议》,载《中州学刊》2006年第5期。

[28] 魏胜强:《检察机关的法律解释权证伪——基于检察权定性的分析》,载《河南社会科学》2010年第3期。

[29] 下文所称"司法解释"或"审判解释",均指最高人民法院所作出的司法解释。

力等方面仍然处于稚嫩的摸索阶段,与如今中国特色社会主义法律体系语境下的“司法解释”有着较为不同的内涵。

普遍认为,我国司法解释制度的空前发展是以1978年的改革开放为起点的。前文提到,改革开放之初为快速打开法制体系建设的局面而提出的立法活动“宜粗不宜细”的方法论,为后续司法解释制度的存续奠定了价值基础。随后的1981年,全国人大常委会在《加强法律解释决议》中对最高人民法院进行了“凡属于法院审判工作中具体应用法律、法令的问题,由最高人民法院进行解释”的赋权,但同时也通过“凡关于法律、法令条文本身需要进一步明确界限或作补充规定的,由全国人民代表大会常务委员会进行解释或用法令加以规定”,与“不属于审判和检察工作中的其他法律、法令如何具体应用的问题,由国务院及主管部门进行解释”的条文,对最高人民法院司法解释的制定范围与解释对象进行了谨慎的限制。

继1981年《加强法律解释决议》之后,1983年第一次修订的《人民法院组织法》在“人民法院的组织和职权”一章中也重申了“最高人民法院对于在审判过程中如何具体应用法律、法令的问题,进行解释”的司法解释权限。就解释对象的规定,该法与前述1981年《加强法律解释决议》存在表述上的细微不同,前述1981年《加强法律解释决议》采用了“凡属于法院审判工作中”的表述,而该法则使用“审判过程中”的表述。2018年《人民法院组织法》历经了幅度较大的第四次修订,在“人民法院的设置和职权”中规定“最高人民法院可以对属于审判工作中具体应用法律的问题进行解释”,对解释对象的规定则重新回归到了与1981年《加强法律解释决议》基本一致的表述逻辑。尽管在具体表述上存在细微差别,但从1981年《加强法律解释决议》到1983年《人民法院组织法》,再到2018年《人民法院组织法》,三部法律文件对于司法解释之制定范围的规定仍体现出一脉相承、一以贯之的逻辑特点。

以《立法法》为视角展开对司法解释之权力依据的考察,则又可以发现颇为不同的情况。2000年《立法法》起草时,学界曾出现诸多声音,呼吁该法对司法解释的制定范围和法源地位进行规范化的明确。应当承认,在宪法以及包括《人民法院组织法》在内的宪法相关法已经对我国的立法权限、立法程序等诸多问题作出了原则性与概括性规定的基础上,《立法法》的立法旨趣本身包含对立法体制中各种具体制度的进一步细化。从这个角度来讲,通过该法一次性厘清司法解释制度中尚显模糊或存有争议之处或许是最佳选择。然而,最终生效的2000年《立法法》中却并没有出现对司法解释的相关规定。本文认为,这可能与立法者如下两方面的考虑有关。

第一,如果立法者从根本上认为司法解释并非我国的正式法源、不具有规范性的适用效力,那么本就应当顺理成章地选择不将司法解释规定于《立法法》之中。《立法法》原则上是以产生具有规范性效力的“广义的法律”的立法活动为调整对象的一部宪法性法律,其所涉及的“广义的法律”包括法律、行政法规、地方性法规、民族自治法规、特别行政区的法律、国务院部门规章与地方政府规章等,这些共同构成了一般意义上的我国的正式法律渊源;而如果立法者否认了司法解释所享有的法源地位和适用效力,那么自然无须在《立法法》中予以规定。换言之,立法者可能认为,只要在该法正文部分规定司法解释的相关问题,哪怕仅仅是对其制定主体、制定范围进行明确,那么基于体系解释的立场,即可被认为是承认了司法解释的法源地位与适用效力,而这就将导致与立法者的本意相背离。显然,如果立法者基于这样的考虑而未在2000年《立法法》中对司法解释予以规定,那么事实上立法者已经以一种“不规定”的方式呈递出了自身的价值判断。

第二,如果立法者承认司法解释的法源地位和适用效力,但是却无法妥当处理这种“事实上的立法行为”与宪法下的权力秩序构造间的关系,那么则可以将2000年《立法法》对司法解释的“不规定”理解为是一种暂时的立法回避——这样的回避,既可以使司法部门延续一直以来将司法解释作为裁判依据进行适用的司法实践、发挥司法解释的能动价值,又避免了直接规定于《立法法》中可能为司法解释带来的合宪性质疑。当然,如果立法者是基于第二种考虑而采取了“不规定”的处理,那么显然没有从根源上缓解司法解释制度的实践价值与法理基础之间的紧张关系,更大程度上只是一种“缓兵之计”。

时隔15年,2015年《立法法》第一次修正,选择在第六章“附则”中补充规定了与司法解释相关的部分问题。相关条文在2023年《立法法》第二次修正中得到了保留。其中,第119条第2款规定了“两高”制定解释后的备案问题,这显然是对2007年施行的《各级人民代表大会常务委员会监督法》(以下简称《人大常委会监督法》)中所规定的司法解释备案制度的回应与重申,强调了权力机关对最高人民法院实施法律监督的制度逻辑。同时,2015年《立法法》第119条第1款则规定:“最高人民法院、最高人民检察院作出的属于审判、检察工作中具体应用法律的解释,应当主要针对具体的法律条文,并符合立法的目的、原则和原意。遇有本法第四十八条第二款规定情况的,应当向全国人民代表大会常务委员会提出法律解释的要求或者提出制定、修改有关法律的议案。”可以发现,历经 2015 年及 2023 年两次修正后的《立法法》对司法解释的规定,仍然没有涉及其法源地位与适用效力问题,而主要是从解释对象、解释限度和接受人大监督的面向上对其进行限制和约束。正如前述分析的那样,该条规定并没有选择放在该法第二章“法律”下的第四节“法律解释”内,而是被安置在整部法律结尾的“附则”部分,某种程度上仍然体现出立法者对于司法解释相关问题的矛盾心态。[30]

与 2015 年《立法法》第 119 条第 1 款形成对比,该法第 48 条第 1 款(位于第二章“法律”第四节“法律解释”下)明确规定“法律解释权属于全国人民代表大会常务委员会”,从体系解释的角度看,这里“法律解释”的内涵显然被限定在相当狭窄的范畴内。具体地说,该表述不仅指向狭义的法律解释(有权解释、法定解释),同时还更进一步地将语义限定在脱离了个案语境的抽象解释之中——否则,我们似乎难以解释为何由《人民法院组织法》等宪法性法律所明确的司法解释、行政解释,被 2015 年《立法法》第 48 条第 1 款排除在“法律解释权”的范畴之外。当然,随后的第 48 条第 2 款也通过“法律的规定需要进一步明确具体含义”与“法律制定后出现新的情况,需要明确适用法律依据”这两种具体且有限的模式列举厘清了该条第 1 款中所谓“法律解释”的含义,印证了我们的前述分析。由此来看,2015 年《立法法》第 48 条第 1 款的规定,未尝不可视作立法者对司法解释之解释对象的限制,而这种限制直指在司法解释体系中占据绝大多数的抽象司法解释。

(二)“立法化”隐忧的消解:以《立法法》为依据限制解释对象与限度

1. 法理困境根源于超出法律授权的制定范围

司法解释之所以受到“立法化”的法理正当性质疑,根源在于司法解释的解释对象和解释限度往往超出包括《立法法》在内的宪法性法律的授权范围。试想,如果最高人民法院严格依照 2015 年《立法法》第 119 条第 1 款的规定,制定“审判、检察工作中具体应用法律的解释”,并且这种解释“符合立法的目的、原则和原意”,即这种司法解释是在适用法律的过程中、为顺利推进具体个案的裁判而针对涉案的特定法律条文所作出的,并且解释结果可以为法律条文的原意所覆盖。那么,我们当然可以认为其制定程序的启

---

〔30〕 钱炜江:《论最高人民法院司法解释的定位与限制》,载《甘肃政法大学学报》2021 年第 5 期。

动是被动性而非主动性的,解释对象是特定性而非恣意性的,解释结果也是文义性而非逸出性的。对于这样在制定程序、解释对象和解释结果上都表现出充分的谦抑与克制,严格依据《立法法》授权所制定的司法解释(本文姑且称之为"理想型解释"),无疑具有充分强度的法理正当性而成为各级法院裁判案件的依据。甚至,这种正当性无关于其本身"法定解释"的地位——因为对法律进行解释本身就是法律适用的前提,不同法院的法官基于同样的法律文本,在"符合立法原意"的范围内所作出的解释,本就不应当得到大相径庭的结果。如果有,那么层级最高、最具权威的最高人民法院解释也应当更具可靠性,所以理应为各级法院所关注和采纳,这本就是法秩序统一性原理的内在要求,而并不侵犯到各级法院审判独立的宪法构造。只是说,《人民法院组织法》等宪法性法律通过赋予司法解释以"有权解释"的定位,使它成为影响各级法院审判过程中的裁量、心证和价值判断的一个更具刚性的渊源,以此保证法律适用的统一性和融贯性。

或许数十年来司法解释实践所呈现出的客观情况,距离前述"理想型解释"的面貌相去甚远,但我们至少通过对这种"理想型解释"的观察和分析发现,如今抽象司法解释面临法理困境的症结,并不在于其"法定解释"的权力来源是否充分,而是在于其解释对象是否特定、解释限度是否克制。因此,避免司法解释过度"立法化"的关键,正在于通过 2015 年《立法法》第 104 条的规定,对司法解释的解释对象与解释限度进行适当且必要的限缩。

2.《立法法》对解释对象的限制与宽容

具体而言,2015 年《立法法》第 119 条中的"审判、检察工作中具体应用法律的解释"与"本法第四十八条第二款规定情况"是对司法解释的制定范围(解释对象与解释限度)的限制。2015 年《立法法》第 48 条第 2 款规定:"法律有以下情况之一的,由全国人民代表大会常务委员会解释:(一)法律的规定需要进一步明确具体含义的;(二)法律制定后出现新的情况,需要明确适用法律依据的。"综合上述两条,《立法法》从正反两面的规定,对司法解释的解释对象进行了限缩,尤其是 2015 年《立法法》第 48 条所明确的司法解释的两种"禁区",更是极大程度地厘清了所谓"审判、检察工作中具体应用法律"的真正内涵。如果说在《立法法》修正之前,包括《加强法律解释决议》和《人民法院组织法》在内的其他宪法相关法均未对"属于审判工作中具体应用法律的问题"或类似表述的实质外延进行明确,由此给最高人民法院留出了制定大量抽象司法解释的空间的话,那么 2015 年《立法法》第

48条则通过消极性规定,设置司法解释不得涉足,一旦进入即为越权解释的保留区域,以对最高人民法院制定解释的对象进行更为精确的引导和限制。〔31〕 例如,张明楷教授在针对刑事司法解释的反思中就提出,部分司法解释"不是为了解决具体案件如何适用刑法的问题,而是在发挥刑事政策的作用",〔32〕这种解释显然将因落入2015年《立法法》第48条的范围而应该被排除在司法解释的对象范围之外。

然而,《立法法》第119条与第48条对司法解释制定范围的限制却可能带来另一层面的现实问题:一旦抽象司法解释的存在空间被挤压殆尽,那么现行有效的数以千计的抽象司法解释就陷入欠缺法理正当性的尴尬境地;而简单粗暴地排除这部分抽象司法解释的实践适用,则可能对今天的司法运行机制造成不易承受的冲击。毕竟对于过去粗放式立法理念下所制定的大量法律而言,一旦失去了高度配套的相应抽象司法解释的指引,那么法律适用会随即产生可预见的障碍;进而,各级法院在模糊、粗疏的法律条文下获得了过度的自由裁量空间,同案难以同判,法秩序的统一性也会不可避免地遭到破坏。总之,可以认为如今抽象司法解释面临的问题,不是孤立判断正当与否、合法与否的问题,而是在数十年实践逻辑的基础上所形成的"牵一发而动全身"的体系性问题。〔33〕

对此,立法者选择将"以疏代堵"的理念注入《立法法》第119条中,以尽可能地缓冲排除抽象司法解释适用所带来的体系性风险。可以发现,"应当主要针对具体的法律条文"中的"主要",就是一种非强制性、非禁止性的表述,它为脱离了具体个案语境,甚至有时也脱离具体条文和用语的抽象司法解释的存在和适用留出了部分空间,以避免对现行司法运行体制造成过大的冲击。由此,对于最高人民法院所制定的大量抽象司法解释,尽管从形式上看其已经落入了第48条所明文排除的范畴,具有一定的"立法化"样态,但《立法法》所持的态度仍然是引导、限制和规劝,而非"一刀切"式地彻

〔31〕 刘风景:《司法解释权限的界定与行使》,载《中国法学》2016年第3期。

〔32〕 张明楷:《简评近年来的刑事司法解释》,载《清华法学》2014年第1期。

〔33〕 有学者主张在《立法法》所规定的"针对具体的法律条文"的基础上,对司法解释的对象进行更进一步的限缩,即认为必须是"涉及公民宪法性权利的保护问题"才可以启动司法解释。参见徐和平:《司法解释合宪性的隐忧与消解》,载《学术界》2014年第1期。本文认为,从司法解释实践价值与制度合宪风险间价值平衡的视角来看,此般对司法解释适用范围的限定似乎有些狭窄,一方面不利于发挥司法解释之于法律适用的价值与功能,另一方面也可能较大程度地脱离了如今司法机关尚需大量依赖抽象司法解释的实践现状。

底否定其正当性。毕竟,无论是法律的制定还是实施都离不开价值的权衡与取舍,彻底否定抽象司法解释固然会“一次性”消解司法解释制度的形式与实质合宪性的隐患,但同时带来的震荡却也是不可轻易承受的。因此,2015年《立法法》第119条在很大程度上暗含了这样一种态度:伴随着未来立法活动的不断精细化,对司法解释的“立法化”趋势逐步地、适当地纠偏;在呼唤“解释者要对法典有充分的尊重”的过程中,〔34〕以“尽可能少发布(抽象)司法解释、并最终以不发布(抽象)司法解释”为追求,〔35〕促使法律适用逐渐摆脱对抽象司法解释的依赖,最终真正消解因抽象司法解释所带来的“立法化”隐忧。

3.《立法法》对解释限度的限制

与通过“主要针对具体的法律条文”对解释对象进行限制相呼应,2015年《立法法》第119条第1款中的“符合立法的目的、原则和原意”则是对解释限度的限制。前文已经阐明,司法解释所承受的“立法化”诟病,在很大程度上来自其解释结果的“文义逸出性”。详言之,大量司法解释的制定,并非基于法律规范的文本表述对条文的实质内涵进行发掘和探明的过程(本文暂且称之为“平义解释”),而往往表现为一种“另行创制”活动。

这种“另行创制”可能存在两种不同样态:第一种创制表现为司法解释作出了与法律条文本身含义相矛盾的规定。例如,《刑法》分则中的侵犯公民个人信息罪,其构成要件中有“违反国家有关规定”的表述。依照《刑法》总则第96条的规定,违反国家规定中的“国家规定”是指狭义的法律和国务院的行政法规,但是,该罪的司法解释则明确将规章也纳入“国家有关规定”的范畴,显然与《刑法》总则的明确规定相背离,进而,这种“从有到有”很可能构成对罪刑法定这一刑法铁则的违背。〔36〕第二种创制则可能表现为司法解释在法律条文的字面意义之外创造新的含义,此时解释的结果虽不与原条文相悖,但也无法从原条文的文字中推出。例如,《刑法》分则部分罪名

---

〔34〕尹艳丹教授认为,“穷尽制定法的范围”以及“对制定法的尊重”是进行司法解释的前提,同时也是“立法性司法解释”(抽象司法解释)获得实质合法性的基础。参见尹艳丹:《最高人民法院司法解释的法源地位》,载《上海政法学院学报(法治论丛)》2011年第6期。

〔35〕黄金兰:《我国司法解释的合法性困境及其应对建议》,载《法商研究》2020年第3期。

〔36〕具体到刑事法语境时,司法解释的限度问题本质上就是司法解释的解释结果是否违反罪刑法定原则的问题。参见张明楷:《简评近年来的刑事司法解释》,载《清华法学》2014年第1期。

有关数额的要求,仅从字面表述来看,我们无从得知“数额较大”“数额巨大”究竟指向何种标准,并且很可能不同地位、职业与经济状况的社会成员对此都有各异的理解。此时司法解释对概括性情节中具体数额范围的明确,就可以理解为是一种“从无到有”的创制,这种创制的结果虽然无法确定性地通过解释学方法从原条文中推出,但却仍然可以为刑法原条文的语义射程所覆盖,或者说,不与原本的法律条文相矛盾。有学者依据解释的结果对司法解释进行了类型化区分,认为存在“释法型”“改法型”“造法型”三种司法解释,〔37〕这与本文所分析的平义解释、第一种创制和第二种创制基本呈现出事实上的一一对应关系。

对于第一种创制,其所表现出的鲜明的“改法”倾向本身可能构成对全国人大及其常委会立法权的僭越,也是对立法、司法间宪法分工构造的违反,故应当予以禁止。尽管解释主体可能试图以解释结果符合体系解释、目的解释等解释学方法为由,为这种“改法”行为寻找正当性基础,但任何解释活动都应该以文义射程的范围作为边界,一旦逸出这一边界,那么就随即陷入“有解释之名而无解释之实”的境地。例如在刑事法视域内,张明楷教授犀利地指出部分刑事司法解释存在以类推解释和溯及既往的方式违背罪刑法定原则的问题,〔38〕这其实正是由于它们在解释结果上的文义逸出性所造成的。总而言之,“改法性创制”应当在司法解释的体制中被严格禁止,且已有的该种类型司法解释也应该及时由最高人民法院进行清理和废止,这是从解释限度的层面缓解司法解释的“立法化”倾向与司法权限度之间紧张关系的关键进路。

对于第二种创制,本文认为只要其并未超脱出法律条文本身的文义射程,则在价值权衡的视角下宜继续肯定其制定和适用的效力。当然不可否认的是,这种具有“造法”性质的创制也同样蕴藏一定的立法化隐忧,只是从功能主义的立场出发,现有的司法运行机制离不开这些司法解释对如今整体而言仍较为粗放、笼统的法律条文进行具体含义的明确和统一。易言之,在较低程度的合宪性疑问、与司法适用较大程度的不统一性之间展开价值权衡,我们现阶段只能选择对创制型司法解释的认可,并暂时回避由此带来的合宪性疑问。仍以刑事司法领域为例:对于“数额较大”“情节严重”等概

〔37〕 刘晓宏:《最高人民法院司法解释权力、程序、文件研究》,吉林大学2012年博士学位论文。
〔38〕 张明楷:《简评近年来的刑事司法解释》,载《清华法学》2014年第1期。

括性情节,如果没有司法解释对其进行适当的界定,那么在盗窃、贿赂等涉及具体金额的案件当中,不同地区或不同时期的法官可能对类似的案件作出大相径庭的裁判,[39]这显然不利于贯彻同案同判的理念、维护法律的尊严与权威。[40] 对于常见于《刑法》分则的兜底性条款。例如非法经营罪中的“其他严重扰乱市场秩序的非法经营行为”,如果没有相应司法解释的具体界定,那么司法适用存在极大的不确定性,而法官大幅扩张的自由裁量权也将不可避免地为权力寻租和司法腐败留下空间。[41] 当然,同立法一样,法律实施归根结底也是利益平衡的结果,在现阶段接受这种妥协,并不意味着未来我们仍然具有制定和适用抽象司法解释的充分基础。只有不断提高立法活动的精细化程度,引导立法者将能够独立作为裁判依据的“完整的法”为立法活动中的价值目标,才能在未来逐步摆脱司法实践中对抽象司法解释和创制性司法解释的依赖。

三、司法解释效力介于法律与行政法规之间的教义学证成

(一)司法解释的法源地位与适用效力缺乏直接的实定法赋权

数十年来的审判实践已经表明,存在相应司法解释的情况下,法官往往会倾向于依据该司法解释,而非该司法解释所解释的法律本身进行裁判,[42]这意味着司法解释已经在事实上享有了正式法源的地位和近似(甚或等同)于法律的适用效力。也正是这种事实上的地位和效力,为针对司法解释“立法化”的质疑提供了又一面向的论据。不可否认的是,1981 年全国人大常委会的《加强法律解释决议》赋予了最高人民法院司法解释以有权解

〔39〕 孙谦:《最高人民检察院司法解释研究》,载《中国法学》2016 年第 6 期。

〔40〕 不过同时,也有学者基于比较法视角的研究,提出世界范围内并无其他国家将“数额较大”加入实定法规范体系,因而不将此作为定罪标准,但“扩大警察机关不移送起诉、检察机关不起诉的权力”才是预防犯罪的有效途径,同时也符合各国通行的做法。参见张明楷:《简评近年来的刑事司法解释》,载《清华法学》2014 年第 1 期。

〔41〕 刑法中此类“兜底”性条款属于相对“空白罪状”。通说认为空白罪状作为一种立法授权,其应当由全国人大及其常委会制定的法律和国务院制定的行政法规进行填补。而至于通过司法解释填补空白罪状的做法是否属于越权,甚至违反罪刑法定原则,这一问题同样面临很大争议。典型就如 2003 年“南极星非法经营国际电话 IP 案”,辩护律师即以此为由,主张以司法解释作为定罪依据是无效的。参见肖中华:《空白刑法规范的特性及其解释》,载《法学家》2010 年第 3 期。

〔42〕 黄金兰:《我国司法解释的合法性困境及其应对建议》,载《法商研究》2020 年第 3 期。

释的地位,也有学者将此作为司法解释具有法源地位的形式合法性的依据,〔43〕但在本文看来,有权"制定解释"与制定的解释"具有法律效力"之间仍然存在逻辑链条上的缺环,因此不能仅仅因该决议所确立的法律解释权而径行承认司法解释的适用效力,我们仍需为解释效力寻找到更为明确与坚实的合法性依据。

一般来讲,规范性法律文件的效力层级首先取决于该文件的制定机关在国家机构体系中的地位,除特别授权的场合外,往往制定机关的法律地位越高,则该规范性法律文件的效力等级也越高。若仅基于这样的一般规律,最高人民法院在国家机构权力体系中至少比规章或地方性法规的制定主体的层级要高,既然国务院部门、省或设区的市政府、省或设区的市人大享有制定具有正式法源地位的规范性法律文件的资格,那么层级更高的最高人民法院似乎也应当享有这种权力,因而司法解释似乎理所应当地具有正式法律渊源的地位。但事实显然并非如此,原因在于,在前述一般规则之外,规范性文件的效力同时需要受到《立法法》所规定的立法主体的限制。《立法法》在第五章"适用与备案审查"中明确了从宪法、到法律、到行政法规、再到地方性法规或规章的立法机关效力层级,却并未将最高人民法院的司法解释纳入体系之中。尽管司法解释的确出现在修正后的《立法法》之中,但仅仅被规定在第六章"附则"之中。至于这种处理,究竟是由于立法者在以"(正文中)不规定"的路径来呈递价值判断、默示否认司法解释的法源地位和规范效力,还是由于立法者在承认司法解释效力的前提下,因无法妥当处理这种"事实上的立法行为"与宪法所规定的权力秩序构造之间的关系而选择暂时回避,前文已有详细的分析。但从《宪法》与《立法法》中,我们尚未找到司法解释具有正式法律渊源地位和规范性法律效力的授权依据。

司法解释在适用效力层面获得的最为直接与明确的确认,来自最高人民法院于1997年制定、2007年废止的《关于司法解释工作的若干规定》和2007年制定、2021年修改的《关于司法解释工作的规定》(以下简称《解释工作规定》)。就法律效力问题,后者基本沿用了前者的具体表述方式,如2007年《解释工作规定》第5条明确规定了"最高人民法院发布的司法解释,具有法律效力"。不难发现,这样的效力规定表现出双重意义上的"自我

〔43〕　尹艳丹:《最高人民法院司法解释的法源地位》,载《上海政法学院学报(法治论丛)》2011年第6期。

赋权”属性:第一重意义,此时最高人民法院司法解释的效力是经最高人民法院本机关自行确认的,这很难说是一种“授权”,而更像是一种自我声明或强调。对于效力渊源的确认和安排,涉及国家权力秩序的建构,这理应由《宪法》或包括《立法法》在内的宪法性法律进行规定,而最高人民法院自身的文件显然没有这种资格。第二重意义,依照最高人民法院的规定,冠以“规定”之名的《解释工作规定》在定性上一样也属于司法解释,即对司法解释类文件的效力确认,最终是由一件司法解释所完成,此时就不可避免地陷入了一场悖论——如果司法解释类文件是由于《解释工作规定》的赋权才具有法律效力,那么《解释工作规定》就当然需要有法律效力才能完成这种赋权,但该规定本身定性就是一个司法解释,在被授权之前并无法律效力;相反,如果司法解释类文件并不由于《解释工作规定》的赋权才具有法律效力,那么该规定中的条款就只是对其既有效力的一种强调或重申,而此时我们又要将目光转向他处去寻找司法解释法源地位和适用效力的赋权规范。

此外,即便承认这种“双重自我授权”的有效性,《解释工作规定》第5条“最高人民法院发布的司法解释,具有法律效力”的表述也仍然具有模糊性,这种模糊性主要体现在如下两个方面:第一,“具有法律效力”并未厘清是具有“规范性法律效力”还是“非规范性法律效力”;[44] 狭义的“法律效力”往往指规范性法律文件的效力,但广义上讲却还应包括非规范性法律文件的效力。通俗地说,判决书、结婚证、逮捕证等作为非规范性法律文件,也同样具有(广义上的)“法律效力”,但这种效力所拘束的对象是特定的而非普遍的。司法解释作为基于宪法性法律的授权、由最高人民法院这一公权力主体制定的合法文件,当然地具有非规范性的效力,这是不言自明的。从这个层面讲,相对模糊的表述方式未能实现对司法解释规范性效力的确认,使得该条文几乎沦为一句无意义的空话。第二,即便认可《解释工作规定》中所指的“法律效力”为规范性效力,那么“具有法律效力”的表述也未能明确司法解释在我国的效力渊源体系中处于何种位置,这就为不同法律规范的内容发生冲突时的适用路径带来了不确定性。当然,尽管从实然的角度来看,各级法院往往将司法解释作为“准法律”来对待,因此相较于层级较低的部门规章、地方性法规,法院几乎都会在发生规范冲突时选择适用司法解释的规定。但仅就《解释工作规定》来说,我们无从判断基于这种“赋权”司

---

〔44〕 曹士兵:《最高人民法院裁判、司法解释的法律地位》,载《中国法学》2006年第3期。

法解释的效力层级在应然上将高于或低于哪种规范性法律文件。可见,司法解释的法源地位和适用效力欠缺合法、有效的实定法赋权,或者至少说,仅通过《解释工作规定》对司法解释效力的授权是缺乏"底气"且不够明确的。我们仍然需要在已有实定法规范的基础上,通过教义学方法为司法解释的适用效力寻找到具有充分正当性强度的依据。

与实定法对司法解释效力赋权的缺失形成呼应的是,在笔者有限的考察范围中,包括"马工程教材"系列《法理学》在内的中国主流法理学教科书,大多在"当代中国的法律渊源"章节内对司法解释法源地位的界定问题采取了模糊处理。比如,刘作翔教授主编的《法理学》,在正式渊源与非正式渊源部分均回避了司法解释,[45]信春鹰、张文显等编写的"马工程"版《法理学》(第二版),也未将司法解释列为法律渊源;[46]孙国华、朱景文教授主编的《法理学》(第四版),在正式渊源部分未提及司法解释,但指明了指导性案例的非正式渊源地位,并且,书中将指导性案例理解为一种"以个案形式进行的司法解释",即变相确认了司法解释的非正式渊源定位。[47] 不过同时,也有极少部分教科书——例如,张文显教授主编的《法理学》(第五版),将三种有权解释中的司法解释定位为我国的正式渊源,但也并未给出进一步的论证。[48] 法理学权威学者间对于司法解释法源地位问题的认识大相径庭,而同一编者在其所编写的不同教材中甚至出现了截然相反的观点,这也从侧面说明了该问题的模糊性和复杂性。

(二)对"司法解释与法律具有同等效力"观点的教义学否定

基于对现有实定法规范的教义学分析,学界针对司法解释的适用效力衍生出了效力等同于法律说、效力高于行政法规低于法律说、效力等同于行政法规说、效力低于行政法规说、不具有规范性效力说等不同声音。其中,认同司法解释的效力等同于法律的观点,因与数十年来的司法实践所折射出的实然状态形成呼应而受到了诸多学者的支持。但在本文看来,此番效力认定路径的最大风险可能与《人大常委会监督法》第33条的规定之间存在矛盾。

《人大常委会监督法》第33条规定了在司法解释"同法律规定相抵触"

---

〔45〕 刘作翔主编:《法理学》,社会科学文献出版社2005年版,第100页。

〔46〕 信春鹰、张文显等主编:《法理学》(第2版),人民出版社2020年版,第109页。

〔47〕 孙国华、朱景文主编:《法理学》(第4版),中国人民大学出版社2015年版,第111页。

〔48〕 张文显主编:《法理学》(第5版),高等教育出版社2018年版,第90页。

时,全国人大常委会可以要求最高人民法院对相应司法解释进行修改、废止,这说明在立法者看来,司法解释并不与法律处于同一层级,而是低于法律。理由在于,《立法法》中“适用与备案审查”一章就规范间的冲突设置了明确而详细的解决规则,其中的一般原理是对于同一机关或同一效力等级的机关制定的相冲突的规范性文件,应该由特定机关进行“裁决”。比如同为法律,新的一般规定与旧的特别规定不一致时,由全国人大常委会裁决。与此相对的,只有当规范性文件存在效力位阶差别时,才无须裁决而可以直接要求相应机关“予以改变或者撤销”。如果如前述观点所言,司法解释具有与法律相同的效力,那么当其与法律发生冲突时,则应该由全国人大常委会作出“裁决”,根据具体情况选择适用其中某一方,而不会像《人大常委会监督法》第 33 条所规定的那样一旦认定“相抵触”则要求“修改或者废止”。

同时,《立法法》与《人大常委会监督法》均规定了全国人大常委会对司法解释的备案和审查制度,而这种监督则体现了作为狭义的法律制定主体的全国人大常委会,在面对司法解释时的效力优位。〔49〕此外一个值得注意的细节是,包括《立法法》在内的宪法性法律,在法律规范冲突解决的相关规定中使用的表述是十分特定且严谨的。具体而言,针对同一位阶的法律规范之间产生的矛盾,《立法法》等使用的是“不一致”的表述;而针对不同位阶的法律规范之间产生的矛盾,《立法法》等使用的是“相抵触”的表述。〔50〕基于这样的表述规律,《人大常委会监督法》第 33 条中的“同法律规定相抵触”的规定,显然表明了司法解释的效力低于法律的位阶顺序。

另外,《宪法》与《立法法》中明确规定的“法律保留”原则,也在法理逻辑上要求司法解释的效力维持在低于法律的限度内。详言之,2015 年《立法法》第 8 条规定了若干种只能制定法律进行调整的特定事项,其立法目的在于:针对涉及国家权力分配、基本制度和公民人身自由等重要领域的事项,通过更加严格地划定立法权的界限、阻断司法机关及行政机关的介入,以实现对重要国家利益、公共利益与公民基本权利的全面保护。然而,如果承认司法解释等同于法律的适用效力,则即便我们对解释的限度设定足够充分的限制,使其不会违背立法的愿意,这种事实上的法律效力仍然会对法

---

〔49〕 孙笑侠、褚国建:《论司法批复的解释论证功能及其局限》,载《浙江大学学报(人文社会科学版)》2009 年第 6 期。

〔50〕 吴恩玉:《上下位法间的效力优先与适用优先——兼论自治法规、经济特区法规和较大市法规的位阶与适用》,载《法律科学(西北政法大学学报)》2010 年第 6 期。

律保留事项的“法定性”带来变相的威胁或干扰,进而使司法解释制度陷入合宪性的危机。因此本文认为,司法解释必须具备充分的法理正当性、避免构成对立法权僭越,是以承认其低于法律的适用效力为基础或前提的。

(三)司法解释效力介于法律与行政法规之间的教义学证成

在前文阐明司法解释效力低于法律的基础上,本文认为,应当肯定司法解释的正式法源地位,并将其定位在低于法律、高于行政法规的“准法律”位阶层级,[51]这是对《人大常委会监督法》等宪法性法律予以教义学分析所能得出的结论。

具体而言,《人大常委会监督法》在第五章“规范性文件的备案审查”中规定了地方性法规、地方政府规章和司法解释三种规范性文件与特定法律规范冲突时的解决规则。在《立法法》所确立的上位法优于下位法这一基本原则的基础上,我们可以认为,《人大常委会监督法》为这三种规范性文件所设置的适用规则,能够反映出它们与“相抵触”的法律规范之间的效力位阶高低关系。《人大常委会监督法》第30条规定,如果地方人大及其常委会所制定的决议、决定(性质为地方性法规)“同法律、法规规定相抵触的”,上级人大常委会“有权予以撤销”,这体现出地方性法规效力低于法律和法规(指行政法规)的位阶逻辑;另外,如果地方人民政府制定的决定、命令(性质为地方政府规章)“同法律、法规规定相抵触的”,同级人大常委会“有权予以撤销”,这也体现出地方政府规章效力低于法律、法规(指地方性法规与行政法规)的位阶逻辑。作为对比,《人大常委会监督法》第33条对司法解释的冲突解决路径则规定了“(司法解释)同法律规定相抵触的”,全国人大常委会可以要求最高人民法院“予以修改、废止”。值得注意的是,该法条表述中司法解释“相抵触”的对象并不包括“法规”。因此,基于体系解释的立场,我们可以认为地方性法规和地方政府规章不能同法律和行政法规相抵触,而司法解释不能同法律相抵触,即《人大常委会监督法》认为,地方性法规和地方政府规章的效力低于法律和行政法规,而司法解释的适用效力则

[51]　与“等同法律效力说”相对应的,本文所秉持的“准法律效力说”同样为学界诸多学者所支持。参见尹艳丹:《最高人民法院司法解释的法源地位》,载《上海政法学院学报(法治论丛)》2011年第6期;孙笑侠、褚国建:《论司法批复的解释论证功能及其局限》,载《浙江大学学报(人文社会科学版)》2009年第6期;周道鸾:《论司法解释及其规范化》,载《中国法学》1994年第1期;尹伊君、陈金钊:《司法解释论析——关于传统司法解释理论的三点思考》,载《政法论坛》1994年第1期。

低于法律、高于行政法规。

当然,从另一角度来看,承认司法解释具备正式法源的地位,在很大程度上也符合最高人民法院自身的意愿和构想。除2007年《解释工作规定》第5条"最高人民法院发布的司法解释,具有法律效力"的规定外,最高人民法院于2009年通过并实施的《关于裁判文书引用法律、法规等规范性法律文件的规定》(以下文简称《裁判文书引用法律文件的规定》)第3、4条规定了刑事、民事裁判文书"应当引用法律、法律解释或者司法解释",第5条规定行政裁判文书"应当引用法律、法律解释、行政法规或者司法解释"。从它将司法解释与法律、法律解释(效力等同法律)、行政法规一同作为"应当引用"的裁判依据之中,我们也可以得到结论,最高人民法院认为其所制定的司法解释具有规范性法律文件的效力、属于我国的正式法源,并且在效力层级上是高于地方性法规的。当然,尽管对于此类规定,前文已经基于其双重意义上的"自我赋权"性质而予以了辩驳;但若从反面思考,在法秩序统一性原理的指引和约束下,我们仍有理由倾向于肯定最高人民法院所制定的规范与其他规范性法律文件间的融贯性与统一性。[52] 或者说,最高人民法院自身对于司法解释的规定,仍然能在较大程度上反映出现有的实定法规范对于司法解释性质和定位的理解,而我们也至少可将最高人民法院的相关规定作为研究司法解释法源地位和适用效力的一个侧面证成要素。

四、以精细化立法推动司法解释制度权能复位

尽管司法解释制度所遭受的立法化质疑在近20年来从未停歇,但必须承认,"一刀切"式地否认抽象司法解释的效力,必然会带来"牵一发而动全身"的体系性影响,甚至可能为现有的司法运行机制和国家法秩序带来不易缓解的冲击。面对司法解释之于法律实施的能动作用与司法解释制度本身的法理风险间的显著价值张力,我们亟待探寻推动司法解释制度权能复位的合理进路。更确切地说,如何实现对司法解释制度之解释对象、解释限度和适用效力的限缩、制约与规范,则是关乎司法解释是否得以在合宪轨道上充分发挥其制度价值的核心问题所在。

---

〔52〕 基于《裁判文书引用法律文件的规定》序言中"为进一步规范裁判文书……根据《中华人民共和国立法法》等法律规定,制定本规定"的表述可以认为,至少在最高人民法院自身看来,其对司法解释效力的确认是基于《立法法》等宪法相关法所得出的结论,理应与宪法、宪法性法律以及行政法规等规范性法律文件具有规范体系上的融贯性。

（一）精细化立法是摆脱司法解释依赖的最终出路

本文认为，促使司法解释制度走出理论困境的最终出路，在于立法活动以及立法解释活动的不断精细化。“宜粗不宜细”的立法理念提出于20世纪70年代末80年代初，彼时的法制基础较为薄弱，立法技术也相对有限，但处于改革和社会巨变时期的客观现实却又呼唤着法律规定的完备。所以可以说，粗放式立法的指导理念在彼时的历史背景下具有充分的科学性、正当性和必然性，也帮助我们在短时间内快速搭建起了框架性的宪法和部门法法律体系。[53] 但是，伴随着中国特色社会主义法治建设进程的不断推进，尤其是党的十八大之后，基于当今的新形势、新变化，我们也对立法活动提出了新的要求。党的十八届四中全会中明确提出“完善立法体制机制，坚持立改废释并举，增强法律法规的及时性、系统性、针对性、有效性”，而2015年修订的《立法法》第6条第2款也再一次强调了“法律规范应当明确、具体，具有针对性和可执行性”的标准，这意味着，摆脱过去框架式立法的长期实践传统，转而展开精细化的立法，已经成为当下完善中国特色社会主义法律体系的重点任务。同时，在包括立法技术、立法时间等各项条件均已成熟的客观背景下，对抽象司法解释的放任可能催生立法的“惰性”；或者说，对不断完善法规范的需求，因为海量司法解释的存在而变得不那么迫切了。[54] 但由此带来的问题却也是显而易见的，一方面，司法解释作为一种由国家最高司法机关所制定的规范性文件，尽管在事实上享有较高的适用效力，但从自身的民意来源广泛性上讲与狭义的法律规范仍有着巨大的差距，而更加封闭、灵活与宽松的制定过程也难以为其提供等同于狭义法律的正当性强度；另一方面，很多法律自开始实施起，在相应的司法解释未出台前始终处于难以精确适用的半模糊状态，这为法官在此段空档期的司法实践制造了不小的障碍。正因如此，本文主张未来立法者应该摒弃“待随后的司法解释来完善和明确”的心理期待，转而秉持制定完备、精确法律规范的立场来展开立法活动，这是使司法实践摆脱抽象司法解释依赖的一个前提条件。

在推动精细化立法之外，加强由立法机关所作出的立法解释则是推动

〔53〕 乔艺：《“宜粗不宜细”立法的历史实践与法理反思》，载《东南大学学报（哲学社会科学版）》2019年第21卷。

〔54〕 韩丽欣、肖萍、郑国：《论审判权的限度——以最高人民法院司法解释权的合理界限为视角》，载《南昌大学学报（人文社会科学版）》2010年第6期。

司法解释权能复位的又一关键理路。不可否认的是,如今现行有效的很多部门法中仍然存在较为显著的“框架式”立法痕迹,甚至我们可以看到,即便是一些新近制定的法律,在立法之时仍为随后解释规范的出台留出了充足的空间,这尤其体现在大量外延不够明确的“兜底性条款”之中。对此,除了呼吁加强精细化立法之外,对于立法解释这样一种在《宪法》和《立法法》中都有着更为充分的正当性基础的有权解释制度,也应当在未来的法律实施过程当中得到更为充分的激活。

(二)对抽象司法解释立法化趋势宜渐进式纠偏

当然我们也应该现实地认识到,足够精细化乃至摆脱抽象司法解释亦可准确适用的法律体系并非一朝一夕能够建成。即便是此后的立法活动都深刻贯彻《立法法》中“明确、具体,具有针对性和可执行性”的理想化要求,那么完成各部门法规范的换血、修订和更新也仍然需要一个漫长的过程。在彻底完成这一进程前,司法解释,甚至包括抽象司法解释,在司法适用中仍然有着不可替代的地位和作用。就中国当下的法律体系而言,法规范如同骨架,而司法解释则如同串联骨架的血肉;如果没有了血肉,那么法律实施的生命力也就无从谈起。我们可以看到,即便是《民法典》这样一部制定时间较新且汇集了中国当下最顶尖的民法学者努力的法律,针对其总则、物权、婚姻家庭、继承等各编也都单独出台了司法解释。严格意义上讲,这样的司法解释制定于具体案件发生前,自然属于“事前”的抽象司法解释,而非1981年《加强法律解释决议》以及此后《人民法院组织法》及《立法法》中所期待的“事后的、目的在于解决当下法律问题的解释”。[55]《民法典》尚且如此,那么其他制定时间较早的法律自然就更加难以脱离与之配套的抽象司法解释了。[56] 正如前文所阐明的一样,修正后的《立法法》对于抽象司法解

〔55〕 黄金兰:《我国司法解释的合法性困境及其应对建议》,载《法商研究》2020年第3期。

〔56〕 就部分刑事领域的抽象司法解释的存在必要性,张明楷教授提出了不同的看法,他认为,“在刑事立法上扩大处罚范围,在刑事司法上限制处罚范围”是中国以外的他国的通行做法,即便欠缺司法解释对粗疏的法律规范的厘清,导致“法律规范本身与法律规范的适用存在距离”,也并不会导致刑法规范效力的减损,反而有利于其规制机能的发挥;同时,对于扩大司法机关自由裁量权可能导致职权滥用的争议,他认为在根源上是司法体制优劣的问题——“在一个良好的司法体制之下,检察官不可能滥用职权;如果司法体制不好,即使刑法规范彻底剥夺检察官的自由裁量权,检察官也会滥用职权”。参见张明楷:《简评近年来的刑事司法解释》,载《清华法学》2014年第1期。至于张明楷教授如何看待刑事法以外的部门法领域的司法解释之于填补法律空白的价值,前述论文中并未提及,但至少本文认为,从宏观法制体系的视角看不应该否认司法解释对于统一法律适用、维护法秩序统一的意义。

释也秉持“以疏代堵”的引导性态度。第119条中“应当主要针对具体的法律条文”这样非禁止性的表述,一方面为脱离个案语境,但为现阶段的司法机关所依赖的抽象司法解释留出了存续的空间;另一方面也鲜明地表达了因抽象司法解释所面临的“立法化”困境而对其制定与实施所给予的限制和规劝。

当然,伴随着精细化立法的不断推进,最高人民法院自身也要对其所享有的、通过抽象司法解释进行“事实上立法”的巨大权力持有最大限度的谦抑与克制,进而对司法解释实质与形式外延不断扩张的趋势予以纠偏。[57]面对如今司法机关离开了司法解释则“几乎不会办案”的现实状况,最高人民法院应认识到无限制地颁布司法解释并非统一法律适用的最佳的或一劳永逸的路径。[58] 为了同案同判而不加克制地颁布更多抽象司法解释,也只会造成司法解释制度本身越发超脱出司法权的应有限度,终究是一种“治标不治本”的治理手段。归根结底,只有在立法机关精细化立法、最高人民法院谨慎制定抽象司法解释、各级司法机关准确把握司法解释法源地位与“准法律”效力等多个面向的协同配合下,司法解释制度才能真正于合宪性轨道上行稳致远,在推进中国特色社会主义法律体系高效实施、实现中国式法治现代化的过程中发挥其独特而宝贵的价值。

(张昊鹏　审阅)

(袁境徽　校对)

---

〔57〕 之于形式外延的扩张,一个值得注意的情况是:司法解释在名称形式上的识别标准,从1997年最高人民法院《关于司法解释工作的若干规定》(已失效)中明确的“解释”“规定”“批复”三种,到2007年《关于司法解释工作的规定》(已被修改)中增加为“解释”“规定”“批复”“决定”四种,再到2021年修改后的《关于司法解释工作的规定》中增加为“解释”“规定”“规则”“批复”“决定”五种。之于实质外延的扩张:2007年《关于司法解释工作的规定》比1997年新增了“司法解释应当根据法律和有关立法精神,结合审判工作实际需要制定”的条文,相比1981年《加强法律解释决议》“具体应用法律、法令的问题”的表述,显然也是对自己制定司法解释的实质权限的一种扩张。

〔58〕 张明楷:《刑法分则的解释原理》(第2版),中国人民大学出版社2011年版,第6页。

数字法治政府的基本图景与建设路径

韩若凡*

摘　要:从规范层面梳理数字法治政府的发展脉络,考察数字政府与法治政府互动融合的现实样态,数字法治政府可以界定为以数字技术增进效率,以法治理念保障服务,技术与法治以促进与制约形态动态发展、交融共进的政府形态。数字法治政府构造的理论逻辑体现为以效率与公正、秩序与自由为内涵的行政法价值取向之间的平衡;技术与制度双重理性的融合以及规范主义与功能主义两种公法视角的交互。在解构概念的基础上探知当前面临的现实问题,数字法治政府建设在技术与法治的进一步融合、政府的整体性与协同性建设、服务型定位下的政府功能转型等三个方面存在挑战。面向未来,通过构建深化技术与法治互动融合、以数字技术助力行政法治、为数字行政加注法治元素三条路径,着力促进数字技术、法治与政府治理的深度融合,推动数字法治政府建设目标的实现。

关键词:数字法治政府　数字政府　法治政府　数字技术

一、引言

数字化时代的到来如同自然的力量一般无法抵抗,[1]为人类生活的各

* 韩若凡,四川大学法学院2022级法律(法学)专业硕士研究生。

[1] "我们无法否定数字化时代的存在,也无法阻止数字化时代的前进,就像我们无法对抗大自然的力量一样。"参见[美]尼古拉·尼葛洛庞帝:《数字化生存:20周年纪念版》,胡泳、范海燕译,电子工业出版社2017年版,第229页。

个领域带来了深刻变革。[2] 为顺应数字时代的发展,在政府治理领域,国务院先后出台了《关于在线政务服务的若干规定》《关于加强数字政府建设的指导意见》等规范性文件,[3]以数字技术助力政府治理体系与能力的现代化,着力建设“数字政府”。中共中央、国务院在2021年发布《法治政府建设实施纲要(2021—2025年)》,其中首次提出“数字法治政府”这一概念,将数字政府建设与法治政府建设进行创新性的结合,为政府职能的现代化转型指引了方向。

伴随规范性文件对政府迎接数字化转型作出接连部署,学术界的理论研究方向也进行了相应转型。最初,学者多围绕数字政府展开研究,包括数字政府的理论依据、[4]发展脉络、[5]建设路径、[6]传统行政法的数字化转型,[7]以及数字化带来的行政新样态与新模式可能导致的风险与解决方案[8]等。“数字法治政府”提出后,学界以此为核心主题开展了如火如荼的研究,主要集中于数字法治政府的样态、建设难题与相应措施等。例如,鲍静从顶层设计、体制机制、执行绩效三方面指出数字法治政府的治理需求和数字法治政府建设的前景方向。[9] 金成波、王敬文以治理任务、治理理

---

[2] 正如习近平总书记指出:“数字技术正以新理念、新业态、新模式全面融入人类经济、政治、文化、社会、生态文明建设各领域和全过程,给人类生产生活带来广泛而深刻的影响。”参见《习近平向2021年世界互联网大会乌镇峰会致贺信》,载新华网,http://www.news.cn/2021-09/26/c_1127903074.htm。

[3] 国务院《关于在线政务服务的若干规定》,国务院令第716号,2019年4月26日发布。国务院《关于加强数字政府建设的指导意见》,国发〔2022〕14号,2022年6月6日发布。

[4] 韩兆柱、单婷婷:《网络化治理、整体性治理和数字治理理论的比较研究》,载《学习论坛》2015年第7期;王孟嘉:《数字政府建设的价值、困境与出路》,载《改革》2021年第4期;刘银喜、赵淼:《公共价值创造:数字政府治理研究新视角——理论框架与路径选择》,载《电子政务》2022年第2期。

[5] 高秦伟:《数字政府背景下行政法治的发展及其课题》,载《东方法学》2022年第2期;祁志伟:《中国数字政府建设历程、实践逻辑与历史经验》,载《深圳大学学报(人文社会科学版)》2022年第2期。

[6] 王伟玲:《中国数字政府形态演进和发展瓶颈》,载《行政管理改革》2022年第5期;刘祺:《从数智赋能到跨界创新:数字政府的治理逻辑与路径》,载《新视野》2022年第3期。

[7] 马长山:《数字社会的治理逻辑及其法治化展开》,载《法律科学(西北政法大学学报)》2020年第5期;王真平、彭箫剑:《政府数据采集的法治路径》,载《图书馆》2021年第12期。

[8] 胡敏洁:《论自动化行政中的瑕疵指令及其救济》,载《北京行政学院学报》2021年第4期;陈亮、薛茜:《行政公开视域下行政决策算法化的法律规制》,载《理论月刊》2021年第3期;谭九生、范晓韵:《算法权力的社会负效应及其行政规制》,载《中国行政管理》2021年第10期。

[9] 鲍静:《全面建设数字法治政府面临的挑战及应对》,载《中国行政管理》2021年第11期。

念与治理模式构建了数字法治政府治理的体系框架。[10] 关保英、汪骏良以合作治理的理念为切入点，构建了数字法治政府建设的政企合作模式。[11] 当前的成果多是直接以数字法治政府为研究对象，集中表现为对数字法治政府建设举措的研究。然而，针对“数字法治政府”这一创新性概念本身的意涵，学界尚未达成共识，有待进一步明确。构造数字法治政府的理论逻辑也需补全。因此，有必要对数字法治政府进行界定，从理论层面明晰数字法治政府的核心要义、基本要素与生成逻辑，并以此为基础构建数字法治政府的推进路径。

二、数字法治政府的基本图景

当前，学界对“数字法治政府”尚未达成明确共识。“数字法治政府”最初起源于《法治政府建设实施纲要（2021－2025 年）》第九部分“健全法治政府建设科技保障体系，全面建设数字法治政府”中，根据上下文对该概念进行文义解释与体系解释，可以对数字法治政府的构成要素进行初步界定，即以数字技术促进依法行政为手段，以实现政府治理信息化与法治化深度融合为目标，以革新政府治理流程和方式为建设内容的数字化的法治政府。其中，“数字促进依法行政”可归属为数字政府的意涵。[12] 因此，该规范对数字法治政府的界定实则围绕“数字政府”与“法治政府”两个核心概念展开，是二者的深度融合。对数字法治政府的界定进行更深层次的挖掘，则需要进一步探究数字政府与法治政府之间的关系为何，如何融合，二者对于政府治理分别起到何种作用，并考察二者之间的相互作用机理与动态发展关系。以上述问题的厘清为线索，从规范中考察其核心要义，自实践中提取其基本要素，由理论处发掘其生成逻辑，数字法治政府的基本图景由此得以展开。

（一）数字法治政府的核心要义

数字法治政府的核心要义可从规范中予以探求。从规范层面梳理数字法治政府的发展脉络，表现为“法治政府—数字政府—数字法治政府”逐步

---

〔10〕 金成波、王敬文：《数字法治政府的时代图景：治理任务、理念与模式创新》，载《电子政务》2022 年第 8 期。

〔11〕 关保英、汪骏良：《基于合作治理的数字法治政府建设》，载《福建论坛（人文社会科学版）》2022 年第 5 期。

〔12〕 高秦伟：《数字政府背景下行政法治的发展及其课题》，载《东方法学》2022 年第 2 期。

过渡的发展逻辑。

第一阶段为法治政府建设阶段。“法治政府”在2004年3月22日国务院印发的《全面推进依法行政实施纲要》(国发〔2004〕10号)中被首次确立提出,由此开启法治政府的建设之路。[13] 2017年党的十七大将法治政府纳入全面建成小康社会战略内容,国务院相继出台了《关于加强市县政府依法行政的决定》(国发〔2008〕17号)、《关于加强法治政府建设的意见》(国发〔2010〕33号),为法治政府建设工作作出具体规划。此后,中共中央《关于全面推进依法治国若干重大问题的决定》(2014年)、《法治政府建设实施纲要(2015－2020)》(中发〔2015〕36号)等相继出台,2016年前的顶层设计致力于政府法治化的建设与推进。

第二阶段为数字政府与法治政府共同推进、分别部署阶段。为迎接数字时代的到来,自2016年起,数字政府建设工作重点部署。2016年国务院发布了《“十三五”国家信息化规划》(国发〔2016〕73号)、《关于加快推进“互联网＋政务服务”工作的指导意见》(国发〔2016〕55号),将数字技术引入政府治理。2016～2019年,国务院发布了《关于加快推进全国一体化在线政务服务平台建设的指导意见》(国发〔2018〕27号)、《关于在线政务服务的若干规定》(国务院令第716号)等十几部促进线上政务平台建设的文件,可见早期的数字政府以推进政务向线上转移为主要建设内容。自2019年党的十九届四中全会首次提出“推进数字政府建设”以来,《“十四五”国家信息化规划》(2021年)第四部分提出“打造协同高效的数字政府服务体系”,中共中央《关于制定国民经济和社会发展第十四个五年规划和二〇三五年远景目标的建议》(2020年)中则明确要求加强数字政府建设。地方层面,根据北大法宝上公开的数据,自2018年起至今,已有27个地方政府出台了加快数字政府建设实施的意见或通知。[14] 如湖北省政府发布的《关于推进数字政府建设的指导意见》(鄂政发〔2019〕4号);浙江省政府发布的

---

〔13〕 此处所称的首次提出仅针对“法治政府”这一语词而言。若从法治政府的内涵出发,“建设的核心就是要推进政府依法行政”,则法治政府可以溯及1978年党的十一届三中全会对法制“十六字方针”的提出。从“十六字方针”,到1993年国务院提出“依法行政”,再到《行政处罚法》《行政复议法》等法律法规陆续出台,2004年以前虽然“法治政府”这一语词尚未正式确立,但上述提到的政府法制建设实践均为法治政府奠定了良好基础。参见曹鎏:《论我国法治政府建设的目标演进与发展转型》,载《行政法学研究》2020年第4期;应松年:《从依法行政到建设法治政府》,中国政法大学出版社2019年版,第2页。

〔14〕 以“数字政府”为标题,以“地方性规范性文件”为效力位阶,北大法宝共记录了27条数据。

《关于深化数字政府建设的实施意见》(浙政发〔2022〕20号)等。同一时期,法治政府建设也在同步发展,如《法治政府建设与责任落实督察工作规定》(2019年)推进了法治政府建设的纵深;《关于第一批全国法治政府建设示范地区和项目命名的决定》以示范命名的方式激励法治政府建设向更高水平推进。

第三阶段则是以《法治政府建设实施纲要(2021-2025年)》出台为标志的数字法治政府建设阶段,数字政府与法治政府建设产生更深层次的互动、融合。同时,数字政府建设在进一步加强,体现在国务院相继出台的《关于加强数字政府建设的指导意见》(国发〔2022〕14号)、《数字中国建设整体布局规划》(2023年)中。由此可见,数字法治政府不能够以静态的形式加以界定,其伴随着数字政府与法治政府二者的意涵深化与建设推进处于不断的动态发展中。

综上所述,从规范上予以考察,数字法治政府建设实际上是一个"从单线发展、双线并行再到逐步合一"的过程。肇始于法治政府建设,进而数字政府的新义加入开启了法治政府与数字政府的并行部署阶段,最后双线合一,向数字法治政府的建设阶段迈进。

(二)数字法治政府的基本要素

数字法治政府不能被片面地理解为"法治政府的数字化"或"数字政府的法治化",而是技术、法律、行政的深度融合,〔15〕不仅是现代法治向数字法治这一转型升级进程的必然反映,也是数字技术与法治在政府治理领域的相互赋能与元素互融。〔16〕从表面上解离"数字法治政府"这一概念,可以从中析出"数字""法治""政府"三项要素。下文将以实践为视角,考察数字法治政府建设中上述三项要素的具体内涵以及彼此间的相互关联。

一方面,数字技术的引入为政府治理带来深刻变革,有助于法治理念的实现。在组织法层面,数字技术促进行政体制改革与政府机构协调。其一,根据《宪法》第30条对行政区划的规定,我国政府机构从上至下由中央至乡

〔15〕金成波、王敬文:《数字法治政府的时代图景:治理任务、理念与模式创新》,载《电子政务》2022年第8期。

〔16〕马长山:《数字法治政府的机制再造》,载《政治与法律》2022年第11期;徐继敏:《数字法治政府建设背景下〈行政许可法〉的修改》,载《河南社会科学》2022年第11期。

共五级,其中,县级以上的每级政府职责与机构设置基本相同,呈现网状结构。[17] 这种结构的缺点体现在上下权责划分模糊与权责交叉,其运作与组织形式呈现部门化的特征。数字技术的引入使政府管理观念从以部门为中心转向以用户为中心,从传统的行政体制转向依托业务办理的行政体制,推动政府体制向模块化转型,不仅有助于防止部门利益为行政相对人造成负面影响,也有助于推动20世纪80年代以来公共服务行政这一新行政理念的实现。[18] 以实践中相对集中的行政许可权改革为例,数字技术使部门之间的数据流通与共享更加高效,成为改革当中管理权、许可权与执法权衔接不畅、难以配合这一难点的突破口。其二,以传统政府行政领域分工的科层制为前提,管理碎片化与部门之间的协调困难一直以来受到行政法领域的重点关注。为解决这一弊端,整体政府的组织理念被提出。[19] 例如,浙江省推动数字政府改革,致力于打造政务一体化平台,并形成了省市县一体、部门协同的高效运转机制,未来将进一步提升长三角区域"一网通办"政务服务能力,推动完善跨省协同机制。[20] 可见数字技术在政府治理领域的应用促进了政府运作的协作与一体化,科层制的行政组织体制逐渐向整体型转向。在行为法层面,数字技术补强了政府履职能力,有助于提高执法公正性与效率。自2016年全国两会制定目标之后,在"应上尽上、全程在线"的政策导向下,数字技术与行政的结合逐步深入,已经从办公无纸化、线上基础设施建设和技术开发应用的低级阶段转向数字政府建设的高级阶段。[21] 利用算法作出的行政行为屡见不鲜,并逐渐从半自动行政行为发展为全自动行政行为。[22] 例如,南京市推广应用的自动化处罚裁量,就是借助算法系统模拟执法者裁量思维,仿照执法人员进行裁量并实施处罚的过程,从而最大限度地实现一案一判的精准裁量。[23] 这种机器裁量方式排除了因人

---

〔17〕 徐继敏:《数字法治政府建设的意义及措施——基于〈法治政府建设实施纲要2021－2025〉的视角》,载《人民论坛》2022年第24期。

〔18〕 丁煌:《当代西方公共行政理论的新发展——从新公共管理到新公共服务》,载《广东行政学院学报》2005年第6期。

〔19〕 骆梅英:《行政审批制度改革:从碎片政府到整体政府》,载《中国行政管理》2013年第5期。

〔20〕 《浙江省数字政府建设"十四五"规划》,浙政发〔2021〕13号,2021年6月4日发布。

〔21〕 刘祺、彭恋:《"互联网＋政务"的缘起、内涵及应用》,载《东南学术》2017年第5期。

〔22〕 查云飞:《人工智能时代全自动具体行政行为研究》,载《比较法研究》2018年第5期。

〔23〕 王正鑫:《机器何以裁量:行政处罚裁量自动化及其风险控制》,载《行政法学研究》2022年第2期。

情偏私等因素给结果造成的干扰,有利于依法行政与公正执法。同时,基于算法机器优势的数字技术远超人类的数据收集能力与算力能够使行政决策在瞬时之间作出,提高了政府管理效率。例如,银川市所使用的“互联网+执法”系统,只要将现场检查的材料录入该系统,便能自动生成检查记录与法律文书,改变了此前人工记录手续繁琐且难以保存的状况,使执法效能大幅度提高。在程序法层面,数字技术的运用为民主参与提供开放平台,正当程序原则理念得以体现。公共池塘资源理论认为,单中心的政府干预与私有化均非有效的公共治理办法,有效的公共治理应采取多中心治理。〔24〕随着政府治理理念从管理走向协商,公众参与成为衡量政府治理实施效果的重要指标。〔25〕政府数字化、平台化意味着数据留痕,任何建议、意见都能够被保存下来,并且存有可追溯的记录。相比于物理政府的参与模式,数字政府使参与更便捷,回应更高效。例如,安徽省政府充分利用政务客户端等数字平台处理公众意见建议与咨询投诉,要求相关部门在15个工作日内予以回应,做到“事事有回音、件件有着落”。〔26〕

另一方面,法治在政府数字化转型中起到纠偏与矫正作用。数字技术本身属性中立,其在满足其对促进法治政府功能的实用主义期待以外,也可能异化产生新的风险。〔27〕数字技术极强的技术专业性和本身的不透明性导致“黑箱”〔28〕客观存在,“算法统治”〔29〕“决策依赖”“政治极化”〔30〕等问题不容忽视。数字政府建设完成了技术与权力的接榫,数字技术在与公权力交织的过程中,实现了权力的再生产。〔31〕福柯的知识权力观指出,知识与权力具有潜在关联,二者具有相通性,知识所到之处必存权力。〔32〕知识本身便具有权力功能,知识是权力的来源,为权力服务,没有与权力无关的

〔24〕王兴伦:《多中心治理:一种新的公共管理理论》,载《江苏行政学院学报》2005年第1期。

〔25〕王浦劬、臧雷振编译:《治理理论与实践:经典议题研究新解》,中央编译出版社2017年版,第7页。

〔26〕安徽省人民政府办公厅《关于印发安徽省全面推进政务公开工作实施细则的通知》,皖政办〔2017〕18号,2017年2月23日发布。

〔27〕张丙宣:《技术治理的两幅面孔》,载《自然辩证法研究》2017年第9期。

〔28〕王怀勇、邓若翰:《算法行政:现实挑战与法律应对》,载《行政法学研究》2022年第4期。

〔29〕郑戈:《算法的法律与法律的算法》,载《中国法律评论》2018年第2期。

〔30〕周辉:《算法权力及其规制》,载《法制与社会发展》2019年第6期。

〔31〕谭九生、范晓韵:《算法权力的社会负效应及其行政规制》,载《中国行政管理》2021年第10期。

〔32〕[法]福柯:《权力的眼睛:福柯访谈录》,严锋译,上海人民出版社1997年版,第149页。

知识,在特定的情况下,知识与权力可以互相转换。[33] 数字技术本身作为一项知识性权力,应用于政府治理领域,便具备了“准公权力”的属性。以社会信用管理系统建设为例,数字技术利用算法基于“数字人格”对自然人或企业的信用评级进行实时、持续的调整,对个体的生活、思想和身体进行空前的洞察,被监管者为避免信用评价的降低而进行自我监管,信用体系也为不良评级的个体设置了相应的制度予以惩罚、校正和训练。如荣成市行政审批服务局以荣成市信用体系建设为支撑,建立了风险防控机制和失信惩戒机制,其中,A类信用等级的申请人有资格选择告知承诺审批方式,如作出不实承诺或不履行承诺则获得失去告知承诺审批资格之惩罚。[34] 福柯所描述的“我们虽看不到看守但看守无处不在”[35]的“全景敞视”下的规训社会得以构建,数字技术实际上以监控者的身份对个体与人口行使着规训权力。这种权力可能导致偏见和歧视,侵犯人的自由和平等权;其不透明性也可能导致行政相对人行使发表意见权、举证权、质证权、辩论权等程序性权利的空间遭到挤压。传统行政法治建立起来的“权力—权利”的平衡随着数字技术对权力的强化而被打破,必须在坚守依法行政、限权施政、程序约束、接受监督、尊重人权等传统核心行政法治观念的同时,发展展现数字生活逻辑、反映生物或数字“双重人”行为方式、旨在实现数字正义的数字法治新理念,[36] 防止技术权力异化,矫正权利与权力的不对等,以法治保障数字政府建设有序健康发展。

综上所述,“数字法治政府”以“数字技术”“法治保障”“政府转型”为基本要素,以数字政府与法治政府建设的双向互动协同推动政府职能转型为目标,是数字政府与法治政府的集合体,应将其作为以数字为手段、以法治

---

[33] 福柯知识权力观中“知识”的含义可以参考福柯所著的《词与物》和《知识考古学》,是指“物理与数学、财富生产分配、语言生命和哲学这三种空间场域”,“涵盖经验科学、自然科学、哲学的知识”,是涵盖范围较大的广义上的知识。由此可见,本质为数学结构,以算法、数据、网络为核心要素的数字技术,符合福柯知识权力观的“知识”内涵。参见陈炳辉:《福柯的权力观》,载《厦门大学学报(哲学社会科学版)》2002年第4期。

[34] 荣成市行政审批服务局:《信用+审批,从“一摞材料”到“一纸即办”——荣成市行政审批服务局告知承诺试点改革经验做法》,载荣成市人民政府门户网站,http://www.rongcheng.gov.cn/art/2021/9/18/art_79406_2682630.html。

[35] 崔兴红、吴翠丽:《生命政治理论视域下数字治理的困境及其纾解》,载《湖北行政学院学报》2021年第3期。

[36] 马长山:《数字法治的三维面向》,载《北大法律评论》(第21卷第2辑),北京大学出版社2021年版,第66~79页。

为内核的处于不断发展中的动态概念来理解。进而,可以将数字法治政府界定为以数字技术增进效率,以法治理念保障服务,技术与法治以促进与制约关系交融共进的政府形态。

（三）数字法治政府的生成逻辑

数字法治政府的生成逻辑,理论上可以从行政法价值取向、政治科学理论中的理性选择,以及公法视角倾向三个层面予以阐释。

首先,数字法治政府可以从现代行政法多元价值取向之间的平衡来解构。现代行政法的价值取向包含秩序、公平、效率与自由。[37] 这几种价值并非独立存在,而是在彼此的张力之间取得平衡。就数字而言,数字技术具有远超人类智力水平的算力优势和搭建复杂算法生态系统的架构优势,[38] 与政府治理相结合,能够极大地提升治理效率,如河北省正定县行政审批局推出“秒批秒办”审批模式,使现代行政法的效率价值得以格外彰显。论及效率,无法回避公平问题。公平与效率的价值排序在不同的行政行为领域有着不同的体现,例如在内部行政行为当中,效率优先于公平;而在抽象行政行为当中则是公平优先于效率。[39] 所以当数字技术造成拔高行政效率的片面结果,公平价值需要得到妥善处理。同时,数字技术将保障人们可预期性的秩序价值扩张至新的领域。全国一体在线政府服务平台与全国一体化政务大数据体系的搭建,使政府从物理状态迈向平台化,行政法律秩序范围则相应地从传统的有形空间内的行政秩序扩张至虚拟空间内的行政秩序。数字核心技术一般由专业市场主体掌握,数字政府的建构更加依赖政企合作,故现代行政法律秩序的扩张范围除了调整行政主体与行政相对人的关系之外,还体现在政府与市场主体间的关系协调。公民自由也随着数字技术的引入产生变化。一方面,线上模式为人们打开了新的参与通道,积极自由有所添附;另一方面,数字执法带来的无所不在的监控与“全景敞视”,以及人们被迫建立起的“数字人格”,使消极自由有所缩限。由此可见,数字技术客观上给现代行政法多元价值带来变动,法治则应作为价值平衡的调控工具,在对多元价值的取舍之间达致新的价值平衡。

其次,数字法治政府实际上体现了技术理性与制度理性的融合。19 世

---

〔37〕 罗豪才:《现代行政法制的发展趋势》,载《国家行政学院学报》2001 年第 5 期。
〔38〕 王贵:《算法行政的兴起、挑战及法治化调适》,载《电子政务》2021 年第 7 期。
〔39〕 罗豪才:《现代行政法制的发展趋势》,载《国家行政学院学报》2001 年第 5 期。

纪末科学技术的发展加强了人文社科领域对理性功能的认识。韦伯以合理性为核心指出,人的行为以及社会将日益朝着理性化的方向发展,政府的科层制体制就是这种合理化的现实体现。[40] 霍克海默认为,技术理性的职能体现在对目标工具的寻找以适应时代。[41] 由此可见,技术理性是将改造世界的先进技术作为工具以驱动某目标的实现。数字法治政府是在顺应数字时代的背景下用先进的数字化技术以期达到革新政府治理流程和方式的目标,反映出对技术理性的追求。单一的技术理性取向虽然有利于高效实现目的,但也将引向异化人的主体性之弊。以技术理性为主导,意味着人不再追求真理、潜能的发挥与自由的实现,而是追求与机器实现最大限度的协调一致,导致机器对工人的利用,把人的理想状态看作自动化的机器。[42] 制度理性是指以特定手段实现社会利益最大化的制度安排。国务院《关于加强数字政府建设的指导意见》(国发〔2022〕14号)指出,“构建科学规范的数字政府建设制度规则体系……推动及时修订和清理现行法律法规中与数字政府建设不相适应的条款,将经过实践检验行之有效的做法及时上升为制度规范,加快完善与数字政府建设相适应的法律法规框架体系”。因此,制度理性在数字法治政府建设中体现为制度重塑,通过数字技术形成公共利益最大化的制度安排,并作为数字时代政府治理的基本准则,实现治理现代化。[43] 纳入技术与法治双重维度的考量,将技术理性与制度理性结合起来,既是推进国家治理体系和治理能力现代化的内在要求,也是新型现代政府建构的题中应有之义。[44]

最后,数字法治政府的理论基础还表现为规范主义与功能主义两种公法视角的交互。公法中的规范主义风格的根源在于使政府服从法律的必要性信念,认为权利先于国家产生,强调法律对权力的规制作用,隐含着政府对自由与权利造成侵犯的担忧与防范。相反,公法中的功能主义风格将法律视为政府机器的组成部分,采取一种工具主义的社会政策路径,关注法律

〔40〕 仰海峰:《法兰克福学派工具理性批判的三大主题》,载《南京大学学报(哲学·人文科学·社会科学版)》2009年第4期。

〔41〕 Max Horkheimer & Theodor W. Adorno, *Dialectic of Enlightenment*, California, Stanford University Press, 2002, p. 19.

〔42〕 Thorstein Veblen, *The Instinct of Workmanship*, New York, The Macmillan Company, 1914, p. 306.

〔43〕 刘渊:《数字化改革“三个理性”的认知逻辑》,载《浙江日报》2021年12月28日,第7版。

〔44〕 景跃进:《数字时代的中国场景:数字化改革的政治意义》,载《浙江社会科学》2023年第1期。

的规制与便利功能,并因此注重法律的意图和目标。[45] 在数字法治政府的建设当中,为防止数字技术赋能权力造成权力滥用与恣意,顶层设计将运用互联网、大数据、人工智能等技术手段的目的定位为促进依法行政,体现出规范主义对权力的控制内涵。同时,数字法治政府的建设呈现出"实践先行"的现实样态,不少规范性文件是通过实践试点当中累积的成果转化而来,这体现出对技术手段实用性与工具价值的强调,是对功能主义当中法律规制与便利功能的体现。

三、数字法治政府建设的现实问题

数字法治政府建设已经取得初步成效,体现在政府官网、移动客户端、一体化政务服务平台与国家数据共享平台等基本建成,数字法治政府的建设制度体系也初步形成。[46] 然而,数字法治政府的建设当前仍面临着亟待解决的现实问题,具体表现在建设导向、建设内容与建设路径三个层面,分别与服务型定位下的政府职能、技术与法治的融合程度以及政府的整体性与协同性相对应。

(一)导向:服务型定位下的政府职能转型

首先,服务型定位下的政府功能应当更加关注风险治理与防控。自1986年乌尔里希·贝克提出"风险社会"理论以来,[47] 20世纪80年代起科技发展与创新加快人类社会步入现代化的进程,人类社会发生系统性结构的深刻变革,不确定性与风险性显著提升,各种领域难以预测的风险显著增加,如今的社会诚如贝克所言,进入"风险社会"的进程。[48] 数字技术的发展不仅使风险的扩散效率与危险程度得以显著提升,也使风险变得更加难以预测,一经爆发,可能给人类社会带来系统性的破坏与冲击。风险预防应为数字法治政府建设当中推动政府职能转型的应有之义。如何利用数字技术构建起风险预测与预防机制,推动政府治理内容将事前预防囊括在内并成为重点内容,将成为数字法治政府建设下一步的重点工作。

其次,服务型定位下行政机关的义务应有所添附。数字法治政府建设

---

[45] [英]马丁·洛克林:《公法与政治理论》,郑戈译,商务印书馆2021年版,第85~86页。
[46] 鲍静:《全面建设数字法治政府面临的挑战及应对》,载《中国行政管理》2021年第11期。
[47] [德]乌尔里希·贝克:《风险社会》,何博闻译,译林出版社2004年版,第38页。
[48] 范如国:《"全球风险社会"治理:复杂性范式与中国参与》,载《中国社会科学》2017年第2期。

所带来的客观变化表现在政府职能更加强大,海量信息以数据形式被政府储存,相对于行政相对人,行政权力的深度与广度得到提升。以此为基础,政府应当相应承担更多义务,以体现服务型政府的建设理念。例如,加强行政机关的告知义务。在2005年的杜某良案中,杜某良在同一地点被智慧交通算法识别到105次违章记录,罚款额度累计达到10500元,而此前从未有交管部门告知他有违法行为。〔49〕这其实反映出行政机关获得数字赋权下的相应义务缺失。再如,加强行政机关的提示义务。在行政许可领域,数字法治政府所依赖的数字技术拥有分析及获取须获得行政许可主体信息的能力,所建设的大数据平台也拥有识别行政许可申请人是否满足许可资质的能力,因此可以建立起由行政许可机关承担提示相对人申请行政许可的义务。因此,为更好地契合政府的服务型理念,如何丰富行政主体的义务、依托技术能力构建新的义务体系,值得在推进数字法治政府建设中予以足够关注。

(二)内容:技术与法治的融合仍需加深

在技术推动法治方面,存在尚待突破的技术壁垒以期实现更好的法治政府建设效果。首先,数字平台在数字治理领域与法治理念的契合程度有待提高。在李某交通肇事逃逸案中,1999年3月2日,李某驾驶无牌自卸货车与人力三轮车相撞导致人力三轮车驾驶人死亡,事故发生后李某弃车逃逸。2018年,长沙市芙蓉区人民法院判决李某犯交通肇事罪,判处有期徒刑2年,缓刑3年,公安机关依据判决应当吊销李某的驾驶证。问题在于,依据违法发生时的《道路交通事故处理办法》,应当给予李某吊销机动车驾驶证且两年内不准重新申请领取机动车驾驶证的处罚;而根据2004年实施的《道路交通安全法》,吊销机动车驾驶证之后,终身不得取得机动车驾驶证。而按照管理规范,李某的违法行为应当被记录在公安交通管理综合应用平台上,但该应用平台依据2004年的《道路交通安全法》设置,一旦录入平台,李某将终身不能取得机动车驾驶证,而这与刑法中的从旧原则存在抵触。最终的处理结果是,未将李某的违法结果录入系统,而是由当地公安以传统的纸质方式进行记录。但由于系统未记录,可能造成放任李某在禁止申领驾驶证的期间内异地申领驾驶证,使处罚失效。由此可见,即使数字技术在

〔49〕邓庆鸿、袁江:《论行政处罚裁决时效制度——以“杜宝良案”为例》,载《江汉大学学报(人文科学版)》2006年第2期。

行政领域的应用相对成熟,但在涉及不同时间与特殊情形的问题处理方面仍存在进步空间。其次,痕迹管理数据化为信息数据的保护提出更高要求。2013年党的十八届三中全会提出"抓铁有痕,踏石留印",痕迹管理成为政府工作绩效衡量的量化凭证。[50] 2015年,李克强总理在考察北京·贵阳大数据应用展示中心时,明确提出要把执法权力关进"数据铁笼",让"权力运行处处留痕",痕迹管理迈向数据化阶段。[51] 随着数字化在行政领域的嵌入逐步深化,从电子政务的初级阶段迈向数字政府的高级阶段,[52]涉及国家、企业、个人多方主体的各类信息,包括国家机密与个人隐私,均以数据形式储存在云端。相比于传统的物理储存模式,信息泄露的风险加大,数据安全与隐私保护问题是数字法治政府面临的重要挑战。在数字法治政府的建构过程中,数字技术不仅仅是治理工具的角色,还应当承担相应的数据安全保障义务,使治理与保护同步发展。[53]

在法治保障技术方面,促进技术嵌入政府治理的数字法治体系亟待更新与完善。目前,不论是在组织法层面、行为法层面或是程序法层面,均停留在物理空间的政府治理时期,立足于线下行政管理模式,适应数字法治政府的法律体系尚未形成。[54] 在政府组织体制方面,当前法律确立的"上下同粗""上下同责"的网状政府组织结构与"以用户为中心""以顾客为导向"的数字政务平台建设存在内在的矛盾。表面上,一体化政务平台实现了各个政府组织结构之间的互联互通,但现实的组织设计仍然以政府职能为划分依据,数字法治政府建设受到现有体制的阻碍。虽然实践中存在政府体制适应数字化的变革动向,如大数据与电子政务研究中心的设立等,但目前的工作重心仍处于以数字化技术为工具提高工作效率的建设阶段,[55]关涉

---

〔50〕 本书编写组编著:《党的十八届三中全会〈决定〉学习辅导百问》,党建读物出版社、学习出版社2013年版,第37页。

〔51〕 王秀琼、韩淼:《李克强的"大数据观"》,载新华网,http://www. xinhuanet. com/politics/2015-02/17/c_127506615. htm。

〔52〕 M. E. Milakovich, *Digital Governance: New Technologies for Improving Public Service and Participation*, New York, Routledgc, 2012, p. 15.

〔53〕 蒋敏娟、黄璜:《数字政府:概念界说、价值蕴含与治理框架——基于西方国家的文献与经验》,载《当代世界与社会主义》2020年第3期。

〔54〕 徐继敏:《数字法治政府建设的意义及措施——基于〈法治政府建设实施纲要2021—2025〉的视角》,载《人民论坛》2022年第24期。

〔55〕 张新平、周艺晨、杨帆:《数字法治政府建设:新加坡政府经验及其启示》,载《行政管理改革》2023年第3期。

数字法治政府职能散见在多个部门,没有进行专门划分。[56] 为破除数字法治政府建设的体制障碍,组织法应当发力引导与数字治理相适应的行政体制改革。在行为法层面,以行政许可法为例,数字法治政府给传统行政许可立法带来情势变更,具体体现在数字技术赋能社会主体使政府进行资源配置的职能得以分担,数据共享与平台建设使协同审查许可与许可权集中创造可能,网络信息传播的瞬时性为多元主体参与行政许可打下基础等。相应地,传统的行政许可法规定的许可范围、许可程序与许可体制都应作出更新与改变。[57] 在程序法领域,数字法治政府的推进改变了行政程序中的证据收集样态。按照有关行政程序的现行法规定,行政程序运行的全过程与整个周期在每一阶段原则上单独审查且不共享证据材料,而数字政府建设使得数据库中已有的基础信息免于提供与收集。因此,行政程序证据规范也应当作出与数字法治政府建设相适应的更改。[58]

(三)路径:政府的整体性与协同性有待提高

政府整体性与协同性体现在两个方面,一是不同地区的政府之间、不同层级的政府之间以及政府部门之间的业务协同,二是政府与企业之间的合作与协同。

在不同地区的政府之间、不同层级的政府之间与政府部门之间的业务协同层面,数字政府建设主要由平台驱动,即构建广泛联系所有政府机构及多方主体的平台,并在平台中持续地实现数字资源的能力化和数字能力的共享化,为外部行政提供优质政务服务,为内部行政提供高效协同办公。[59] 目前,政务平台的建设已经具备初步成效,分别在后端建立了信息化管理平台,在中台建立起大数据中心等平台,在前端建立起协同办公系统。[60] 同时,全国一体在线政府服务平台与国务院各部门、各地方的子系统构成的复杂巨系统建设基本完成。然而,完善的平台建设与政府之间的业务协同和整体治理目标的实现之间并不存在紧密的正相关关系,政府的整体性与协

[56] 马玉海、张月:《新加坡电子政务管理模式的发展及其影响》,载《阜阳师范学院学报(社会科学版)》2016年第3期。

[57] 徐继敏:《数字法治政府建设背景下〈行政许可法〉的修改》,载《河南社会科学》2022年第11期。

[58] 徐继敏:《数字治理背景下行政程序证据规则的调整》,载《政法论丛》2023年第2期。

[59] 北京大学课题组、黄璜:《平台驱动的数字政府:能力、转型与现代化》,载《电子政务》2020年第7期。

[60] 马颜昕等:《数字政府——变革与法治》,中国人民大学出版社2021年版,第31页。

同性面临现实层面的困难。其一，跨地区平台建设标准不同。不同地区由于经济水平、人力与物力等方面的差异，均采取各自的建设标准，不同地区的平台建设状况存在差异。其二，跨类型平台系统间相对独立。如智慧执法系统、智慧审批系统等不同类型的平台体系相对独立，尚未实现互联互通。其三，政府间数据共享与协同的整体性意识尚待加强。实践中出现了部分部门仅考虑部门利益而拒绝数据共享、制造数据壁垒的情况，形成“数据孤岛”，阻碍整体政府的实现。[61]

在政府与企业之间的合作与协同层面，需要探究合作治理的新模式并以法治的形式予以回应。一方面，现代行政任务复杂多元，呼唤公私合作的新行政模式以提高行政管理成效；[62]另一方面，数字法治政府建设依赖信息技术，需要企业提供技术支持与供给。菲佛（Jeffrey Pfeffer）和萨兰基科（Gerald Salancik）的资源依赖理论认为，当组织在实现某种目的所需的资源方面不能够自足时，其必须依赖其他组织，并通过组织之间的互动获取资源。[63]“政府与企业之间的关系是需求与供给的关系，也是合作和共同创造的关系。”[64]有学者就政企合作的现象从权力角度进行分析，认为数字法治政府建设使权力的来源从法律赋权的单一渠道转向技术赋权与法律赋权的双重途径。其中，法律赋权之权由行政机关掌握，而技术赋权之权则由科技企业掌握，政企合作涉及两种权力的交互与关系问题。政府和企业的立场存在显著差异，政府以公共服务为目的，追求社会福利最大化，而企业则尽可能地追求最小化的投入成本以追求逐利。[65]企业可能利用技术权力，带来市场竞争有失公平等问题。如何在促进政企合作治理推进数字法治政府建设的同时防范风险，是需要进一步研究与解决的问题。

四、数字法治政府建设的推进路径

（一）更新服务导向下的政府职能

政府职能转变事关经济发展与政治发展，有利于政府与市场之间关系

---

〔61〕北京大学课题组、黄璜：《平台驱动的数字政府：能力、转型与现代化》，载《电子政务》2020年第7期。

〔62〕章志远：《迈向公私合作型行政法》，载《法学研究》2019年第2期。

〔63〕李超平、徐世勇主编：《管理与组织研究常用的60个理论》，北京大学出版社2019年版，第316页。

〔64〕马亮：《数字政府建设：文献述评与研究展望》，载《党政研究》2021年第3期。

〔65〕韦欣：《数字治理领域的政企合作及风险应对》，载《求索》2022年第3期。

的调整,是一体推进国家治理体系和治理能力现代化的关键点和重要环节。[66] 2004年“服务型政府”这一概念被首次提出,[67]同年的《政府工作报告》指出“在继续搞好经济调节、加强市场监管的同时,更加注重履行社会管理和公共服务职能”,[68]意味着政府的服务职能主要指社会管理与公共服务。如前所述,当今社会具有极强的风险性特征,数字技术赋权政府使其权力纵深得以扩充。在服务型政府的建设导向下,数字法治政府的职能应当更新。

第一,加强事前监管与风险防控。风险社会背景下数字技术加速了危险的传播与扩张,行政管理应当更早介入,以起到风险及时防范与防止损害扩大的作用。“只要有发生损害的可能性,就有行政介入的必要性。”[69]政府可以利用分析技术结合大数据、区块链等进行各个领域的风险监控与预防,对算法系统提示的危险信息进行及时处理与披露。例如在金融领域,引入科技驱动的技术监管体系,能够有效解决传统金融监管手段在面对去中介金融交易现状的无力。依赖科技进行平等、智能化的实时监控模式在预防金融风险层面效果显著,是解决金融科技监管空白的良好方案。[70] 由此可见,技术的中立性使其一方面成为监管风险的来源,另一方面又能够作为推动监管变革的契机。[71] 目前,利用数字技术进行社会风险防范的实践已不鲜见。例如,2016年由广州天河警方建设开发的“盘查管理平台”,通过移动终端以人脸识别的方式实现对可疑人员、证件与财物的“一站式”核查,将风险情况作为“110”警情及时推送。[72] 再如,部署在美国洛杉矶和圣克鲁兹公共安全系统中的Geolitica犯罪预测算法,将各地区过往的犯罪活动统计数据在输入端进行实时导入,该算法即可基于地震后预测余震的原理

---

[66] 朱光磊、候绪杰:《“双线合一”:论服务型政府的建设逻辑》,载《南开学报(哲学社会科学版)》2023年第3期。

[67] 中共中央文献研究室编:《十六大以来重要文献选编》(上),中央文献出版社2005年版,第774页。

[68] 中共中央文献研究室编:《十六大以来重要文献选编》(上),中央文献出版社2005年版,第844页。

[69] 王贵松:《论法治国家的安全观》,载《清华法学》2021年第2期。

[70] 杨东:《监管科技:金融科技的监管挑战与维度建构》,载《中国社会科学》2018年第5期。

[71] Chris Brummer, *Disruptive Technology and Securities Regulation*, Fordham Law Review 84, 2015, p. 977.

[72] 张璐瑶:《“公安网+盘查”平台:手机刷脸识别嫌疑人》,载新华网,http://m.xinhuanet.com/2017-04/28/c_1120887928.htm。

进行内部运行,最终输出某地发生犯罪的概率、类型、时间范围,并以此为根据调配警力资源,优化警力资源配置。[73] 数字技术推动监管手段的更新,技术驱动监管、提前介入的风险防范与"转变政府职能、创新监管方式"的数字法治政府建设理念不谋而合。

第二,关注相对人权利实现、保障与救济。相应地,需要革新行政基础法治理论。首先,行政法基础原则的更新。考虑将传统的正当程序原则注入技术性的要素,更新为技术性正当程序原则,[74] 从而构建适用于政府治理的数字技术如何满足程序正当化的新规范。技术性正当程序原则是对数字技术抱持开放和包容的态度下,对传统行政法律原则做出适应数字时代的改进与革新。其次,建立数字法治下的新型权力与权利平衡机制。以技术利用的全过程与全生命周期为轴,从事前、事中与事后发力,建构涵括信息公开、公众参与及权利救济等方面的全周期闭环新型权利体系,增强技术私权体系的韧性和质效。[75] 未来全自动行政行为的普及也将呼唤算法技术权力与个人权利之间的动态平衡以防范权力异化的风险,应尽快搭建束状权力结构,一方面对算法权力进行规制,另一方面扩充权利内涵以对异化进行长效矫正。[76] 而具体的平衡手段,可以从赋予行政主体程序性义务,完善行政救济措施,建立有效的归责机制等方面予以考虑。

(二)深化技术与法治的互动融合

深化技术与法治的互动与融合,可以在三个方面进行发力。一是加快突破技术壁垒,以更加先进的技术手段提高技术与法治的契合程度,解决诸如上述李某交通肇事逃逸案中因算法系统不成熟导致的无法线上管理从而难以达到处罚效果的情形。二是加快数字行政法律法规的出台,以法治引导数字技术与政府治理良性契合发展。三是以包容理念创造数字法治政府建设的实践氛围,为数字技术创新容留足够的成长空间。

首先,加深数字技术的合法程度。对一项创新性的数字技术在政府治理领域的适用上进行可行性测试,可以利用技术手段规范该技术的选择程

---

〔73〕 *Trusted Services for Safer Communities*, Geolitica(2023－10－25), https://geolitica.com/.

〔74〕 Danielle Keats Citron, *Technological Due Process*, Washington University Law Review, Vol. 85, Issue. 6, p. 1249－1314(2008).

〔75〕 张欣:《免受自动化决策约束权的制度逻辑与本土构建》,载《华东政法大学学报》2021 年第 5 期。

〔76〕 蔡星月:《算法决策权的异化及其矫正》,载《政法论坛》2021 年第 5 期。

序,从源头上确保技术守法可信。这一思路是将测试数字技术可靠性的方式诉诸技术本身。参考英国经验,可以在行政算法系统投入使用之前对其进行“虚拟沙盒”测试。这一概念最早来源于英国 FCA 的《监管沙盒》报告。“虚拟沙盒”是一种“基于云的解决方案”,[77]应用于行政领域,则可以联合市场主体、政府部门提供的数据,利用算法的架构优势,建立起完全仿真的虚拟测试环境。在这个虚拟环境中,可以对目标用于行政领域的数字技术进行充分地运行和试错,以测试其是否适合与公权力结合。“沙盒实验”的优势在于,可以调用模拟数据在短时间内实现大批量测试,使该技术中的漏洞和问题快速暴露,判断该技术的优劣。大数据分析方法如果使用、执行不当,不仅可能产生不准确的分析结果,还可能导致歧视,将影响公众权利的实现。[78]“虚拟沙盒”也可以通过输入敏感性要素观察算法系统输出的结果是否“应激”来测试该数字技术中的算法是否隐含歧视性因素,在投入应用前规避其可能带来的偏见和歧视,以免带来一系列社会问题。同样地,测试技术也可以在已经投入使用的某项数字技术中发挥作用,用来评估其运行过程,帮助及时检出漏洞,防止危险的进一步扩大。[79]

其次,以规范引导数字技术良性发展。一方面,数字法治政府建设中的基础法律问题仍待解决。如前文提到的因政府间或政企间信息共享所带来的个人信息保护与数据保护问题与技术的权力化属性在法律上的定位以及权益归属问题。数字法治政府背景下存储信息的海量数据成为重要的行政手段要素,扩大了公物的范围。[80]由此带来的政府数字技术基础设施的公物法属性等问题皆需在法治层面上予以回应。行政法典有必要结合数字法治政府建设的时代命题,完善基础规制,以价值理性回应数字政府建设加速创新的挑战。[81]另一方面,出于对法律抽象性与稳定性的考虑,处于变迁与演进过程中的数字法治政府可以利用更具体且更具包容性、灵活性的软法规则予以规范。例如,《生成式人工智能服务管理暂行办法》就是对此前热议的 ChatGPT 等生成式人工智能进行及时回应。当前数字法治政府的建

---

[77] Byunkwon Lim, *Regulatory Sandbox*, FCA, FinTech, 2021, p. 340 – 364.

[78] See Danielle Keats Ctron & Frank Pasquale, *The Scored Society: Due Process for Automated Predictions*, 89 Washington Law Review 89, p. 1(2014).

[79] 张红:《监管沙盒及与我国行政法体系的兼容》,载《浙江学刊》2018 年第 1 期。

[80] 齐英程:《作为公物的公共数据资源之使用规则构建》,载《行政法学研究》2021 年第 5 期。

[81] 马颜昕:《论行政法典对数字政府建设的回应》,载《现代法学》2022 年第 5 期。

设指导多出自规范性文件、政策文件以及实践创新中的经验总结，各种行业标准、“意见”、“规划”等在政府的数字化转型中发挥着至关重要的规范与引导作用。[82] 传统的行政法体系以原则与规则两种元素组成，随着技术与法治的结合程度加深，技术标准的逐渐渗入使当代行政法规范扩充至原则、规则与技术标准共存的三元结构。[83] 总而言之，在数字法治政府的建设当中，要根据建设需求，结合不同规范的性质与特性，构建硬法与软法结合，原则、规则与技术标准结合的复合型规范体系，为数字法治政府提供制度保障。[84]

最后，促进法治与技术融合的理念变迁。数字时代背景下的技术创新发展势头迅猛，呼唤治理理念的转变从而避免为数字技术的发展束缚手脚。数字法治的创新必将呈现“业务流程—体制机制—制度”的发展趋势，[85] 技术运用能够先于规则的逻辑在于，其一，数字技术的运用目的具有正当性。以“行程码”的使用为例，“行程码”是利用大数据收集个人的行为轨迹数据，通过赋予颜色相异的电子码进行危险分级的管理模式。虽然行程轨迹属于个人隐私的范畴，但“行程码”的使用是在防控特别重大突发公共卫生事件的背景下，出于保护公民生命安全与身体健康的目的而使用的，其目的具有正当性。其二，数字政府为公众打造了更好的服务体验。在以需求为导向、以人民为中心的发展理念贯彻之下，“掌上办”“一网通办”“最多跑一次”等地方实践为公众带来更加便捷的办事体验，在诸多正面效应中公众乐于接受数字政府建设也就不难理解了。因此，为顺应数字技术创新发展，治理理念应当向更加包容的面向转型。对于处于法律性质模糊地带的新业态、新模式，相比于扼杀于摇篮，可以先静而观之，并根据其效果优劣判断将其上升为立法规范或是进行市场规制。同时，为防止因包容理念导致市场环境欠佳，政府应当做好行业自律的引导与社会规则的强化工作，[86] 在合规范性的基础上增添行政包容性与灵活性。[87]

---

〔82〕 余凌云：《数字政府的法治建构》，载《中国社会科学院大学学报》2022 年第 1 期。

〔83〕 关保英：《论行政法中技术标准的运用》，载《中国法学》2017 年第 5 期。

〔84〕 罗豪才、周强：《法治政府建设中的软法治理》，载《江海学刊》2016 年第 1 期。

〔85〕 马长山：《数字法治政府的机制再造》，载《政治与法律》2022 年第 11 期。

〔86〕 马长山：《互联网 + 时代“软法之治”的问题与对策》，载《现代法学》2016 年第 5 期。

〔87〕 刘小平：《法治中国需要一个包容性法治框架——多元现代性与法治中国》，载《法制与社会发展》2015 年第 5 期。

(三)打造多元主体间的合作通路

提高政府的整体性与协同性需要破除政府间与政企间的合作壁垒,从而打造数字法治政府建设目标下多元主体间的合作通路。

首先,重塑行政组织架构。行政组织与行政功能之间是手段与目的的关系。[88] 传统的科层制与网状行政组织架构的背后是以职能为中心的部门划分理念与单一物理空间的治理领域的体现。为适应数字法治政府建设,政府的组织结构也应进行适配化转型,以满足功能性的需要。除了顺应数字法治政府建设转型外,层叠式的命令与指挥组织架构本身也显露出弊端,已经不能够有效运转,且效率低下。[89] 组织结构的转型具体包括以下几项内容。其一,要整合政府组织结构,明确数字法治政府建设的主体推进部门,解决因缺乏统筹机制导致部门关系不明问题。其二,理顺数字法治政府建设管理部门的权责与协同机制,以规范明确管理、协调、执行权责的分配,避免业务内容存在空白或重叠。在具体部署过程中,要在遵循组织法定、分权、效能等传统组织法原则的同时,构建权责明确的顺应数字法治政府发展的组织形式。[90]

其次,充分利用数字技术保障多元主体参与共同治理。现代社会治理理念越发强调行政合作,看重公民、企业、社会组织等共同参与公共行政事务的治理模式。[91] 公民参与机制的建设方面,应当开放更多平台的参与渠道,使公众能够及时借助平台获取政府信息,并通过信息订阅、意见征集等多种途径广泛、自由的参与互动,将个性化、即时性的意见与回应、对话与参与演化为常态,以数字技术开放窗口,推进全生命周期参与机制的形成。企业等社会组织参与机制的完善方面,政企应当形成合力实现共治。行政主体需要市场主体的先进技术推动治理能力现代化,市场主体需要政府的资金支持进行技术研发,双方具有较强的依赖关系。从技术掌握情况来看,数字技术的社会主体较多,其研发领域有所差异,数字法治政府建设应当扩大合作主体的选择范围,一方面能够激发市场主体的竞争驱动技术创新,另一

---

[88] 贾圣真:《行政任务视角下的行政组织法学理革新》,载《浙江学刊》2019年第1期。

[89] 韩兆柱、杨洋:《新公共管理、无缝隙政府和整体性治理的范式比较》,载《学习论坛》2012年第12期。

[90] 张涛:《数据治理的组织法构造:以政府首席数据官制度为视角》,载《电子政务》2021年第9期。

[91] 石佑启、杨治坤:《中国政府治理的法治路径》,载《中国社会科学》2018年第1期。

方面有助于政府采用最前沿的数字技术提供政务服务。

再次,做好数据协同与合作治理的法治保障。在数据协同领域,第一,法治发力点体现在应当明确政府数据的权利属性并规定政府数据权利的权利内涵。政府数据协同与共享具有特殊性,可以根据政府身份的不同赋予不同的权限。例如,作为数据使用主体,行政机关应当对自收集数据具有完全的开发利用权以及其他政府数据的附加限制的使用权。[92] 第二,以法治引导责任本位的观念转变,克服政府部门之间的信息资源分割与垄断,促进政府信息资源的有效整合。在合作治理领域,行政理念从秩序到福利,行政手段也逐渐从刚性过渡到柔性,由强制性转向协商性,赋予政府更多地向社会公众提供公共服务的责任。应当更多地制定激励性规范,并以更加审慎包容的态度对监管行为模式予以改造,创造良好的技术创新的社会氛围,以更加柔性的规范、规则、标准体系助益政企合作加深。

最后,以前沿数字技术发力促进政府协同与数据信息保护。通过发展数字技术,进一步加强各地区与各类型政务平台互联互通,连接信息孤岛,并对数据库信息进行分级管理,根据信息涉密程度的不同决定流通权限与互通程度。从实践中考察,"最多跑一次"等数字法治政府改革实践,看似为政务办理带来了便捷与高效,但实际上也导致了前置程序的复杂化,使相对人的负担有所增加。[93] 线上办理的过程固然得到简化,但寻找线上办理的途径、应当提交哪些材料、如何提交等前置问题还需要靠相对人凭借自己的能力查找。同样地,虽然数字法治政府建设为政府数据公开提出了更高要求,但究竟公开在何种平台之上,则需要公众进行查找。而网络中广泛使用的搜索引擎并不能达到很好的搜索效果。应当避免数字法治政府建设的形式化与表面化,为切实提高服务水平,可以考虑在政务领域引入生成式人工智能,从当前的分散平台模式迈向政府服务生态。以往,虽然政务办理程序较为繁琐,但可以通过与办事人员的沟通交流得到指引,而如今面对非智能化与非对话性的数字平台,可能会使行政相对人更加不知所措。而生成式人工智能的典型特征就是具有交互性,可以针对不同的场景进行实时对话,解答问题。只要以现有规则投喂人工智能,就可以方便行政机关人员进行政务办理,也能够弥补线上业务沟通难的缺陷,相对人可以获得精准的操作

---

〔92〕 张亚楠:《政府数据共享:内在要义、法治壁垒及其破解之道》,载《理论探索》2019 年第 5 期。
〔93〕 程金华:《世界银行营商环境评估之反思与"中国化"道路》,载《探索与争鸣》2021 年第 8 期。

指引,使务服务更加智能,真正提高政务服务水平。[94] 例如,新加坡与微软公司合作打造了应用于下一代政府服务的人机智能对话平台“Conversations as Aplaiform”。从ChatGPT走向GovGPT,生成式人工智能是构建政务服务生态系统的核心技术力量。[95]

五、余论

数字法治政府这一概念是在法治政府建设与数字政府建设具备一定成熟度的基础上,促进数字技术与法治在政府体制与政府治理能力层面的交融。从电子政务逐步迈向数字政府,从政府空间向线上化与平台化拓展,到行政决策与行政管理的智能化,数字技术赋能政府治理能力的成果已不鲜见。与此同时,行政法法典化、数字政府建设的法治化回应、自动化行政的法律规制等法治层面的建设与研究亦显欣欣向荣之态。数字技术与法治两条支线各自向前发展的同时,又基于其各自的特性促进共生,作为现代行政发展动力源泉,合力推动数字法治政府的构建与服务型政府的塑造与转型。

文中对数字法治政府核心要义的探讨,是基于此概念的时间发展为逻辑进行考察的。如果运用空间逻辑对数字法治政府进行解构,实际上涉及四层关系。一是数字技术与政府治理的关系。将数字技术广泛应用于政府治理当中,拓展政府权力的广深,全方面提升政府治理能力,以回应数字时代的要求。这是顶层设计对数字政府的部署内容。二是规范与政府治理的关系。采平衡论的观点,以行政法律原则、规则构建起的种种制度防止行政权力滥用,促进政府善治与服务目标的实现。这是一直以来法治政府建设的内涵。三是技术与法治之间的关系。技术具有中立性,体现技术理性。技术是没有价值偏向的,因此常常作为“双刃剑”,在带来效率与方便的同时往往也导致一些新问题,可能产生负外部性的影响。而法治怀抱着价值诞生,体现价值理性,是人类价值取舍的结果,能够为技术发展起到正面引导与负面矫正的功用。四是数字技术、法治与政府治理三者的交互关系,数字技术与法治形成合力共同为政府治理赋能。这四层关系作为数字法治政府建设的四条支线,在纵向的发展与横向的交互达致融贯。

---

〔94〕 任晓明、李熙:《自我升级智能体的逻辑与认知问题》,载《中国社会科学》2019年第12期。

〔95〕 汪波、牛朝文:《从ChatGPT到GovGPT:生成式人工智能驱动的政务服务生态系统构建》,载《电子政务》2023年第9期。

以此为基础,现阶段的数字法治政府发展,宏观上应以第四层关系的建设为重点内容。在微观层面,则应当针对数据共享困难、信息保护有待优化、规范与标准滞后等具体问题,通过引入更切合法治理念的生成式人工智能、构建全过程周期的闭合数字权利体系、对传统行政法治原则与制度进行数字化革新等方面予以解决与回应。

(汪　洋　审阅)

(袁境徽　校对)

行政处罚决定公开的内在逻辑与制度建构

喻涛滔*

摘　要:行政处罚决定具有政府信息和信用信息两个面向。政府信息的面向指引公开的正当性在于监督行政;信用信息的面向明示了公开的必要性需求。对隐私的保护不否定公开的正当性,而是对公开方式和内容提出了要求。《行政处罚法》第 48 条为常态化的依职权主动公开,其根本要义在于维护公共利益。一方面,公开应维护不特定多数人利益;另一方面,公开范围受比例原则的限制。为避免违背一事不再罚原则,应将公开方式分为文书式与摘要式公开。基于监督行政的目的,文书式公开应隐去主体信息等避免声誉效果;考虑到风险规避等需求,摘要式公开只保留必要信用信息并客观记录。在公开程序上,应确定公开的时限、设置异议提出机制、及时撤回和撤销已公开的信息。

关键词:行政处罚决定公开　政府信息　信用信息　一事不再罚　声誉效果

一、问题的提出

2021 年第十三届全国人民代表大会常务委员会第二十五次会议对《行政处罚法》作出修订。其中,增加的第 48 条第 1 款明确规定“具有一定社会影响的行政处罚决定应当依法公开”。行政处罚决定公开的制度设计并非立法机关心血来潮,而是将探索已久的实践做法予以立法确认。该制度可

---

* 喻涛滔,武汉大学法学院宪法学与行政法学专业 2023 级硕士研究生。

以追溯至环境、市场监管、农业等领域行政处罚的探索，但当时尚未在所有领域形成通行做法。[1] 2014年，《中共中央关于全面推进依法治国若干重大问题的决定》提出要推行行政执法公示制度后，一些省市开始相继推行行政处罚决定书网上公布。[2] 自2018年国务院推行行政执法“三项制度”改革实践以来，[3]行政处罚决定公开这项制度才真正在全国各地各部门展开落实。

实践中行政机关将行政处罚信息作为行政机关“双公示”内容之一，属于结果信息公开，这是作为政府信息的必然要求。同时，行政处罚信息又被作为信用信息，应用于社会信用体系建设。[4] 因此，对于公开的价值，除实现民主监督外，[5]还有学者认为处罚决定公开在于制裁。[6] 对此，诘问行政处罚决定的性质与公开价值究竟为何至关重要，对于行政处罚决定是否应公开以及如何公开，长期以来就存在争议。公开行政处罚决定虽具有多种功能价值，包括监督执法、风险规制等，[7]但在这巨大的价值富矿中，学者也注意到其蕴含的风险。因行政处罚决定带有行政相对人的信息，处罚决定公开极有可能产生声誉效果，进而有人认为应以不公开为常态。[8] 然

---

〔1〕 例如，2010年3月1日开始实施的《环境行政处罚办法》第72条即规定：“除涉及国家机密、技术秘密、商业秘密和个人隐私外，行政处罚决定应当向社会公开。”还有2014年10月1日开始实施的《工商行政管理行政处罚信息公示暂行规定》和2014年11月14日开始实施的《农业行政处罚案件信息公开办法》都对行政处罚信息公开进行专门规定。

〔2〕 如《浙江省行政处罚结果信息网上公开暂行办法》（浙江省政府令第332号）、湖南省人民政府法制办公室《关于全省推行行政处罚决定书网上公布工作的指导意见》（湘政法发〔2015〕11号）、《上海市行政处罚案件信息主动公开办法》（上海市人民政府令第36号）、合肥市人民政府办公厅《关于全面推行行政处罚决定书公开工作的通知》（合政办〔2015〕42号）等。

〔3〕 国务院办公厅《关于全面推行行政执法公示制度执法全过程记录制度重大执法决定法制审核制度的指导意见》（国办发〔2018〕118号），2018年12月5日发布。

〔4〕 在“信用中国”系列网站上，行政处罚信息被列为信用信息予以公开。

〔5〕 孔祥稳：《行政处罚决定公开的功能与界限》，载《中外法学》2021年第6期。

〔6〕 熊樟林：《论作为“权力”的行政处罚决定公开》，载《政治与法律》2023年第2期。

〔7〕 孔祥稳：《行政处罚决定公开的功能与界限》，载《中外法学》2021年第6期；安永康：《作为风险规制工具的行政执法信息公开——以食品安全领域为例》，载《南大法学》2020年第3期。

〔8〕 杨寅：《行政处罚类政府信息公开中的法律问题》，载《法学评论》2010年第2期；徐信贵、康勇：《行政处罚中政府信息公开义务与限制》，载《重庆邮电大学学报（社会科学版）》2015年第4期；孙丽岩：《论行政处罚决定公开的利益权衡——从与刑事制裁公开的对比角度》，载《政法论坛》2021年第6期；熊樟林：《行政处罚决定为何不需要全部公开？——新〈行政处罚法〉第48条的正当性解释》，载《苏州大学学报（哲学社会科学版）》2021年第6期；孔祥稳：《行政处罚决定公开的功能与界限》，载《中外法学》2021年第6期。

而,此种观点仅仅关注了信用信息这一层面,若从政府信息角度分析,能否得出相同的结论?公开的范围究竟应如何确立?在一事不再罚原则的冲击下,如何建构行政处罚决定公开的具体制度?

可见,行政处罚决定公开制度虽早有实践探索,但当下仍处于混沌之中。学理上对制度的性质和价值定位模糊不清,公开原则把握存在偏差,实践中公开的具体做法并不统一。本文将围绕这一系列问题展开,理顺行政处罚决定公开的内在原理,进而对行政处罚决定公开具体制度进行构建。

二、行政处罚决定的性质与公开价值

有学者认为应对行政处罚决定公开的功能价值作出取舍。例如,孔祥稳认为,"监督执法作为行政处罚决定公开的主要目的",风险警示只是附带功能,"避免将公开视为声誉制裁的具体形式"。[9] 熊樟林却认为监督行政的功能,"这一目的比重非但不大,而且效果也几乎可忽略不计",声誉效果的目的在理论逻辑上存在瑕疵。[10] 然而是否需要对公开价值作出取舍,以行政处罚决定为什么可以且应当公开为前置性问题。这一前置性问题的答案,由行政处罚决定的本身性质所决定。

(一)行政处罚决定性质的厘清

行政处罚决定首先是政府信息,包含行政处罚结果信息。2011年,中共中央、国务院在《关于深化政务公开加强政务服务的意见》中就明确提出,重点公开行政机关在实施行政处罚等执法活动中履行职责情况,积极探索执法结果公开制度。[11] 可见,早在十几年前政务公开中就已蕴含了行政处罚信息公开这一要求。2018年,国务院全面推行行政执法"三项制度",明确要求行政执法信息公示。[12] 行政处罚作为行政执法的一种手段,相应的处罚信息公开自然属于政府信息公开的范畴。同时,行政处罚信息主要包括两个方面,分别是行政处罚过程信息与结果信息。处罚结果信息以文书为

---

〔9〕 孔祥稳:《行政处罚决定公开的功能与界限》,载《中外法学》2021年第6期。

〔10〕 熊樟林:《行政处罚决定为何不需要全部公开?——新〈行政处罚法〉第48条的正当性解释》,载《苏州大学学报(哲学社会科学版)》2021年第6期。

〔11〕 中共中央办公厅、国务院办公厅《关于深化政务公开加强政务服务的意见》,载《国务院公报》2011年第23号。

〔12〕 国务院办公厅《关于全面推行行政执法公示制度执法全过程记录制度重大执法决定法制审核制度的指导意见》(国办发〔2018〕118号),2018年12月5日发布。

载体,本源性地体现于处罚决定中。因此,行政处罚决定视为处罚行为的一种结果,并非过程性信息,理应在政府信息公开的范畴之内。作为政府信息面向的行政处罚决定公开的是行政处罚结果信息。国务院于 2019 年修订《政府信息公开条例》时,对此明文确认。在第二章"公开的主体和范围"中,第 20 条第 6 项明确将行政处罚决定作为政府信息主动公开范畴。在此后的实践中,各政府部门、地方政府网站基本将行政处罚作为"双公示"内容之一予以公开,作为法定主动公开的信息。可见,行政处罚决定公开自设立开始,就被定位为政府信息予以公开。2021 年《行政处罚法》的修订是在法律层面确立该制度,为公开提供法律依据。

行政处罚决定在诸类政府信息中具有鲜明的评价性色彩,这种特殊性使其具有了信用信息的面向。我国在信用体系建设的初期,就已经将行政处罚作为了一种信用信息。原国家工商行政管理总局于 2003 年发布的《关于对企业实行信用分类监管的意见》,该文件要求根据企业的信用信息对企业分类,但划分企业信用最主要还是参考了企业有何种程度的违法行为。足以见得,行政处罚情况是可以作为信用评价的参考指标。之后诸多有关信用体系建设的政策性文件,也坚持使用这一评价指标。[13] 时至今日,市场监管总局对于企业信用风险分类监管更为科学化,但并未否认行政处罚指示信用风险的价值。[14] 一方面,行政处罚决定包含较为全面的个人或企业信息,甚至隐私等内容。这些信息不仅承载着个人或企业的人格利益,记录了个人生活的重要信息,而且有可能上升为信息社会的基础资源。[15] 在这个意义上,行政处罚决定记载的信息可以是信用信息。另一方面,正因其带有私益内容,加上对行政相对人的负面性评价,行政处罚决定公开具有一般政府信息公开所不具备的溢出价值。与此类似的政府信息还有环境保护、公共卫生、安全生产、食品药品、产品质量等关切社会公共利益领域的监督检查情况。这类信息不单单是因为产生于行政行为而需要公开,更多的动因是这种行政行为对行政相对人作出了评价,不妨称之为"评价性政府信息"。公权力机关作出的评价往往带有权威性,此种权威评价对人们的行为与选择有较强引导作用,规范相对人行为的同时引导人们趋利避害,进而有

---

〔13〕 例如,《全国公共信用信息基础目录(2022 年版)》将行政处罚列为第三类的行政管理信息。

〔14〕 国家市场监督管理总局《关于推进企业信用风险分类管理进一步提升监管效能的意见》,国市监信发〔2022〕6 号,2022 年 1 月 13 日发布。

〔15〕 齐爱民:《个人信息保护法研究》,载《河北法学》2008 年第 4 期。

助于降低信息不对称的风险,也有利于减少依申请公开此类信息的行政成本。如果说行政处罚决定是一种行政执法信息,使公开在理论上具备正当性和可实施性,那么其评价性产生的溢出价值则给该项制度的实施附加更多必要性。

(二)处罚决定公开的正当性基础

1.保障监督权与知情权

政府信息公开的制度基础不仅仅是满足表达自由,“而是公民基于人民主权的监督行政以及具有多重意义的知情权”。〔16〕从立宪主义精神来看,法治政府实际上就是要求政府权力受到限制。因此,政府的行政行为应通过公开受到监督制约。根据《宪法》第27条第2款规定,作为国家机关的行政机关应当接受人民的监督,其执法行为自应纳入监督的范畴,以避免行政权滥用对公民造成损害。《行政处罚法》第1条就开宗明义指出,行政处罚法以宪法为制定基础,行政处罚权根本来源于人民的赋权。同时该条文也说明该法的立法趣旨之一,是保障和监督行政机关有效实施行政管理。因此行政处罚决定作为行政执法结果,在实践中被定位为行政执法公示制度事后公开内容之一。〔17〕在行政处罚过程中,行政机关与行政相对人处于不平等的地位,在拥有权力的“利维坦”面前行政相对人显得尤为弱小。故此,行政处罚权的实施必须受到监督限制,当下行政执法仍需提高“能见度”和“透明度”,更好地保障人民群众的知情权和监督权,以维护人民的正当权益。

与此相关,知情权是实现监督权的前提与保障。〔18〕在政府信息公开的语境下,“知情权可以具体表述为:公民有权知道政府持有、保存的,与其权力行使有关的一切信息,除非法律有例外的规定”。〔19〕尽管目前我国尚未将知情权直接写入现行宪法,但通说认为知情权属于基本权利并应得到充分保障,这一点也早已在国际社会上达成了共识。〔20〕虽然关于知情权的宪

---

〔16〕刘飞宇:《行政信息公开与个人资料保护的衔接——以我国行政公开第一案为视角》,载《法学》2005年第4期。

〔17〕国务院办公厅《关于全面推行行政执法公示制度执法全过程记录制度重大执法决定法制审核制度的指导意见》,国办发〔2018〕118号,2018年12月5日发布。

〔18〕秦小建:《政府信息公开的宪法逻辑》,载《中国法学》2016年第3期。

〔19〕章剑生:《知情权及其保障——以〈政府信息公开条例〉为例》,载《中国法学》2008年第4期。

〔20〕杜钢建:《知情权制度比较研究——当代国外权利立法的新动向》,载《中国法学》1993年第2期;赵正群:《得知权理念及其在我国的初步实践》,载《中国法学》2001年第3期。

法基础存在不同论调,[21]但至少在信息社会中监督权的实现以知情权为必要已达成共识。在没有充分信息基础的情况下,人们可能因信息闭塞而无法享有充分的自由。因此,行政机关作出的行政处罚决定必须要向社会公众公开,受到人民的监督,这是人民主权原则在行政法领域的具体表现之一。

"对行政处罚权必须进行切实有效的监督制约,从根本上解决行政处罚的乱与软问题,是社会主义市场经济条件下依法行政的客观需求。"[22]具体而言,公开行政处罚以监督行政处罚权,目的在于解决两个问题。第一,行政处罚不仅应遵循程序正义,还要追求一种实质正义,这一点与司法审判类似。如同裁判文书的"首要功能是宣告由法院确定的法律关系",[23]行政处罚决定书的功能在于给行政相对人增设了义务或克减权利,两者均对个体的实体权利义务产生影响,对此类文书的公开承载着实质正义的价值追求。此外,行政处罚决定集中体现了行政处罚权实施的具体结果,也直接反映了处罚的过程、依据、理由等。以事实为基础的处罚决定,必然要求行政处罚决定书展现法作为衡量正义的尺度。第二,行政处罚不仅有合法性问题,还有合理性问题。处罚决定不仅要避免同案不同罚,也要实现合理裁量。行政执法人员不仅要知晓法律知识,还要具备法治素养。因此,公开以监督处罚权实施为目的,同时倒逼行政执法人员注重提高自身素质,规范行政裁量权的行使。这是执法活动向相对人本位回归的体现,是让人民群众在每一个行政执法案件中感受到公平正义的具体举措。[24] 于是,国务院在行政执法全过程记录和重大执法决定法制审核制度之外,还着力推行行政执法公示制度。尽管有学者从"权力"的角度分析,认为行政处罚决定公开的目的在于制裁而非监督,但其尚不能否认行政处罚决定公开仍具有"权利"的面

---

〔21〕 例如,章剑生教授认为知情权可以表达自由权为解释基础,参见章剑生:《知情权及其保障——以〈政府信息公开条例〉为例》,载《中国法学》2008年第4期;也有学者认为其宪法基础是宪法所保护的公民基本权利整体,参见胡晓军:《知情权实现的障碍及因应机制——基于政府信息公开实践的研究》,载《社会科学家》2012年第2期。

〔22〕 王军:《迫切需要建立行政处罚监督机制》,载《人大工作通讯》1998年第12期。

〔23〕 傅郁林:《民事裁判文书的功能与风格》,载《中国社会科学》2000年第4期。

〔24〕 章志远:《行政执法三项制度的三重法治意义解读》,载《中国司法》2019年第2期。

向。[25] 因此,行政处罚决定公开是公民享有知情权和监督权的体现,即使其中有"权力"的因素在内,那也不过是在"权利"到"权力"这一过程中产生的。

2. 隐私权挑战的式微

当然,因行政处罚决定涉及私益内容,行政处罚决定公开的正当性受到了冲击与挑战。隐私权或个人信息自决权成为攻击行政处罚公开正当性的主要火力。与知情权相似,隐私权和个人信息自决权同样并未在《宪法》上明文规定。在比较法视野上,有部分国家或地区已将其上升为宪法上的基本权利。[26] 在我国宪法语境下,是否也存在隐私权或个人信息自决权这一未列举的基本权利?多数学者对此持肯定的态度。[27] 虽然宪法文本未明确列明这一基本权利,但颇有韵味之处在于《宪法》第38条确认了"人格尊严"权,随后第39条和第40条分别确认了公民的住宅不受侵犯权和通信权。其中,通信权除了通信自由外还涵括了通信秘密。公民的住宅和通信,实际上在某种程度象征着个人的隐私。住宅是公民私生活的空间,而通信则属于通信主体之间的私交流,两者均蕴含了隐私权的内容。

既然隐私权或个人信息自决权为公民的基本权利,其是否撼动了行政处罚决定公开的正当性根基呢?诚如赵宏所指出的:"如果说知情权的落实是为了强化公众对政府政务的参与和监督,那么信息自决权的确立则是为了防堵在信息化时代下,政府无限度地攫取个人信息并加以不当整合,从而

---

[25] 熊樟林在其文章中也客观表示:"立法者是将公开作为一种监督依法行政的手段加以布置的,并未看到其制裁性和权力性。"熊樟林:《论作为"权力"的行政处罚决定公开》,载《政治与法律》2023年第2期。

[26] 在美国,"隐私权"获得侵权法上承认后逐渐上升为基本权利,参见屠振宇:《从Griswold案看宪法隐私权的确立》,载公丕祥主编:《法制现代化研究》第11卷,南京师范大学出版社2007年版;在欧洲,隐私主要被视为宪法性保障,See Bart van der Sloot, *Privacy as Virtue: Moving Beyond the Individual in the Age of Big Data*, Amsterdam: Intersentia, 2017, p. 14. "个人信息自决权"则为德国联邦宪法法院在人口普查案中所创制发展,是对隐私权的一种理解,参见杨芳:《个人信息自决权理论及其检讨——兼论个人信息保护法之保护客体》,载《比较法研究》2015年第6期。

[27] 林来梵教授认为隐私权应包含在《宪法》第38条确立的"人格尊严"之中,参见林来梵、骆正言:《宪法上的人格权》,载《法学家》2008年第5期;李忠夏教授指出,"人权条款"+"人格尊严"共同可以构成宪法隐私权的规范来源,参见李忠夏:《数字时代隐私权的宪法建构》,载《华东政法大学学报》2021年第3期。

使私人生活图像无所遁形的可能。"[28]知情权与个人信息自决权之间存在需加以调和的冲突与张力。在行政处罚决定公开中,这种冲突与张力显得尤为明显。行政机关作出处罚时必须要确定行政相对人,因而行政处罚决定书必然带有行政相对人的信息,如姓名或当事人名称、身份证号或统一社会信用代码、住址等。但由于行政处罚属于对行政相对人的负面评价,几乎很少有人会期待行政机关将此类信息公之于众。基于这样的理由,是否就足以否定行政处罚决定应当公开?

然而,并不只有行政处罚决定公开才涉及个人信息与隐私保护问题。在政府信息公开中,除行政处罚类信息外,其他的政府信息也可能带有私益的内容。比如,重点领域监督检查情况主动公开信息,这些领域包括环境保护、公共卫生、安全生产、食品药品、产品质量等。这一类信息不只是涉及公益,行政相对人的主体信息等仍属于私益的范畴,但一般情况下监督检查情况应予主动公开。因此,"只要包含私益的内容,监督检查情况就不应公开",这样的命题是不成立的。类似地,在行政处罚公开领域,行政处罚决定带有私益的内容并不必然导致信息不应公开,甚至仍应主动公开。可见,如何调和知情权和隐私权之间的矛盾,才是解决政府信息公开立法重点和难点的关键,[29]而非简单地以隐私权克减知情权的实现。因此,个人信息自决权或隐私权带来的挑战,其冲击力并不足以冲垮处罚决定公开的正当性根基。要求对个人信息或隐私的保护,也并不决然地否定制度存在的合理性,而是要求立法者在制度设计中应充分考虑并落实个人信息或隐私权保护。隐私权问题与其说挑战了处罚决定公开的正当性,不如说给公开的具体技术提出了更高的要求。我们不应当把隐私权凌驾于知情权之上作为一种亘古不变信条,这既不符合立法目的,也不合实践之常识、常理与常情。概而观之,保障公民的知情权和监督权是行政处罚决定公开正当性支撑,即使内容因涉及私益,也不宜否认行政处罚决定公开的正当性。

(三)处罚决定公开的必要性需求

行政处罚决定的政府信息面向,使公开在理论上具备正当性和可实施性,其特殊的评价性产生的溢出价值给该项制度增加实施的必要性。行政

---

[28] 赵宏:《从信息公开到信息保护:公法上信息权保护研究的风向流转与核心问题》,载《比较法研究》2017 年第 2 期。

[29] 孔繁华:《政府信息公开中的个人隐私保护》,载《行政法学研究》2020 年第 1 期。

处罚决定的信用信息面向,最为核心的内容是满足公民的风险规避需求。在此基础上,必然要实现应当公开的信息,同时也降低了依申请公开的行政成本。

1.满足公民的风险规避需求

行政处罚决定公开在于保护公民的知情权,保护的不只是一种政治性权利。在政府信息公开中,“申请公开的基础动因还主要不是民主政治参与的需要,信息公开争议与民众最基本生活需求的满足息息相关”。[30] 在风险社会与信息化社会中,信息不对称诱发的社会诚信缺失问题越发严重,对社会和个人造成了极其严重的危害。20世纪90年代初期的“三角债”危机,[31]严重危害了我国的市场秩序和社会稳定,造成信用危机。诸如毒奶粉、地沟油、土坑酸菜等不诚信事件的发生,也牵动着每个公民日常生活的神经,因而亟须构建完备的社会信用体系。“仅凭市场难以自发形成对于特定主体的声誉评判,进而需要行政机关介入。”[32]因此,《社会信用体系建设规划纲要(2014—2020年)》(以下简称《信用体系规划纲要》)提出的第一点原则为“政府推动,社会共建”。[33] 由于行政处罚作出之前需将行为涵摄于法规范之下,这是对行为评价的过程,行政处罚信息也因之具备评价性。就此而言,公开行政处罚信息可以向公众警示行政相对人的违法且不诚信行为,消解信息不对称。因此,“‘信用’不仅指向信用能力,而扩张至信用记录,包括无重大违法行为等”。[34] 于是,行政处罚也成为在社会信用体系建设中政府监管的手段之一,行政处罚信息公开对于信用体系建设至关重要。正如沈岿所指出的一样,《信用体系规划纲要》看似旨在发起一个道德建设的工程,实则意在加强法律实施。[35] 行政机关对道德领域不诚信的行为作出负面性评价,采纳行政处罚等规制手段,本质上就是以法律手段促进社会治理。

---

〔30〕 倪洪涛:《依申请信息公开诉讼周年年度调查报告——基于透明中国网刊载的40宗涉诉案的考察》,载《行政法学研究》2009年第4期。

〔31〕 《在全国范围清理“三角债”》,载《人民日报》1990年4月3日,第1版。

〔32〕 张学府:《作为规制工具的处罚决定公开:规制机理与效果优化》,载《中国行政管理》2021年第1期。

〔33〕 国务院《关于印发社会信用体系建设规划纲要(2014—2020年)的通知》,国发〔2014〕21号,2014年6月14日发布。

〔34〕 范水兰:《企业信用监管法律制度研究》,法律出版社2019年版,第6页。

〔35〕 沈岿:《社会信用体系建设的法治之道》,载《中国法学》2019年第5期。

既然行政处罚在较大程度上反馈了风险的存在，通过观察违法记录与涉案风险，公民个体可以根据实际情况作出趋利避害的决定。每年“3·15”晚会曝光消费领域违法行为，目的就在于用诚信保障消费的安全。行政处罚信息的公开，正是实现这一追求常态化的必要手段。公众对于相关领域的处罚信息公开需求呈现上涨趋势，但在当下实践中，特别是环境保护、食品药品安全、金融监管等重点领域目前还存在处罚信息主动公开不平衡、不充分的问题。这一矛盾“诱发因信息不对称所导致的公民利益受损，严重者甚至引发社会群体性事件”。[36] 以长春长生问题疫苗事件为例，由于第一次处罚偏轻、监管信息公开不足，事实上放任了疫苗问题的再度产生。[37] 可见，在重点公开领域，行政处罚决定公开与否关乎社会重大公共利益。当前，行政处罚作为信用信息公开的部门规章已覆盖环境、市场监管、海关等诸多领域。[38] 以“信用中国”为平台的社会信用体系建设网站，汇集了企业和个人的信用信息，其中重点包含行政处罚信息，多维度、全方位地提供信用风险信息以趋利避害。除此之外，国家还设置了中国人民银行征信系统、全国信用信息共享平台、国家企业信用信息公示平台等。借助这些平台以及行政处罚信息等，进一步构建了“黑名单”制度、失信联合惩戒机制等。可见，“政府试图以权威、全面的执法信息为载体建构覆盖市场与社会的信任机制”，[39] 行政处罚信息公开已然成为社会信用体系建设与国家治理的纽带桥梁。一言以蔽之，公开行政处罚信息是社会公众规避风险的必然要求与选择，在重点领域深入公开行政处罚信息尤为紧迫也颇具成效。

2. 降低依申请公开的行政成本

此外，行政处罚决定公开还能降低行政成本，特别是政府信息公开成本。就信用信息面向而言，若要满足公民的风险规避需求，行政处罚决定公开必须给予公民充足的信息基础。继而，行政处罚决定公开就必然需要扩

---

〔36〕 王敬波、李帅：《我国政府信息公开的问题、对策与前瞻》，载《行政法学研究》2017 年第 2 期。

〔37〕 《中共国家市场监督管理总局党组关于巡视整改进展情况的通报》，载中央纪委国家监委网站 2018 年 12 月 28 日，https://www.ccdi.gov.cn/yaowen/201810/t20181025_182084.html。

〔38〕 例如，生态环境部《企业环境信息依法披露管理办法》第 26 条；国家市场监督管理总局《家用汽车产品修理更换退货责任规定》第 39 条；海关总署《海关注册登记和备案企业信用管理办法》（2021 年）第 11 条等。

〔39〕 王瑞雪：《公法视野下的信用联合奖惩措施》，载《行政法学研究》2020 年第 3 期。

大公开范围,包括增加公开信息的数量和增强信息的可感知性。[40] 在《政府信息公开条例》未将行政处罚决定公开纳入主动公开范畴之前,公民需要通过依申请获得相关的行政处罚案件信息。因此,行政机关在受理此类政府信息公开申请时,就需要整理复制相应的行政处罚决定内容给申请人,这必然引起行政资源成本增加。另外,在2019年修订该条例之前,公民依申请获取行政处罚信息,不仅需要经过一系列的申请程序,还存在申请目的审查的限制。行政机关多数情况下以行政处罚信息涉及商业秘密或个人隐私等为由,作出不予公开的决定。此外,还有一些行政机关在决定是否公开行政处罚时,征求第三方的意见,并直接基于第三方明确表示不同意作出不予公开决定,[41] 甚至在一些案件当中,申请人申请获取批量的行政处罚决定,但行政机关以行政成本过高,或者申请内容不明确为由拒绝公开相应的行政处罚信息。[42] 拒绝公开行政处罚决定看似降低了人力成本,但也造成了一些申请人提起行政诉讼的情况,行政机关疲于应诉,无形中增加了隐性成本。

以往行政处罚决定公开需要向政府申请,在处罚决定公开法定化以后,一批应申请公开的事项转向依职权主动公开。依职权主动公开会在行政执法时增加显性成本,但在后续的公开申请中却是极大降低了成本。《政府信息公开条例》第36条第1项规定:“所申请公开信息已经主动公开的,告知申请人获取该政府信息的方式、途径。”这就使行政机关可以极大减少处理这类信息公开申请的行政成本。此外,《政府信息公开条例》第40条还规定,政府信息公开成本过高的,可以通过电子数据以及其他适当形式提供。这足以见得,行政处罚决定电子化公开可以极大地提高行政效率,有利于降低行政人力资源成本,因而依职权公开行政处罚决定应借助电子数据形式常态化。例如,在陈某生诉泰州市住房和城乡建设局、泰州市人民政府信息公开及行政复议案中,被告已经将行政处罚决定上传至公共信用基础数据库和服务平台,并且告知原告如何获取政府信息,行政机关就无须再过多地

[40] 张学府:《作为规制工具的处罚决定公开:规制机理与效果优化》,载《中国行政管理》2021年第1期。

[41] 例如,梁某诉济南市章丘区自然资源局政府信息公开案,山东省济南市章丘区人民法院(2020)鲁0181行初8号行政判决书。

[42] 例如,郭某敏诉上海市普陀区卫生和计划生育委员会政府信息公开案,上海市第三中级人民法院(2017)沪03行终288号行政判决书。

根据案件情况进行实质审查,包括判断申请人是否有申请的资格等。[43] 有鉴于此,行政机关主动将行政处罚信息电子化并公开,一方面可以直接满足行政相对人的公开需求,另一方面也能减少部分政府信息公开引发的行政诉讼案件。

三、行政处罚决定的公开原则与范围

作为行政执法信息,行政处罚决定如何公开成为实施制度的关键,为此需明确公开的原则与范围。一方面,应从规范本身出发理解;另一方面,该制度的理解不能脱离于《政府信息公开条例》的根本价值取向。基于此两点考虑,《行政处罚法》第48条规定的是行政机关依职权主动公开行政处罚决定,且应当坚持"以公开为常态"。在确定公开范围时,应按处罚权的行使是否以维护"不特定多数人的利益"为立场判断,运用比例原则排除不应公开的内容。

(一)依职权主动公开行政处罚决定

《行政处罚法》第48条的规定仅面向依职权主动公开,属于法定公开的范畴。仅从第48条第1款文义解释无法得出这一结论,因为"依法公开"既可以依照法律规定依职权主动公开,也可以依申请公开的要求公开行政处罚决定。但结合第2款作体系性解释,结论则豁然开朗。行政处罚决定被公开以后可能会遇到的四种情形,即被依法变更、撤销、确认违法或者确认无效。第2款所意图解决的问题是行政处罚决定在依法公开后,发生了这四种情形应当如何撤回。这表明第2款是对第1款内容的延续与展开。第1款规范的是行政机关将行政处罚决定从不为行政相对人乃至社会公众所知的事实状态,转化为知晓的状态;第2款要求撤回处罚决定信息时说明的理由应当公开。此种公开是仅面向行政相对人,还是也面向社会公众?从目的论看,撤回行政处罚决定公开说明理由,这一规范之立法目的在于消减声誉效果。当处罚决定存在瑕疵或其他应撤回的情形时,行政机关应当面向公众对此说明以纠正声誉评价。因此,行政机关公开说明理由不可能只是向某一个或某几个具体的行政相对人,而应面向社会公众。而"依申请公开"的行政处罚决定本身并未对行政相对人产生实质性的声誉影响,向公众

---

[43] 陈某生诉泰州市住房和城乡建设局、泰州市人民政府行政监督、行政复议案,江苏省泰州市海陵区人民法院(2020)苏1202行初243号行政判决书。

说明理由既不现实也无必要,行政机关对申请人作出撤回说明即可。因此,在第2款属于依职权主动公开行政处罚决定的情形下,作为前提条件的第1款理应属于依职权主动公开,而不是依申请公开。

对于依申请公开的处罚决定,即便公开说明撤回理由存在一定的必要性,但站在历史解释的立场上,《行政处罚法》第48条的制度设计也只是依职权公开,《行政处罚法》修订时增加该制度是对长期实践在法律层面的确立。2019年《政府信息公开条例》修订时增加了第20条第6项,要求具有一定影响的行政处罚决定应当依职权主动公开。从条文内容上看,《行政处罚法》第48条沿用了相同的表述。这一相同绝非巧然,而是立法者有意为之。2020年,全国人大宪法和法律委员会在作《〈行政处罚法(修订草案)〉修改情况的汇报》时提出:"细化行政处罚决定公开要求,明确行政处罚决定应当按照政府信息公开的有关规定予以公开。"[44]该修订草案在经过两次审议修改后,全国人大宪法与法律委员会在审议结果报告中进一步建议:"明确行政处罚决定公开的适当范围,要求具有一定社会影响的行政处罚决定依法公开。"[45]在这一次的修订草案中,该条规定不再是准用性规范,但直接采纳《政府信息公开条例》的相关表述,同样表明《行政处罚法》第48条的规定是对《政府信息公开条例》第20条第6项内涵的延续。至于为何不采纳准用性规范的立法方式,关键原因在于人大立法层面并没有与政府信息公开直接相关的法律。若将该条规范设置为准用性规范,则会导致该条规范指向行政法规而非法律,进而可能引起法律与行政法规效力层级的混淆。该修改草案的这一变动不能说明立法者的意图发生了变化,相反,更加说明了行政处罚决定公开所解决的问题是依职权主动公开的内容。至于依申请公开行政处罚决定,可通过一般政府信息依申请公开规则加以解决,无须设规范。

(二)以公开为常态的公开原则

《政府信息公开条例》第5条确立了"以公开为常态,不公开为例外"的

---

〔44〕胡可明(宪法和法律委员会副主任委员):全国人民代表大会宪法和法律委员会《关于〈中华人民共和国行政处罚法(修订草案)〉修改情况的汇报》,载全国人民代表大会网2020年10月13日,http://www.npc.gov.cn/npc/c2/c30834/202101/t20210125_309903.html。

〔45〕胡可明(宪法和法律委员会副主任委员):全国人民代表大会宪法和法律委员会《关于〈中华人民共和国行政处罚法(修订草案)〉审议结果的报告》,载全国人民代表大会网2021年1月20日,http://www.npc.gov.cn/npc/c2/c30834/202101/t20210125_309901.html。

原则。作为政府信息的行政处罚决定,是否也应当遵循此原则呢?有学者对此提出了质疑。质疑之说立足于隐私保护,提出应当"以不公开为常态,以公开为例外"。熊樟林认为《行政处罚法》第48条直接体现了这一原则,"具有一定社会影响"限定了行政处罚决定公开的范围与程度。[46] 孔祥稳持有相似的观点,认为增加这一限定标准,"反映出立法强调行政处罚决定特殊性的审慎态度,也蕴含着对处罚决定公开所关涉权益的平衡考量"。[47] 但此类观点缺乏规范基础上的深入论证,也未能维持法秩序的统一。

首先,从规范上分析,行政处罚决定的公开关涉公共利益,决定了应当"以公开为常态"。"应当依法公开"表明处罚决定的公开不仅要"依法"而且是"应当"的,即行政处罚决定公开具有依法性和当然性。所谓的依法性,体现在行政机关公开行政处罚决定需要按照法律规定的一系列程序完成;当然性则指向了处罚决定公开的正当性基础,在于保障监督权和知情权的实现。与此同时,《行政处罚法》第48条中使用的是"具有一定社会影响",而非"具有重大影响"。若需要"以不公开为常态",则立法时应采纳后一表述才能实现这一目的。《政府信息公开条例》第15条规定,涉及商业秘密、个人隐私的政府信息公开会对第三方合法权益造成损害时,行政机关不得公开。但该条但书中规定,"不公开会对公共利益造成重大影响的"仍应公开。透过该条规范可以发现,若行政处罚决定"以不公开为常态"为理念归依,则相应的规范表述应为"具有重大影响的行政处罚决定应当公开"。然而,最终通过的《行政处罚法》第48条与《政府信息公开条例》第20条第6项均采取了"具有一定社会影响"的判断标准,公开的范围显然比"具有重大影响"下的范围更宽。政府信息为何以公开为常态,原因是绝大多数政府信息与公众利益相涉。

其次,出于维护法秩序统一的目标,作为政府信息的处罚决定公开仍应当遵循"以公开为常态"的理念。2019年修订《政府信息公开条例》时增加了第5条的"以公开为常态"原则。与此同时,增加了第20条第6项的公开行政处罚决定。该原则作为一般性规定位于《政府信息公开条例》的总则中,而行政处罚决定公开作为具体制度属于主动公开的内容。既然如此,行

---

〔46〕 熊樟林:《行政处罚决定为何不需要全部公开?——新〈行政处罚法〉第48条的正当性解释》,载《苏州大学学报(哲学社会科学版)》2021年第6期。

〔47〕 孔祥稳:《行政处罚决定公开的功能与界限》,载《中外法学》2021年第6期。

政处罚决定公开理应遵循“以公开为常态,不公开为例外”的原则。若“以不公开为常态”,则有违法秩序的统一。全面理解何为“以公开为常态”,需要明确一个前提,即“以公开为常态”指向的是作为整体的政府信息,而非某一领域、特定类型的政府信息。

再次,以隐私权要求行政处罚决定公开遵循“以不公开为常态”的理由并不充分也不必要。虽然审议通过的《行政处罚法》第48条使用的表述,由“按照政府信息公开的有关规定予以公开”转化为“具有一定社会影响的行政处罚决定应当依法公开”,但并不意味着政府信息公开理念的这一态度发生了根本性转变。正如前文强调的一样,第48条照搬《政府信息公开条例》第20条第6项的表述,其目的更可能在于强调行政机关应当主动公开行政处罚决定。执法信息与其他类型的政府信息虽然存在些许差异,但行政处罚决定终归是政府信息,并不影响“以公开为常态”。行政处罚带有行政相对人的个人信息或隐私等内容,也是对行政相对人的负面评价,但声誉效果的产生基于主体的识别,可以以技术手段截断此类识别。正如诸多学者所指出的,行政机关公开行政处罚决定应以个人利益影响最小化为选择。事实上,要求“不公开为常态”以谋求隐私保护并不明智。即使有一定影响的行政处罚决定公开,也有需要保护的隐私权。若按照此种观念,类比之下的裁判文书也应当如此选择。可是,法院裁判文书公开也经历了由“可以公开”变为“应当公开”的转变,并最终确立了“公开为常态、不公开为例外”的基本原则。[48] 即使是婚姻此类涉及大量隐私的案件,也仍有相当一批裁判文书公开。与此同时,法院审理案件也是遵循公开审判为原则,即使在例外的不公开审判中,也应当坚持公开宣判。足以见得,隐私权保护的问题完全可以以技术手段解决,以公开与否作为利益权衡的手段无法从根本上解决问题。因此,不能以隐私权就此否定行政处罚决定“以公开为常态”。

最后,信息公开主体主动公开信息的意识和水平有待提高,“以公开为常态”的原则有助于从理念层面改造信息公开主体的思维。长期以来,行政机关工作人员对于政府信息公开存在消极不作为现象,政府信息公开需要改变这一局面。“一方面全面树立‘公开为原则,不公开为例外’的指导思想,扭转‘动员型’主动公开的局面,另一方面通过制定政府信息公开长效机

---

〔48〕 侯学宾:《裁判文书“不公开”的制度反思——以离婚诉讼为视角》,载《法学》2020年第12期。

制，确保主动公开的持续、平稳推进。”[49]若坚持“以不公开为常态”，行政处罚决定公开这一制度无法得到根本落实。正如前文提及的一样，行政机关会借以隐私保护乃至申请不明确等为理由，达到惰于公开的状态。鉴于隐私保护问题并不触动“以公开为常态”的根基，只需在制度的具体设计中进行利益衡量即可。因此，重要的是当今中国的政府信息公开应在公开体制上，完成“从保密主导下的公开到公开主导下的保密”的变革。[50] 此外，以公开为常态的行政处罚决定公开也是打造透明政府和公信政府的重要体现，这一点早在2015年就得到了中央层面的认可。[51] 因此，尽管有不少学者呼吁行政处罚决定应“以不公开为常态”，但也有一批学者赞成行政处罚决定应“以公开为常态”，以此推动处罚决定能公开的尽量公开。[52]

（三）公共利益对公开范围的确立与限制

1. 政府信息公开的根本要义

从《行政处罚法》第48条本身出发，行政处罚决定公开的范围由案件“具有一定社会影响”决定。在公开主导的保密理念下，行政处罚决定公开坚持“以公开为常态，不公开为例外”。第48条所采纳的“具有一定社会影响”之表述，不关乎个人信息或隐私保护等问题。虽有论者对公开范围提出了几点理解的角度，比如处罚对象的影响力、行为的公共性、结果的严重性等，[53]但是并没有提供一个确定的衡量标准。只有在标准被具体化与体系化后，制度才有可实施性并保证公开的裁量权不被恣意滥用。行政处罚决定作为政府信息，公开应当遵循政府信息公开的法理依据。

在无法直接以“具有一定社会影响”作为判断尺度的情况下，可以从反面厘定例外的不公开范围。从《政府信息公开条例》第14条至第16条来看，对公开范围限制的保密审查主要有三个层次：第一，国家安全和公共利益例外；第二，第三方利益例外；第三，内部行政信息例外。[54] 依职权公开

---

〔49〕 王敬波、李帅：《我国政府信息公开的问题、对策与前瞻》，载《行政法学研究》2017年第2期。

〔50〕 王锡锌：《政府信息公开制度十年：迈向治理导向的公开》，载《中国行政管理》2018年第5期。

〔51〕 国家发展和改革委员会《关于认真做好行政许可和行政处罚等信用信息公示工作的通知》（发改电〔2015〕557号），2015年9月15日发布。

〔52〕 江必新、夏道虎主编：《中华人民共和国行政处罚法条文解读与法律适用》，中国法制出版社2021年版，第166页。

〔53〕 马琳昆：《处罚决定公开的适用路径》，载《民主与法制时报》2021年6月17日，第6版；卢荣婕：《“具有一定社会影响”的行政处罚决定公开之认定》，载《财经法学》2022年第4期。

〔54〕 张雷、董妍：《政府信息公开例外规则的检视与完善》，载《甘肃社会科学》2014年第6期。

行政处罚决定涉及的例外条款主要是第14条和第15条。《政府信息公开条例》第14条首先规定涉国家秘密的不予公开,其次是法律、行政法规禁止的不予公开,以及可能危及国家安全、公共安全、经济安全、社会稳定的政府信息不予公开。事实上,保护国家秘密的本质目的还是维护国家安全。《保守国家秘密法》第1条和第2条开宗明义地指出,国家秘密是关系国家安全和利益的事项。相较之下,法律、行政法规禁止的不予公开,这一规则指向的对象实际上并不很明确,但是至少可以肯定这一指向包括《保守国家秘密法》等法律法规。从该条规则的本质来看,排除政府信息公开最首要的是国家秘密,其次是法律法规的禁止性规定,但是囿于立法的滞后性仅此还可能有所缺漏。因而,最后以"三安全一稳定"作为兜底的规则。"三安全一稳定"标准的不明确性,导致具体适用上的混乱和消极对待,因而受到学者的批评。[55] 然而,毋庸置疑的是"三安全一稳定"本质体现为社会公共利益,这是排除公开的根本原因。因此,需要对公共利益进行内涵解析和价值填充以求得可操作性。

《政府信息公开条例》第15条实际上给理解"具有一定社会影响"提供了参考指引。按照该条规定,若不公开会对公共利益造成重大影响,那么该政府信息仍应当坚持公开。既然行政处罚决定需以坚持公开为原则,具有一定社会影响的处罚决定不公开则会对公共利益造成一定影响。另外,根据《政府信息公开条例》第19条,主动公开的政府信息涉及公众利益调整、需要公众广泛知晓或需要公众参与决策。可见,政府信息公开的根本内涵在于维护公共利益。这恰好印证了行政处罚决定公开的正面识别标准"具有一定社会影响"指向了对公共利益的影响。既然公开以维护公共利益,例外规则亦将公共利益作为价值核心,因而政府信息是否公开的要义在于:公开会损害社会公共利益的不予公开,而有利于社会公共利益则应当公开。将该要义应用于理解行政处罚决定公开中,则作为常态化公开判断标准的"具有一定社会影响"指向的为社会公共利益,处罚决定涉及一定公共利益时就应公开。例如,在乐安县人民检察院督促规范政府信息公开行政公益诉讼案(以下简称乐安县人民检察院督促案)中,检察院就使用了"公共利

---

〔55〕 肖卫兵:《论我国政府信息公开例外体系构建完善》,载《交大法学》2018年第1期;王敬波:《政府信息公开中的公共利益衡量》,载《中国社会科学》2014年第9期。

益”一词界定政府信息公开的基本要求。[56] 然而,公共利益的内涵与外延仍具有不确定性,仅在这一层仍不足以明确公开范围。当然,公共利益不是一个空洞的概念而是有一定利益考量的。[57] 透过乐安县人民检察院督促案可以发现,公共利益不仅是政府信息公开的正面评判标准,同时也是反面排除标准。“无论公开还是不公开,公共利益都起到重要作用,利益冲突最终演变为促进公开信息的公共利益和支持不公开信息的公共利益之间的博弈”,[58] 决定了行政处罚决定公开的范围。行政处罚决定公开在何种情况下有利于社会公共利益？在何种情况下有损于社会公共利益？因此,需要在行政处罚决定公开的语境下对其进行价值填充,确定正反两面标准。

2. 正面标准:不特定多数人利益

虽然公共利益的概念内涵难以确定,但是也有诸多学者提出了不同的理论。德国学者纽曼提出,公共利益是一个不确定多数人的利益,并曾一度成为德国通说。[59] 从公共性来看,公共利益涉及不特定多数人已成为普遍承认的标准,但利益的内容仍具有不确定性。[60] 据此,行政处罚决定公开的范围也应根据不特定多数受益人的需求确定,不过,利益的内容需要结合具体问题才能确定。但是,“由于公共利益的主张者的缺位以及主张者的不保险性,由法律来确认或者形成客观的公共利益成为法治社会的普遍做法”,[61] 因而公共利益应当从实定法上探寻。相较于《政府信息公开条例》第20条第6项,《行政处罚法》第48条删去了“本行政机关认为”,这也表明公开的范围从主观标准转向了客观标准。[62] 尽管在判断行政处罚决定是否公开时,行政机关具有一定的自由裁量权,但裁量的过程需以客观标准为依据。就行政处罚决定公开而言,行政相对人的违法行为导致了不特定多数人的利益受到损害。此时,法律要求实施行政处罚权的目的在于保障不特定多数人利益,处罚决定应予公开。在公共事件中,比如涉及食品药品安

---

[56] 《最高检发布2020年检察机关个人信息保护公益诉讼典型案例》,载最高人民检察院网上发布厅2021年4月22日,https://www.spp.gov.cn/spp/xwfbh/wsfbt/202104/t20210422_516357.shtml#2。

[57] 王敬波:《政府信息公开中的公共利益衡量》,载《中国社会科学》2014年第9期。

[58] 王敬波:《政府信息公开中的公共利益衡量》,载《中国社会科学》2014年第9期。

[59] 陈新民:《德国公法学基础理论》(上册),山东人民出版社2001年版,第186页。

[60] 刘丹:《公共利益的法律解读与界定》,载《行政法学研究》2005年第2期。

[61] 胡锦光、王锴:《论我国宪法中“公共利益”的界定》,载《中国法学》2005年第1期。

[62] 袁雪石:《〈行政处罚法〉实施中的重点难点问题简析》,载《中国司法》2022年第3期。

全、环境保护、金融等重点领域,公开行政处罚决定实际上对维护公平正义、满足公民的风险规避需求有着重要意义。

实际上,行政处罚领域涵盖面十分广阔,需要行政机关在决定是否公开时,具体审查处罚是否为了直接保障不特定多数人利益。答案若为否,则行政处罚决定则不应公开。例如,行政机关对卖淫嫖娼人员作出的行政处罚是否值得公开?这一问题曾激起多次浪潮般的讨论。按照不特定多数受益人的标准,卖淫嫖娼行为虽为法律所不容,但毕竟该行为仅在行为人之间发生,并不直接对其他人的利益造成任何影响。若公开处罚决定目的在于羞辱卖淫嫖娼人员,则落入了隐私权之争,甚至有不合宪之舆。2006年,深圳警方为严厉打击卖淫嫖娼行为,将涉嫌卖淫嫖娼人员在深圳街头游行示众。这一事件在全国范围内引起了争议,上海一律师甚至向全国人大写信指明该行为违法,学者们也大多数认为该做法侵犯隐私权。[63] 就此类案件而言,公开行政处罚决定与此做法在性质上差异无几。

就李某迪嫖娼案、邓某逃税案等案件而言,公众人物的行政处罚是否因其身份的特殊性就"具有一定社会影响"呢?从社会一般观念来看,公众人物因其本身就具备一定的社会影响,因此对公众人物的行政处罚也就"具有一定社会影响"。然而,理解"具有一定社会影响"应从法规范的角度出发,否则主观标准将会不当扩大公开范围。邓某逃税案和李某迪嫖娼案的不同之处在于处罚是否维护不特定多数人利益。邓某逃税案所影响的是国家财政收入,国家财政又牵涉国民经济发展等。因此,"公众人物只是公共利益的具象和承载",[64]其本质仍应回归到"公共利益"判断。如果该行政处罚决定信息与公共利益毫无干涉,行政机关和社会公众应当充分尊重公众人物的生活安宁等,而绝不是以公开的方式羞辱公众人物。羞辱即便存在一定正当性,也必须受到公共利益限制,否则就成了滥用行政权。[65] 法院也可以基于行政法的精神审查羞辱行为的合法

---

〔63〕 周凯:《上海律师界热议"嫖娼人员示众"事件》,载中国青年报2006年12月16日,http://zqb.cyol.com/content/2006-12/16/content_1612656.htm。

〔64〕 王雨亭、秦前红:《名誉侵权中的公共利益目的抗辩——新闻报道、舆论监督等行为的特殊免责事由》,载《河北法学》2022年第2期。

〔65〕 Grace Gale, *Shame on You*!, The Regulatory Review (Sept. 5, 2019), https://www.theregreview.org/2019/09/05/gale-regulatory-shaming/.

性。[66] 因此,没有正当性支撑的行政处罚决定公开,必然引发行政争议。

3. 反面标准:比例原则的适用

在乐安县人民检察院督促案中,人民检察院以乐安县农业农村局未依法履行对政府信息进行审查的责任,致使大量公民个人信息处于泄露状态,侵害了社会公共利益为由,发出了诉前检察建议。可见,公共利益实际上也可以成为限制政府信息公开范围的理由。从该案件来看,乐安县人民检察院针对的是行政机关在政府信息公开中,过度公开了一些不必要的信息。这直接体现了比例原则在政府信息公开领域的适用。比例原则一般包含三个阶层:适当性原则、必要性原则和狭义比例原则。从狭义比例原则来看,即使公开行政处罚决定满足了适当性和必要性,但对于其中的具体内容的公开与否还应当慎重考虑。该案中,检察院指控行政机关没有履行审查的责任,侧面反映出行政机关有义务根据比例原则对拟公开的政府信息进行审查。通过比例原则的审查,可以排除不必要公开的行政处罚案件或内容。

在一般的行政处罚决定公开中,限制公开范围的落脚点从公共利益角度转化到比例原则上。适当性原则关涉了行政目的导向,即结合具体情况判断知情权是否与其他权利冲突,以及权利位阶。如果行政处罚决定公开面临的是国家秘密与知情权的冲突,那么可能就需要知情权让位于国家秘密,因为国家秘密关涉的是国家和公共安全等。在某些情况下,若知情权处于优位,则处罚决定公开可以通过适当性的拷问。必要性原则层面审问的是行政机关是否只能选择公开的手段实现知情权,是否有更高效的手段?而实现知情权最有效的方式还是行政机关依职权公开政府信息,所以行政处罚决定的公开一般来说并不会违背必要性原则。虽然该过程可能涉及个人隐私等,但必要性原则和狭义比例原则并不是决然割裂分析的。倘若在狭义比例原则层面就可以实现消除或者缩小对公民个人的侵权,那么行政处罚决定公开亦并不必然违反必要性原则。当涉及未成年人的行政处罚时,行政处罚决定是否公开同样可以从比例原则进行考察分析。并非因其是未成年人的行政处罚决定而不符合公开的目的,无法通过适当性层面拷问,而是因为不满足公开的必要性。《行政处罚法》第 30 条表明因未成年人行为能力的不完全,而对其不予处罚、从轻或者减轻处罚。同时,《未成年人保护法》第 113 条规定,对于违法的未成年人实行教育、感化、挽救的方针,

---

[66] Sharon Yadin, *Regulatory Shaming*, Environmental Law, Vol. 49:407, p. 417(2019).

坚持教育为主、惩罚为辅的原则。鉴于公开行政处罚决定信息对于未成年人的未来成长有不利的影响,行政机关应该更多教育未成年人而不必要公开处罚决定。

四、行政处罚决定公开的具体建构

在确定行政处罚决定公开的原则与范围之后,还需将制度予以具体化。但理论与实践之间存在一定距离,制度落实还面临困境。在公开方式上,行政机关应选择文书式公开才能满足公民的知情权和监督权,但应做好个人信息或隐私、企业秘密等的保护,以技术手段实现去识别化。若为了实现风险规避的目的,公开的方式则应采摘要式公开。前者是行政执法行为的延续,并非一个独立的行政行为,目的在于监督行政执法;后者是一个独立的行政行为,脱离原行政处罚行为而存在。在公开程序的设计上,行政处罚决定公开需要处理好与其他程序之间关系,比如行政复议与行政诉讼等。

(一)公开方式的选择

正如多数学者一直忧心忡忡的,行政处罚决定因评价性将带有一定的声誉效果。在《行政处罚法》修改过程中,立法者的意图显然是对行政执法"三项制度"改革成果的采纳。因此,《行政处罚法》第48条确立的处罚决定公开是对行政执法行为的事后监督制度。然而,行政机关已经通过行政处罚的程序,对行政相对人的违法行为作出了处罚。根据一事不再罚原则,"当第一次行政处罚决定作出以后,对违法行为人的打击和报复就已经结束,除非有特殊情况,否则不允许启动第二轮打击"。[67] 行政处罚作为对行政相对人的负面评价,倘若被公开则会导致行政相对人的声誉受到影响,行为进一步受到限制。由此,行政处罚公开的声誉效果不为一事不再罚原则所容忍。从这一点来看,行政处罚决定公开的正当性似乎受到质疑。

当然,一事不再罚原则本质上挑战的是行政处罚决定的信用信息面向,并不是政府信息面向。因此,解决这一难题可以从行政处罚决定的两个面向入手。政府信息的面向是为了保障公众的知情权和监督权,而信用信息的面向在于满足公民的风险规避需求等。正因两种面向的目标不同,也就决定了公开的方式差异。对于政府信息面向,行政机关可以采用文书式公

〔67〕 熊樟林:《行政处罚决定为何不需要全部公开?——新〈行政处罚法〉第48条的正当性解释》,载《苏州大学学报(哲学社会科学版)》2021年第6期。

开,即以处罚决定的原貌对外公开。在裁判文书公开制度中,只有通过文书形式公开在最大限度上保证信息的真实度,才能真正监督权力运行。在监督行政处罚权时也是如此,只有处罚决定信息不失真才能保证处罚权不被滥用。至于信用信息面向,行政机关则应选择摘要式公开。摘要式公开则是将处罚决定进行转化后,以具体条目形式呈现,与前者的区别在于是否为原始信息。摘要式公开呈现的信息是经行政机关有目的地择取提炼所得,公开并不直接以监督行政执法为首要目的。因此,行政处罚决定文书式公开目的在于监督行政权的行使,而不在于声誉效果,这符合行政执法事后监督的要求,也是行政执法行为的延续。当公开的目的在于提供风险信息时,则应采摘要式公开。

行政处罚决定的摘要式公开,实际上脱离原行政处罚行为,成为一种新的行政行为——违法事实公布。对于违法事实公布的性质,长期以来存在"行政事实行为说""具体行政行为说"和"类型化说"等,近几年来也有学者提出"多面向说"。[68] 这样来看,不排除行政处罚信息公开成为具体行政行为的可能。然而,问题的关键是作为违法事实公布的行政处罚信息公开,是否构成一种行政处罚?在行政处罚的构成要素之中,作为"行为"的要素乃是行政机关在公法上的意思表示。[69] 行政机关在公开行政处罚决定的信用信息面向时,并无意对行政相对人作出进一步的处罚或惩戒意思,而是披露违法事实警醒社会公众。违法行为的客观存在,并非只有行政相对人与行政机关两方主体知晓。在一定情况下,也会有作为社会公众的第三人知晓该违法行为的存在。行政机关公开行政处罚信息意在将这种知晓的范围扩大以保护更多人的利益。因此,摘要式公开需要对个人信息与企业信息予以一定程度上保留,但并非意在处罚。除此之外,裁判文书公开其实亦属于违法事实公布的类型,而且属于常态化的违法事实公布。裁判文书公开制度实际存在两种效果:一是监督审判权的行使,二是作为违法事实公布。[70] 但行政处罚作为行政行为还需受到行政法原则的约束,将处罚决定公开的两种效果分开实现才不违背一事不再罚原则。

---

〔68〕 施立栋:《论行政机关公布违法事实行为的法律性质》,载姜明安主编:《行政法论丛》(第17卷),法律出版社2015年版。

〔69〕 吴庚:《行政法之理论与实用》,中国人民大学出版社2005年版,第200页。

〔70〕 王瑞雪:《声誉制裁的当代图景与法治建构》,载《中外法学》2021年第2期。

(二)公开内容的处理

鉴于两种公开方式的目的不同,不同的公开方式有着差异化的内容处理要求。因处罚决定文书涉及行政相对人的个人信息,行政机关处理时应当遵循《个人信息保护法》的相关规定。鉴于文书式公开目的在于监督行政权,公开行政相对人的信息无必要,行政机关在公开时应对个人信息、隐私和企业信息等作出去识别化处理,以避免声誉效果产生。根据《个人信息保护法》第47条第1款第1项的规定,行政机关应对相关内容作去识别化处理。但实践中大多行政机关并未如此处理,即使有处理也只是隐匿了相对人的住址等。相关的法律、法规和规范性文件很少有对此作出具体规定的,不过公安部《公安机关执法公开规定》(2018年)提供了相应标准,且具有十分重要的指引价值。该规定第14条至第16条的处理原则主要有四点内容:第一,去识别化,包括姓名只保留姓氏、隐匿生活信息等;第二,个人隐私和商业秘密的保护;第三,遵守公序良俗,删除有伤风化内容;第四,印章的删除等。另外,裁判文书公开也提供了相应的参考,如最高人民法院《关于人民法院在互联网公布裁判文书的规定》(2016年)第10条第1款第5项要求涉及技术侦查措施的信息应当删除。这样处理是出于国家安全和公共利益的考虑,应予以删除。总而言之,文书式公开处理的原则主要有两方面:一是能够保证行政处罚信息的有效传递,以免信息失真;二是维护个人隐私和公共安全,比如去识别化、预防行政机关印章被伪造等。

摘要式公开的行政处罚决定,其目的在于为公众提供风险信息。实践中通常有两种做法:一是通过公开网站公布摘要信息,汇集成公共数据库,如“信用中国”;二是定期上传行政处罚信息汇总表格。但是,为更利于实现信用风险评价这一目标,行政机关应对行政处罚决定信息进行处理,采取网页公开摘要信息方式,形成相应的公共数据。就处罚内容的处理而言,存在删除与保留间的平衡。其一,公开的主体信息应仅限于相对人的姓名或名称,以及统一社会信用代码等。商业秘密或与个人生活相关的隐私信息等内容仍应予以删除,否则违反《民法典》等法律中有关商业秘密和隐私权保护的规定。其二,处理信息时应当遵循客观处理的标准,违法事实、处罚依据、处罚内容等均应与文书保持一致,而不能对其中的信息进行主观篡改造成信息失真。

(三)公开程序的设计

1. 公开的时限

一方面,信息具有时效性,行政处罚决定信息应在规定的时间内完成公开。另一方面,行政效率是对行政行为的基本要求。通过考察相关法律、行政法规,都要求行政处罚决定作出之后一定工作日内公开,具体有的规定是20个工作日,亦有规定为7个工作日。例如,国家市场监督管理总局《市场监督管理行政处罚信息公示规定》(2021年)第9条、浙江省人民政府《浙江省行政处罚结果信息网上公开暂行办法》(2015年)第8条均规定应于20个工作日内公开。而交通运输部《邮政行政执法监督办法》(2021年)第13条、国家统计局《行政处罚信息公示办法(试行)》(2019年)第4条则规定行政处罚决定应在7个工作日内公开。目前,法律、行政法规层面并没有明确给出具体的时限标准,而行政规章、地方性法规却做法不一。但在国务院办公厅2018年印发的《关于全面推行行政执法公示制度执法全过程记录制度重大执法决定法制审核制度的指导意见》中,明确要求在20日内公开行政执法信息,并特别要求行政许可和行政处罚的信息应当在7日内公开。[71] 这说明行政处罚决定与其他执法信息相比具有一定特殊性。首先,行政处罚决定公开与裁判文书公开具有相似之处。人民法院在互联网公布裁判文书,应在7个工作日内公开。相应地,行政处罚决定在7日内公开相对具有一定的合理性。其次,行政执法“三项制度”是优化营商环境的具体要求之一,体现于《优化营商环境条例》第58条之中。在这一理念的指引下,由于行政处罚决定的公开具有风险规避的价值功能,及早公开对于营商环境的优化有一定的价值。

2. 公开的异议

《行政处罚法》第48条第2款规定的是行政处罚本身的变动,包括变更、撤销、确认违法或者确认无效。但是并没明确规定当公开这一行为本身发生争议时应如何处理的问题。若要确保行政程序的正当性,相对人的程序性权利须被承认和保障。[72] 因此,在行政处罚决定公开程序中必须给予行政相对人救济的权利,以制约行政机关不合法或不合理地公开行政处罚

---

〔71〕 国务院办公厅《关于全面推行行政执法公示制度执法全过程记录制度重大执法决定法制审核制度的指导意见》(国办发〔2018〕118号),2018年12月5日发布。

〔72〕 孙笑侠:《程序的法理》,商务印书馆2005年版,第263~264页。

决定。《政府信息公开条例》第51条规定,因政府信息公开侵犯其合法权益,行政相对人有向上一级行政机关或者政府信息公开工作主管部门投诉、举报,依法申请行政复议或者提起行政诉讼等的权利。虽然如此,但这些不过是事后救济手段,存在耗时长、效率低等问题,而且已经造成的影响损失难以挽回。因此,有必要建立事前异议提出机制。鉴于《行政处罚法》第44条已有规定,在行政处罚决定作出之前,行政机关应当告知相对人拟作出的行政处罚以及相对人享有的权利,那么在此过程嵌入异议提出机制不失为一种高效选择。具体而言,行政机关应当在此时告知对其作出的行政处罚决定将公开与否以及享有提出异议的权利,以避免给相对人造成不必要的影响和损失。

3. 公开的撤回与撤销

公开的判断也可能出现误差或者公开时效经过的情况,因此需要在程序上设置对公开的撤回与撤销。公开的撤回是指行政机关在是否应当公开上判断错误,行政机关依法撤回已经公开的信息。比如,行政处罚决定一旦作出就有了既判力,但经过行政复议、行政诉讼等法定程序仍可以推翻既判力。因此,《行政处罚法》第48条第2款明确规定,行政处罚决定信息应当在3日内被撤回并公开说明理由。公开的撤销是指行政处罚信息公开的时效经过,已经没有再公开的必要性,此时行政机关应撤销相关的信息。在以摘要式公开情形下,行政处罚决定信息属于信用信息,对行政相对人有声誉影响,因而需要确定公开的期限并给予其信用修复的机会。给行政处罚决定公开设定一定期限使公开理性化,也给相对人一个弥补过错的机会,符合程序理性的要求。比如国家发展改革委要求,行政处罚信息在公示网站公示期限为1年的,行政相对人可在最短公示期3个月后向公示网站申请信用修复。[73] 通过设定公开的期限与信用修复,有利于行政相对人改正行为,也有利于促进社会信用的建设。

五、结论

在法治政府建设时代,行政处罚决定公开是依法行政的必然要求。因为行政处罚决定公开的性质仍是政府信息公开,是信用信息的公开,其制度

---

〔73〕 国家发展改革委办公厅《关于进一步完善行政许可和行政处罚等信用信息公示工作的指导意见》(发改办财金〔2018〕424号),2018年7月15日发布。

设计不能脱离政府信息公开的要求而另辟蹊径,否则处罚决定公开制度将误入迷途不知走向何处。为控制和规范行政处罚权的行使,行政处罚决定以公开为常态具有正当性。隐私权等带来的挑战并不触动公开的正当性基础,而只是对公开的具体方式和处理提出了新的要求。作为政府信息的行政处罚决定目的是保障监督权和知情权,应以原始的处罚决定文书形式呈现;而作为信用信息的行政处罚决定在于满足公民的风险规避需求,应以派生的摘要式信息出现。从行政处罚决定书到摘要式信息的转变是一个惊险的跳跃,若未能成功跨过这道坎,摔坏的是行政相对人的个人隐私及其声誉。在不同的公开面向下,行政机关应选择恰当的形式公开,设计合乎正义理念的公开程序,以解决一事不再罚原则对该项制度发出的冲击。

（汪　洋　审阅）

（邹雨桐　校对）

跨省共设经济功能区管委会行政职权的合法性审视
——以川渝高竹新区管委会为例*

张亚兰**

摘　要:跨省共设经济功能区管委会体制是探索跨省域经济发展协同发展机制的一次有益尝试。实践中,高竹新区管委会是全国首个跨省共设经济功能区管委会。但其行政职权方面还面临尚不具备承载行政职权的主体资格,实践中其取得行政职权的方式并非法定,其行使的行政职权内容也超出了法定范围等规范困境。应对规范困境的出路有三:一是直接撤销跨省共设管委会转而采取长三角开发区管理模式;二是通过跨省协同立法的模式进行统一授权,在确保其合法性的基础上对其予以保留;三是以数字化协同治理为辅助推动构建协同政府。

关键词:跨省共设功能区管委会　行政职权　高竹新区

一、引言

管委会体制是开发区治理的主要模式之一〔1〕,是一种为推行“小政府、

---

* 本文系2023年度四川省社会科学青年项目“四川推进区域协同立法的实践样态与深化路径研究”(项目号:SCJJ23ND409)的阶段性研究成果。

** 张亚兰,四川大学法学院2022级宪法学与行政法学专业博士研究生。

〔1〕 吴金群:《网络抑或统合:开发区管委会体制下的府际关系研究》,载《政治学研究》2019年第5期。

大社会"的管理目标而创设的、以相对独立运行为特点的新型制度。[2] 功能区是一种虚体性治理单元,相对于行政区这样的实体性治理单元,功能区的治理功能相对单一,机构设置简单且扁平,仅拥有被赋予的特定权力,[3]大体上可分为非经济功能区和经济功能区。[4] 在我国,设立功能区的初衷主要是发展经济,因此实践中大部分功能区属于经济功能区,如经济技术开发区、工业园区、贸易园区、高新技术开发区等都是经济功能区。因此,本文主要以经济功能区为视角展开研究。跨省共设经济功能区管委会(以下简称跨省管委会)指由跨两个及以上的省(自治区、直辖市)行政区划的两个以上地方政府共同设立的经济功能区管委会,是区域性组织的一种。[5] 当前,对经济功能区管委会体制的研究已有诸多成果,包括管委会的法律性质[6]、作为行政诉讼被告的主体资格[7]、组织模式[8]等。但是这些研究大部分是基于传统的经济功能区而开展的研究,学界对跨省共设经济功能区的管理体制关注不多。截至目前,全国跨省共设经济功能区主要有两个,一个是川渝高竹新区(以下简称高竹新区),另一个是长三角生态绿色一体化发展示范区跨省域高新技术产业开发区(以下简称长三角高新区)。其中高竹新区采取的是跨省管委会管理的体制。本文便是以高竹新区的实践考察为研究基础。

2021年10月,中共中央、国务院印发《成渝地区双城经济圈建设规划纲要》(以下简称《成渝规划纲要》)明确探索经济区与行政区适度分离改革。2022年4月,中共中央、国务院《关于加快建设全国统一大市场的意见》发布,提出要充分发挥法治的引领、规范、保障作用,加快建立全国统一的市场

---

[2] 胡彬:《开发区管理体制的过渡性与变革问题研究——以管委会模式为例》,载《外国经济与管理》2014年第4期。

[3] 杨龙:《全域功能区:一种新的治理单元》,载《中共天津市委党校学报》2023年第4期。

[4] 王佳宁、罗重谱:《国家级新区管理体制与功能区实态及其战略取向》,载《改革》2012年第3期。

[5] 黄学贤、刘益浒:《区域性组织事权的法治进路——以长三角区域合作为视角》,载《江苏行政学院学报》2022年第5期。

[6] 邹奕:《检视开发区管理机构的法律性质——基于规范分析的视角》,载《中南大学学报(社会科学版)》2017年第4期。

[7] 马琳昆:《论行政诉讼中开发区管理机构被告资格——兼评〈行诉解释〉第21条》,载《社会科学家》2021年第7期。

[8] 翟磊:《开发区管委会职能与组织的动态平衡研究——以天津经济技术开发区为例》,载《南开学报(哲学社会科学版)》2015年第6期。

制度规则,打破地方保护和市场分割。在此背景下,跨行政区划的区域经济发展协同势必越来越多,各省(自治区、直辖市)之间的地方性规定差距较大也会为区域经济发展协同带来诸多规范性挑战。因此,探索跨省域的区域经济发展协同制度有一定的理论和实践价值。高竹新区便在这样的背景下应运而生,故笔者认为将之界定为经济功能区的范畴较为妥当。在展开研究之前,需要先对高竹新区及其管委会的设立作简单的背景介绍。高竹新区由重庆市渝北区茨竹镇、大湾镇和四川省广安市邻水县高滩镇、坛同镇部分区域组成,并由重庆市渝北区人民政府和广安市人民政府共同设立的高竹新区管理委员会(以下简称高竹新区管委会)作为两市(区)共同的派出机构来对高竹新区进行经济事务方面的统一管理,旨在通过区域之间的空间合作与融合来共同探索新的发展体制。[9] 但由于高竹新区尚属新的试点,其体制机制的创新还面临诸多的合法性诘问,尤其是在其管委会的行政职权方面,需要理论界对其规范性展开研究以协助锚定其发展的轨迹。

二、跨省管委会行政职权的规范困境分析

跨省管委会行政职权的规范困境主要体现在三个方面:一是谁能具备行政职权,即承接行政职权的主体资格要求;二是如何取得,即取得行政职权的法定方式;三是行使何种权力,即所取得行政职权的范围边界。下文将对以上三个方面的规范困境一一进行分析。

在展开分析之前,有必要对高竹新区取得的行政职权进行梳理。截至2023年9月,在省级人大常委会授权层面,高竹新区梳理形成了四川和重庆两省市授予的行政权力事项,渝北区、广安市已分别向重庆市政府和四川省政府上报行政权力事项清单,其中重庆方面247项、四川方面200项,需待川渝两省(直辖市)人大常委会赋予高竹新区管委会行政主体资格后,两省(直辖市)政府按程序分期分批授权。在设区的市级人大常委会授权层面,广安市人大已下放134项经济管理事权(其中行政授权123项,行政委托11项)。在县(区)级人大常委会授权层面,邻水县已下放159项[10],渝北区

---

[9] 蔡之兵、张可云:《经济区与行政区适度分离改革:实践逻辑、典型模式与取向选择》,载《改革》2021年第11期。

[10] 《〈邻水县首批授予川渝高竹新区经济管理事权清单〉政策解读》,载邻水县人民政府网,http://www.scls.gov.cn/lsxrmzf/c105312/2021-10/13/content_c42cc82ca2604999820629db271a908b.shtm。

暂未下放权限。

(一)具备行政职权的主体资格

跨省管委会要取得行政职权,必须有法律、法规、规章的依据而成为适格的行政主体。何谓行政主体?早期便有学者指出,行政主体是指享有国家行政权力,能以自己的名义实际从事行政管理活动,并能独立地承担由此所产生的法律责任的组织。[11] 根据组织性质和法律来源的不同,行政主体又分为职权性行政主体(特指行政机关)和授权性行政主体(授权依据为宪法和组织法以外的单项法律、法规、规章)。[12] 如此分类,在法律上也能找到依据。如《行政诉讼法》第2条对行政行为作了相应界定,即行政机关、行政机关工作人员和法律、法规、规章授权的组织作出的行政行为。行政机关工作人员并非以自然人的名义实施行政行为,而是以行政机关的名义实施,故行政机关工作人员并非行政主体。具备行政主体资格的主体实际上是两类,即行政机关及其工作人员和法律、法规、规章授权的组织。

那么,跨省管委会是行政机关吗?一般来说,政府设立的派出机关是行政机关,其属于职权性行政主体,通常履行相当于一级政府的综合管理职能,但政府职能部门设立的派出机构不是行政机关,需要取得法律、法规、规章的授权才能成为行政主体,通常也只履行某一特定的行政职权。经济功能区管委会因不完全符合两种类型的特征,属于派出机关还是派出机构,学界仍有较多争议。虽然国务院办公厅《关于促进开发区改革和创新发展的若干意见》(国办发〔2017〕7号)(以下简称《开发区改革发展意见》)明确指出开发区管理机构是所在地人民政府的派出机关,但《地方各级人民代表大会和地方各级人民政府组织法》(以下简称《地方组织法》)只规定了三类派出机关,其中并不包含管委会的范畴。《地方组织法》的法律位阶高于《开发区改革发展意见》。因此,在不突破《地方组织法》框架的前提下,笔者认为不宜将经济功能区管委会界定为派出机关。实践中,大多数情况亦是将经济功能区管委会作为派出机构进行管理,跨省管委会亦然。广安市和渝北区共同制定的《中共高竹新区工作委员会高竹新区管理委员会职能配置、内设机构和人员编制规定》第2条规定,高竹新区管委会是重庆市渝北区人民政府和四川省广安市人民政府共同的派出机构。

---

〔11〕 郁忠民:《论行政执法的主体资格》,载《政治与法律》1993年第6期。

〔12〕 郁忠民:《论行政执法的主体资格》,载《政治与法律》1993年第6期。

既然跨省管委会是派出机构,其要成为行政主体便只能依托法律、法规、规章的授权。但遗憾的是,截至目前高竹新区管委会并未获得任何法律、法规、规章的授权,其主要权力来源在于广安市第五届人大常委会第三十七次会议通过的《广安市人民代表大会常务委员会关于高竹新区行使广安市级经济管理事权的决定》(以下简称《高竹区管理决定》)授予的行政职权。该决定并未履行相关的立法程序(如未经四川省人大常委会批准),因此并非地方性法规。因此,可以肯定的是,高竹新区管委会尚不具备在四川省辖区内行使相应行政职权的主体资格。同时,高竹新区管委会还获得了邻水县下放的159项行政职权。[13] 高竹新区的前身是邻水县高滩园区,故邻水县沿用以往的方式给高竹新区管委会进行了所谓权力的"下放"。但如今高竹新区已不再由邻水县管辖,邻水县对其进行的权力"下放"是无效的,高竹新区管委会因此无行使这159项行政职权的主体资格。此外,从公开的资料来看,渝北区暂未下放任何行政职权给高竹新区,这或许是一种审慎态度的体现,但也可据此推断高竹新区管委会在重庆市辖区内亦不具备行使行政职权的主体资格。

(二)取得行政职权的法定方式

跨省管委会必须依照法定方式取得行政职权。具体而言,由于跨省的特殊性,其必须通过跨省协同立法统一授权的方式来取得行政职权,以破除跨省管委会取得行政职权的规范障碍。《立法法》第80条规定:"省、自治区、直辖市的人民代表大会及其常务委员会根据本行政区域的具体情况和实际需要,在不同宪法、法律、行政法规相抵触的前提下,可以制定地方性法规。"由于地区发展的不平衡,各省(自治区、直辖市)的实际情况也各有不同,地方性立法通常还得体现地方特色,同时法律也留有诸多空白以给各省(自治区、直辖市)自由裁量的空间,故各地地方性法规、地方政府规章存在诸多规定不一致甚至冲突的地方是较为常见的现象。这也就导致了各省(自治区、直辖市)地方性法规自行设定的行政许可、行政处罚幅度、行政执法自由裁量权等可能不一致。除了地方性法规之外,数量更为庞大的省政府规章、行政规范性文件的相关规定也有诸多差异。例如四川省和重庆市

---

[13] 《〈邻水县首批授予川渝高竹新区经济管理事权清单〉政策解读》,载邻水县人民政府网,http://www.scls.gov.cn/lsxrmzf/c105312/2021-10/13/content_c42cc82ca2604999820629db271a908b.shtml。

规定的城镇土地使用税税率、水电气费标准等均不同。虽然为了保证高竹新区内各项制度的协同性,实践中对税率标准等进行了统一,但其实际上突破了现有地方性法规、地方政府规章等的规定。如此便导致了跨省协同存在诸多规范性障碍,而最佳的解决办法便是跨省开展协同立法。需要进一步释明的是,《立法法》只为省级和设区的市人大及其常委会开展协同立法作了相应规定,但未对省级和设区的市政府之间协同制定地方政府规章作相应规定,故即使地方政府规章的规定不一致也只能通过地方性法规的协同立法来间接进行调整,而不能开展地方政府规章的协同立法。

实践中暂未通过跨省协同立法的方式来授予跨省管委会行政职权。虽然 2023 年修订的《立法法》为省级和设区的市人大及其常委会之间开展协同立法创设了必要的法律空间,但如何开展协同立法,《立法法》中并无明示。与此同时,全国各省(自治区、直辖市)之间已经开展了广泛的协同立法,积累了较为丰富的跨省协同立法工作经验。但这些协同立法大部分是针对跨区域生态环保、大气污染防治、疫情联防联控、交通一体化等方面〔14〕,开展协同的事项较为单一,涉及的行政主体相对较少,法律问题也相对简单。而经济职权涉及的职能部门众多,事项更为繁杂,要开展协同立法十分困难。此外,还有各级人大及其常委会立法权限不同、行政级别和行政职权不能一一对应等原因也给跨省开展协同立法带来体制障碍。因此,实践中川渝两省(直辖市)及相关设区的市虽然一直在探索协同立法事宜,但至今尚未通过协同立法的方式对高竹新区管委会进行统一授权。这导致的后果便是,截至目前,高竹新区重庆片区和高竹新区四川片区仍然依据不同的地方性法规来实施行政管理,高竹新区管委会只能处于一种混乱的职权行使状态,整个高竹新区辖区内的经济事项难以真正实现协同管理。

(三)行使行政职权的范围边界

要厘清跨省管委会行使行政职权的范围边界,需要明确其是属于履行单一行政职能的组织还是履行综合管理职能的组织。前文已经提及,跨省管委会应当是履行单一职能的组织。一方面,从设立目标来看。之所以设立跨省经济功能区,主要是为了打通经济发展中的"内循环",以建设全国统一的大市场,减少行政区划对经济发展的限制。因此,作为跨省经济功能区

〔14〕 栗战书:《在第二十七次全国地方立法工作座谈会上的讲话》,载中国人大网,http://www.npc.gov.cn/npc/c2/c30834/202201/t20220113_315896.html。

的管理机构,跨省管委会行政职能的定位应当是对经济事务的管理职能。既然设立的目标是管理经济事务,则其所取得行政职权便不能超越经济事权的范围。另一方面,从派出机构的职权界限来看。正如前文所述,跨省管委会并非一级政府,而是隶属于多省(自治区、直辖市)的两个及以上地方政府共同设立的派出机构。派出机关虽然没有一级政府的称谓,但从实践中的运行来看,其实质上已经有了相对于一级政府的法律地位,其履行的是相对于一级政府的综合职能,而派出机构只履行单一的行政职能。既然当前《地方组织法》等法律未将管委会这类的组织认定为派出机关,其便不应该被授予超出派出机构职能范围的权限。因此,可以确定的是跨省管委会只能履行单一的经济管理职能。

在明确这一点之后,需要进一步探讨何为经济管理职能。随着经济社会的发展,社会事务的方方面面都很难与经济完全剥离,导致实践中对经济管理职能的理解容易泛化。笔者认为,从规范分析来看,《宪法》第89条规定,国务院的经济管理职能包括编制和执行国民经济和社会发展计划和国家预算,领导和管理经济工作。《地方组织法》第73条规定县级以上地方人民政府职能的配置,政府应有的经济管理职能包括:编制和执行国民经济和社会发展规划纲要、计划和预算,管理本行政区域内的经济等行政工作,保护社会主义的全民所有的财产和劳动群众集体所有的财产,保护公民私人所有的合法财产,管理国有资产,保护各种经济组织的合法权益。进一步总结整理可知,经济管理职能主要包括经济法规范的制定和执行,政府也因这些职能而获得了经济管理权,当然,政府也可以依法将这些职能授予(委托)某组织行使。需要进一步解释的是,由于跨省管委会属于地方政府的派出机构,属于政府序列的行政机构,故此处不分析人大及其常委会的经济管理职能。有学者将经济管理权归纳为具有经济管理职能的适格主体依法享有的,对国民经济进行宏观调控和对市场秩序进行管理规制的资格,[15]用以贯彻国家的社会经济管理职能,弥补市场缺陷,矫正市场失灵,保护经济权利,并在合法合理的前提下为维护公共利益而限制或剥夺部分经济权利。[16]此外,在《宪法》第89条中,经济工作与教育、科学、文化、卫生、体育、民政、公安、司法行政等工作是并列的地位,因此,经济管理职能应当与这些职能相

〔15〕 李伟舜:《论政府经济管理权之边界》,载《行政管理改革》2015年第9期。
〔16〕 李伟舜:《论政府经济管理权之边界》,载《行政管理改革》2015年第9期。

区别。

但是,实践中,高竹新区管委会行使的行政职能已远远超过法定的经济职能范围。例如,高竹新区管委会行使的包括对建筑施工企业取得安全生产许可证后安全生产条件的监督检查,对"安管人员"持证上岗、教育培训和履行职责等情况进行监督检查等行政职能均与经济权利的保护、限制或剥夺不直接相关,不发挥弥补市场缺陷矫正市场失灵的职能,且明显可以看出应当属于安全、教育等职能,不应纳入经济管理职能的范围。透过高竹新区的实践,可窥见当前改革的不成熟,跨省管委会行使的行政职权范围如不加以规制,朝着超越职权界限的方向不断发展,容易使其最终变成一个跨省设立的政府,挑战我国当前的行政体制。

三、应对规范困境的路径探析

跨省管委会的行政职权存在规范困境反映了理论研究与实践发展的不同步。要推动经济发展有时不能墨守成规,需要通过实践经验指导理论发展。但是,如果实践长期游离于法律监管之外,则可能滋生腐败,甚至演变出与中国行政体制相悖的产物。应对此困境的路径主要有三个:一是撤销跨省管委会改为长三角高新区模式;二是通过跨省协同立法的方式直接解决跨省管委会行政主体资格不具备、取得职权方式不合法和行使职权范围超过法定界限的问题;三是探索通过数字化协同治理推动构建协同政府进而迂回地解决相应问题。

(一)直接撤销跨省管委会

跨省管委会涉及没有据以设立的上位法,涉及诸多行政职权需要重新分配等难题,且其中可能也涉及各种权力、利益之间的博弈,如不能有力规制,有演变出与中国行政体制相悖制度的风险。而且,跨省管委会也并非设立跨省域开发区的必然附庸,即使撤销了管委会也不一定会影响跨省域之间的经济协同发展。以高竹新区管委会为例。在吸引投资方面,高竹新区之所以在成立之后获得较好的发展,并非只有管委会在其中的作用,而是通过完善基础设施、实施税收优惠等方式吸引了一大批企业的入驻,而管委会是否设立对企业的入驻似乎无甚影响。在行政执法方面,笔者通过走访调研得知,由于虽然名义上是由川渝两地的执法人员联合执法,但实际上仍然是按照属地管辖的原则由双方工作人员各自执法,管委会所取得的部分行政职权由于人员配置等原因实际上也难以执行。此外,原本无权出台规范性文件的高竹新区管委会自行出台了行政规范性文件,还存在因其没有配置合法性审查机构而将规范性文件直接交由律师进行合法性审查等违法情形。因此,仅从目前的情况来看,笔者认为高竹新区管委会的设立其实无甚必要。

事实上,实践中已有了其他的做法。以长三角高新区为例,其就是采用"跨省域、跨部门联席会议+联合推进运作办公室+片区管理机构"的跨省域协同组织模式。通过此种方式,可以较好地解决合法性问题。有学者认为通过此种方式开展的合作"大多数规制区域性组织事权的,是广受政府青睐的'红头文件'"〔17〕,"红头文件"不是"法",其具有"内容不稳定、不确定、不规范的特点"〔18〕,也给长期的稳定合作埋下一定隐患。但是,笔者认为跨省域开展合作是为达成一种共赢的局面,推动各方持续开展合作的并非行政强制力,而是经济方面的利益驱动,无须通过制定硬法将各方面长期捆绑在一起。所谓硬法,是指具有命令—服从行为模式,能够运用国家强制力保证实施的法律规范。〔19〕也就是我们通常理解的"法"。硬法之治从正面来看具有稳定性等优点,但从反面来看也具有滞后性、不易变通性等缺点,难以适应形势多变的经济类事项的改革。而通过"红头文件"之类的软法来对合作方进行约束,一方面如果某一方合作主体违反约定,其他各方合作主体可以通过依靠组织自治力来追究软法责任;〔20〕另一方面,如果随着经济形势的变化或改革的深入发现各方已没有继续开展合作的必要性或合作的重点需要转变,也可及时更改协议。

接下来面临的问题是由谁撤销跨省管委会。按照"谁设立谁撤销"的原则,理应由设立它的政府共同撤销。但地方政府设立派出机构原本就缺乏《宪法》和《地方组织法》的直接依据,故由设立它的政府来撤销似乎并不妥当。考察《宪法》相关规定,其第89条第14项规定,国务院有权改变或者撤销地方各级国家行政机关的不适当的决定和命令。其第108条规定,县级以上的地方各级人民政府有权改变或者撤销所属各工作部门和下级人民政

〔17〕 黄学贤、刘益浒:《区域性组织事权的法治进路——以长三角区域合作为视角》,载《江苏行政学院学报》2022年第5期。

〔18〕 黄学贤、刘益浒:《区域性组织事权的法治进路——以长三角区域合作为视角》,载《江苏行政学院学报》2022年第5期。

〔19〕 罗豪才、宋功德:《软法亦法:公共治理呼唤软法之治》,法律出版社2009年版,第2页。

〔20〕 罗豪才、宋功德:《软法亦法:公共治理呼唤软法之治》,法律出版社2009年版,第377页。

府的不适当的决定。因此,国务院和跨省管委会地方政府的上级地方政府均有权撤销跨省管委会。具体到高竹新区管委会而言,应当由国务院撤销或者四川省和重庆市人民政府共同撤销。而根据辅助性原则的基本要求,在处理各级政府关系时,决策权应当尽量配置到基层,优先发挥下级政府的作用,只有当下级政府无法承担或者无法独立承担时,才由上级政府介入提供辅助。[21] 笔者赞同此观点。在这一要求下,高竹新区管委会首先应当由四川省和重庆市人民政府共同撤销,当双方无法达成合意或无法协同处理时才由国务院介入。

(二)通过跨省协同立法统一授权

通过跨省协同立法统一进行行政授权是保留跨省管委会最禁得起法律推敲的方法。之所以考虑可以保留跨省管委会的设置,是因为究竟采取何种制度来激发跨省协同发展的活力更为有效尚无定论,高竹新区的跨省管委会和长三角开发区的跨省域协同组织模式孰优孰劣尚需实践的验证,直接予以撤销则过早地宣示了高竹新区模式的失败,亦不利于维持基层探索的丰富性。因此,为了进一步探索跨省管委会对推进加快建设全国统一大市场的作用,可通过区域协同立法的形式确保其规范性,对其予以保留。

就主体层级而言,建议确定省级人大及其常委会为开展跨省协同立法的主体,理由主要有两点:一是省级人大及其常委会之间开展协同立法能够规避设立跨省管委会的行政机关因行政级别或行政职权不一致而难以开展协同立法的现实问题。以高竹新区管委会为例,其作为四川省广安市和重庆市渝北区的派出机构,广安市和渝北区虽然从行政级别上来看都是正厅级设置,但广安市为设区的市,享有相应的立法权,而渝北区仅为市辖区,并无立法权,二者实际上无法开展协同立法,唯有借助省级人大及其常委会之间的协同立法才能解决高竹新区管委会行政职权的问题。而如果直接摒弃行政级别相对应的做法,完全按照行政职权相对应来开展跨省协作,则又会带来其他的问题,比如,某省设区的市人民政府没有与直辖市中行政职权完全对应的行政主体。换言之,诸如广安市之类的设区的市无法与重庆市任何一个行政主体开展协同立法。二是设区的市尚不具备独立开展跨省协同立法的能力以及经济职能方面立法的职权。一方面,目前实践中跨省域设

---

〔21〕 徐信贵、官伟:《行政权力下放的数字化转型:问题聚焦与实践进路》,载《电子政务》2024年第3期。

区的市之间开展协同立法均在省级人大常委会的全程指导下进行,这从侧面反映了大部分设区的市可能尚不具备独立开展跨省域协同立法的能力。笔者考察了现有跨省域设区的市之间的协同立法,其中各省人大常委会全程参与的身影并不鲜见。如江西省萍乡市和湖南省株洲市就渌水(萍水河)保护开展协同立法,从决定开展协同立法到最终顺利立法,全程都由江西省和湖南省人大常委会参与指导。[22] 因此,笔者据以推断设区的市虽然已经具备一定的自主立法能力,但尚不具备独立开展跨省协同立法的能力。另一方面,根据《立法法》第81条规定,设区的市仅有城乡建设与管理、生态文明建设、历史文化保护、基层治理等方面的立法权,"等"字是否包含经济事项亦尚需商榷。而为了防止设区的市立法权的无序扩张,笔者认为"等"字不宜包含经济事项的立法权。

就行政授权的具体方式而言,建议采用行政行为说的观点。有学者将行政授权的方式总结为立法行为说和行政行为说两种观点。[23] 根据立法行为说的观点,行政授权是指法律、法规、规章直接将行政职权授予某组织的行为。[24] 在较长一段时间里,立法行为说是主流观点。根据行政行为说的观点,行政授权是指行政主体依法把自身拥有的行政职权部分或全部转让给其他组织的行为。[25] 有持行政行为说的学者进一步提出了创设行政权和授予行政权两种概念,认为创设行政权是"从无到有创设某项国家行政职权的活动"[26],授予行政权是将立法创设出来的特定行政职权配置给某行政机关或社会组织的活动,[27] 行政授权应当是授予行政权而非创设行政权。笔者认同此种观点。跨省管委会作为派出机构,其所取得的行政职权不应该是法律、法规、规章所创设的新职权,而是原属于其设立主体的部分

---

〔22〕《株洲、萍乡两市跨省开展这件"大事"》,载株洲市生态环境局网,http://sthjj.zhuzhou.gov.cn/c7658/20231010/i2102515.html。

〔23〕李海平:《行政授权的若干争议问题探析》,载《深圳大学学报(人文社会科学版)》2007年第2期。

〔24〕持立法行为说观点的学者依据的主要是《行政诉讼法》。在2014年《行政诉讼法》修正之前,该法第25条第4款前一句规定:"由法律、法规授权的组织所作的具体行政行为,该组织是被告。"故当时学者们认为行政授权是法律法规的直接授权。现行《行政诉讼法》第2条第2款规定:"……行政行为,包括法律、法规、规章授权的组织作出的行政行为。"因此,持立法行为说观点的学者在定义时在原主体范围的基础上增加了规章授权的组织。

〔25〕胡建淼:《有关中国行政法理上的行政授权问题》,载《中国法学》1994年第2期。

〔26〕张治宇:《中国式行政授权理论基础之重构》,载《江海学刊》2023年第2期。

〔27〕张治宇:《中国式行政授权理论基础之重构》,载《江海学刊》2023年第2期。

职权,通过立法的方式为其设立的行政主体转让行政职权提供合法性依据。

虽然通过省级层面开展协同立法是应对规范困境最为稳妥的做法,但笔者认为此法亦存在一定风险,应当加以规制防止滥用。《立法法》赋予了相关行政主体协同立法的权限,但随着区域协同的越发频繁,如均通过跨省协同立法的模式开展合作,则可能出现与当前自上而下较为规整的法律法规体系相并列的庞杂的区域协同法规体系,使得大部分省级独立自行制定(非协同制定)的地方性法规束之高阁,实际上无法在本省适用;甚至可能出现同省域各相邻设区的市之间所依据的省级地方性法规全然不同,形成另一种形式的行政壁垒,同样不利于全国统一大市场的构建。

(三)以数字化协同治理辅助推进构建协同政府

以数字化协同治理推动构建协同政府是解决跨省管委会行政职权问题的第三条路径。《法治政府建设实施纲要(2021-2025年)》提出,要"坚持运用互联网、大数据、人工智能等技术手段促进依法行政",并"善于运用大数据辅助行政决策、行政立法、行政执法工作。建立健全运用互联网、大数据、人工智能等技术手段进行行政管理的制度规则"。可见,此路径也是最符合当前我国基本国情和发展趋势的一条路径。"数字化协同治理是以信息技术为基础、以数据要素为依托、以数字平台为载体的发展理念与制度安排。"[28]其不直接解决跨省管委会行政职权的问题,却可以通过科技的手段改变当前的行政体制,历史性地解决跨省域政府间协同的困境,也就间接性地解决了跨省管委会行政职权的问题。正如有学者所说,"近年来,公共服务的提供已经不再强调逐级放权、分解职能或建设具有单一目标的组织,而是强调采取更为综合的方案,向协同政府、整体政府方向发展"[29]。

那么,如何开展数字化协同治理?学界就此展开了激烈的讨论。有学者基于数字化技术的场景运用角度提出,要逐步拓展跨区域数字化协同治理应用场景建设,拓宽便民服务、商事登记和企业投资项目审批"一件事"范围,以更加充分的电子证照等数据共享交换为支撑,实现"一门进出、一窗受理、一套材料、一次采集、一网通办、一次办结"[30]。有学者基于保障数字化

---

〔28〕 张亚军:《数字化赋能长三角协同治理研究》,载《上海经济》2022年第6期。

〔29〕 高世楫、廖毅敏:《数字时代国家治理现代化和行政体制改革研究》,载《行政管理改革》2018年第1期。

〔30〕 张亚军:《数字化赋能长三角协同治理研究》,载《上海经济》2022年第6期。

技术运用的组织结构角度指出,数字化协同治理不仅仅是技术的简单应用,还蕴含着技术与组织的互动过程,技术帮助政府克服因物理距离、科层结构和组织关系等因素带来的跨省协同阻碍。政府为技术的有效应用提供合适的组织结构,如利益协调机制、信任机制等,唯有技术与组织之间有效互动,才能实现真正的数字化协同治理。〔31〕还有学者基于数字化技术运用的动因提出,要打造数字化时代下协同共治的生态格局,需以主体共同意愿为基础,以公共平台空间为场域,建构弹性结构和创新运行机制,通过平台的构建凝聚和吸引社会多主体共同参与基层治理,实现人、组织、技术互联互通的多元主体协同治理格局。〔32〕这些观点之间并不冲突,只是研究的侧重点有所出入。笔者认为,要开展好数字化协同治理,需要统筹好放权、信息整合和多元主体协同治理的关系。一是通过多行政主体共同放权给一体化数字化政务服务平台(以下简称数字平台)实施“跨省通办”,在这方面实践中已有诸多探索和成效。二是要善于利用数字平台的信息提取和整合功能,通过数字平台对信息进行分析提炼,最快筛选出协同省市有关规定的差异点,再行分析整合,找出最优的调整方案。三是要通过数字平台的搭建引入公民、社会组织共同参与治理,推动公共决策权力运行公开化,破解“权力黑箱”问题。

通过打造并优化数字平台,可在一定程度上迂回地纾解因跨省共建管委会行政职权问题带来的困境。虽然此种方式并不能彻底解决跨省管委会行政职权的系列问题,但通过此种方式,行政职权问题带来的影响已经可以忽略不计了,原本需要依靠跨省管委会行使行政职权才能解决的大部分问题可直接通过数字平台予以解决。随着数字化平台的不断发展,无论是直接撤销跨省管委会,还是对其予以保留,似乎都已经无关紧要了。但是,就目前的技术发展情况而言,现有数字平台可以承载提供公共服务的大部分行政类事务,却无法完全承载行政执法类事项,部分行政执法的调查取证等环节仍然需要线下开展。此外,由于公民运用数字化平台能力参差不齐等现实因素,也无法完全摒弃线下平台的应用。因此,就短期来看,数字化协同治理只是一种辅助手段。

〔31〕 孙宗锋、席嘉诚:《数字化协同治理的类型及其逻辑——以政务服务“跨省通办”为例》,载《电子政务》2023年第10期。

〔32〕 袁方成、曾心怡:《“超越平台”:数字化协同的创新模式及其突破——基于“小河网驿”的经验观察》,载《新视野》2023年第3期。

四、结语

习近平总书记在党的十九届五中全会上指出,要加快构建以国内大循环为主体、国内国际双循环相互促进的新发展格局。而要构建新发展格局,就务必打破行政壁垒,将全国构建成一个互联互通的“大市场”。在此背景下,全国各地广泛开展跨省域合作试点,其中高竹新区是川渝合作模式中的一个具有代表性的试点,其通过跨省管委会体制对高竹新区辖区内的经济事务实施一体化管理。但随着改革的推进,跨省管委会行政职权的系列合法性问题浮上水面。

为了破解或是纾解当前跨省管委会行政职权的合法性问题,本文提出了三条路径以供参考。但是应当明确的是这三条路径都有其局限性。第一,直接撤销跨省管委会虽然可以从根源处解决其行政职权的合法性问题,但不利于基层实践的探索。实践中的大部分改革原本就是“摸着石头过河”,现有的法律规范也不一定完全合理或者适应新时代的需求。如果为了合法而彻底否决改革,则法律规范也无法随之完善,社会发展也必然放缓。第二,由省级层面开展协同立法虽然可以通过行政授权(委托)的方式解决跨省管委会行政职权的合法性问题,但是不利于广泛推广,否则随着跨省域合作的逐渐增多,地方性法规体系将变得越发庞杂繁复,甚至同省各相邻两市之间适用的省级地方性法规都出现较大差距,继而又出现另一类型的行政割裂。第三,虽然通过数字平台的应用推动构建协同政府是目前最契合国家需要和发展形势的路径,能够利用科技的发展历史性地解决跨省域政府之间难以协同的问题,但是当前的技术发展尚未上升到一定的高度,不能完全承载所有类型的行政职权,部分公民应用数字平台的能力水平也不足,故其只能作为一种高效的辅助手段进行使用。

(李思洁　审阅)

(康思远　校对)

论　文

我国涉藏地区智慧司法建设的现实困境及接纳空间

才让拉毛　夏道草*

摘　要:随着网络化、数字化、智能化的飞速发展,在立案、侦查、起诉、审判、执行等司法领域,广泛应用大数据、互联网、云计算、人工智能等前沿技术手段已是大势所趋。涉藏地区作为我国领土的一部分,智慧司法建设的工作亦不容忽视,推进涉藏地区智慧司法建设是我国全面实现"数字法治、智慧司法"的关键一环,也是极难攻克的一环。涉藏地区的智慧司法建设面临着一系列重大挑战,例如,人工智能在司法实践中存在短板、算法歧视、涉藏地区相对落后的经济发展水平、"技能+双语"的复合型人才缺乏、智慧司法的原生缺陷等各种难题。对此,需要借助智慧司法领域的类案推送、司法审判服务系统的多种功能,积极开发和应用藏文审判辅助翻译系统、双语法律文书生成系统、双语庭审语言识别系统等多种双语司法辅助系统软件,为顺利推进涉藏地区智慧司法提供坚实的技术后盾,早日完成涉藏地区智慧司法的建设。

关键词:智慧司法　涉藏地区　人工智能　司法公正　复合型人才

随着习近平总书记作出"网络强国战略""国家大数据战略"等一系列重大决策部署,出台《"数字法治、智慧司法"信息化体系建设指导意见》,"数字法治、智慧司法"已成为我国的重要政策导向。无论是在国家公权力

* 才让拉毛,西北民族大学法学院2022级法律(法学)专业硕士研究生;夏道草,西北民族大学法学院2022级法律(法学)专业硕士研究生。

机关的日常管理工作中,还是公民个人的生产生活中,依靠"大数据、云计算"已成为必然的趋势,涉藏地区也不例外。习近平总书记曾提出"治国必治边、治边先稳藏"[1]"依法治藏、富民兴藏、长期建藏、凝聚人心、夯实基础"[2]的重要战略思想和西藏工作原则。在新一轮全球科技革命的背景之下,推进涉藏地区智慧司法建设是我国"数字法治、智慧司法"的重要内容,也是建设法治国家、法治政府、法治社会的关键因素。纵观全国,即便是我国最发达的城市,大数据在司法领域的运用仍存在诸多问题与现实困难。而涉藏地区作为我国边疆地区,受多种因素的制约,经济发展相对滞后,在涉藏地区推进智慧司法建设更是难上加难,其道路之艰辛不言而喻。虽道阻且长,但行则将至。推进涉藏地区智慧司法建设作为我国法治国家建设道路上亟待解决的一环,必须探索多种路径不断地尝试与改进,只要持之以恒,必将能顺利实现。

一、智慧司法建设概述及其标准

智慧司法,是指为了实现司法公正以及司法工作的高效运转,公安司法机关充分运用互联网、大数据、云计算、人工智能等信息技术,推进司法运行和管理体系的信息化、智能化与现代化。[3] 2015年,党的十八届五中全会提出"网络强国战略""国家大数据战略"等重大战略部署。[4] 同年,最高人民法院信息化建设工作领导小组会上,提出了积极打造"智慧法院",形成"智慧司法快车道"的论述。[5] 而后在2016年、2018年,中共中央办公厅和国务院办公厅、司法部分别印发《国家信息化战略发展纲要》《"数字法治、

---

[1] 2013年3月9日,习近平总书记参加十二届全国人大一次会议西藏代表团审议时,明确提出"治国必治边,治边先稳藏"重要论述,强调西藏工作在边疆治理、国家治理中的特殊地位。

[2] 中央第六次西藏工作座谈会于2015年8月24日至25日在北京召开,习近平总书记在会议上强调依法治藏、富民兴藏、长期建藏、凝聚人心、夯实基础,加快西藏全面建成小康社会步伐。

[3] 冯姣、胡铭:《智慧司法:实现司法公正的新路径及其局限》,载《浙江社会科学》2018年第6期。

[4] 2015年10月,党的十八届五中全会审议通过《中共中央关于制定国民经济和社会发展第十三个五年规划的建议》,提出实施网络强国战略,实施"互联网+"行动计划,发展分享经济,实施国家大数据战略。

[5] 2016年1月29日,最高人民法院信息化建设工作领导小组举行2016年第一次全体会议,时任最高人民法院院长、信息化建设工作领导小组组长周强主持会议并讲话,首次提出建设立足于时代发展前沿的"智慧法院"。

智慧司法"信息化体系建设指导意见》等一系列文件纲要,这一系列举措都足以证明党中央对"智慧司法"的重视。[6] 在实践过程中,包括司法部在内的各级机关单位都严格贯彻落实国家的战略部署,目前已基本搭建了指导意见所提出的全国司法"一朵云""两平台""三入口"的新一代信息化体系架构。[7] 自2013年中国裁判文书网正式开通以来,截至2023年5月3日,中国裁判文书网文书总量达140634235篇,访问总量达102203781602次。而且,中国裁判文书网页面的最右边有民族语言文书,包括蒙古语、藏语、维吾尔语、朝鲜语以及哈萨克语。这对我国的少数民族,尤其是对于那些不识汉字的少数民族来说无疑是非常实用的,其有利于更加全面地实现司法审判的可视化、公开化,让司法权在阳光下运行,让每一个公民都在司法审判中感受到公平正义,让更多的人民群众,尤其是让广大少数民族同胞知晓"何为法律所禁止,何为法律所允许"。

智慧司法建设意将人工智能等新技术实际运用到侦查、审查起诉、司法审判、诉讼服务等全流程,实现全流程业务的数据化、智能化,以便提高司法的精确性、高效性。具体而言,可以将实现智慧司法的标准界定为实现智慧司法应用的"平台化和智能化"。其一,智慧司法的平台化应用主要是指实现司法工作的网络化,即通过线上网络完成各类司法工作,将其变得网络化、可视化、平台化。例如建设"智慧法院",需要构建网上诉讼平台、电子证据平台、在线审判平台、在线调解平台、在线执行平台以及司法大数据管理和服务平台。现如今,我国已经建设了中国裁判文书网、中国庭审公开网、中国审判流程信息公开网和中国执行信息公开网四个重要的公开平台。我国各级机关也正在探索并陆续建设其他司法平台,相信不久后会实现智慧司法应用的平台化。其二,智慧司法的智能化应用需要将人工智能和司法

---

〔6〕 2016年7月,中共中央办公厅、国务院办公厅印发《国家信息化战略发展纲要》,将建设智慧法院列入国家信息化发展战略。2018年9月4日,司法部印发《"数字法治、智慧司法"信息化体系建设指导意见》。

〔7〕 司法部《"数字法治、智慧司法"信息化体系建设指导意见》中"主要任务"提出,着力搭建全国司法"一朵云""两平台""三入口"的新一代信息化体系架构,持续建设六大类业务系统,构建"三大支撑体系"。其中,建设"一朵云":统一建设全国"司法公有云",构建覆盖司法系统标准统一的云架构体系,为"数字法治、智慧司法"提供基础保障。建设"两平台":基于"一朵云"建设司法数据资源平台和司法共享服务平台,形成业务大数据,为各类应用提供服务支撑。建设"三入口":建设和完善司法统一地图服务入口、全国统一公共法律服务入口(含PC端和移动端)和司法统一移动办公入口。广泛引入多种互联网应用,拓展公民触达法律服务的渠道。

实践结合起来,最终生成既满足司法实践需求,又能够遵循司法规律且不带任何算法歧视的软件系统。生成智慧司法领域的智能化软件系统,还需要海量的优质数据。例如,需要语音、图像、视频、法律法规信息等大数据作为支撑。具体而言,语音系统主要用于庭前侦查询问及法庭审理。而图像和视频主要用于图像识别、庭前阶段的录音录像以及庭审直播视频等方面。最后,通过结合语音、图像、视频以及法律法规信息,可以提供类案推送、智能检测纠错、法律文书的生成以及量刑辅助等多种全方位的服务功能。[8]

实现智慧司法应用的“平台化和智能化”,有利于减轻公安司法机关的负担,公安司法机关可以通过互联网、大数据、人工智能等手段实现司法工作的体系化、智能化,从而更好地实现司法公正。但就涉藏地区目前的情况而言,实现智慧司法应用“平台化和智能化”的任务颇为艰巨,尤其是实现智慧司法智能化的目标。归根结底,主要原因在于经济发展水平滞后和复合型人才稀缺两大因素。因此,在涉藏地区推进智慧司法的进程中,主要的着力点始终应放在这两个方面,往后也应围绕这两个关键因素展开一系列的智慧司法建设活动。

二、推进我国涉藏地区智慧司法建设的现实困境

大数据背景之下的“智慧司法”在网上立案、数据统计、庭审记录的录入、庭审直播、裁判文书的公开等方面起到了重要作用,极大地提高了办案效率,在一定程度上减轻了司法人员的办案压力,有助于实现司法公正。但智慧司法有着原生的缺陷与弊端,在推进智慧司法建设的初期,其弊端异常明显,这将阻碍智慧司法的改革进程。具体而言,涉藏地区除了人工智能原生的普遍性缺陷外,还存在经济水平相对落后、基础设施不健全、双语人才稀缺等非普遍性问题。这将会使涉藏地区的智慧司法建设成为一项异常艰难的工程,其进程相较于我国的其他地区而言会更缓慢且难以落实。下文将对推进涉藏地区智慧司法建设的现实困难进行较为全面的论述。

(一)人工智能在司法实践中存在短板

首先,人工智能在司法实践中有效发挥作用离不开海量数据的支撑与借鉴。实现诸如庭审笔录的记录、法律文书的生成、类案的推送等智慧司法服务都需要大量优质的数据做参考。只有在拥有多样、充分以及优质的数

---

〔8〕　魏斌:《智慧司法的法理反思与应对》,载《政治与法律》2021年第8期。

据之后,人工智能才能在司法领域发挥更高效、更精确的作用。但目前我国司法数据获取途径有限,获取种类以及范围也有限,致使人工智能无法在司法领域提供更加高效且优质的智慧司法服务。此外,作为血肉之躯的人类,法官在裁判时会依据个案的特殊情况,适时地加入人文关怀与主观因素,进行合法性与合理性多角度的考量,而这却是人工智能所无法企及的领域,正所谓"法官有情,机器无情"。因此,人工智能在司法实践中,仍然存在诸多需要加强的方面以及本身无法克服的缺陷。

其次,算法决策的复杂性可能会影响司法裁判的公正与公开。在司法领域,就智能辅助办案系统来说,诸如审查逮捕条件、审查全案证据、判断证据链、评估某地社会危险、监督办案程序、办理减刑假释案件、裁判失之偏颇时的提示等一系列算法决策并非简单的计算公式的输入与无意识程序的运行,而是从一开始就被"教导"了法律知识与逻辑,输入了主观的定性判断基准。[9] 因此,庞大的算法决策是一个异常复杂的算法决策,是一个庞大的工程。若不谨慎,据以辅助办案的算法决策就会出现错误,从而影响司法裁判的公正与公开。

最后,算法偏见与歧视可能影响司法裁判的公平公正。算法虽以客观的代码与程式为表现形式,但其依然受制于算法设计者的主观因素,受算法设计者的知识水平、价值判断等的影响。目前,我国司法机关中一般没有符合大数据背景的复合型人才,无力承担算法设计工作,只能将此任务委托给其他科技研发单位的专业人员。科技人员作为算法的设计者,他们精通算法设计、程序编制,但是缺乏法律知识和司法实践经验。这将导致算法设计者将自己的主观认识,甚至是对某类某地社会群体的偏见带到算法设计之中,进而导致算法设计下的司法审判有失公平,背离算法设计的初衷。就国内而言,上海市司法机关与科大讯飞公司合作开发"上海刑事案件智能辅助办案系统"。虽然在核心算法的编辑开发过程中,会有司法人员提供司法方面的专业性意见与指导,但由于缺乏计算机程序编写、智能软件开发等技术知识和能力,依旧是由科技研发人员主导核心算法的设计与编辑,这就很难避免在算法设计过程中出现偏见与歧视的现象。就国外而言,2013 年在美

[9] 马长山:《司法人工智能的重塑效应及其限度》,载《法学研究》2020 年第 4 期。

国发生的“威斯康星州诉埃里克·卢米斯”案[10]中,旨在提供量刑辅助的风险评估系统COMPAS[11]是否存在算法歧视问题引发了激烈的争议与讨论。虽然美国联邦最高法院认可COMPAS系统的算法具备合宪性视野下的客观中立性,但对该系统进行的独立测试却表明黑人被评估出再犯风险几乎是白人的两倍,但其中实际上只有20%的人会继续犯罪。在具体案例中,一名黑人女子和另一名白人男子都被指控窃取了价值80美元的东西而被捕,女子之前有4次不当行为,但无入狱经历,而男子则两次持枪抢劫,还曾服刑5年。结果黑人女子被COMPAS判断危险指数为8,属于高度危险,而白人男子的指数却为3,属于一般危险。[12] 这些评估的准确性和有效性引起了研究者的关注和批评,部分研究者呼吁立即停用这种未经法律界充分讨论就予以采用的评估工具。综观国内外,不乏算法偏见与歧视的事例,而且在很大程度上影响着法官的裁判,影响着司法裁判的公平公正,这是大数据背景下智慧司法面临的现实困境,也是亟待解决的难题。

(二)涉藏地区相对落后的经济发展对智慧司法的限制

经济基础决定上层建筑,一国一地的经济条件始终是智慧司法建设的决定因素。涉藏地区受地理位置、气候等多种因素的综合影响,存在经济发展水平滞后、基础设施建设落后等问题,而这些问题直接或间接地阻挠了智慧司法的建设进程。虽然目前涉藏地区基础设施覆盖面较高,但在电力设施、无线电设备等先进技术设施方面的普及力度与广度仍有待加强。智慧司法建设对经济水平和科学技术有着很高的要求,而涉藏地区在经济科技方面的滞后性,将导致涉藏地区在开展网上立案、接收裁判文书、观看庭审直播等诸多智慧司法领域出现一系列的问题,从而阻碍智慧司法的建设进程。

---

[10] 2013年年初,美国威斯康星州指控艾瑞克·卢米斯(Eric Loomis)在拉克罗斯市(La Crosse)发生的一起枪击案中触犯五项罪名。卢米斯否认参与了枪杀案,但他承认当晚晚些时候他曾驾驶过同一辆车,不过仅涉及两个并不严重的指控——企图逃离交通管理员的管控,以及在没有得到主人同意的情况下驾驶其摩托车。

[11] “COMPAS”的全称为“Correctional Offender Management Profiling for Alternative Sanctions”,可译为“罪犯矫正替代性制裁分析管理系统”,是由一家名为Nortpointe的公司为法院开发设计的,它可根据对犯罪者的访谈和来自司法部门的信息来评估再犯的风险,旨在帮助法官做出“更好的”或者至少是以数据为中心的司法决策。

[12] 朱体正:《人工智能辅助刑事裁判的不确定性风险及其防范——美国威斯康星州诉卢米斯案的启示》,载《浙江社会科学》2018年第6期。

(三)"技能+双语"复合型人才的匮乏,难以为智慧司法建设提供足够的人力支持

大数据智能时代,"数字法治、智慧司法"始终离不开具备高技能的复合型人才,"人"的主体性因素始终不可忽略,应得到足够的重视。而涉藏地区除了需要高技能复合型人才外,还需要双语复合型人才。通过分析近几年涉藏地区公安司法机关中从事双语法律服务人员的数量可以得知,涉藏地区能通晓"藏汉双语"的复合型人才寥寥无几,遑论具备"技能+双语"的复合型人才。涉藏地区稀缺人才市场的问题明显不利于智慧司法的推进。在智慧司法建设的过程中,大数据智能语音翻译能一定程度上解决庭审过程中双语沟通问题。但是,一方面,作为机器设备的人工智能语音翻译,很难实现在兼顾合法与合理基础上更为精确的翻译结果;另一方面,在审判过程中广泛应用人工智能语音翻译的前提依然是在涉藏地区顺利推进智慧司法,即其前提条件依然离不开该地的经济、科技水平,也离不开具有"技能+双语"的复合型人才对相关数据网络平台(如智能语音翻译系统)进行合理的操作与推进。

(四)智慧司法的原生缺陷容易使人产生抵触心理

正所谓"大数据之下无隐私",大数据、互联网给人们带来了诸多便利,同时也使包括公民个人隐私信息在内的各种个人信息变得越来越透明,侵犯个人隐私的事件数量与日俱增。中国社会科学院的一份调查研究显示:民众最关心的互联网治理议题中,排名前三位的是网络安全(70.3%)、个人隐私保护(62.4%)和网络犯罪(54.1%);民众认为当前中国互联网治理中应该首要解决的问题,排名前三位的是网络安全(25.8%)、个人隐私保护(21.7%)和网络犯罪(19.8%)。[13] 这也表明了在大数据背景之下,网络安全、个人隐私的保护事关人民群众的切身利益,事关一国数据网络的长久发展,是数据时代亟待解决的关键问题。在推进智慧司法的进程中,个人隐私信息的封闭性会受到一定程度的影响,会使其暴露在公众的视野之下。在涉藏地区,大多数人民群众不愿通过诉讼途径解决纠纷,而是倾向于更为便捷的私力救济途径。究其原因,除了缺乏诉讼方面的法律知识,觉得打官司是劳民伤财、耗时费力的事情以外,还不乏认为打官司是件不光彩

---

〔13〕 冯姣、胡铭:《智慧司法:实现司法公正的新路径及其局限》,载《浙江社会科学》2018 年第 6 期。

的事情,更何况在网络监管体系不健全的情况下,可能存在泄露个人隐私的风险。

三、我国涉藏地区智慧司法建设的接纳空间

随着人工智能的蓬勃发展,人工智能进入司法领域是大势所趋。由于全国各地经济发展水平和人民群众的司法需求的多元性,智慧法院建设现状呈不平衡性。欠发达地区受制于经济发展水平、设施设备、技术人才、民族地区多语言服务平台等多重因素,推进智慧司法的进程呈现参差不齐的现状。我国涉藏地区因设备落后难以支撑复杂的数据,因技术人才的缺乏即使收集到大数据也无法实现数据的全面应用等问题尤其突出。另外,少数民族语言文字数据服务平台的缺失导致智慧司法面向的群体具有局限性。对此,我国涉藏地区建设智慧司法应结合实际情况和自身现状,探索差异化的智慧司法地方创新。

(一)智慧司法建设之领域

司法既有确定性又有不确定性。一方面,诉讼程序等司法环节因其确定性能够接纳人工智能,可以以数字的方式呈现。另一方面,以事实认定和法律适用为基础的裁判行为因其不确定性,人工智能法官不论是以确定性算法还是以不确定性算法作为方法论,都无法应对以"人"为裁判主体的司法裁判机理。[14] 但这并不意味着在司法裁判领域不存在人工智能的接纳空间,人工智能可在法官需要收集信息和处理信息时以辅助的形式出现,也可处理一些在特定情况下反复出现的,无须充分体现司法活动控辩性的类案。总而言之,现阶段涉藏地区智慧司法建设重点在于类案推送的应用、辅助性应用和司法服务等领域。

1. 类案推送的应用

随着人工智能的迅速发展,各类裁判文书在网上公开,人们能够很轻易地找到与自己案件相似和关联的案件,从而对国家司法提出了更高的期待,那就是做到"同案同判"。一方面,人民法院借助互联网和大数据,根据案件的性质、案情特征、争议焦点、法律适用等方面进行类案推送,实现对案件的拆分、提炼和归类。我国涉藏地区推进类案推送功能,通过类似案件的智能

---

〔14〕 范明志:《智慧司法的基本逻辑——数字技术与司法如何对应》,载《法学论坛》2023年第3期。

推送、法律文书的生成以及裁判偏离预警报告等内容，限制法官的自由裁量权，避免司法实践中自由裁量权行使过程中的不统一现象，能在一定程度上改变涉藏地区司法工作人员专业素质较低的现状，促进裁判尺度和法律适用统一。另一方面，虽说司法裁判受到同案同判的拘束，但在一些特殊情况予以特殊对待又是合理的。对于复杂的案件，人工智能难以进行道德推理和价值判断，在处理案件时易忽略个案的特殊性，从而导致异案同判。〔15〕例如，在涉藏地区，习惯法是司法裁判无法忽略的考虑因素。在适用习惯法的案件中若接纳人工智能，看似提高了司法效率，但忽略了该类案件的特有属性和特殊考量因素，无法得出公正的结论。同时，由于技术因素和习惯法本身的不成系统性、不普遍适用性特征等因素，推进智慧司法地方创新的难度系数颇高。综上所述，在涉藏地区应用人工智能类案推送主要分两种情况：其一，对于大多数简易案件，推进智慧司法辅助"同案同判"，提高司法裁判的效率和准确性，避免司法裁判的不公。〔16〕其二，对于少数复杂案件，人工智能不能考量特殊案件的特殊要素，忽略案件特征导致"异案同判"的结果，此类案件不易适用人工智能，法官应综合考量得出裁判结果。复杂案件主要包括涉习惯法的案件、包含道德推理和价值判断的案件。一是涉习惯法的案件，习惯法是藏民族在特定的自然环境、社会历史条件、社会生产生活方式及长期的历史实践中形成的，反映着藏民族的传统文化、道德观念，在现代的藏族社会仍发挥着重要作用。由于风俗习惯的庞大性和不稳定性，以及技术水平等要素，将习惯法录入系统进行地方智慧司法创新不具有可行性。二是包含道德推理和价值判断的案件，这类案件往往需要基于人的理性作出判断。为了避免人工智能忽略事实认定与规范判断，机械僵化地维持绝对的"同案同判"，需要法官在充分考虑多元规范和价值的基础上对法律和事实争议作出终极决断。

2. 辅助性应用

人工智能辅助司法系统，可以提供相对标准化的决策模式和诉讼流程，在涉藏地区司法进程中主要发挥辅助性作用。〔17〕人工智能在司法中可应用的业务范围包括事务处理和简单案件的法律推理工作。首先，事务处理

---

〔15〕 魏斌：《智慧司法的法理反思与应对》，载《政治与法律》2021 年第 8 期。

〔16〕 孙海波：《类案检索在何种意义上有助于同案同判？》，载《清华法学》2021 年第 1 期。

〔17〕 郝乐：《司法人工智能在裁判中的应用及其限度研究》，吉林大学 2022 年博士学位论文，第 51 页。

包括大量的基础、程序性工作,如卷宗整理、法律检索、案件检索、证据交换和展示、笔录记录和文书送达等,这类工作具有重复性和机械性,占据司法人员的主要精力。目前涉藏地区司法接纳人工智能的核心在于搭建信息化基础设施,以人工智能代替大量的重复性工作,避免花太多精力在事务处理工作上,促进提升司法效率。其次,对于适用简易程序和速裁程序审理的案件,无论是法庭调查还是法庭辩论环节较为简易甚至没有,其法律适用规则较为清晰,故人工智能在该类案件中具有被接纳的空间,不仅能减轻法官在简单案件上的精力,从而能够更好地处理复杂的案件和涉习惯法的案件,而且能统一类似简单案件的裁判,避免不同法官对类似案件的不同裁判。

3. 司法服务的应用

涉藏地区地广人稀、路途遥远、案件办理成本高,故许多农牧民参与诉讼活动的经济成本和时间成本过高。加之司法工作人员为便利便民,提供如马背法庭、车载法庭等司法服务,大大增加了办案成本。涉藏地区公安司法机关促进电子卷宗随案生成、庭审语言识别、双语法律文书的自动生成、车载流动科技法庭等智慧司法服务的建设,能够为广大的农牧民群众提供更加便捷的司法服务。首先,为基层法院配备流动科技法庭车,能够把诉讼服务送到草原牧场,实现当场立案、当场审理,方便人民群众诉讼。其次,因涉藏地区大多数案件涉及农牧民的案件,若前期投入大量人力与物力将人工智能纳入涉藏地区的司法服务中,不考虑语言和文字的问题可能会浪费大量的资源。因此,提供辅助翻译服务显得尤为重要。

(二)智慧司法建设之技术创新

为解决涉藏地区案件审理过程中翻译工作滞后导致案件审理复杂度高的问题,应积极促进开发藏文审判辅助翻译系统、双语法律文书生成系统、庭审语言识别系统等技术。

1. 藏文审判辅助翻译系统

针对涉藏地区民族语言诉讼案件应用智能化支撑不足等现状,需要通过现代化信息技术保障少数民族群众依据宪法以本民族语言参与诉讼的权利。例如,探索研发藏语智能翻译系统和双语案件审理中的语言识别、转写、合成等技术。

目前主流的机器翻译技术是基于神经机器翻译(Neural Machine

Translation)方法,[18]而通过神经机器翻译技术获得高质量的翻译需要大规模的语料来支撑。但是一直以来汉藏平行语料的匮乏使得神经网络翻译模型只能学习到少量的特征,既无法训练得到最佳的网络参数又不足以表达大量的藏文单词信息量,严重制约着汉藏翻译机器翻译的质量。[19] 我国涉藏地区探索研发藏文审判辅助翻译系统,将主要构建语料库以支撑神经机器翻译技术发挥作用,加工和构建汉藏翻译语料库,来缓解目前藏汉机器翻译中资源稀缺、翻译性能不理想等问题,为涉藏地区司法审判提供语言互译的技术支撑。[20]

2. 双语法律文书生成系统

法律文书生成系统能够针对各个文书的填写格式规范,自动获取案件、人员等相关信息,快速引用法律条款,智能填充并生成全套文书内容,帮助司法人员提升文书制作效率,为基层减负提效。双语法律文书生成系统即在法律文书生成系统的基础上,将生成的法律文书自动翻译成藏文,实现卷宗、双语文书、裁判文书、通知文本等文书的自动翻译,将法律文书的生成和翻译实现电子化作业,节约法律文书撰写、翻译及审核时间。

3. 庭审语言识别系统

在藏语或者双语案件审理过程中,通过实时将藏语语言转写为藏语文文字,并且实时翻译成汉语文字进行庭审记录,实现庭审藏语智能翻译与语音录入,一方面有助于缓解传统庭审模式中,书记员打字速度和翻译速度影响审判效率的问题,另一方面能够有效缓解双语书记员紧缺、翻译人员和翻译工作开展难、法庭记录效率低等问题。

藏语语音识别技术的研究从2005年左右陆续开展,[21]藏语言识别技术已初步取得了较好的识别效果,但是仍然处于起步阶段。目前藏语语言识别技术的困境主要有:一是卫藏、安多、康巴三大藏语方言和各城镇之间的语言差异给实现藏语语言识别带来巨大挑战;二是开源的数据库较少,促进

[18] 郭望皓、范江威、张克亮:《融合语言学知识的神经机器翻译研究进展》,载《计算机科学与探索》2021年第7期。

[19] 周毛先:《融合先验知识的藏汉神经机器翻译研究》,青海师范大学2022年博士学位论文,第6页。

[20] 慈祯嘉措:《贫语言资源条件下的藏汉(汉藏)机器翻译关键技术研究》,青海师范大学2020年博士学位论文,第3页。

[21] 德庆卓玛:《藏语语音识别研究综述》,载《西藏大学学报(社会科学版)》2010年S1期。

构建藏语数据库技术的进步须进行语料库开源;三是藏语语音增强和降噪技术有待加强,现实生活中语音一般伴随着噪音,这就要求提高藏语语音增强技术,加强藏语语音的增强和降噪,从而提高语音识别率。[22] 将藏语语音识别技术应用于涉藏地区庭审中,还需要加大技术研究、制作和应用等方面。

(三)智慧司法建设之路径

目前,涉藏地区智慧司法建设主要有以下路径:

首先,涉藏地区推进智慧司法是循序渐进的过程,对于目前智慧司法发展不平衡的现状,要增强统筹和协调工作,实现智慧司法系统软件的统一开发,实现技术标准和使用限度等方面的一致性。此外,还要直面各地区经济发展水平差异,根据自身实际情况进行局部调节。国家和地方财政要适当加大对涉藏地区基层的财政支持力度,促进基础的智慧司法设施建设和实现智慧司法的均衡发展。

其次,涉藏地区智慧司法建设关键在于"人",故需加强"技能+双语"人才的培养。为保障广大涉藏地区农牧民用本民族语言进行诉讼的权利,单纯的法学人才或人工智能技术人才无法满足涉藏地区智慧司法建设的需求,因而不仅要培养"人工智能+法学"的复合型人才,而且需以有双语学习背景为前提。对此,高校应当积极培养有双语背景的"人工智能+法学"的复合型人才,为地方建设智慧司法输送新时代的法律人才。"司法+人工智能"人才定能更好地适应未来我国涉藏地区地方司法的发展。

再次,智慧司法的建设离不开人的操作,无论公众还是司法人员,对人工智能的使用能力影响机器的使用效果。司法人员对人工智能司法辅助技术的应用意识和能力不足会导致机器无法发挥最大的作用,机器就会成为一种摆设,既浪费司法资源又制约人工智能应用对司法审判质效的提升作用。对于人机配合不够流畅的现状,需要强化涉藏地区司法人员应用人工智能的基础能力,挖掘人工智能技术所具备的海量数据,挖掘分析与决策能力。

最后,推进智慧司法助力司法公开,提升司法透明度是智慧司法建设的重要目标。有研究显示,我国一些经济发达地区的裁判文书公开比例远超经济相对落后的地区,如浙江、安徽等地可以达到60%以上,黑龙江、西藏却

[22] 边巴旺堆、王希、王君堡:《藏语语音识别研究进展综述》,载《高原科学研究》2022年第4期。

不到20%。[23] 我国涉藏地区司法接纳人工智能促进司法公开，借助现代科技助推司法公开，努力让公平正义以群众看得见的方式实现。而所谓“看得见的方式”不仅仅是将法律文书简单地公开，让群众看得懂才是关键。这要求涉藏地区推进智慧司法必须重视双语法律文书的公开，确保广大涉藏农牧民群众“看得见”且“看得懂”，增强司法透明度和公信力。

在大数据时代背景下，人工智能进入司法是大势所趋。我国涉藏地区促进智慧司法有助于弥补司法人员的认知和专业素质的缺陷，避免认知错误带来的冤假错案；提高司法人员的推理能力，避免由于推理能力不足而导致司法裁判违背形式理性；实现类似案件类似审判，避免司法公开而带来的人们对同案不同判的质疑；提高司法效率，鼓励和限制司法人员的裁量权；有利于掌握司法人员的工作情况，便于进行考核和监督；确保每个人都获得高质量的法律服务和促进普遍的社会正义得以实现。[24]

四、结语

近年来，“司法＋人工智能”的尝试在我国司法系统深入推进，我国司法大数据建设实现了跨越式发展。社会经济发达地区在智慧司法建设进程中取得了显著的成效，在司法实践中为实现公平正义提供了科技力量。但由于经济社会发展程度不同，我国智慧司法建设地区发展不平衡现象突出。我国涉藏地区受经济、环境、人才、教育等多种因素的制约，在推进智慧司法建设的过程中面临着种种困境。具体而言，涉藏地区经济发展水平相对落后，“技能＋双语”复合型人才较为匮乏，智慧司法的原生缺陷显著，这些因素不仅影响了涉藏地区智慧司法建设的进程，也严重影响了国家智慧司法建设进程的整体发展水平。

我国涉藏地区推进智慧司法建设面临着诸多困难，但智慧司法的推广应用带来的变革效应也显而易见。本文从涉藏地区推进智慧司法进程中的现实困境出发，从涉藏地区智慧司法建设之领域、技术创新以及路径三个维度来探究我国涉藏地区接纳智慧司法的空间。首先，鉴于现状，涉藏地区智慧司法建设领域范围主要包括类案推送的应用、辅助性应用和司法服务领域。其次，应积极开发和应用藏文审判辅助翻译系统、双语法律文书生成系

---

〔23〕 左卫民：《如何通过人工智能实现类案类判》，载《中国法律评论》2018年第2期。

〔24〕 曹建峰：《“人工智能＋法律”十大趋势》，载《机器人产业》2017年第5期。

统、庭审语言识别系统等技术,为促进涉藏地区智慧司法提供技术保障。最后,基于智慧司法地区发展不平衡的现状,要实现司法系统的统一开发与结合自身的局部调节相结合,培养具有双语教育背景的"人工智能+法学"复合型人才,提高涉藏地区司法人员应用人工智能的基础能力,重视裁判文书双语公开,增强司法透明度。

(李　雨　审阅)

(范成骏　校对)

论市场混淆行为认定中的要件联动理论*

袁 嘉 王宇轩**

摘 要:市场混淆行为的认定难题在执法和司法实践中广受关注,以新司法解释为代表的优化单个要件认定规则的破题思路潜力有限。为此,应借鉴商标混淆理论,以混淆对象要件的"显著性+知名度"要求与混淆结果要件的关系为切入,引入要件联动理论,以体系化的认定思维降低证明难度、强化针对性保护,从而打破认定僵局。在混淆对象要件与混淆结果要件的联动中,应注意客观近似程度需达到下限性标准、第二性使用原则、知名度要求的证成等条件和限制,谨防滥用。除此种联动外,该理论在其他要件间、其他领域存在应用可能,值得进一步探索。

关键词:市场混淆行为 知名度 显著性 混淆可能性

一、问题的提出

市场混淆行为是一种典型的传统不正当竞争行为,其广泛存在于市场竞争中,又在数字经济浪潮下发展变化。长期以来,其认定一直属于实务难点所在、争议所在。因而,统一认识、解决该认定难题,对于健全统一市场监管规则、强化统一市场监管执法、依法查处不正当竞争行为意义重大。理论

* 本文系国家社会科学基金一般项目"数据商业化利用的反不正当竞争法规制研究"(23BFX086)的研究成果。

** 袁嘉,四川大学法学院副教授、硕士生导师,法学博士;王宇轩,四川大学法学院经济法学专业2022级硕士研究生。

界为此提出了许多思路:有学者认为可以通过将获得过国家级、省部级名优产品质量标志的商品径直认定为具有“一定影响”来解决知名度认定难题;[1]有学者比照商标法规范,针对理解适用中的重难点问题,逐个要件地进行概念辨析与解释[2]……上述思路均沿着优化单个要件的认定规则之路径展开。值得肯定的是,经过此种持续不断的努力,原有的不少认定难点和争议已然消弭,困境得到了一定程度的舒缓。然而,此种路径究竟还有多少潜力可以挖掘?或许从目前不断细密乃至趋于繁复的法条可见一斑:《反不正当竞争法(修订草案征求意见稿)》延续旧有思路,于第7条进一步织密规则网,增加了“自媒体名称、应用软件名称或者图标”“设置为搜索关键词”等典型列举,认定规则越发复杂。

“方向决定道路,道路决定命运”,特别是站在当前这样一个时点上,最高人民法院《关于适用〈中华人民共和国反不正当竞争法〉若干问题的解释》(以下简称《反不正当竞争解释》)施行一年半、《反不正当竞争法》迎来第三次修改,选择何种路径变得更为重要。继续坚持优化单个要件认定规则的路径依赖是否仍有意义,值得深思。

而在优化单个要件认定规则的主流路径之外,另一种思路已悄然萌发。广受关注的“张飞牛肉案”[3]中,行政执法机关通过混淆对象要件的证成带动了混淆后果要件的认定,以一种体系化的认定思维打破了证明僵局,并最终获得了法院支持。通过案例研析可以发现,笔者称之为“要件联动理论”的此种新路径越发得到执法、司法观点的重视和认可。本文以混淆对象要件的“显著性+知名度”要求与混淆结果要件(混淆可能性)的联动为展开,尝试在市场混淆行为认定中引入要件联动理论,以体系化的认定思维进一步提升认定效果。

二、要件联动理论的引入

要件联动理论是指裁判者、执法者在某个法律行为的认定中,通过已证

---

[1] 肖顺武:《混淆行为法律规制中“一定影响”的认定》,载《法学评论》2018年第5期。

[2] 王太平、袁振宗:《反不正当竞争法的商业标识保护制度之评析》,载《知识产权》2018年第5期。

[3] 成都蜀粹坊食品有限公司与成都市工商行政管理局等工商行政处罚及复议纠纷上诉案,四川省成都市中级人民法院(2017)川01行终569号行政判决书;成都市市场监督管理局与成都蜀粹坊食品有限公司工商处罚复议纠纷再审案,四川省高级人民法院(2019)川行再9号行政判决书。

成的一个或数个构成要件来辅助论证满足另一构成要件，从而解决论证模棱两可、认定说服力不足等问题的体系化认定思维。在市场混淆行为中，典型应用情形是通过认定标识的强显著性、高知名度来辅助认定造成了混淆结果。

（一）张飞牛肉案引发的思考

2019 年 8 月，历时近 5 年之久的张飞牛肉案再审宣判，行政执法机关的主张终得法院支持。该案历经从行政复议到再审的漫长程序的一大原因在于，行政执法机关和法院在认定争议包装、装潢是否构成近似的问题上出现了较大思路分歧。执法过程中，行政执法机关认定在先装潢（张飞牛肉产品包装）与争议装潢（蜀粹坊产品包装）客观近似：二者虽均印有商标、字号等标明商品来源，但鉴于张飞牛肉产品及其包装上的脸谱图案在四川地区的知名度，足以产生使消费者混淆的后果（见图 1）。进入行政诉讼程序后，一审法院支持了该观点，但二审法院却不予认可，以证据不足为由撤销了行政处罚决定、行政复议决定和一审判决。

图 1　张飞牛肉产品包装（左）与蜀粹坊产品包装（右）

二审法院在该案中的裁判思路是：判断商品包装、装潢是否构成近似、造成混淆，应当结合个案情况综合认定，具体而言，可以从判断对象、判断标准、判断主体和判断方法等方面综合认定；仅仅通过笼统比对就认定争议装潢客观近似，判断方法失当，又无证据证明已经或足以使购买者产生误认的结果，无法说服裁判者，因此撤销行政处罚决定。对此，笔者认为，二审法院认定行政执法机关未采用整体比对、隔离比对等方法而仅仅笼统比对的观点值得商榷。所谓的“笼统比对”背后恰恰是体系化认定思维，虽然“笼统比对”本身可能存在单个要件分析不足、比对说理不详细等问题，但从执法权与司法权的关系以及执法权自身的行使特性来说，行政执法机关独到的体系化认定思维和自由裁量空间不应受到轻易否定。

此外,所谓的"笼统比对"方法亦具有合理性:(1)"张飞牛肉公司产品及脸谱图案在四川地区的知名度"使熟制牛肉商品上印有脸谱图案这一特征与张飞牛肉公司建立了稳定联系,从而使四川地区广大消费者易忽略企业字号信息而误认商品来源,抑或更可能在注意到企业字号信息后误认为两企业存在加盟或授权的特定联系;(2)依据认知惯性,大幅的夸张脸谱形象会使消费者忽略商标、字号等其他包装组成部分,而只注意到脸谱;(3)在购买一般性低值类消费品时,消费者对字号信息等的注意力较低。综合考量以上因素,则混淆可能性实际已证成。

事实上,这种体系化认定思维最终得到了该案再审法院的支持。针对上述论证的显著性联动部分,再审法院认为:"虽然两商品使用的名称不同,但戏剧脸谱所特有的夸张描绘手法以及鲜明的色彩会让消费者首先观察到脸谱的设计,而普通消费者不太会了解脸谱,其一般注意力难以观察两个脸谱的区别,因此在脸谱图案被显著使用的情况下足以引人误认。"

除本案外,亦有其他应用了此种体系化认定思维的实证。如在"腾讯分分彩案"[4]中,天津市高级人民法院认为本案的典型意义之一在于"字号知名度的辐射效应提升了被诉侵权标识的辨识度,以及该辐射效应在认定被诉侵权标识与被侵权商标构成近似和达到混淆效果时作用和意义"[5]。另外,在《四川省反不正当竞争条例》中,立法机关也认为,引人误认的认定应"结合标识的相似度、显著性和知名度以及商品的类似程度等因素进行综合认定"[6]。上述例证表明,实务界的执法、司法、立法观点已就要件联动理论达成了一定共识,并自发地开展了探索。该现状促使我们自觉思考,在市场混淆行为认定中引入要件联动理论是否必要和可行。

---

〔4〕"腾讯分分彩"侵害商标权及不正当竞争纠纷案,天津市滨海新区人民法院(2020)津0116民初20830号民事判决书。

〔5〕《天津市高级人民法院发布7起知识产权典型案例之三、天津市高级人民法院发布12个2021年知识产权典型案例之八:"腾讯分分彩"侵害商标权及不正当竞争纠纷案》,载北大法宝2022年1月7日,https://www.pkulaw.com/pfnl/95b2ca8d4055fce190ff4e16ab565299b3baca2b282ec058bdfb.html。

〔6〕《四川省反不正当竞争条例》第15条第3款规定:"本条第一款所称引人误认为,应当以相关公众的一般注意力为标准,根据标识实际使用的范围,结合标识的相似度、显著性和知名度以及商品的类似程度等因素进行综合认定。本条第一款所称有一定影响,是指标识经过经营者的使用,在市场上具有一定的知名度,为一定范围内的相关公众所知悉。"

（二）必要性：混淆结果要件的认定难题

市场混淆行为是指经营者通过擅自使用他人具有一定影响的标识等方式，引人误认为其生产、经营的商品是他人商品或者与他人存在特定联系的行为。依据《反不正当竞争法》第6条的规定，归纳可得该行为有四个构成要件：(1)行为主体是“经营者”，即《反不正当竞争法》第2条所规定的“从事商品生产、经营或者提供服务的自然人、法人和非法人组织”；(2)行为对象是“有一定影响的标识”，即具有一定的市场知名度，且具有能区分商品来源的显著特征的商业标识、主体标识、互联网特殊标识等标识；(3)行为方式是“擅自使用”，其包含着主观恶意和使用方式这两方面的内涵；(4)行为后果是“引人误认或足以引人误认”，即造成来源混淆或间接混淆的可能性。由于条文规定的模糊性，长期以来实务中存在适用争议和认定难题。2022年3月《反不正当竞争解释》颁布施行，其对市场混淆行为认定规则作出细化，较好地回应了实务和理论关切，解决了部分认定难题，例如明晰了行为主体等，支持了理论和实务界的主流观点。但在一些构成要件上，该解释未能很好地回应长期以来亟待解决的问题，特别是混淆可能性之认定。

关于行为和后果的关系，与《保护工业产权巴黎公约》第10条之二的规定相一致，《反不正当竞争法》第6条以混淆可能性的结果作为主要评价标准，而对造成混淆的行为持开放性态度，[7]因此，混淆可能性是区分构成与不构成此行为、此不正当竞争行为与彼不正当竞争行为的关键；同时，从“市场混淆行为”这一概念本身来说，是否造成混淆直接关乎行为是否具有不正当性。因而，行为后果要件是认定的根本所在。而混淆可能性又与标识是否相同或近似关系密切。标识间的相像程度（近似程度）是判断是否构成混淆的基准，标识越是近似，混淆的可能性就越大。[8] 因此，认定行为结果要件首先是认定标识近似程度。商标或标识的相同和近似本质上是相似程度高低的区别，为便于行文，下文将相同和近似统称为“近似”。

《反不正当竞争解释》第12条第1款规定，“人民法院认定与反不正当竞争法第六条规定的‘有一定影响的’标识相同或者近似，可以参照商标相同或者近似的判断原则和方法”。根据最高人民法院《关于审理商标民事纠纷案件适用法律若干问题的解释》第9条第2款、第10条规定的判断方法，

---

〔7〕 冯术杰：《“搭便车”的竞争法规制》，载《清华法学》2019年第1期。

〔8〕 孔祥俊：《商标和不正当竞争法：原理和判例》，法律出版社2009年版，第743页。

对于商标是否构成近似、造成混淆的判断方法主要为"在比对对象进行隔离的状态下,以相关公众的一般注意力为标准,既对商标的整体进行比对,同时又对商标的主要部分进行比对,还应考虑注册商标的显著性和知名度,从而综合判断其是否达到'容易'使相关公众造成混淆的程度"。国家知识产权局2021年版《商标审查审理指南》亦持一致观点,只是更为详细。[9] 总结而来,混淆可能性的判断标准可以借鉴欧盟法观点,归纳为"混淆性近似"(confusing similar)[10],即标识在客观上足够近似,以致相关公众产生了混淆。该标准有两层内涵:第一层是标识本身在表征上的近似,即形、音、义、整体表现形式等物理意义或者自然状态上的相似;第二层是在主观认知层面上的近似,即以相关公众的一般注意力和认知力为标准,引起相关公众误认的可能性。学界一类观点将前后二者分别概括为"商标标识近似"和"商标近似",并认为后者才是商标侵权意义上的"近似"。对此,笔者认为,依据主客观相统一的方法论,不可割裂该两层内涵,应按照从第一层到第二层的思维进路对二者作统一理解。标识本身的近似,或者说客观近似,是产生主观误认的基础;若标识本身没有任何相似之处而能引人误认,这不合常理。但客观近似并不需要达到极高的程度,理由在于人的主观联想能力丰富且因人而异,实践中也常出现客观上并不十分近似的标识却因容易引人误认而遭到规制[11],以及客观上十分近似的标识亦却因不会造成人误认而免于规制[12]的情形。因此,只要客观近似程度达到一种下限性的标准,就能进入是否引人主观误认,或者说主观近似的判断之中。是否构成主观近似是混淆可能性判断的根本所在,只有造成了或者可能造成相关公众的误认才会影响标识发挥来源识别功能和商誉承载功能,才会侵犯商标注册秩

---

[9] 从国家知识产权局2021年版《商标审查审理指南》下编第五章"商标相同、近似的审查审理3.判定原则和方法"部分的语序可见,其规定:"判定商标相同或者近似时,首先应认定指定使用的商品或者服务是否属于同一种或者类似商品(服务);其次应从商标本身的'形、音、义'和整体表现形式等方面,以相关公众的一般注意力和认知力为标准,采用隔离观察、整体比对和要部比对的方法,判断商标标志本身是否相同或者近似。同时考虑商标本身的显著性、在先商标知名度等因素判定是否易使相关公众对商品或者服务的来源产生混淆。"

[10] WIPO, *Intellectual Property Reading Material*, 2ed., 1998, p. 79, https://tind.wipo.int/record/22184?ln=en.

[11] 如北京嘉裕东方葡萄酒有限公司与中国粮油食品(集团)有限公司商标侵权纠纷上诉案,最高人民法院(2005)民三终字第5号民事判决书。

[12] 如中国青年旅行社诉国家工商行政管理总局商标评审委员会行政诉讼案,北京市第一中级人民法院(2003)一中行初字第182号行政判决书。

序或者市场公平竞争秩序。

无论市场混淆行为还是商标混淆行为,主观近似都属于认定难点。主观近似的难题主要可归纳为二:一是判断个案中的"相关公众"为谁,其"一般注意力和认知力"达到何种程度等规则不明确;二是在个案中判断是否会真的产生引起与被引起误认的结果。前一个难题目前已通过立法论和解释论得到部分解决。例如,关于何谓"相关公众的一般注意力和认知力",实务界自觉或不自觉地引入了欧盟商标法的语境化(contextualisation)〔13〕判断方法,2021年版《商标审查审理指南》相较于2016年版《商标审查及审理标准》就增加了相关解释〔14〕,通过商品是否贴近日常生活、商品价格、商品知名度等因素来对"相关公众的注意程度"作合理的个案界定,以更好地适应消费者权益在多元竞争利益构成中日益显著的地位和我国消费者素质不断提高的现实。然而,后一个难题的产生并非源于规则的客观不完善,而是因为其涉及主观认知层面,所以,试图通过建立完善量化分析方法的途径来解决此难题绝非易事。在此背景下。为了解决后一个难题,需要考虑是否放弃对于多因素量化分析方法的路径依赖,转而采用更为简单的定性判断方法或者其他辅助认定方法。

而在客观近似的认定问题上,市场混淆行为较商标混淆行为无疑更难。商标制度的基础是注册制的权利保护模式,这就要求作为权利客体的商标标识应是明确具体、边界清晰的,从而为权利保护划定范围。而不受注册制

〔13〕 语境化的核心是将"一般购买者"(ordinary purchaser)当作一个活生生的人,能在不同的交易场景中做出不同反应。而传统的欧盟司法观点认为,消费者的形象是一个"消息灵通、仔细观察的谨慎的理性人"(reasonably well - informed and reasonably observant and circumspect),但近年来欧盟普通法院改变了这种固有印象。判例表明,例如在日常生活消费品中消费者的注意力会降低,而在非日常消费品中特定注意力会提高(如购买滑雪板时出于安全性考虑会提高警惕);又如价格因素也会产生影响,价格水平相对较高,购买者的注意程度就较高,则发生混淆误认的情况就会相对较少,而当产品价格相对低廉或者在冲动时购买的情况下,因购买者会持一种相对较低的谨慎注意程度,则混淆误认的风险就会增加。在非消费者身份的购买者中,亦会发生类似现象。See Fhima Ilanah & Catrina Denvir, *An Empirical Analysis of the Likelihood of Confusion Factors in European Trade Mark Law*, International Review of Intellectual Property and Competition Law, 2015, p. 318.

〔14〕 国家知识产权局2021年版《商标审查审理指南》下编第五章"商标相同、近似的审查审理 3.2.3 相关公众的注意程度"部分规定:"商品或者服务的价格、商品的购买渠道或服务的提供方式等,都会影响相关公众的注意力。对于普通日用品,相关公众的注意力较低,对不同商标的差异辨识度较弱。但对于价值比较高的产品,如汽车等,相关公众在选购时注意力更高,对不同商标的差异辨识度更强。"

度拘束的市场混淆行为则不然,要如何为形形色色的标识种类设定统一的判断规则以施加规制?例如由经营者营业场所的装饰、营业用具的式样,营业人员的服饰等构成的具有独特风格的整体营业形象,法律及其解释应如何为该种构成丰富的装潢设定量化分析的近似判断规则?诚然,客观近似的判断因素最后都可以归结为文字、字母、数字、形状、声音等要素的组合,但营业人员服饰的判断权重占多少?营业场所装饰和营业用具式样判断孰先孰后?是否还有其他因素需要考虑……这样的问题无穷无尽,苛求在有限的法律文本中塞入如此繁复的规则显然不甚合理。除了同类标识内部难以统一认定规则,不同类型的标识之构成更是天壤之别。我国《反不正当竞争法》的立法模式,是努力将商业标识、主体标识、互联网特殊标识三种标识抽象统一于一个条款中,而非像其他国家的立法例那样分设不同规则来规制不同类型标识之混淆〔15〕,这就大大增加了抽象化提炼统一规则的难度。例如,国内首例智能语音指令不正当竞争纠纷案中"xiaoduxiaodu"的音箱语音指令被法院认定为"其他标识"〔16〕,又如国内首例智能手机截屏不正当竞争案中原告主张其手机滑动解锁设计属于一种具有识别性的商业标识〔17〕……标识类型的复杂性和范围扩张可见一斑,在此情况下想要抽象化出放之四海而皆准的规则难以实现。总结而言,标识较之于商标,其形式更复杂而构成不单一、涵盖的类型更多且相互间差别大。因此,追求进一步细化客观近似的认定规则,乃至全面的趋于繁复的立法论、解释论路径,可能最终潜力不

〔15〕 例如,德国法明确了不同标识在识别性上的差别并据此分别确定了内涵和外延不同的专有权(比如,商标的专有权限于禁止可能导致来源混淆的使用,企业名称的所有权范围限于禁止可能导致经营者身份混淆的使用,作品标题的所有权范围限于禁止可能导致对作品混淆的使用,产地标记的所有权范围限于禁止虚假表示产地的使用),并规定不同标志之间的地位顺序,以及由此产生的不同的"混淆"内涵。再如,美国法对于商业外观和有知名度的人格符号(名人姓名、形象等)等特殊标识做了一些特殊的制度安排,如对商业外观规定了"非功能性"的要件以避免其获得商标法赋予无期限的保护从而影响竞争;为有知名度的人格符号创设公开权(right of publicity)来保护其极强的商业价值。参见刘海虹:《普通法仿冒之诉研究:以商业标识利用竞争关系的规范为视角》,法律出版社2017年版,第247~250页。

〔16〕 本案系最高人民法院2021年中国法院50件典型知识产权案例第28、北京市高级人民法院2021年度知识产权司法保护十大案例之七。百度在线网络技术(北京)有限公司与北京子乐科技有限公司等其他知识产权与竞争纠纷案,北京市海淀区人民法院(2019)京0108民初63253号民事判决书。

〔17〕 该主张最后并未得到法院支持。参见杭州互联网法院:《快查看,你的手机是否也有App广告弹窗?首例智能手机劫屏不正当竞争案今日宣判》,载微信公众号"杭州互联网法院"2021年3月19日,https://mp.weixin.qq.com/s/TpTyvtN873o2OjTUUm0yDQ。

足、效果有限。

针对主客观近似的单一要件认定优化遭遇瓶颈、难以进一步提升效率的现状,有必要转而引入要件联动理论,以体系化的认定思维对标识的“显著性+知名度”和主客观近似进行联动,从而解决实务中的认定难题,并提高认定的准确性和合理性。

(三)可行性:商标混淆理论之借鉴

市场混淆行为认定中的要件联动理论来源于对商标混淆理论的借鉴,而《反不正当竞争解释》第4条明确了“有一定影响的标识”包括显著性和知名度两大要求,使得此种借鉴具备了合法性依据。根据商标混淆理论,一般而言,商标的显著性和知名度越高,混淆可能性越高,对相似程度的要求越低。〔18〕其背后的逻辑有二。

第一,特征越显著、市场知名度越高的标识,越容易给相关公众留下深刻印象,并强化其与所代表的商品、服务及其提供者的相关性认知,这使得一旦仿冒成功,因购买者误认来源或以为存在特定联系后所能攀附得到的竞争机会越多,因此遭到仿冒的概率越大。值得注意的是,对此有学者曾指出其中存在显著性悖论:一方面知名度越高、显著性越强,应得到的保护就越宽,因此越容易被认定为有混淆的可能;另一方面,知名度越高、显著性越强,从逻辑上讲,越不容易被混淆。〔19〕但其实此悖论不会削弱二者联动的合理性,因为两处“容易”其实是不同概念:前一个“容易”指混淆可能性的证明标准被降低,一般而言,显著性越强、知名度越高意味着竞争者从事仿冒的意愿动机越强,而在仿冒概率大幅提升的前提下讨论强显著性标识之识别作用,意义不大,且有苛责消费者谨慎义务之嫌;而后一个“容易”是忽略消费者注意力,直接从显著性出发得出的机械结论。〔20〕而本文所要解决的问题恰恰是在立法对现有规则的优化达到瓶颈后,如何在实务认定中降低混淆可能性的证明难度,因此这种需求与证明标准被降低是契合的。

第二,商标权的保护范围大小和强度与商标的显著性和知名度紧密相关,显著性越强和市场知名度越高的商标,可以获得的保护范围就越宽、保护强度就越大;反之,其保护范围和强度越窄;这种保护上的强弱是通过妥

〔18〕王迁:《知识产权法教程》(第7版),中国人民大学出版社2021年版,第620页。

〔19〕蒋尉:《从混淆理论、反淡化理论到联想理论》,载《学术论坛》2007年第8期。

〔20〕刘继峰、黄滋淇:《〈反不正当竞争法〉中间接混淆标准的重构》,载《天津法学》2021年第3期。

善使用商标法规定的商标近似等裁量性法律标准而实现的。[21] 商标权的保护具有弹力性,这给予了施加政策影响和进行导向性法律适用的较大余地和空间;而给予知名度较高的商标以较宽范围的排斥力,显然符合商标保护的政策导向和客观实际。[22] 如在北京嘉裕东方葡萄酒有限公司与中国粮油食品(集团)有限公司商标侵权纠纷上诉案中,最高人民法院二审判决指出,"对于在特定市场范围内具有驰名度的注册商标,给予与其驰名度相适应的强度较大的法律保护,有利于激励市场竞争的优胜者、鼓励正当竞争和净化市场秩序,防止他人不正当地攀附其商业声誉,从而可以有效地促进市场经济有序和健康地发展"[23]。商标的固有显著性越强意味着其中蕴含的独创性构思价值越高,知名度越高意味着商标权人对其投入了更多的培育付出和广告宣传等,商标也就越能承载来源识别功能和商誉。因而,基于保护和激励创新、促进效率和竞争的价值导向,显著性强、知名度高的商标值得法律更宽、更强的保护。为了实现对强显著性、高知名度的标识的强保护,在认定"近似"这一裁量性标准的运用上,这种价值导向就表现为了在自由裁量权范围内近似程度证明要求可以放宽以及在是否近似模棱两可时的倾向认定构成近似。

上述两条逻辑平移到市场混淆领域同样成立:一方面,显著性强、知名度高的标识同样因高仿冒收益而面临着更大的被仿冒风险,同时标识构成的复杂性所带来的认定难题还显著增加了额外风险;另一方面,为了促进创新和提升效率,显著性强、知名度高的标识值得法律给予更宽、更强的保护。此外,基于《反不正当竞争法》维护市场公平竞争秩序之基本定位,市场混淆行为中显著性、知名度与混淆结果要件的关联性被进一步加强。"商业标识在市场中被周知或者足够显著,能使相关公众联想到特定商品或经营主体,都是竞争中的竞争优势,如果商业标识不具有影响,那么混淆行为发生的可能性低,即便致使少部分人发生了混淆,也不会对市场秩序造成影响,因此没有必要受到反不正当竞争法的调整。"[24]《反不正当竞争法》首先是定位于竞争法的重要部分,并以维护竞争秩序为目标,即首先取向于竞争法。[25]

---

〔21〕 孔祥俊:《商标法适用的基本问题》,中国法制出版社2012年版,第52页。

〔22〕 孔祥俊:《商标权属性及其与商标权保护的关系》,载《人民司法》2019年第17期。

〔23〕 最高人民法院民事判决书,(2005)民三终字第5号。

〔24〕 王先林:《竞争法学》,中国人民大学出版社2018年版,第112页。

〔25〕 孔祥俊:《论反不正当竞争法的竞争法取向》,载《法学评论》2017年第5期。

显著性强、知名度高,则“一定影响”强,意味着标识所能影响的市场范围更广、对市场公平竞争秩序的影响更大,对于鼓励和保护公平竞争、促进市场健康发展的《反不正当竞争法》就越有关注和介入的必要。

但禁止市场混淆行为的价值立场和基本构造又决定了其要件联动与上述商标混淆理论的不同,而更具优越性。从价值立场这一形而上的视角来看,显著性和知名度要求于认定市场混淆行为而言,更多意味着正向的促进和帮助作用,而非消极限制。注册商标权具有高度排他性和典型的“准物权”性质,因此现代商标制度往往实行严格的权利法定原则;作为典型的设权模式立法,包括商标法在内的知识产权法须遵循自身的对价机理和价值范式,包括权利保护的合理期限、权利的排他强度、权利的保护范围和限制程度以及客体公开与否等。〔26〕 这也就意味着,商标标志和商品服务类别的近似程度、在先商标的显著性和知名度要求是为了划定清晰的权利边界而存在,以避免商标权被滥用而挤压其他市场主体的合理生存空间。区别于商标法基于注册制的权利保护法之属性,竞争法本质是行为法,认定不正当竞争首先是判断行为正当性。作为行为规制法的《反不正当竞争法》不推崇法定主义,亦不可能先验地赋予某些主体以特定利益,更不可能存在所谓的优位利益,而是对整体竞争秩序进行维护;《反不正当竞争法》关注的重心是市场竞争机制,这意味着,特定权益受到侵扰,并不足以引起《反不正当竞争法》的关注,唯有竞争机制才能获得该法的关切。〔27〕 因此,超脱于这种权利保护式思维的立场赋予了《反不正当竞争法》高度的灵活性,从而能在执法和司法实践中将显著性和知名度要求更多作为行使裁量性的认定权的空间,而非对公权力之限制——当然,这一点在将不正当竞争案件归于知识产权法庭管辖、未能明确《反不正当竞争法》在保护知识产权时的竞争法取向的我国实务界,尚未得到充分认识。从基本构造这一形而下的视角来看,在使用要件联动的规则基础这一点上,市场混淆行为有着更好的条件。商标混淆理论中商标的显著性和知名度仅仅是判断近似“可以考虑”的因素;而《反不正当竞争解释》第 4 条将“一定影响”的内涵明确为“显著性 + 市场知名度”两大要求,从而将其内化为构成要件。启动联动的正当性不必从外部

〔26〕 黄汇:《反不正当竞争法对未注册商标的有效保护及其制度重塑》,载《中国法学》2022 年第 5 期。

〔27〕 陈耿华:《我国竞争法竞争观的理论反思与制度调适——以屏蔽视频广告案为例》,载《现代法学》2020 年第 6 期。

寻找而是向内求助于自洽的逻辑体系,这使要件联动理论的启动更具合法性依据。

三、要件联动理论的具体应用

作为一种尚处于探索阶段的全新认定路径,要件联动理论的应用条件、使用场景、边界、限制等应被理论界充分讨论。目前实务中应用要件联动理论进行认定的案例很少,仅在张飞牛肉案和腾讯分分彩案两案中有明确体现,而两案均为对象要件("显著性+知名度"要求)与结果要件(混淆可能性)的联动,为提升要件联动理论的可应用性,并推动更多执法和司法实践接受要件联动理论,本文将从如下几个方面探讨要件联动理论的具体应用标准。

(一)应用条件与使用场景

对混淆性近似的判断,其思维进路类似于刑法学中的二阶层理论,即首先判断是否构成客观近似,若构成客观近似再讨论是否构成主观近似,客观近似是前提,主观近似是根本;同时,由于认知因素的影响,实践中常出现客观上不那么近似却可以认定主观近似的情形,因此客观近似实际上成为一种下限性要求,即达到了"一定的"近似。在判断时如果客观近似和客观近似的结论都很明确,则依据民事诉讼的高度盖然性证明标准来认定是否构成混淆都是毫无争议的,只有当客观近似或者主观近似至少有一个结论不明确时方会存疑。因而,鉴于客观近似是思维进路的第一站,笔者根据客观近似程度的不同,将要件联动理论的应用条件和使用场景归纳为二。

第一,客观近似程度极高而主观近似程度不明,此时要件联动理论的作用主要体现在辅助加强说理论证上。由于主观近似属于人的心理认知领域,不同的人认识不同,而长期以来说理又一直是我国司法中的弱项,因此有说服力的主观近似论证十分重要。以腾讯分分彩案为例。该案中,被告在所谓经营过程中多处突出使用"腾讯"二字,该二字与原告的"腾讯"商标和企业名称构成客观近似是毫无疑问的。但问题在于被告实际从事的是以彩票名义开展的网络私彩、网络赌博经营活动,而有多少消费者会主观误认为此类违法违规商品服务与著名的龙头企业腾讯公司有关系,只能说是仁者见仁,智者见智了。此时,法院使用了要件联动理论,认为"社会公众看到'腾讯'文字,即会径行联想到腾讯公司","而'腾讯'二字极高的辨识度,极易使包括网络用户在内的社会公众在看到'腾讯分分彩'时误认",由此降低了主观近似的证明标准和提示了法律对其更强更宽的保护,增强了说服力。

第二,客观近似程度达到下限但又无法断言客观近似,而主观近似程度不明的模棱两可之情形,此时要件联动理论的作用主要体现在对证成"造成混淆"的一锤定音的作用上。以适用了《反不正当竞争解释》的东莞市仙津保健饮料食品有限公司、青州市魅力火车饮品销售中心等不正当竞争纠纷案〔28〕为例。该案中,原告主张其"动力火车"苏打酒的瓶体包装、瓶身背面酒标装潢、瓶身正面酒标装潢和瓶颈酒标装潢遭到被告仿冒混淆。对此,法院认为,"动力火车"苏打酒的瓶体包装、瓶身背面酒标装潢系通用样式而缺乏显著性,不属于《反不正当竞争法》第6条的保护范围;而二者瓶身正面酒标装潢和瓶颈酒标装潢的"大部分构成要素具体内容虽然有所不同,但各构成要素的排列位置、构图方式、表现形式及整体风格呈现出高度近似",因此构成混淆。笔者认为此处法院认定构成混淆的理由有待商榷。鉴于一般消费者挑选苏打酒时显然会首先、主要地关注瓶身正面酒标而非瓶颈酒标(因为正面酒标记载了商标、商品名、口味、酒精度数、体积等影响消费者购买的最关键信息),因此瓶身正面酒标而非瓶颈酒标才是混淆可能性判断最重要的比对部分。比对图2可以发现,二者首先是客观近似的结论模棱两可。依据部分比对法,瓶身正面酒标的下部酒精度数和容量体积部分属于苏打酒的通用样式,因而不应纳入考虑范围;瓶身正面酒标的主要部分为突出使用的"动力火车"文字和"MEILIHUOCHE及图"标识,而二者均为合法有效的注册商标,说明其通过了商标注册审查这一关,理应是不构成近似的。其次,主观近似的结论亦难明确。以普通消费者为了买酒而站在琳琅满目货架前的注意力审视二者,确难分辨二者在脑海中的整体印象。但追究这种整体印象的来源会发现,这种主观近似很大程度来源于二者的瓶体形状和颜色高度近似,但瓶体包装已经被法院认定为通用样式,不属于保护范围。若要求在脑海中剔除瓶体所带来的相似印象再比对,则有苛责消费者之嫌。另外,还有一点值得注意,"动力火车"文字和"MEILIHUOCHE及图"二注册商标在装潢中的突出使用,不仅大大贡献了装潢整体的显著性和知名度,更在其中发挥了重要的识别功能,这就使消费者比选商品时能一眼关注商

〔28〕 东莞市仙津保健饮料食品有限公司、青州市魅力火车饮品销售中心等不正当竞争纠纷案,山东省烟台市中级人民法院(2022)鲁06民初139号判决书。

标,从而导致了混淆可能性之减轻。法院其实也关注到了这一情况,但最终只是以“被控侵权商品上使用的装潢构成不正当竞争的判定结论系基于被控侵权商品对装潢的整体使用行为,并非仅仅基于其对‘MEILIHUOCHE及图’的单独使用行为,魅力火车中心使用‘MEILIHUOCHE及图’商标行为的合法,不等于其使用将该商标作为装潢要素之一的整体商品装潢行为亦合法”定论,从而回避了混淆可能性减轻的问题。相比之下,张飞牛肉案同样遇到了该问题,被突出使用“蜀粹坊”商标亦减轻了混淆可能性,只是区别在于,张飞牛肉案采用了要件联动理论。要件联动理论提供了另外一条混淆可能性证成的思路,即避开“一千个人心中有一千个哈姆雷特”的主客观近似程度说理,而是以显著性强、知名度高的标识之被仿冒风险大、值得法律更强保护这两条逻辑来说理,使得哪怕裁判者无法确凿无疑地肯定二者近似,也足以认定二者构成混淆。这背后其实是抓住了“近似”和“混淆”二者联系密切但不等同的关系,直接从根本性的混淆结果来实现证成。同理,“动力火车”苏打酒装潢的知名度和显著性既已证成,则增加说明装潢的知名度和显著性使得裁判的证明标准降低和保护范围扩大即可。

图2　“动力火车”苏打酒(左)与“魅力火车”苏打酒(右)

(二)边界与限制

以混淆对象认定带动混淆结果突破的要件联动理论可以显著解决混淆可能性的证明难题,对执法和司法实践的应用价值巨大,但必须注意防范要件联动理论被滥用的可能性。例如,被滥用于规避认定压力,则可能造成执法司法的惰性和自由裁量权腐败。为此,应明确其使用边界:(1)应用前提必须是已构成混淆对象要件，特别是其中“有一定影响力”要求需确凿无疑地满足，否则降低证明标准和施加更强保护的逻辑根本无法成立；(2)条件必须是客观近似程度至少达到下限性标准而无法再依据单个要件的认定规则进一步证明主客观近似，此时要件联动理论才可作为第二性的认定方式补位出现；(3)目的上必须防范被滥用于保护高知名度标识的风险。笔者认为，第三点的风险较大，理由在于认定市场混淆行为不会如认定商标混淆行为那样受到注册制权利保护模式的清晰权利边界之限制，较为灵活的弹性保护反而增加了自由裁量权被滥用的隐患。《反不正当竞争法》理应提供相较于商标法而言较弱的保护力度，因为一方面其是将标识作为经营者的竞争性权益以提供间接的公法保护的，不同于商标法提供的直接的私法权利救济；[29]另一方面，未经注册制确权的标识一般识别力小于同档次知名度和显著性的商标，因此从制度设计而言，其提供的救济力度应是小于商标法所能提供的，权利人理应优先寻求商标法的强力救济。然而实践中，考虑到商标制度之救济要求更严格、更规范的现实，权利人基于维权策略而可能更多转向较为容易获得救济的《反不正当竞争法》。[30] 市场混淆条款超出立法者预计的大量使用，会导致要件联动理论被滥用于保护高知名度标识的绝对风险显著增加，可能招致公权力为了倾斜保护本地企业和强势企业而干预市场竞争秩序的后果。

除了受上述边界的限制外，以混淆对象认定带动混淆结果突破的要件联动理论之使用还受到自身“先天不足”的限制。二者联动的前提是混淆对象的证成，然而市场知名度长期以来都属于认定难点。由于规定的模糊性、概念的日常生活化，2017 年《反不正当竞争法》新增的“一定影响”一直饱受争论。《反不正当竞争解释》第 4 条第 2 款将其定义为“具有一定的市场知名度”，并规定认定方法为“综合考虑中国境内相关公众的知悉程度，商品销

---

〔29〕 陈丽苹:《与知识产权有关的不正当竞争行为类型研究——以我国〈反不正当竞争法〉的修改为视角》,载《法学杂志》2016 年第 8 期。

〔30〕 例如路虎公司与陆风公司的外观设计侵权、不正当竞争纠纷案。2014 年，与路虎揽胜极光车型外观极其相似的陆风汽车“陆风 X7”上市，引发了两公司的知识产权、不正当竞争纠纷。路虎公司先以陆风侵犯其外观设计专利为由提起诉讼，但路虎公司专利申请日晚于揽胜的上市时间，致使这批专利由于公开在先而被宣告无效。为了寻求救济，路虎公司转而以不正当竞争为由提起诉讼。这种从知识产权保护失败转而寻求《反不正当竞争法》救济的思路获得成功。参见北京市高级人民法院行政判决书，(2018)京行终 4169 号；北京知识产权法院民事裁定书，(2016)京 73 民辖终 554 号。

售的时间、区域、数额及对象,宣传的持续时间、程度和地域范围,标识受保护的情况等因素”。但相比最高人民法院《关于适用〈中华人民共和国反不正当竞争法〉若干问题的解释(征求意见稿)》(以下简称《反不正当竞争解释意见稿》),《反不正当竞争解释》删去了由原告负举证责任的程序性规则。上述规则变更在一定程度上明晰了判断方法,为审判提供全面而统一的认定思路,但问题在于,该思路属于一种下限性认定路径,且较为烦琐和单一。同时,其仍未正面回应知名度高低的标准,因而实务中比照《商标法》第13条规定的“为公众熟知”或“知名”这两个近似概念进行理解仍无法避免。此外,举证责任分配规则未能进入正式版本,使得实体规则真正在审判中发挥作用的可能性消退。综上可知,如何证明标识的知名度进而认定混淆行为仍然困扰着实务界,这也使要件联动理论的使用场景客观受限。

(三)应用领域的拓展

要件联动理论的实质是一种体系化思维,因而其应用领域也理应不会仅仅局限于市场混淆行为领域的混淆对象和混淆结果联动这单一情形。在市场混淆的其他要件间乃至竞争法其他领域,亦存在应用空间。

市场混淆行为认定中“有一定影响”的认定亦属于一大认定难题。依据要件联动理论,可以尝试以行为要件中主观恶意的认定来带动突破。目前主观恶意因素在法律中尚不明晰,仅以“擅自”二字予以提示。《反不正当竞争解释意见稿》曾有“善意使用”构成合理抗辩的规定[31],但在正式版中又被删去。可以说,削弱基于商业道德价值的主观恶意因素的实体作用,符合竞争法的演进潮流。但不可否认,主观恶意因素仍有着巨大的程序价值。全国人大法工委曾解释知名度的判断存在三个标准:名优商品标准,用户、消费者的熟悉度,以及通过擅自使用反推被使用的商品即具有知名度。[32]

---

[31]　《反不正当竞争解释意见稿》第15条规定:“在不同地域范围内使用相同或者近似的有一定影响的商品名称、包装、装潢、企业名称、社会组织名称、姓名等标识,在后使用者能够证明其善意使用的,不构成反不正当竞争法第六条第一项、第二项规定的不正当竞争行为。对于前款所称‘善意使用’,人民法院应当结合案件具体情况,综合考虑在先使用标识的市场知名度、对在先使用的知晓情况、标识使用的地域等因素依法认定。因后来的经营活动进入相同地域范围,足以导致商品来源产生混淆,在先使用者请求判令在后使用者附加足以区别商品来源的其他标识的,人民法院应予支持。”

[32]　全国人大常委会法制工作委员会民法室编著:《中华人民共和国反不正当竞争法释义》,法律出版社1994年版,第16页。转引自刘海虹:《普通法仿冒之诉研究:以商业标识利用竞争关系的规范为视角》,法律出版社2017年版,第236页。

执法观点将第3个标准概括为"反推原则",即只要证明行为人有混淆行为,则可认定行为人实施了侵犯其他知名商品的不正当竞争行为。[33] 其背后的逻辑是,若混淆对象不具有知名度,则无法为仿冒者带来不正当交易机会,因而只要是混淆行为则混淆对象必有知名度。这就产生了行为对象与行为方式的要件联动。在主观恶意能够证成的情况下,这种联动一定程度上回避了知名度的证明难题和说服力问题。但需要注意的是,这种联动可能陷于循环论证困局,即知名度本是标识受保护的前提,没有知名度就无法认定所谓的侵害。[34] 为了避免这种逻辑悖论,建议采用和行为对象联动行为结果相同的使用原则,即知名度应当达到一定的下限性标准,要件联动方可补位以加强说服力。例如,一些案例中法院依据某地行政机关颁发的名优产品等荣誉奖项径直认定"有一定影响",此时依然会有荣誉含金量多少、行政权力可能过度干预市场竞争、是否属于地方保护主义之虞,但原告若能凭借行为人曾作为被混淆标识的权利人的经销商、曾从正规分销商出进货但后来不再继续等证据证明主观恶意,则法院无须再纠结于上述的知名度真实性之担忧。

当然,除了在市场混淆行为内部发挥作用,要件联动理论作为一种体系化思维方法,在其他领域亦存在应用可能。例如,在认定滥用市场支配地位行为中,行为人的市场力量越强则其行为对市场自由竞争秩序的干扰可能性就越大,同样一个垄断行为由不同市场力量的主体实施,后果可能天差地别,为此反垄断法对行为人的行为容忍度则会相应降低,对其注意义务的要求则会相应提高。该原理反映到认定中,即表现为市场支配地位要件和损害后果要件间的联动,强大市场力量使得损害后果特别是潜在损害后果的证明标准要求降低。管中窥豹,可见一斑,要件联动理论的这种无限可能性促使我们进一步探索拓展其使用场景。

四、结语

从《反不正当竞争法》修改的演变脉络来看,依靠越发趋于严格的市场

---

〔33〕 本书编写组编著:《反不正当竞争法律理解与适用》(修订增补版),中国工商出版社2009年版,第74~75页。转引自肖顺武:《混淆行为法律规制中"一定影响"的认定》,载《法学评论》2018年第5期。

〔34〕 刘海虹:《普通法仿冒之诉研究:以商业标识利用竞争关系的规范为视角》,法律出版社2017年版,第236页。

混淆行为规制来进一步加强对商业标识的保护,以应对形势越发严峻的市场混淆现状,这一趋势是清晰的。为此,《反不正当竞争解释》新设了大量条款来指明如何操作以解决实务中的认定难困境。然而,规则越来越全面、细化乃近乎繁复,这种不断优化单一构成要件认定的路径依赖仍然难以破局。面对此刻的认定瓶颈,引入要件联动理论来展开体系化认定,从另一角度尝试破局不失为一种妙法。无可否认,要件联动理论并非完美,为了避免其被滥用而需要施加严苛的限制,但其也确实具备理论基础与现实价值,并非空穴来风之臆造、投机取巧之左道。在对行为后果要件的认定中,基于知名度更高、显著性更强的标识可以适当降低证明标准以及加强保护力度这两条基本逻辑,以行为对象要件带动行为后果要件的认定突破,这种思路已经得到了立法、执法和司法观点的部分认可和使用。因此,宜由此入手提出和发展要件联动理论,并向着其他要件间的联动,应用于其他竞争行为、其他部门法探索,不断完善体系化认定思路在竞争法体系中的适用,更好地维护市场自由公平的竞争秩序,促进创新与效率,推动社会主义市场经济健康发展。

(张婉秋　审阅)

(范成骏　校对)

刑法变通权的融贯性解释*

贡保华旦**

摘　要:《刑法》第 90 条明确授予自治区、省级人大根据当地民族自治地方的实际情况,制定变通或补充规定,以此保证和协调刑法在我国民族自治地方的具体适用。但从实践现状来看,刑法变通权仅是一项静态的、形式化的立法权,并未有效发挥其预设的立法功能。诚然,这并非刑法变通权本身的问题,而是在于在整体法秩序中对此尚未形成一致性、贯通性和协调性的解释体系,以致各类问题层出不穷。通过对刑法变通权的合宪性论证、民族自治地方的现实需求的必要性考量,借由法律保留原则和《立法法》第 85 条的法规范解释以及刑事政策语境下的刑法变通权解读,在理论层面为实现刑法变通权的融贯性解释提供可能,以此勾勒刑法变通权融贯性解释的整体思路和逻辑内容,为其有效适用奠定理论基础。

关键词:刑法变通权　刑法解释　融贯性

一、问题的提出

我国是一个统一的多民族国家,在坚持国家法制统一的前提下,根据各少数民族地区的历史文化背景和社会发展程度,为妥善处理法律的一般与

---

* 本文系 2022 年国家社会科学基金西部项目“敦煌法学之古藏文刑事法律规定的刑法解释研究”(项目编号:22XFX023)的阶段性研究成果。

** 贡保华旦,四川大学法学院 2023 级刑法学专业博士研究生,西北民族大学法学院讲师。

特殊需求之间的关系问题,现行《刑法》第90条确立了刑法变通权。[1] 对此,学界高度肯定了该规定的现实意义。刑法变通权的地方授权,旨在根据少数民族当地的政治、经济、文化等现实需要,准予在刑法适用过程中回应民族差异性,在少数民族传统习俗与国家刑法之间的冲突寻求协调性的处理机制。换言之,其一方面既体现尊重和容纳少数民族传统习俗的积极立场,另一方面又着重体现保障国家刑法在民族地区的具体适用,从而在深层次上达到维护和妥善处理民族关系的目的。

但不得不面对和回应的现实是,该条并未有效发挥固有之立法预设功能,在少数民族地区刑事法治建设发展过程中作用有限。究其缘由,在于理论界和实务界对刑法变通权的一些基本理论问题未能达成一致。如有不少学者质疑刑法变通权的合宪性问题,甚至有学者得出其不合宪的结论。[2] 亦有学者虽然指明刑法变通具有必要性,但在法解释框架内与《立法法》规定的法律保留事项及其第85条规定之间有所冲突。[3] 此外,还涉及刑法变通权本质属性、主体、具体变通内容、司法适用等内容的不同立场,学说分野使得刑法变通权面临着理论诸多诘问。加之目前为止尚未有任何省级人大作出过刑法变通的决定,刑法变通权趋于"空壳"或纸面规定。

纵观既有研究,学理产生纷争的原因很大程度在于,对《刑法》第90条规定的解释欠缺一种融贯性的、整全性的、体系性的解释思路;没有从宪法与刑法变通权的关系、民族区域自治法与刑法变通权的关系、立法法与刑法

---

[1] 田钒平:《〈刑法〉授权省及自治区人大制定变通规定的法律内涵及合宪性辨析》,载《民族研究》2014年第1期。《刑法》第90条规定,民族自治地方不能全部适用本法规定的,可以由自治区或者省的人民代表大会根据当地民族的政治、经济、文化的特点和本法规定的基本原则,制定变通或者补充的规定,报请全国人民代表大会常务委员会批准施行。依据该条规定,省级人大可以对刑法规定进行"变通"或"补充"。从狭义的角度讲,"变通"与"补充"存在一定区别;从广义的角度讲,"变通"可以包括"补充"。而理论界也大多习惯使用"刑法变通"来指称《刑法》规定的"变通"或"补充"。由于本文不涉及"变通"与"补充"的区别,为避免概念使用上的混乱,本文以下沿袭理论界的通常做法。

[2] 王培英:《关于刑法对民族区域自治地方立法变通权的规定问题》,载《民族论坛》2000年第4期;王培英:《刑法对民族区域自治地方立法权的规定宜修改》,载《新疆人大(汉文)》2001年第4期;王培英:《析刑法对民族区域自治地方立法变通权的规定》,载《法学杂志》2001年第3期。

[3] 彭益鸿:《〈刑法〉第90条与〈立法法〉第8、9条的逻辑关系疏议》,载《光华法学》2016年第1期。根据2023年3月13日第十四届全国人民代表大会第一次会议通过《关于修改〈中华人民共和国立法法〉的决定》,原来第8、9条修改为第11、12条,原来第75条修改为第85条。后文内容中涉及的《立法法》条文以2023年修正后的条文引用。

变通权的关系、刑事政策与刑法变通权的关系等多视角进行融贯性的、协调性的解释和论证。为扭转当前刑法变通权适用的尴尬,应跳出理论纷争的藩篱,尽快达成一种完备的、统一的理论共识,协调刑法一般和特殊需求之间的关系,保证刑法在民族自治地方的有效实施。因此,本文拟基于刑法解释融贯性〔4〕的思路,侧重从《宪法》《民族区域自治法》《立法法》《刑法》中关涉刑法变通权的规范出发,梳理和辨析其间的理论、规范问题,以期有效化解刑法变通权解释上的难题,在统一法秩序框架下形成一套较为完善的刑法变通权理论,更好地发挥刑法变通权规定的预设功能。

二、宪法上的论证:合宪之争与合宪性审查

进行刑法变通权融贯性解释的前提,就是要厘清宪法与刑法变通权的关系,否则其他任何问题的展开和思考都是徒劳的。由此,本文首先着重围绕关于刑法变通权是否合宪以及如何展开刑法变通的合宪性审查这两问题展开论述。

(一)刑法变通权的合宪之争

宪法与刑法变通权的关系,具体表现为《刑法》第 90 条的合宪性问题即刑法变通权的合宪性问题。对此,学界也形成过长期的讨论和研究。早在 2000 年至 2001 年间,王培英教授发表系列文章对《刑法》第 90 条赋予“自治区或者省的人民代表大会”刑法变通权提出了疑问。其认为该规定违反了《宪法》及其相关规定,属于不合宪规定。因为《刑法》第 90 条不仅不当地限制了自治州和自治县的自治权,而且还不当地扩大了省级人大的地方立法权,该规定不符合《宪法》关于民族自治地方自治机关立法权的规定,也不符合《宪法》《地方组织法》《立法法》的相关规定。质言之,即使省级人大及其常委会可以制定地方性法规,也并不表示就自然享有对法律、行政法规作出变通的权力。〔5〕 仔细分析,前述观点的逻辑基础在于,其认为刑法变

〔4〕 刑法解释融贯性是指刑法解释基于整体法秩序上的一致性和协调性要求,以协调一致的刑法解释原则、目标、立场和解释方法体系,确保刑法解释方法、过程和结论的逻辑一致性、协调性和相互证立性。参见魏东:《中国刑法解释学理论体系的本土化构建》,中国社会科学出版社 2022 年版,第 283 页。

〔5〕 王培英:《关于刑法对民族区域自治地方立法变通权的规定问题》,载《民族论坛》2000 年第 4 期;王培英:《刑法对民族区域自治地方立法权的规定宜修改》,载《新疆人大(汉文)》2001 年第 4 期;王培英:《析刑法对民族区域自治地方立法变通权的规定》,载《法学杂志》2001 年第 3 期。

通权是属于民族自治地方享有的自治立法权,因此《刑法》第90条规定的享有刑法变通权的主体中不包括自治州和自治县人大,限缩了其自治权;主体中的省级人大又不享有自治立法权,并且在地方立法权限内增加变通刑法的立法权,是其立法权的不当扩大。彼时,此观点得到了学界很多人的认同,也基于这一观点展开了诸多研究。但同时也有学者对此提出了疑问,如田钒平教授一针见血地指出:"王培英之所以认为'刑法变通权属于民族自治地方享有的自治立法权'、'1997年《刑法》第90条的规定不符合宪法要求',其根本的理由在于,在他看来,1982年《宪法》对民族自治地方自治机关的自治权的具体规定中包含有对刑法进行变通的权力,而1978年《宪法》则没有规定这一权力。否则,他的主张就不成立了。"[6]但事实上,对比1978年《宪法》和1982年《宪法》关于民族自治地方自治机关自治权的规定,可以看出《宪法》并未赋予民族自治地方人大对刑法进行变通的权力,此类认为《刑法》第90条将刑法变通的权力授予省级人大的规定限制或剥夺了自治州和自治县的自治权的主张,并没有明确的宪法依据。[7]

首先,《刑法》第90条授权省级人大的刑法变通权并没有扩大其立法权范围,理由如下:(1)就刑法变通权的立法背景而言,该立法是针对我国少数民族社会发展不平衡的客观情况,在民族关系的调整方面实现法治平衡的举措,也是进一步满足民族自治地区刑事习惯和国家刑法之间的关系的需要;(2)从刑法变通权的立法过程来看,刑法变通权始终是围绕着我国民族自治地方如何保证《刑法》的贯彻落实问题展开的,虽在立法过程中被授权主体发生了几次变动和修改,但并没有改变条文规范的深层考量,这亦是刑法变通权得以确立的价值所在。授权立法的一个重要特征在于突破授权主体原有的立法权限,使其在原有权限范围外立法。[8]《刑法》第90条的授权规定,正是对辖区内有民族自治州、自治县的省级人大的特别授权。但考虑民族自治地方实际的立法能力和条件有限,为保证立法质量而将被授权的主体层级作了限定。其次,《刑法》第90条的授权规定剥夺了自治州、自治县作为自治地方所享有的自治权的逻辑在于,错误地将刑法变通权自然

---

[6] 田钒平:《〈刑法〉授权省及自治区人大制定变通规定的法律内涵及合宪性辨析》,载《民族研究》2014年第1期。

[7] 田钒平:《〈刑法〉授权省及自治区人大制定变通规定的法律内涵及合宪性辨析》,载《民族研究》2014年第1期。

[8] 游志能:《刑法变通实施权的本质与制度完善》,载《江西社会科学》2017年第7期。

地归类为自治立法权的范围当中。但无论从自治立法权的列举式的内容来看,还是从刑法变通权的被授权主体的变更和发展来看,刑法变通权并非自治立法权的范围。由此,基于前述两点得出《刑法》第90条不合宪的观点并不成立。

进一步来看,就刑法变通权是否属于民族自治立法权,肯定者大多是基于《宪法》第116条和《民族区域自治法》第19条规定的"民族自治地方的人民代表大会有权依照当地民族的政治、经济和文化的特点,制定自治条例和单行条例",再结合《立法法》第85条第2款规定的"自治条例和单行条例可以依照当地民族的特点,对法律和行政法规的规定作出变通规定……"自然得出刑法变通权属于民族自治地方人大自治立法权的范围。此一结论有待商榷,关键的理由在于《刑法》第90条关于刑法变通权并不是授予自治地方的人大,而是授予自治区或者省的人民代表大会,如此便不再属于自治条例和单行条例的独有范围。一方面,我国五大自治区目前都未颁布自治条例且并没有制定关于刑法变通的单行条例,自治区作为一般省级地方也可通过地方性法规的立法活动对刑法予以变通;另一方面,一般省的人大立法活动属于地方性法规立法而非自治立法活动。由此便可以确证,刑法变通权并非属于自治立法权范围,而是一种特别授权。申言之,以刑法变通权属于自治立法权为由说明其不合宪的观点在逻辑上并不成立。

(二)刑法变通权的合宪性审查

刑法变通权的合宪性审查是宪法与刑法变通权之间的另一侧面。其中,审查主体、审查基准、审查对象等问题需要进一步明确。依据特定的宪法制度,我国的宪法监督制度采用由最高国家权力机关及其常设机关行使监督宪法实施的权力的体制。[9]《刑法》第90条也明确规定了"报请全国人民代表大会常务委员会批准施行"的要求。因此,变通刑法内容的合宪性审查的主体是全国人大常委会,这样的结论是适当的,因为我国现行《宪法》明确授权全国人大常委会拥有宪法解释权,合宪性审查本身就是通过解释宪法得出规范性文件是否合宪的结论。因此,全国人大常委会在对刑法变通进行"批准"的过程中予以合宪性审查。同时,再根据全国人大与全国人

---

〔9〕 胡锦光:《论我国合宪性审查与合法性审查的区别》,载《备案审查研究》2021年第1期,第21页脚注:"宪法第62条、第67条规定,全国人大和全国人大常委会行使监督宪法的实施的职权。实际上,'宪法监督''宪法监督制度'这一我国特有的宪法学术范畴也是由宪法的这一规定引申而来。"

大常委会之间的关系,全国人大有权改变或者撤销全国人大常委会不适当的决定这一规定中,可以引申出全国人大也拥有宪法解释权。[10] 所以,全国人大及其常委会是作为刑法变通内容的合宪性审查的主体。

刑法变通内容的合宪性审查基准应当是现行《宪法》文本,包括序言、正文。具体来讲包括宪法精神、宪法原则、宪法规范。刑法变通的内容不仅要立足于民族自治地方的政治、经济、文化的特点,而且更深层次上需要把握和反映国家的民族制度、民族关系等根本性问题。其基本逻辑是:将变通刑法的内容首先放在宪法规范的具体范畴或领域内进行审查,其次结合宪法精神、宪法原则对该宪法规范进行解释和说明界定,再次针对刑法解释的内容进行确认,得出是否合宪的结论。

现行立法所确定的合宪性审查对象是全国人大常委会的法律、行政法规、监察法规、地方性法规、自治条例和单行条例、授权法规、司法解释及其他有关规范性文件。[11] 根据《立法法》第85条第2款的规定,"自治条例和单行条例可以依照当地民族的特点,对法律和行政法规的规定作出变通规定,但不得违背法律或者行政法规的基本原则,不得对宪法和民族区域自治法的规定以及其他有关法律、行政法规专门就民族自治地方所作的规定作出变通规定"。由此,由自治区或者省级人大制定的刑法的变通或者补充规定,当然也是合宪性审查的对象。

三、民族区域自治法视域下的反思:刑法变通权的必要性论证

《民族区域自治法》的基本属性问题以及其如何调整民族关系的问题,我们可以在1984年《民族区域自治法(草案)》说明中得到权威依据。该说明指出,"实践证明,实行民族区域自治对确立和促进我国各民族平等、团结、互助的社会主义民族关系[12]发挥了巨大作用。这是我国社会主义事业取得胜利的重要保证。草案各章都体现加强和发展社会主义民族关系的原

---

〔10〕 胡锦光:《论我国合宪性审查与合法性审查的区别》,载《备案审查研究》2021年第1期。

〔11〕 胡锦光:《论我国合宪性审查与合法性审查的区别》,载《备案审查研究》2021年第1期。

〔12〕 根据2018年3月11日第十三届全国人大第一次会议通过的《宪法修正案》第34条,《宪法》序言第十一自然段中"平等、团结、互助的社会主义民族关系已经确立,并将继续加强。"修改为:"平等团结互助和谐的社会主义民族关系已经确立,并将继续加强。"该条增加了"和谐",体现了各族群众对国家安宁、社会和谐、人民幸福的向往,也是对目前我国民族关系的确认,符合实际,为今后我国民族关系的发展提供了宪法保证。

则精神,从这个意义上讲,民族区域自治法就是维护和发展我国社会主义民族关系的法律”。实现和发展我国新型社会主义民族关系,自然需要通过刑法等法律规范予以保障,建立健全《民族区域自治法》配套的法律法规体系已是学界基本的共识。[13] 在《民族区域自治法》第 19 条(自治条例和单行条例)[14] 和第 73 条(配套法规)[15] 规定了这个法规体系的基本范畴。笔者认为,民族自治地方基于自治立法权或者相关法律法规的授权所制定的变通、补充规定亦属其基本范畴。

(一)民族自治地方刑法变通的必要性阐述

《民族区域自治法》是调整中央与民族自治地方关系、调整民族自治地方内部所有民族关系的基本法。《民族区域自治法》确立并保障的自治权的运行是民族自治地方得以发展和实现新时代民族关系的关键。自治权的行使离不开国家法律及制度在民族自治地方的适用,但又基于民族自治地方较为特殊的政治、经济、文化、历史以及社会生活习惯或风俗,需要考虑在该区域的适用特殊性问题。因此,我国《刑法》在第 90 条作出的变通规定有其必要性。

1. 民族法制的历史经验与刑法变通的必要性

从中国古代民族法的历史演进来看,在民族地区采取一种区别的或者特殊的、变通的治理模式有其源流。先秦时期王朝政权对周边民族主要实行“修其教不易其俗,齐其政不易其宜”的政策,周边民族并不受中央王朝的直接管辖,中原王朝也不过问其内部事务,皆由其自行处理。[16] 具体采用“礼法”、甲兵、“大刑”以及“五服”等制度治理周边民族地区。秦汉时期是中国古代民族法的形成时期,秦制定实施的我国迄今为止可考的最早的成

---

〔13〕 1992 年中央民族工作会议提出“要坚持与完善民族区域自治制度,全面贯彻落实《民族区域自治法》。我们必须建立和健全同实施《民族区域自治法》配套的法规体系和监督机制,使自治法在建设有中国特色的社会主义事业中更好地发挥作用”。

〔14〕《民族区域自治法》第 19 条:“民族自治地方的人民代表大会有权依照当地民族的政治、经济和文化的特点,制定自治条例和单行条例。自治区的自治条例和单行条例,报全国人民代表大会常务委员会批准后生效。自治州、自治县的自治条例和单行条例报省、自治区、直辖市的人民代表大会常务委员会批准后生效,并报全国人民代表大会常务委员会和国务院备案。”

〔15〕《民族区域自治法》第 73 条:“国务院及其有关部门应当在职权范围内,为实施本法分别制定行政法规、规章、具体措施和办法。自治区和辖有自治州、自治县的省、直辖市的人民代表大会及其常务委员会结合当地实际情况,制定实施本法的具体办法。”

〔16〕 熊文钊主编:《民族法学》(第 2 版),北京大学出版社 2016 年版,第 120 页。

文民族立法——“属邦律”,开创了中国古代中央王朝运用法律手段治理少数民族的先例。“汉承秦制,并有所损益”,开始通过对势力较大的周边民族依其民族习惯法治理,并依据南北民族态势不同而实行“南北异制”的做法。魏晋南北朝时期,战乱不息,政权更迭频繁,社会动荡不安,虽未形成稳定的民族法制体系,但在民族融合的过程中形成了周边民族地区法律文化与中原法律文化互相吸收的发展面貌,同时也出现了例如“胡汉两制”即“以汉地官制治汉,以单于台制治胡”的民族分治政策。之后的隋唐时期则是中国古代法制的完备和定型阶段,也是古代民族法制发展的重要节点,奠定了运用法制手段调控民族关系的初步基础。〔17〕 在唐朝,对待民族相犯的问题,《唐律疏议》就提出了区别但尊重的价值原则,如“诸化外人,同类相犯者,各依本俗法,异类相犯者,以法律论”。而“‘化外人’谓蕃夷之国,别立长君者,各有风俗,制法不同。其有同类自犯者,须问本国之制,依其俗法断之”〔18〕。宋朝时期,面对北方强大的游牧民族政权,宋廷一度采取妥协退让、屈全邻好的策略,而对南方弱小的民族,则沿用“以夷制夷”的羁縻制度,同时还颁布了专门的民族关系法律。〔19〕 其后的五代十国混战时期,北方游牧民族“纷纷入主中原”,采用了民族分治政策,但同时也积极吸收和学习中原文明,丰富自身法律制度。元朝是北方蒙古族建立的政权,统治者通过划分民族等级实行分治策略,“元律中‘禁汉人聚众与蒙古人斗殴’;蒙古人殴打汉人,汉人不准还手,违者科以刑律;汉人打死蒙古人即处死刑,并责令家属赔付埋银,而蒙古人‘因争及乘醉殴死汉人者’,只需‘全征烧埋银’”〔20〕。明朝时期以元为鉴,采取“刑用重典”,在民族法制上转为抚合恩惠的和缓政策,并开始推行“土司制度”。到清朝时期,无论是在行政制度还是在具体的民族法制层面,都有了进一步的发展,例如理藩院的设立,“改土归流”,推行“保甲制”等,但在“民族立法方面,清代坚持法制统一原则,‘凡化外人犯罪者,并依律拟断’,即便少数民族也一律适用大清律。但与此同时,清廷又在不违背国家纲纪法则的前提下,博采各民族习惯规范,先后分别制定施行于各民族地方的单行法,形成以《理藩院则例》为基本,集《蒙古律例》《钦定西

〔17〕 熊文钊主编:《民族法学》(第2版),北京大学出版社2016年版,第122页。

〔18〕 张晋藩:《多元一体法文化:中华法系凝结少数民族的法律智慧》,载《民族研究》2011年第5期。

〔19〕 如《蛮夷门》《蕃官法》《蕃兵法》《蕃丁法》《茶马法》等。

〔20〕 熊文钊主编:《民族法学》(第2版),北京大学出版社2016年版,第124页。

藏章程》《钦定回疆则例》《西宁青海番夷成例》《苗律》于一体,数量众多,内容庞杂、结构完备、体系严谨的民族法律体系,达到了古代民族立法的最高水平”。[21]

从1936年中国共产党领导的革命政府“陕甘宁边区”的“豫海县回民自治政府”及其《豫海县回民自治政府条例》(我国第一个民族区域自治法规),[22]到1947年成立内蒙古自治区自治政府,以及中华人民共和国成立后到目前为止155个民族自治地方的设立,民族区域自治制度及《民族区域自治法》的颁布,无一不是在践行毛泽东同志在《关于中华人民共和国宪法草案》中指出的关于民族问题的实质精神:“少数民族问题,它有共同性,也有特殊性。共同的就适用共同的条文,特殊的就适用特殊的条文。少数民族在政治、经济和文化上都有自己的特点。”而在1984年,更是提出了针对少数民族人员涉嫌犯罪的“两少一宽”政策,即“对少数民族中的犯罪分子要坚持‘少杀少捕’,在处理上一般要从宽”。

综上所述,民族关系的调整以及民族地区的治理,在民族法制发展的历史进程中,都有基于民族地区的政治、经济、文化、社会等方面的特殊性而采取相应政策、制度、法律法规的历史经验。那么,在刑法适用于民族自治地方时所授予的变通和补充,也是这一历史经验的当下把握和现实必要的结合之产物,具有一定的妥当性和必要性。

2. 从现实主义立场审视刑法变通

刑法存在于每个人生活的方方面面,不仅保障国民的生命健康、公私财物、民主权利等基本正当法益,还在整体上起着调节并不断促进社会关系的协调良好发展和维护国家稳定、民族团结的巨大作用。相对于汉族而言,少数民族在某些生活方式、习惯、观念及宗教信仰等方面,基于历史传统形成的原因具有特殊性。那么,刑法就有必要在民族自治地方进行适当变通。

在法律意志论学说中认为除了国家制定法外,不存在其他可能被接纳入法体系的规范形式;刑法领域更是基于罪刑法定原则的形式解读,而直接排除不成文法和习惯法成为法源或者予以援引的可能。然而,“尽管习惯法在制定法上受到严重贬抑,但由于近代以来普遍存在的词与物的分离,在任

〔21〕 熊文钊主编:《民族法学》(第2版),北京大学出版社2016年版,第124~125页。

〔22〕 中共同心县委党史资料征集办公室编:《回民解放的先声——陕甘宁省预海县回民自治政府史料》,宁夏人民出版社1986年版,第13页。

何国家,习惯法在理论中的'法定'地位,都并不必定等于它在司法运作中的实际地位"。[23] 有学者实证研究指出,在刑事司法中,被告人及其辩护人提出"文化抗辩"的情况并不鲜见。"文化抗辩"正是考虑民族习俗、文化、习惯法等而提出的正当出罪事由。[24] 如在谢某非法储存爆炸物案一审中,被告人谢某非法储存爆炸物的数量虽然达到"情节严重"标准,但系因沿袭当地风俗,故依法可不认定为情节严重。[25] 类似个案并不少见,此类出罪事由无疑正是刑法变通权具有现实必要性的真实写照。

因此,在协调国家制定法与少数民族习惯法之间的关系或是协调刑法与刑事习惯法之间的关系时,也需要审视包括刑事习惯法在内的其他规范形式实际上一直也将长期存在于刑法规范体系中的现实问题。[26] 这在一定程度上启发我们应当寻求一种二者之间的关系协调机制,而从刑法变通权的设计和立法目的来看,内在法理依据是可以相通的。若能够切实让刑法变通权"落地"而不是"束之高阁",既能有效弥补刑法在民族地区适用中的短板问题,也能引导和促进刑事习惯法发挥正面的、积极的作用。从上述问题的形成与解决的途径需求来看,刑法变通在现实中确属必要。

(二)自治地方的双重属性与刑法变通权

民族区域自治制度是具有中国特色的处理民族关系的政治制度,是民族因素和区域因素双重考虑的制度选择。当下我国形成的社会主义新型民族关系即平等、团结、互助、和谐的民族关系的维持和发展,需要相关的配套的法律法规予以强有力的支持和保障。民族区域自治的核心在于保障自治权的运行,自治立法权的合理和充分运行对民族自治地方而言是其他自治权得以运转的根本。从自治条例、单行条例以及变通、补充规定的情况来看,民族自治地方的自治立法仍然存在很多不足和缺陷。《民族区域自治

---

〔23〕 杜宇:《当代刑法实践中的习惯法:一种真实而有力的存在》,载《中外法学》2005年第1期。

〔24〕 根据在中国裁判文书网上的收集和不完全统计,至少有云南、四川、贵州、广东、湖南、广西、河南、浙江、黑龙江、河北10个省区的司法实践中出现过涉及"文化抗辩"的刑事司法案件。这些案件涉及非法持有枪支罪、寻衅滋事罪、故意杀人罪等20余个罪名。"文化抗辩"在一些案件中被法院采纳,有些未被采纳,各个地方的法院认定标准并不统一。参见张剑源:《刑事司法中的"文化抗辩"》,载《法律和社会科学》2018年第2期。

〔25〕 谢某非法储存爆炸物案,四川省宜宾市屏山县人民法院(2014)屏山刑初字第71号刑事判决书。

〔26〕 魏东:《中国刑法解释学理论体系的本土化构建》,中国社会科学出版社2022年版,第359～360页。

法》自 1984 年颁布以来，仅在 2001 年进行过一次修改，除此之外未有任何变动，这就使民族自治地方的自治立法活动也受到了一定影响和限制。

从《民族区域自治法》第 19 条的内容来看，其中对《宪法》第 116 条关于民族自治地方制定自治条例和单行条例的权限和程序外，其中有两点是值得注意的。首先，在自治区、自治州、自治县的自治条例和单行条例的制定程序上，虽然民族自治地方的人大有权制定，但该制定权实则“起草权”或者可以称之为“建议权”，而非完整的制定权。因为民族自治地方人大制定的自治条例和单行条例，最终必须经过省级或者全国人大常委会的“批准后生效”，这一程序的设计，不仅仅是上级针对民族自治地方人大制定自治条例和单行条例的立法监督程序，而是一种具备法律效力的必经程序。那么，自治条例和单行条例的制定仅仅是民族自治地方人大立法活动的结果吗？既然省级人大常委会或全国人大常委会参与其中，是否可以认定该立法活动具备相应的位阶呢？其次，在自治州和自治县人大制定自治条例和单行条例的程序中，除了报请批准的程序外还有一项备案的程序要求，即向国务院备案。为何自治州、自治县人大制定的自治条例和单行条例要向国务院备案呢？其原因在于自治州和自治县的自治条例和单行条例可能会涉及行政法规的变通，所以才有向国务院备案的要求。在这一点上，也反映出立法者承认民族自治地方变通法律和行政法规的权力。不过，以上这些《民族区域自治法》中体现出的关于法律变通的内容，笔者认为不涉及刑法变通权。因为，从民族自治地方自治权的内涵来看，“犯罪与刑罚”问题本身并不属于民族自治地方的自治事项。《刑法》第 90 条的规定表明，省级人大可以对刑法予以变通是基于全国人大的特殊授权，该授权才是刑法变通权的权力来源。

四、《立法法》规范对刑法变通权的内在约束

（一）法律保留原则下的刑法变通权

《立法法》第 11、12 条规定了法律保留原则，并且划分了法律绝对保留事项和法律相对保留事项。在第 11 条第 4 项中明确了有关犯罪和刑罚的事项，属于法律绝对保留事项，即“只能制定法律”。而在《刑法》第 90 条将刑法的变通权赋予自治区或省的人大，表现出二者之间的法律冲突问题。但其中值得注意的是，《立法法》是围绕法律制定而言，《刑法》第 90 条是围绕法律变通而言，那么法律制定和法律变通是否一致或者法律制定是否包含法律变通是值得进一步探讨的。有学者在其文章中注意到了以上问题，

并展开了一定的分析。[27] “法律制定”在法学理论和立法实践中的含义和用法主要有以下两种:一是同立法的含义和用法相同,包括法律的创立、修改、补充和废止等;二是指特定的主体创立新法的活动,与修改、补充和废止相对应,是多种类别或形式的立法活动中的一种。[28] 《立法法》中的“制定”,有部分明显属于后一种用法,而有的部分则不能绝对断定属于何种用法。“法律变通”是对法律作非原则性的修改。如果依广义“法律制定”包括法律的创立、修改和补充等,法律绝对保留就是即使该事项已经制定法律,也不能授权其他法规、规章、自治条例和单行条例等进行变通。《刑法》第90条与《立法法》第11、12条之间则存在明显冲突。如果依狭义,“法律制定”仅指法律的创立,即法律从无到有,则法律绝对保留并未明确在已经制定法律后,能否通过法律授权由民族自治地方进行变通或补充。[29] 但在文中该作者仍然认为,“即使依狭义的‘法律制定’,法律绝对保留也即包括尚未制定法律时,不能就保留事项授权制定其他法规、规章、自治条例和单行条例,又包括制定法律后,也不能授权其他法规、规章、自治条例和单行条例对保留事项进行变通”。[30]

对此,笔者认为还有进一步研究和探讨的空间。首先,《刑法》第90条适用“变通”一词,在立法用语上本身就具有与“制定”的区分之意。“变通”是“作灵活的非原则的改变”[31],是一种“变动”。因此在解释《刑法》第90条的“变通”时,应注意区分二者,避免不当扩大;对“制定”应在此作限缩解释,仅指狭义的制定。根据《立法法》第12条的含义,对于刑法的部分补充、修改和解释是否仍属于全国人大的绝对保留事项,《立法法》并未作明确规定。因此,我们有理由认为当“犯罪和刑罚”的刑法制定权授予其他主体行使,则属于不合宪,若是将其部分补充、修改和解释的“变通”权授予其他主

[27] 彭益鸿:《〈刑法〉第90条与〈立法法〉第8、9条的逻辑关系疏议》,载《光华法学》2016年第1期。

[28] 彭益鸿:《〈刑法〉第90条与〈立法法〉第8、9条的逻辑关系疏议》,载《光华法学》2016年第1期。转引自周旺生:《立法学教程》,北京大学出版社2006年版,第61~62页。

[29] 彭益鸿:《〈刑法〉第90条与〈立法法〉第8、9条的逻辑关系疏议》,载《光华法学》2016年第1期。文中的第134页第3个脚注:《刑法》第90条与第3条的逻辑是在现行刑法规定的前提下,民族自治地方可以行使变通或者补充刑法的权力。但此逻辑无法代替解释法律制定与法律变通二者之间的关系。

[30] 彭益鸿:《〈刑法〉第90条与〈立法法〉第8、9条的逻辑关系疏议》,载《光华法学》2016年第1期。

[31] 商务印书馆辞书研究中心修订:《新华词典》,商务印书馆2001年版,第61页。

体并不当然不合宪,也即刑法变通权与法律保留原则之间并不冲突,只要具体刑法变通的行权空间符合法律保留原则的基本规范要求即可。

(二)《立法法》第85条与刑法变通权

《立法法》第85条进一步明确了民族自治地方的自治条例和单行条例对法律和行政法规进行变通的权力,[32]其与《立法法》第11、12条规定法律保留原则之间的关系,必须优先予以阐明。从前述内容看似存在同一法律中不同条文自相矛盾之嫌,但通过全面分析和体系性的法律解释方法,可以得出逻辑完整的法律规则关系。一个很好的例证便是,我国《刑法》第3条明确规定了罪刑法定原则,但在第90条又规定了自治区或省级人大可以变通或者补充刑法。对此,周光权教授认为,《刑法》第90条的规定并不属于违反罪刑法定原则的规定,而是属于《刑法》第3条的例外规定。[33] 在《刑法》第3条的原则规定和第90条的例外规定结合起来后才形成了刑法在我国民族自治地方实行中存在"民族自治地方不能全部适用本法规定的"可作灵活的非原则性变动的情形,是两个条文共同作用的结果,并不存在逻辑矛盾的问题。回到问题本身,《立法法》第11、12条的法律保留原则和第85条的民族自治地方的自治条例和单行条例可以变通法律、行政法规的规定之间也不存在逻辑上的矛盾和冲突。第85条应该解释为第11、12条的例外规定,否则不仅《立法法》第85条失去意义,民族自治地方的自治条例和单行条例也将失去自治立法的意义,自治立法失去意义,那民族区域自治也将失去意义。或许正是对这一点的误解,导致各个自治地方的自治条例极度相似,甚至存在相互抄袭的现象,存在法律、行政法规的规定基本雷同等问题。

此外,在《立法法》第85条与《刑法》第90条的规定对比中可以发现,《立法法》第85条将法律和行政法规的变通权授予民族自治地方的人大,并且在形式上要求通过自治条例或单行条例的形式进行变通,与《刑法》第90

---

〔32〕《立法法》第85条:民族自治地方的人民代表大会有权依照当地民族的政治、经济和文化的特点,制定自治条例和单行条例。自治区的自治条例和单行条例,报全国人民代表大会常务委员会批准后生效。自治州、自治 县的自治条例和单行条例,报省、自治区、直辖市的人民代表大会常务委员会批准后生效。自治条例和单行条例可以依照当地民族的特点,对法律和行政法规的规定作出变通规定,但不得违背法律或者行政法规的基本原则,不得对宪法和民族区域自治法的规定以及其他有关法律、行政法规专门就民族自治地方所作的规定作出变通规定。

〔33〕周光权:《刑法总论》(第4版),中国人民大学出版社2021年版,第64页。

条授权刑法变通的主体以及形式有所差别,那应该如何区分呢?按照一般的逻辑,《刑法》第90条应该遵守《立法法》第85条的限制,即自治区的人大可以通过制定自治条例或单行条例结合本地方的实际情况变通刑法;而省级人大因不具有自治立法权,不能直接变通刑法,可能需要辖区内的自治州或自治县的人大通过制定自治条例或单行条例变通刑法后报批省级人大。但这一模式显然是违背了《刑法》第90条的规定要求,因为此逻辑会很自然地将刑法变通权演变为民族自治地方的自治立法权。笔者认为,刑法变通权并非自治立法权,而应该是一种特殊授权的地方立法权。虽然刑法变通权是为了满足民族自治地方的实际需要而设立的,但在该权力的运行过程中将此作为自治立法权的模式,必然会出现该立法权无法被承载和发挥实效的问题。首先,民族自治地方自身的立法水平有限,其中自治州和自治县更难以承担刑法变通的立法活动。其次,目前五大自治区并没有制定和通过自治条例,在自治条例空缺的自治区范围,如何进一步实现刑法变通立法?最后,也是最根本的原因之一,即民族自治立法权的权属界线问题并未明确。因此,《刑法》第90条的刑法变通权应在自治区或省级人大的地方立法权的范围内发挥实际功能。

五、刑事政策的指引:刑法变通权的刑事政策解读

关于我国现阶段的基本刑事政策,魏东教授在其论著中做过精要的总结:“社会主义和谐社会目标及社会主义法治理念指引下的社会治安综合治理政策与宽严相济刑事政策。它真切地反映了我国在新的历史时期的基本刑事政策总体价值目标和宏观实体策略的有机统一。”[34]魏东教授进一步将现代刑事政策的基本价值取向(价值理念)总体上简要概括为“现代刑事政策的谦抑宽容价值理念”,其具体内容为“三大一小”理念,即最大限度地保障人权、最大限度地促进社会发展、最大限度地体现相对公正、最小限度地维持秩序(必要秩序)。[35]这一现代刑事政策的价值理念为刑法在民族自治地方的变通提供了刑事政策领域的理论支持和方向指引,应该在民族自治地方予以贯彻和体现。

---

〔34〕 魏东:《刑事政策原理》,中国社会科学出版社2015年版,第56页。
〔35〕 魏东:《刑事政策原理》,中国社会科学出版社2015年版,第57页。

(一)刑事政策的价值权衡与刑法变通权立场一致

从刑事政策的价值权衡与目标选择的立场来看,全面权衡自由、秩序、效率、公正等四项基本价值,我国对社会治理模式的不断思索和尝试有一条潜在的主线,就是从"依法治国"到"实行法治也要实行德治"再到"建设社会主义和谐社会"。这一社会治理模式与思路,鲜明而集中地体现了我们国家在公共政策抉择中的一种理性定位和模型选择,也为我们的犯罪防控工作指明了方向。[36] "实行法治也要实行德治"的社会治理模式与刑法变通权的目的是契合的。因为《刑法》第90条"……可以……根据当地民族的政治、经济、文化的特点和本法的基本原则……"的表述,显然是在强调一种"法治"与民族自治地区能够接纳和共同遵从的规范即"习俗"或者"德"对刑法予以变通或者补充。

在民族自治地区着重强调对本土法治资源或者社会规范的利用,深刻体现对民族自治地区社会本位、权利本位的重视。其间,刑法变通权在这一过程中发挥的功能和价值,能够充分体现在贯彻宽严相济刑事政策语境下,现代中国刑事政策价值权衡的目标,即在人权保障与犯罪防控两者之间的价值权衡上,应强调"人权保障至上",反对"犯罪防控至上",坚持"人权保障优先并兼顾犯罪防控"的价值立场;在公正与效率二者之间的价值权衡上,应强调"公正至上",反对"效率至上",坚持"公正优先并兼顾效率"的价值立场。

(二)刑法变通权中科学主义综合治理原则的体现

刑事政策的科学主义原则强调,刑事政策的制定和实施等活动,均须建立在经验科学的实证研究成果基础上。根据犯罪对象、犯罪原因、犯罪趋势的规律性认识,探索有效而合理的对犯罪的反应方式,以达到预防犯罪和矫止犯罪人的日的。[37] 由此,刑法变通权的实施强调根据"当地民族的政治、经济、文化的特点",也基于"民族自治地方不能全部适用本法规定的"可以变通和补充。为何在民族自治地方不能全部适用?这是根据对少数民族犯罪主体、犯罪对象、犯罪原因、犯罪趋势的科学认识和经验总结而得出的具有不同于一般地方的、一般犯罪的特殊性而授予的变通或补充刑法的权力。同时,刑事政策的综合治理原则强调基于对违法犯罪的发生具有政治的、经

〔36〕 魏东:《刑事政策原理》,中国社会科学出版社2015年版,第91页。

〔37〕 卢建平主编:《刑事政策学》,中国人民大学出版社2007年版,第195~197页。

济的、社会的、文化的等多方面原因综合影响所致的认识,动员全社会各种力量齐抓共管,综合运用政治、经济的、社会的、文化的等多种手段,以实现治理社会治安、减少违法犯罪和保障社会稳定发展的目标。[38]《刑法》第90条的规定中也是在强调和体现民族自治地区违法犯罪活动有其自身的因当地民族的政治的、经济的、文化的影响特点,而不能一味贯彻刑法的全部规定,而是对各个原因进行综合分析和研究后,积极引导民族自治地区的社会规范为刑法的适用服务,形成良性的互动,从而"实现治理社会治安、减少违法犯罪和保障社会稳定发展的目标"。由此可见,刑法变通权是契合刑事政策综合治理原则的。换句话说,刑法变通权中体现了刑事政策综合治理的原则。

(三)刑事政策整合、导向与调节功能与刑法变通权

关于刑事政策的功能,学术界较为一致的观点认为,其具有导向和调节功能。[39] 但魏东教授在其论述中强调"刑事政策的功能是指刑事政策本身客观上所可能具有的功效和能力"[40],是一种"客观效用"而非"主观价值"的追求。由此在区分刑事政策功能和刑事政策价值的基础上,提出了刑事政策的功能主要有整合功能、导向功能与调节功能三项。[41]

刑事政策的整合功能就是将刑事类措施与非刑事类措施予以系统整合的作用,以此维护社会秩序,协调秩序与自由之间的关系。具体表现为我国现阶段所奉行的社会治安综合治理刑事政策与宽严相济刑事政策。民族自治地方的刑法变通权发挥功能的意义在笔者看来也需要实现这一整合的功能和效果。依据民族自治地方特有的社会规范体系并结合我国刑法的规定,在维持社会治安综合治理层面实现最基本的保障和稳定,关注入罪解释的形式必要性和出罪解释的实质必要性,但同时要注重不宜过激,仍应保守性解释和吸收民族自治地方实际存在的具有现代法价值意义的社会规范,从而在保障基本的社会治理要求的基础上体现出宽严相济的刑事政策要求,形成国家法与民族自治地区习惯法(民间法)之间的良性互动,在这个意义上,刑法变通权又可谓是国家刑法和民族自治地区刑事习惯法之间的缓冲器、调节器。

---

〔38〕魏东:《刑事政策原理》,中国社会科学出版社2015年版,第112页。

〔39〕杨春洗主编:《刑事政策论》,北京大学出版社1994年版,第24~30页。

〔40〕魏东:《刑事政策原理》,中国社会科学出版社2015年版,第61页。

〔41〕魏东:《刑事政策原理》,中国社会科学出版社2015年版,第61页。

刑事政策的导向功能即刑事政策对立法与修法的方向指导作用。具体而言分为对刑事实体法的导向功能和对刑事程序法的导向功能。刑法变通权的设立，本质上即刑事政策对刑法实体法的导向功能的体现。因为在《刑法》第90条的条文表述中明确指明为了保证刑法在民族自治地区的有效适用，在不能全部适用的情况下，需要根据当地民族的政治、经济、文化的特点和刑法规定的基本原则，通过制定变通或者补充规定来实现刑法的有效适用。由此可见，刑法变通权本身就是在考虑少数民族自治地方的特殊需求和差别化问题上所确立的刑事政策对刑法变通的导向功能的反映。

刑事政策的调节功能就是刑事政策对刑事立法与刑事司法、刑事法律与社会状况之间进行调配和节制的作用。刑法变通权实则关注的是刑法在民族自治地区的具体适用问题，是"刑事立法—刑事司法"关系在民族自治地区的适当展开问题，也是刑法变通效果在刑事司法中的体现问题，即立法通过刑事政策调节司法，司法也通过刑事政策调节立法，是谓内部调节。其外部调节的运行模式是"社会状况（犯罪态势）—刑事政策—刑事法律"〔42〕，刑法变通基于民族自治地区社会状况（犯罪态势）而通过刑事政策的要求对刑事法律予以变通或补充。

综上所述，刑事政策的整合、导向、调节功能要求对刑法变通权进行了设计和确立，反过来讲，刑法变通权也是刑事政策功能要求的产物。这为把握和理解、解释刑法变通权提供了刑事政策领域的依据和空间。

六、结语

刑法变通权虽已设立，但当下未有任何关于民族自治地方的刑法变通问题。这并不是刑法变通权自身的问题，究其原因，在于整体法秩序中产生了与《刑法》第90条不协调、不融贯的问题。其具体表现为宪法层面的合宪性问题、民族区域自治法层面的必要性问题、立法法层面的法律保留原则及具体条文之间的关系问题，还涉及在刑事政策层面的合理解释问题。

本文从"授权立法"的解释角度提出《刑法》第90条授权省级人大的刑法变通权并没有扩大其立法范围，也着重强调了刑法变通权并非属于自治立法权范围，而是一种特别授权，因此基于刑法变通权属于自治立法权来说明其不合宪的观点没有立足之地，经不起推敲。同时也进一步阐明了对刑

〔42〕 杨春洗主编：《刑事政策论》，北京大学出版社1994年版，第24～30页。

法变通权具体的合宪性审查规则。刑法变通权是为民族自治地方具体适用刑法而设立的,本文结合民族法制的历史经验与民族自治地方的现实需求论证了其必要性问题,强调刑法在民族自治地区适用应当结合地方实际,尊重和关照民族特点,倾斜性或差异性地变通、补充适用实则法律正义的应有之义,但不能忽视民族自治地方的双重属性。从民族自治地方自治权的内涵来看,"犯罪与刑罚"问题本身并不属于民族自治地方的自治事项。根据《立法法》规定的法律保留原则与刑法变通权冲突问题,笔者认为,存在进一步规范解释的必要和空间,"变通"并不当然就是"制定",而是一种"变动",由此,将部分补充、修改和解释的"变通"权授予其他主体并不属于不合宪的规定,也即刑法变通权与法律保留原则之间并不冲突。在此基础上本文又进一步分析了《立法法》第85条与《刑法》第90条的关系,提出《立法法》第85条应解释为《立法法》第11、12条的例外规定,协调、疏通《立法法》第85条与《刑法》第90条之间的关系。在"三大一小"的刑事政策理念的指引下,本文分析和阐明了刑事政策的价值权衡立场与刑法变通权立场是一致的。刑法变通权既体现了科学主义综合治理的刑事政策原则,也是刑事政策的整合、导向、调节功能要求的产物。刑事政策的三大功能为把握和理解、解释刑法变通权提供了刑事政策领域的依据和空间。

从合宪性的根本问题着手,确认刑法变通权的合宪性地位,是立论刑法变通权的关键,是解决民族自治地方刑法变通"水源"生态治理的必需;民族区域自治法层面的刑法变通必要性的论证,是"流域"治理的现实考量;《刑法》第90条与法律保留原则、《立法法》第85条的关系辨析,是"主流"与"支流"关系的疏通;刑事政策领域的依据和支撑则是"河流灌溉惠泽万民"的有力说明。如此,才能在整体法秩序的一致性、贯通性和协调性下让刑法变通权发挥实效,民族自治地方的刑事司法治理才能通达、清澈。

(何　强　审阅)

(范成骏　校对)

我国知识产权犯罪刑事自诉的实践检视与理论展开*

马凯旋**

摘　要:我国知识产权犯罪刑事自诉的依据为《刑事诉讼法》第210条第二、三类情形,知识产权刑事案件宜采取"公诉为主、自诉为辅"的追诉模式。最高刑三年以下的犯罪为轻微刑事案件,可采公诉或自诉模式,刑事公诉保留对案件介入的优先权。知识产权刑事自诉的实现与优化要厘清其与公益诉讼、刑事附带民事诉讼的制度关系,与知识产权"三合一"审判模式相协调。司法实践中知识产权刑事自诉处于缺位状态,这很大程度上源于我国"重实体,轻程序"的刑事传统。知识产权刑事自诉具有维护私权的效率价值,也有协调公权与私权冲突的公平价值。刑事自诉主体应享有民事诉讼当事人的一切诉讼权利,并通过完善律师参与机制促使自诉人权利更好地实现。在诉讼证明标准上应该取消立案标准与定罪量刑标准的同质化要求,并畅通自诉人获取证据的渠道。刑事自诉的开展要在"以公诉为主"的刑事诉讼理念指导下处理消极冲突与积极冲突问题。

关键词:知识产权犯罪　刑事自诉　刑事一体化　效率与公平

---

* 本文系2018年度国家社科基金青年项目"强保护背景下知识产权刑事司法一体化研究"(18CFX067)的阶段性研究成果。

** 马凯旋,中国海洋大学法学院法学理论专业2022级博士研究生。

一、知识产权刑事自诉的制度基础

(一)知识产权刑事自诉的法律依据

我国《刑事诉讼法》第210条规定,自诉案件包括三类:一是告诉才处理的案件;二是被害人有证据证明的轻微刑事案件;三是被害人有证据证明对被告人侵犯自己人身、财产权利的行为应当依法追究刑事责任,而公安机关或者人民检察院不予追究被告人刑事责任的案件。第一类"告诉才处理的案件"的罪名分别由《刑法》第246条、第257条、第260条、第270条作出规定,目前主要涉及侮辱罪、诽谤罪、暴力干涉婚姻自由罪、虐待罪、侵占罪五个罪名。侵犯知识产权类犯罪不属于第一类自诉案件。最高人民法院《关于适用〈中华人民共和国刑事诉讼法〉的解释》(法释〔2021〕1号)(以下简称《刑诉法解释》)第1条之(二)将侵犯知识产权案件归为第二类自诉案件。第三类自诉案件属于"公诉转自诉"的情形,有观点认为,第三类自诉案件在立法方式上采用概括式,几乎可以涵括所有有被害人的刑事案件,因此,知识产权刑事自诉案件属于第二、三类自诉案件范围。[1] "公诉转自诉"既不属于完全意义上的自诉,又与公诉有较大区别。该项规定的立法初衷是防止公权力的不作为给公民个人利益造成侵害,是对公权力的制衡。在这种情况下,公权力没有终决权,被害人即便在无法获得公权力救济的情况下,如果有证据表明行为人涉嫌刑事犯罪,依然可以通过行使自诉权的方式得到救济。然而,由于司法实践中缺乏具体的配套措施,该类自诉案件在实践中罕有发生。[2] 即便如此,第三类自诉案件具有监督公权力不作为的制度价值,同时也是对第一类和第二类刑事自诉案件的重要补充。综上,对知识产权犯罪提起刑事自诉的法律依据主要来自现行《刑事诉讼法》规定的第二类和第三类自诉案件。同样可以作为知识产权刑事自诉法律依据的还有最高人民法院、最高人民检察院《关于办理侵犯知识产权刑事案件具体应用法律若干问题的解释(二)》(法释〔2007〕6号)(以下简称《知识产权刑事解释(二)》和最高人民法院、最高人民检察院、公安部《关于办理侵犯知识产权刑事案件适用法律若干问题的意见》(法发〔2011〕3号)(以下简称《知

---

〔1〕 唐震:《知识产权刑事自诉制度的实施路径》,载《上海政法学院学报(法治论丛)》2012年第6期。

〔2〕 例如,由于法律没有明确的强制性规定要求送达司法文书,司法机关出于自身利益的考量而不给被害人提供相应的法律文件,于是被告人不具备向法院提起自诉的基本条件。参见吴小帅:《刑事自诉圈重构论》,法律出版社2018年版,第149~150页。

识产权刑事意见》)两个司法解释。

(二)我国知识产权犯罪的追诉模式

以公诉为主、自诉为辅是我国追诉刑事犯罪的一般原则,这是综合刑事案件性质、不同类型刑事案件数量、追诉主体的能力差异等因素决定的。世界上多数国家的刑事诉讼采取"公诉为主、自诉为辅"的追诉模式,[3]然而有学者根据现行法律和有关司法解释的规定,得出我国对于侵犯知识产权犯罪案件采取了"自诉为主、公诉为辅"的追诉原则,并认为这一原则在某种程度上使追诉知识产权犯罪陷入程序性困境。[4]

根据我国现行《刑事诉讼法》,第一类自诉案件是"告诉才处理"的案件,这类案件以尊重被害人意愿为前提,只有基于被害人或利害相关人自诉才能被法院受理,也即"不告不理",其渊源是大陆法系的"绝对自诉主义"。而第二类"被害人有证据证明的轻微刑事案件"与第一类自诉案件相区分,可以称之为"相对自诉主义",在这类案件中,除严重危害社会秩序和国家利益的以外,可以通过被害人自诉启动刑事诉讼。适用自诉模式必须满足"轻微刑事案件"这一条件。德国有关于"轻罪"(Vergehen)和"重罪"(Verbrechen)的区分,我国刑法理论通常以3年自由刑为界限,作为观念上轻罪与重罪的界分。《刑法》分则多数罪名的自由刑基本刑幅度为3年以下有期徒刑,同时缓刑的适用条件也以3年有期徒刑为界,如果有可能判处缓刑,将直接导致观念上被认为是轻罪。相应地,这也就排除了自诉模式在最高刑为7年的法定升格刑情形下的适用。关键问题在于,此类案件究竟是公诉为主还是自诉为主。

从当前司法数据来看,知识产权犯罪所判处的实刑以3年以下有期徒刑为主(多为轻罪),这似乎印证了"自诉为主、公诉为辅"的追诉模式。然而上述判断混淆了自诉可能性与自诉为主的应当性之间的界限。"公诉为主"体现的是刑事法的一种制度理性和价值追求,其目的在于彰显国家对犯罪制裁的决心,强调的是公权力介入刑事案件的正当性和优先性;自诉模式则是作为鼓励私权能动性发挥的手段和出于诉讼经济原则的考量,即便自诉模式在知识产权犯罪案件中的适用可能性远大于公诉模式,也不意味着

[3] 罗智勇:《对我国公诉与自诉关系的理性思考》,载《中国刑事法杂志》2006年第2期。

[4] 陈岚:《侵犯知识产权犯罪案件宜纳入公诉范围》,载《人民检察》2011年第21期;朱德宏:《假冒专利罪的刑事自诉程序解析》,载《科技与法律》2008年第3期。

自诉模式成为刑事诉讼的主导。如果采取“自诉为主、公诉为辅”的理念,则意味着公权力失去了介入的优先性,自诉人可以依据自诉权排除公权力的介入,无疑与立法初衷不同。

综上所述,我国对知识产权犯罪的追诉仍采取“公诉为主、自诉为辅”的模式。具体说来,最高刑3年以下的为轻微刑事案件,可以选择适用公诉模式或自诉模式,但公诉机关仍然保留优先介入权,这保证了当案件严重危害社会秩序和国家利益时公诉机关介入的正当性;而法定刑升格为最高刑7年有期徒刑时只能采取公诉模式。

(三)刑事自诉与相关制度的关系

1.刑事自诉与民事、行政公益诉讼

刑事自诉与公益诉讼的关系主要在于两者适用范围的界定,即两者各自的定位以及适用过程中可能存在的交叉和冲突问题。目前,我国的公益诉讼制度已经在法律上确立并不断发展完善。根据《民事诉讼法》第58条第2款和《行政诉讼法》第25条第4款规定,在特定的涉及公共利益和国家利益的领域,民事案件的有关机关和组织不起诉或行政案件的行政机关不作为,人民检察院可以向人民法院提起民事公益诉讼或行政公益诉讼。最高人民法院、最高人民检察院《关于检察公益诉讼案件适用法律若干问题的解释》(以下简称《检察公益诉讼解释》)第21条对检察机关公益诉讼的范围作出了详细规定,包括生态环境和资源保护、食品药品安全、国有财产保护、国有土地使用权出让等领域。为了让法律具有前瞻性,该条解释用了“等”表明其他类案件适用公益诉讼的可能性,这意味着如果侵犯知识产权行为损害了社会公共利益也可能成为公益诉讼的对象。在加强知识产权保护的大背景下,知识产权公益诉讼理应纳入知识产权保护体系中来。[5] 就与刑事自诉的关系来说,公益诉讼和刑事自诉的提出主体不同,前者是检察机关提起的民事诉讼或行政诉讼,后者是被害人提起的刑事诉讼,这恰好是针对两类常规主体开展的非常规诉讼和“跨界操作”。在理论上,刑事自诉与民事公益诉讼程序也有可能存在交叉,因为公益诉讼案件往往涉及公共利益,故而存在多个被侵权人,刑事自诉案件的自诉人可能是知识产权案件相关公益诉讼的被侵权人之一。

---

〔5〕 吴如巧、金涛:《浅议知识产权领域公益保护问题及对策》,载《民主与法制时报》2019年4月28日,第6版。

2. 刑事自诉与刑事附带民事诉讼

刑事自诉与刑事附带民事诉讼的关系主要是两者的衔接适用问题，即在刑事自诉程序中是否可以同时提起刑事附带民事诉讼。根据《刑事诉讼法》第101条，提起刑事附带民事诉讼的前提是“由于被告人的犯罪行为而遭受物质损失”。对于“物质损失”如何解释，理论界有不同观点。首先，物质损失是否包括知识产权这一无形财产。根据文义解释并结合立法者原意，此处的物质损失与精神损失相对应，作为广义财产权的一种，知识财产损失理应被涵射于物质损失之中。其次，物质损失是否包括间接损失。与普通侵权不同，知识产权侵权很难对权利人的直接物质损失进行计算。以著作权侵权为例，侵权人的“复制发行”等行为仅仅使权利人丧失了一种获取利益的可能性，实务中通常以侵权人违法所得额或非法经营额间接确定权利人的损失，因而知识产权侵权的损失很大程度上是一种“推定损失”。如果行为人没有证据证明自己的行为与权利人的损失没有关系，则认定损害结果成立。在此不过多讨论这种推定损失的性质，但既然相关法律法规以此种方式明确了侵权损失的存在，将该种损失纳入刑事附带民事诉讼“物质损失”的范围内是没有问题的。所以，知识产权权利人在刑事诉讼中应有权提起附带民事诉讼，由此推论，刑事自诉人提起刑事附带民事诉讼并无制度障碍。从当事人的主观需求来看，知识产权犯罪属于广义上的经济类犯罪，自诉人具有通过附带民事诉讼寻求物质赔偿的内在动力。刑事自诉与刑事附带民事诉讼相结合可以使权利人依托“刑事责任的追究”这一重要筹码形成对被告人的威慑，进而获得理想的赔偿结果，被告人也乐于通过经济赔偿换取“刑事责任的减免”，由此实现诉讼成本节约和权利人程序性权利保障的“双赢”。《刑诉法解释》第333条也强调了在无罪宣告案件中法院对刑事自诉程序中附带民事诉讼原告人另行提起民事诉讼的告知义务，刑事自诉制度对自诉人诉权的保障更加全面。

3. 刑事自诉与知识产权“三合一”审判

知识产权“三合一”审判是指由一个审判庭统一审理知识产权民事、行政、刑事案件，而非当下的由知识产权庭、行政庭和刑庭分别审理的模式。刑事自诉与知识产权“三合一”审判模式都是对专业度较高的知识产权案件的应对策略。知识产权案件专业度高的一个体现是案件专业事实与法律事实的混同，法律事实的认定依赖专业事实的认定，案件的民事部分与刑事部分不再具有分别审理的效率基础和公平基础，由此产生的一个直接后果是案件"民刑分立"审理模式的失能。在此背景下,我国开始了知识产权"三合一"审判模式的试点推进。知识产权刑事自诉案件是轻微刑事案件,这意味着该类案件有很大一部分处于民事侵权、行政违法与刑事犯罪的交叉地带。案件性质的交叉让权利人在选择维权方式上产生困惑并引发诉讼投机行为,当事人在不同法院相互提起多个民事、行政诉讼,涉及不同审级、不同程序的关联案件多。[6] 刑事自诉制度与"三合一"审判模式相互配合则可以最大程度上实现案件整合,将原属不同审判庭管理的案件进行统筹审判,避免诉讼资源浪费。

二、知识产权刑事自诉的实践检视

(一)知识产权刑事自诉的实务现状

从刑事立法层面来看,《刑法》第213~219条共规定了7个有关知识产权犯罪的罪名,大多数罪名设置了"三年以下有期徒刑或者拘役,并处或者单处罚金"的基本刑。基本刑之刑期符合前文论及的"轻罪"的标准。也就是说,知识产权犯罪的7个罪名存在适用刑事自诉的空间。但从司法实践层面来看,刑事自诉的适用结果并不理想。以下是根据"北大法宝"司法案例数据库(截至2020年11月17日)对相关指标进行的分析。

知识产权犯罪实刑人次如表1所示。有关知识产权犯罪的一审案件(有判决书)数量共计18170件,涉案人次共24783人。以3年有期徒刑为界可以将刑罚分为两类,其中6863人被判处3年以上7年以下有期徒刑,占比为27.7%;[7] 17920人被判处3年以下有期徒刑(包括单处罚金和拘役),占比为72.3%。著作权类犯罪与传播淫秽物品罪相关联,商标类犯罪与生产、销售假冒伪劣商品罪相关联,最后判处的实刑是数罪并罚的结果,这一部分往往也是刑期较高的,排除这一部分案件,单纯的知识产权犯罪中判处3年以下有期徒刑的比例更高。

---

〔6〕 最高人民法院知识产权法庭编:《最高人民法院知识产权法庭年度报告(2019)》,人民法院出版社2020年版,第6页。

〔7〕 相关司法数据皆产生于《刑法修正案(十一)》之前,故最高法定刑仍以旧法中"七年以下有期徒刑"而非新法中的"十年以下有期徒刑"为准。

表1　知识产权犯罪实刑人次统计

实刑类型	涉案人次/人		涉案人次占比/%	
单处罚金	893	17920	3.6	72.3
拘役	1173		4.7	
有期徒刑1年以下	5371		21.7	
1年以上2年以下	7029		28.4	
2年以上3年以下	3454		13.9	
3年以上7年以下	6863		27.7	
合计	24783		100	

知识产权犯罪执行缓刑人次如表2所示：在被判处3年以下有期徒刑的人次中，被执行缓刑的人占50.3%。由两组数据可以推论，在司法实践中“轻罪”占知识产权刑事犯罪的多数。同样根据“北大法宝”司法案例数据库数据，在18842份裁判文书中，只有42份涉及刑事自诉，约占0.2%，其中只有1个案件以判处刑罚告终。[8] 由以上数据可以推论，知识产权刑事自诉几乎处于缺位状态。

表2　知识产权犯罪执行缓刑人次统计

实刑类型	涉案人次/人	缓刑人次/人	缓刑人次/涉案人次/%
有期徒刑1年以下	5371	3121	58.1
1年以上2年以下	7029	4775	67.9
2年以上3年以下	3454	85	2.5
合计	15854	7981	50.3

(二)刑事自诉缺位根源于“重实体、轻程序”的刑事传统

受我国司法实践中“重实体、轻程序”传统的影响，历次关于知识产权刑事保护的司法解释都偏重实体层面，只有《知识产权刑事意见》第1～4条涉及了部分程序问题。刑事程序的不完善直接影响到刑事实体法的贯彻实施。具体来说，针对目前知识产权刑事保护力度不足的问题，我国不断降低犯罪门槛，包括在司法实务中降低涉案金额(数量)标准，[9] 在理论上探讨取消

〔8〕 洪某某假冒注册商标罪案，福建省石狮市人民法院(2015)狮刑初字第1456号刑事判决书。

〔9〕 卢建平：《知识产权犯罪门槛的下降及其意义》，载《政治与法律》2008年第7期。

"以营利为目的"这一主观目的要件的可能性等。[10] 然而以上努力并没有使司法实践中处理知识产权刑事案件的数量或质量得到明显提升。[11] 降低刑事犯罪门槛是刑事实体法问题,只能在理论上扩大对知识产权刑事犯罪的打击范围。程序法缺位的另一个体现就是"运动式"执法,如针对侵犯知识产权的"剑网行动""雷霆行动"等。"运动式"执法在短期内会增加司法机关处理知识产权刑事案件数量,但从长期来看无法形成良性激励。在现有知识产权犯罪处理机制(程序)不变的情况下,无论是实体法标准的降低还是"运动式"执法都不能提升案件处理效能。犯罪治理是一项体系工程,单靠刑事实体法乃至单靠刑事法都无法解决全部问题。我国刑法学研究应当突破单向、片面、孤立和静态的思维模式,要"在刑法之中研究刑法、在刑法之外研究刑法和在刑法之上研究刑法"[12]。在刑事一体化思想的指导下,跳出过度依赖刑事实体法解决问题的单线程模式,对当前实体法与程序法搭配效能进行评估,从而有侧重地解决刑事治理不畅通之处,以达到综合治理的效果。

三、知识产权刑事自诉的效率与公平价值

(一)知识产权刑事自诉的私权(效率)价值

1.提升权利主体的诉讼参与度,缓和事实认定与法律定性的矛盾

在传统犯罪中,客观事实与法律事实之间有很强的伦理关联性,技术性犯罪则在某种程度上消解了法律与现实的天然关联性,道德直觉对专业性犯罪的认知作用下降。知识产权犯罪的专业性经由各行业不同的知识产权权利本身和侵权行为方式表现出来,对于某一事实是否构成法律所认可的侵权行为,需要凭借专门的行业知识才能判断。知识产权权利人掌握着丰富的知识产权侵权线索,也是侦破此类犯罪的重要依靠力量。刑事公诉案件虽然也少不了权利人的配合,但与刑事自诉相比,权利人的参与意识是不同的。在公诉案件中,权利人虽然具有专业知识方面的优势,但对案件专业事实的证明往往要花费一定的成本,因此在案件侦查前期权利人可能会处于消极状态,依赖公安和检察机关投入更多司法资源,这一信息不对称会造成诉讼资源浪费。刑事自诉提高了权利主体的诉讼参与度,能够更好地激励权利人发

---

〔10〕 谢焱:《"以营利为目的"在网络著作权案件中的刑法适用》,载《东方法学》2017年第4期。

〔11〕 最高人民法院《中国法院知识产权司法保护状况(2018)》。

〔12〕 储槐植:《再说刑事一体化》,载《法学》2004年第3期。

挥专业知识的主动性。

2. 提升权利人对案件的掌握度,满足知识产权价值维护需求

公诉案件中权利人的参与情况很大程度上取决于公安和检察机关的意愿,权利人不可能围绕自己的诉求参与诉讼程序环节。公安和检察机关作为国家权力机关,其在价值取向方面与权利人有属性上的差异,出于对犯罪打击效果的追求,公安和检察机关会忽视权利人对知识产权价值维护的需求和获得经济补偿的需求。以侵犯商业秘密罪为例,法律保护的本质是基于秘密性所获得的竞争优势而给权利人带来经济利益,故保护对象以处于秘密状态为必要。商业秘密的这一特殊性,要求侦查人员在侦查取证中应采取适当的保密措施,防止因措施不当给权利人造成难以挽回的损失。如果走公诉路径,由于诉讼环节的增加,侦查、公诉人员介入,如果在某一个环节上把握不当,就有可能会造成对商业秘密的二次侵害,所以权利人在一定程度上有所顾虑。通过自诉,权利人能更有效地把握诉讼整体进程,采取维护知识产权与获取损害赔偿的最佳路径。

3. 实现司法资源优化分配,提升知识产权犯罪处理效能

司法资源的有限性与维权诉求的无限性之间的矛盾是我们进行司法资源配置的认知前提。在资源有限的情况下,为解决更多的纠纷,有两种解决思路:一是在刑事法内部对不同犯罪类型进行资源倾斜分配;二是提升单位资源的利用效能。第一种思路是治标不治本的,犯罪黑数的存在表明需要追诉的犯罪在数量上远远大于已被追诉的犯罪,[13] 提升单位资源利用效能是实现司法高效治理的首要选择。如前所述,在刑事公诉中存在的信息不对称会使权利人将实施知识产权的成本转嫁给国家刑事诉讼系统,因此应当防止刑罚权在知识产权案件中的滥用。[14] 诉讼经济效益意味着投入尽可能少的侦查、起诉和审判等刑事司法资源以获取较高的案件效益产出。如今,司法机关处于诉讼爆炸的时期,经济性司法是司法机关要着重考虑的问题之

---

〔13〕 吴卫军、任永芳:《刑事诉讼中的效益原理——以审前程序为视角的比较分析》,载《社会科学研究》2006 年第 3 期。

〔14〕 See Geraldine Szott Moohr, *The Politics of Crime Defining Overcriminalization Through Cost – Benefit Analysis: The Example of Criminal Copyright Laws*, 54 Am. U. L. Rev. 783 (February), 2005; Frederick M. Abbott et. al., *International Intellectual Property in an Integrated World Economy*, Aspen Publishers, 2007, p. 608.

一。[15] 以公安部门和检察机关为例:公安经侦部门负责对所有经济犯罪的侦查,警力配置与社会某一时段的突发事件相关联(当前涉众型的非法集资、电信诈骗案件牵制了很大一部分警力),无法依据犯罪权重进行主动打击;地方检察院也往往将金融和知识产权合并在一个部门,分身乏术。在司法资源不变的前提下,如果不对案件进行繁简分流,必然有损于对严重刑事犯罪的打击。在诉讼经济性原则的指引下,当轻微犯罪对社会造成的损害小于公权力介入所造成的私权损害与资源浪费,将追诉犯罪的选择权交由被害人行使是更理性的做法。[16] 刑事自诉的开展作为解决当前诉讼资源紧张的一种尝试,与强化公诉的职能是一种并行的选择,也是实现刑事法内部实体法与程序法有机协调的一个突破口。

(二)刑事自诉对知识产权保护的公私协调(公平)价值

知识产权在国家发展战略中占有重要地位,中共中央办公厅、国务院办公厅《关于强化知识产权保护的意见(2019年)》和中共中央、国务院《知识产权强国建设纲要(2021-2035年)》等文件体现了对知识产权进行"强保护"的趋势。提及"强保护",运用刑事制裁严厉打击知识产权犯罪似乎是当然要求。然而,"强保护"不能简单地等同于"强刑事保护",基于谦抑性要求,在知识产权强保护背景下依然要坚持知识产权刑事司法的宽严相济。

从法律性质上看,刑事公诉权与刑事自诉权具有迥然不同的内涵:刑事公诉权以维护社会整体利益为出发点,寻求普遍正义的伸张,其实现过程依托国家强制力,带有"权力"的性质;虽然刑事自诉与刑事公诉的直接目的都是寻求刑罚对行为人的制裁,但就实现方式来说,刑事自诉权没有国家强制力的保障,其仅作为刑事制裁实现的可选程序。这一程序自身不带有强制色彩,它以维护当事人个体权利为基点,从诉追犯罪中实现个别正义,[17] 带有"权利"的性质。因而,从法律事实的"质"上看,民事权利人的诉权与刑事被害人的诉权并无本质区别,在同一法律事实下,既可能产生被侵权人的民事诉权,也可能产生被害人的刑事诉权;从法律事实的"量"上看,犯罪行为较民事侵权行为有着更严重的社会危害性,[18] 故而在责任实现上前者是刑事责

---

〔15〕 吴小帅:《刑事自诉圈重构论》,法律出版社2018年版,第53页。

〔16〕 吴小帅:《刑事自诉圈重构论》,法律出版社2018年版,第55页。

〔17〕 吴卫军、肖仕卫:《刑事自诉制度研究——基于文本与实证的双重分析》,中国政法大学出版社2014年版,第4页。

〔18〕 吴小帅:《刑事自诉圈重构论》,法律出版社2018年版,第29页。

任,后者是民事责任。简言之,刑事自诉权与刑事公诉权在权利(力)行使方式上有“质”的不同;刑事自诉权与民事诉权在权利行使方式上无“质”的不同,仅在权利行使的结果(责任实现)上存在“量”的差异。

就知识产权的功能和起源来看,“以产权私有为核心的知识产权法在欧洲的出现,就是财产权领域的一次制度创新”[19]。在我国,知识产权犯罪侵犯的法益是社会主义市场经济秩序这一“超个人法益”。总结而言,知识产权犯罪的法益是一种“知识产权权利人私权 + 国家公共管理秩序”的复合递进结构,“权利人的知识产权私权是刑法保护的必要条件,而非充分条件”[20]。超个人法益的构成以知识产权权利人的私权益为根基,当这种私权受破坏到一定程度进而影响正常的市场经济秩序时才进入刑法的视野。最明显的例证就是我国司法解释对知识产权犯罪起刑点的数额规定,这体现了由量变到质变的法益衍生模式。基于知识产权犯罪的法益结构形式可以看出,“自诉为辅”是对知识产权犯罪追诉模式的重要补充,体现了刑事实体法对该法益保护的递进层次。刑事犯罪由国家公诉机关进行追诉的一个重要原因是犯罪行为的严重危害性,尤其表现为犯罪手段的破坏性。对知识产权轻微刑事案件来说,公权力的介入很容易造成手段(刑事公诉)与结果(轻罪)的不均衡。刑事自诉则是一种以私权手段实现刑事责任的方式,缓和了知识产权轻微刑事犯罪的轻微性与刑事公诉严厉性之间的紧张关系。“民事诉讼—刑事自诉—刑事公诉”分别对应“民事侵权—轻微刑事案件—严重刑事案件”,构建了阶梯式保护模式,有利于实现知识产权私权属性与公权特征的价值平衡。

四、知识产权刑事自诉的实现路径

知识产权刑事自诉制度的提倡和实现,需要依据刑事自诉的一般理论,明晰知识产权刑事自诉的主体要求、证据标准,有针对性地消除权利人自诉的障碍,同时结合知识产权保护的价值追求,解决刑事自诉与公诉的程序冲突。

(一)诉讼主体权责与能力补足

传统的刑事公诉案件受国家本位意识的影响,认为国家利益的实现已经

---

〔19〕 田宏杰:《论我国知识产权的刑事法律保护》,载《中国法学》2003 年第 3 期。

〔20〕 谢焱:《知识产权刑法法益分析》,载《北方法学》2017 年第 4 期。

代表个人利益的实现,被害人的私权常常被忽视。近年来,被害人的诉讼地位逐渐受到重视,《刑事诉讼法》第108条第2项将被害人置于当事人之首,彰显出被害人在刑事诉讼程序中的重要地位,确认了被害人与案件处理结果的利害关系的不可分割性。我国刑事诉讼中的自诉人和附带民事诉讼的原告人属于完整意义的当事人,享有当事人的一切诉讼权利。《刑事诉讼法》第46条第1款规定,知识产权刑事案件的自诉人有权直接向法院提起诉讼,并有权委托代理人代理诉讼;第212条第1款规定,自诉人有权根据自己的意愿撤回起诉或者同被告人和解;第218条规定,自诉人有权参加法庭调查和法庭辩论,陈述自己的诉讼请求;第227条规定,自诉人不服一审判决、裁定,有权在法定期限内提起上诉。这里的权利人包括自然人和单位,在知识产权刑事自诉案件中,自诉人以单位为主。

刑事自诉人享有当事人的一切诉讼权利,也意味着要承担当事人的诉讼义务。《刑事诉讼法》第51条规定,刑事自诉人需承担本属于公诉人的举证责任。犯罪行为与侵权行为的区别主要体现在所造成的损害程度上,证明侵权行为和损害事实的存在是刑事自诉过程中的主要障碍。[21] 为弥补自诉人在刑事自诉过程中能力不足的问题,可以探索刑事自诉强制代理制度。自诉强制代理包括两个方面的内容:一是必须委托代理人,二是代理人必须是律师。“为便于法院审理及被告行使防御权”,[22]我国台湾地区“刑事诉讼法”规定了刑事自诉强制代理制度。[23] 刑事自诉的初衷之一是发挥当事人以及社会力量的积极性,以弥补当前司法资源不足的问题。作为社会主义法治队伍的重要成员,律师在知识产权保护中的作用不可忽视。

刑事自诉因为没有公诉权作保障,自诉人在证据获取方面有天然弱势,进而影响刑事自诉目的的实现,因此律师代理显得尤为必要。此外,在追究犯罪的过程中,被害人不通晓法律知识和诉讼技能,其诉讼能力受到较大的限制,律师的参与是对当事人诉讼能力发挥的有效补足。律师代理的开展既

---

〔21〕 王秋华、李杭明:《侵犯知识产权犯罪的刑事追究与疑难》,载《当代检察官》2005年第12期;赵国玲、王海涛主编:《知识产权犯罪中的被害人——控制被害的实证分析》,北京大学出版社2008年版,第110页。

〔22〕 林荣耀、蔡佩芬:《刑事诉讼法逐条释论(三)》,台北,神州图书出版有限公司2004年版,第346页。

〔23〕 我国台湾地区“刑事诉讼法”第319条第1~2款:“犯罪之被害人得提起自诉……前项自诉之提起,应委任律师行之。”第329条第2款:“自诉人未委任代理人,法院应定期间以裁定命其委任代理人;逾期仍不委任者,应谕知不受理之判决。”

有利于保障被害人自身的合法权益,也有利于法院司法审判的秩序化开展。[24] 在知识产权案件中,由于案件的复杂性和刑事自诉的高难度,权利人如果提起刑事自诉,一般都会自行聘请律师,通过掌握专业法律知识的律师来弥补自诉人诉讼技巧(尤其是对证据规则的掌握)的不足。《刑诉法解释》第62条仅规定了法院对自诉人有权聘请律师的告知义务。当然,基于自诉主体的多样性,是否有必要规定刑事自诉强制代理制度仍有待探讨,但律师尤其是知识产权专业律师在刑事自诉中的参与是开展的重要方向,问题的关键在于如何设置相应的配套机制,使律师的作用得到充分发挥。

(二)诉讼证明标准的去同质化

在刑事自诉案件的证明标准上,应去除证据要求的同质化,在刑事自诉案件的立案证明标准、定罪量刑证明标准上体现一定的差异性和递进性。目前,我国刑事公诉案件的立案标准采取实质审查原则。然而,据前文所述,刑事自诉与刑事公诉具有本质上的不同,对刑事公诉采取严格立案标准是出于限制公权力滥用的考虑,刑事自诉本身则没有公权力作为保障,故证据是否确实、充分不应当成为刑事自诉的立案标准。证据确实、充分是自诉人胜诉的必要条件,而非实现诉权的条件。刑事自诉所要求的立案标准应参照《民事诉讼法》第122条规定的民事立案标准或《行政执法机关移送涉嫌犯罪案件的规定》第3条第2款规定的涉嫌犯罪案件的移送标准,体现出与审判中定罪量刑证明标准的层次性。在英美法系国家,检察官在作出起诉决定时,其对犯罪嫌疑的证明程度无论如何都不必达到法庭定罪时采用的标准。美国各州检察官通常适用"证据之形式上(prima facie)有罪"[25] 的起诉证明标准。在大陆法系国家,也并没有对提起公诉设立过于苛刻的证明标准,德国的刑事诉讼程序中犯罪嫌疑有"初始怀疑"(Anfangsverdacht)、"足够的犯罪嫌疑"(hinreichender Tatverdacht)和"重大犯罪嫌疑"(dringender Tatverdacht)三个层次,《德国刑事诉讼法典》第170条第1款规定,检察官提起公诉的条件是有"足够的犯罪嫌疑",即"被指控人极有可能实施了犯罪行为并被判有罪"[26]。知识产权犯罪是典型的法定犯,犯罪的认定往往基于民事侵权事实的存在,权利人能向法院提供某一特定专业领域的知识说明,并辅之以相应

---

〔24〕 吴卫军、肖仕卫:《刑事自诉制度研究——基于文本与实证的双重分析》,中国政法大学出版社2014年版,第69页。

〔25〕 李辞:《公诉与定罪适用同一证明标准的理论反思》,载《当代法学》2015年第3期。

〔26〕 § 170 Rn. 1, Meyer – Goßner/Schmitt, StGB (58. Aufl. 2015).

的证据,[27]按照定罪标准,也许这些证据不够充分,但如果将自诉立案标准和定罪标准予以区分,在审判过程中进一步获得公权力辅助采集证据,或许定罪证据不足的问题将不复存在。故有必要针对知识产权犯罪具体各罪确定合适的自诉立案标准,原则上应在犯罪事实基本明确的基础上,适当放宽数额标准,以降低自诉人的维权难度,这符合自诉权的属性特征。纵使证明有罪困难,亦不可放弃对实质真实的追求。[28] 至于最终是否构成犯罪以及构成何种犯罪,仍然要求达到“犯罪事实清楚,证据确实、充分”的程度。

(三)证据获取的公权力保障

基于刑事自诉权与民事诉权性质的同一性,刑事自诉人没有公安与检察机关的“侦查权”,其必然面临着证据获取方面的权限不足,这是其诉讼便利性带来的必要牺牲。自诉人虽然不能获得与公安和检察机关同样的侦查权限,但在证据的收集方面理应获得相应的便利,至少要减少自诉人在证据获取方面遇到的不必要的阻碍。尤其当辩护律师仅凭一己之力自行调查取证亦有障碍的话,补足自诉人的举证能力还要仰赖公权力之有效运作。

《刑诉法解释》第325条对自诉人向法院申请调取证据作了原则性规定,同时仅针对利用网络实施的侮辱、诽谤行为规定了要求公安机关提供协助。当前,知识产权犯罪的网络化趋势显著,取证问题更离不开公安机关的协助。在公诉程序中,《刑事诉讼法》第197条规定了当事人可以申请法庭启动职权实施相关的证据收集与调查行为,但《刑诉法解释》第273条规定要求申请人提供证人的姓名、证据的存放地点、说明拟证明的案件事实、要求重新鉴定或者勘验的理由,可见对申请人提出的要求很高,实质上免除了法庭收集证据的义务。在我国盛行的“强化当事人自行举证,法院退居被动裁判地位”[29]之观点影响下,刑事自诉申请调取证据困难重重。

在基于职权主义诉讼的德国,法庭负有“澄清义务”,即对一切有助于查明案件真相的证据和事实,只要具有调查的可能性,法庭原则上均应当予以调查。[30]《德国刑事诉讼法》第244~245条规定了刑事诉讼参与人向法院“申请证据权利”(Beweisantragsrecht)。根据申请内容的不同,证据申请又分

[27] 陈岚:《侵犯知识产权犯罪案件宜纳入公诉范围》,载《人民检察》2011年第21期。

[28] 王一超:《论“告诉才处理”案件的追诉形式》,载《环球法律评论》2014年第4期。

[29] 肖扬:《法院、法官与司法改革》,载《法学家》2003年第1期;龙宗智:《试析我国刑事审判方式改革的方向与路径》,载《社会科学研究》2005年第1期。

[30] 孙远:《论证据申请及其裁决》,载《现代法学》2011年第5期。

为狭义的证据申请和证据调查申请,〔31〕前者在申请中明确了待证事实和证据获取方法,后者则未明确。法庭对于上述各种申请均应考虑,若不存在法律明确规定的驳回事由,则法庭有义务启动职权调查。为了解决知识产权犯罪举证难的问题,在刑事自诉的情形下,可以参考德国的做法,法院对于自诉人提出的证据调查申请采取较为宽容的态度,并积极探索权利人请求行政执法机关、刑事侦查机关、检察机关和法院提供协助的多重通道,以此弥补自诉人取证能力不足的缺陷。值得注意的是,在刑事自诉中公权力机关对自诉人的配合应以不给被告人强力约束为限,避免以刑事自诉的形式行刑事公诉之实。

(四)诉讼积极冲突与消极冲突的处理

1. 消极冲突的解决

刑事诉讼的消极冲突分两种情形:一是指权利人和公权力机关都没有对涉嫌刑事犯罪的侵权行为进行起诉;二是权利人一方进行了刑事自诉但是因为举证不能等原因而撤诉,由此产生的司法管辖空白。

第一种情形产生的原因除了权利人放弃行使自诉权以外,还有不同机关对案件性质认识的差异。适合刑事自诉的是"被害人有证据证明的轻微刑事案件",而对于"严重危害社会秩序和国家利益"的案件必须由检察机关提起公诉。在司法实践中,司法机关在判断是否"严重危害社会秩序和国家利益"时没有统一的标准。对于同一案件,法院可能认为该案件符合"严重危害国家利益"的标准,故告知被害人向公安和检察机关报案,但检察机关可能认为该案未达到危害国家利益的程度,于是告知被害人向法院提起自诉。〔32〕对于此种消极冲突,应当明确《刑事诉讼法》第210条规定的第二类和第三类自诉案件的适用条件。根据相应司法解释,侵犯知识产权案属于第二类自诉案件,但是严重危害社会秩序和国家利益的除外。按照字面意思,如果某一知识产权案件严重危害社会秩序和国家利益,那该案件就不满足刑事自诉权行使的条件,这也就意味着该案进入一般意义上刑事公诉案件的范围,此时如果检察机关不提起公诉,权利人完全可以依据《刑事诉讼法》第210条第三类刑事自诉案件的规定提起自诉。依照此种思路,第一、二类自诉案件与第三类自诉案件形成了有序衔接。

〔31〕［德］克劳思·罗科信:《刑事诉讼法》,吴丽琪译,法律出版社2003年版,第417页。
〔32〕陈光发、马向征:《刑事自诉制度重构刍议》,载《现代法学》2001年第1期。

第二种情形产生的原因主要是自诉人因主客观原因无法继续进行诉讼。在自诉人撤诉的情况下,如果该案件严重危害社会秩序和国家利益,或者人民法院认为有继续审理的必要,此时应保证公权力机关能够及时介入。自诉担当制度可以作为一种参考。自诉担当是指被害人已经提出控诉,自诉程序已经启动,但被害人由于某种原因不能或不愿继续进行诉讼行为,改由国家公诉机关替代被害人行使控诉职能的法律制度。[33] 德国和我国台湾地区关于自诉担当或称自诉接管制度的规定具有一定的参考意义。自诉接管制度即当出现法定事由,由检察官接管原由自诉人进行的刑事自诉程序。[34] 在知识产权刑事自诉案件中,为了弥补刑事自诉人能力的不足以及特定情况下维护社会公共利益和国家利益的需要,宜在刑事自诉和刑事公诉之间设置衔接机制,依自诉终止产生的原因及其产生的后果不同设置检察机关的接管职责。例如,对于涉及公共利益的自诉案件,规定检察机关在自诉终止后的接管义务;对于涉及自诉人个人利益的自诉案件,由法院或检察机关进行评估是否有必要继续进行诉讼。

2. 积极冲突的解决

刑事自诉与公诉的积极冲突表现在两个方面:一是诉讼程序启动的冲突,二是对诉讼结果不同态度之间的冲突。从诉讼程序启动的冲突来看,对于被害人有证据证明的轻微刑事案件,被害人既可以主动诉诸法院,公安机关、检察机关也可以主动介入,因此难免会出现被害人自诉与检察机关公诉冲突的局面。该种情况在前文“公诉为主、自诉为辅”的追诉模式部分已经论及,虽然刑事自诉在效率层面有较大优势,但是从整体诉讼制度架构的稳定性层面考虑,当刑事自诉与刑事公诉产生冲突时,刑事自诉应让位于刑事公诉。对诉讼结果不同态度的冲突指的是自诉人与其他公权力机关对案件处理结果持不同的态度,通常表现为公权力机关对自诉人撤诉、自诉人与被告人和解的不认可。根据《刑诉法解释》第329条第1款规定,判决宣告前,自诉案件的当事人可以自行和解,自诉人可以撤回自诉,但须经人民法院认可。与公诉程序中的和解协议(作为从轻处罚的适用条件)不同,刑事自诉中的和

---

〔33〕 吴卫军:《我国刑事自诉制度的反思与重构》,载《河北大学学报(哲学社会科学版)》2004年第4期。

〔34〕 我国台湾地区“刑事诉讼法”第332条:自诉人于辩论终结前,丧失行为能力或死亡者,得由第319条第1项所列得为提起自诉之人,于一个月内声请法院承受诉讼;如无承受诉讼之人或逾期不为承受者,法院应分别情形,径行判决或通知检察官担当诉讼。

解可以作为一种终结诉讼的手段。法院对当事人之间和解的认可是以“自诉人的自愿”为唯一条件的，自诉人对自诉程序具有主导权。但是，这并不是说在自诉人与检察机关对诉讼结果的态度冲突中自诉人起决定作用，检察机关仍然可以出于维护国家利益与公共利益的需要否认自诉程序中当事人的和解，只不过此处是依据检察机关对自诉案件的介入权，此时由于国家利益和公共利益的存在，该案件由自诉案件转变为公诉案件，这与“公诉为主，自诉为辅”的诉讼模式所遵循的公权优先的刑事诉讼理念是一致的。

五、结语

一项成功的制度设计，应当同时符合基础的理论及实践框架，考量特定的社会背景，兼顾主体权利的均衡配置和实现可容忍的司法效率等。知识产权刑事保护制度作为知识产权保护最后一道防线，除了让被害人的权利得到更好的救济，让刑法所保护的法益得到更好的保障应当是程序设计的核心问题。能够在多大程度上保障预期法律效果的实现，取决于构成这一制度运行基础的相关程序设计是否完善合理。知识产权的制度理性和权利性质决定了它与其他刑法保护对象不同，知识产权的刑事政策原则和刑事保护规律也应有其特殊性；知识产权的专业性决定了刑事司法也要加强专业化建设。从刑事法内部来看，刑事程序法与刑事实体法应协调发展，秉承刑事一体化的理念，共同服务于知识产权的公平合理保护，维护司法正义。

（周树超　审阅）

（康思远　校对）

刑事附带民事公益诉讼审判程序体系论

张　洋*

摘　要:刑事附带民事公益诉讼已成为实践中检察公益诉讼的主要类型之一,但面临着规则供给较少的不足,导致在审判程序中存在诸多运行困境。对此,应当结合刑事附带民事诉讼和民事公益诉讼理论,在刑事附带民事公益诉讼的一审程序、判决效力及救济程序的特殊性上进行体系化构建。刑事附带民事公益诉讼在一审中应始终遵循刑主民从原则,但亦应考虑到民事公益诉讼的特殊性;判决存在合并式与分别式的区分,刑事部分判决已决事实对附带民事公益诉讼部分判决具有证明效力,附带民事公益诉讼部分判决已决基本事实对后续私益诉讼具有证明效力,判决效力可扩张至其他适格主体;救济程序中最亟待明确的是启动方式,提起诉讼的检察机关应通过上诉提起第二审程序、通过抗诉提起审判监督程序。

关键词:刑事附带民事公益诉讼　一审程序　判决效力　救济程序

一、问题的提出

刑事附带民事公益诉讼,是指检察机关在提起刑事诉讼的同时,就该刑事诉讼所涉及的公益诉讼请求一起提出,法院对此一并加以裁判的复合诉讼制度。[1] 自2016年最高人民检察院《关于深化公益诉讼试点工作有关问题的意见》提出可以探索一并提起刑事附带民事公益诉讼后,这一公益诉

* 张洋,中国政法大学民商经济法学院诉讼法学专业2020级博士研究生。

[1] 汤维建:《刑事附带民事公益诉讼研究》,载《上海政法学院学报(法治论丛)》2022年第1期。

讼新形态便逐渐因其“相对简单,阻力、难度小”而在实践中受到重视,并于2018年被最高人民法院、最高人民检察院《关于检察公益诉讼案件适用法律若干问题的解释》(以下简称《检察公益诉讼解释》)第20条[2]所正式确立。有数据显示,在2017年7月至2021年6月检察机关共提起公益诉讼19695件,其中刑事附带民事公益诉讼15320件,约占77.8%。[3] 可见,刑事附带民事公益诉讼已然成为实践中最主要的检察公益诉讼类型。

但是,与此在实践中的主要地位及其复杂性不相称的是,刑事附带民事公益诉讼于法规范上却仅存在《检察公益诉讼解释》第20条这一独有规定,由此引发诸多运行困境。庆幸的是,我国已有诸多学界力量和实务力量在积极参与探索完善刑事附带民事公益诉讼制度。在学界,例如,刘加良以法教义学为方法,集中探讨了刑事附带民事公益诉讼的上位法依据、诉前公告、合议庭组成、管辖、被告范围等问题;[4] 汤维建也研究了如上问题,并就审判顺序中的“先刑后民”提出反思;[5] 谢小剑从实证研究出发,在总结了207件裁判文书后重点探讨了诉讼的审理范围、管辖、合议庭组成、诉前公告等问题,并提及调解与撤诉的特殊程序对待;[6] 刘艺从多诉讼样态协同之视角研究了刑事附带民事公益诉讼的功能、模式、机制协同问题,着重对其上位法依据、受案范围、管辖、责任方式展开论述,并略有论及起诉与审理程序;[7] 蔡虹重点关注刑事附带民事公益诉讼与刑事附带民事私益诉讼的合并审理问题,其主张在程序建构上应坚持刑事公诉的主体地位,对附带的公

[2] 2018年《检察公益诉讼解释》第20条规定:“人民检察院对破坏生态环境和资源保护、食品药品安全领域侵害众多消费者合法权益等损害社会公共利益的犯罪行为提起刑事公诉时,可以向人民法院一并提起附带民事公益诉讼,由人民法院同一审判组织审理。人民检察院提起的刑事附带民事公益诉讼案件由审理刑事案件的人民法院管辖。”

[3] 闫晶晶:《公益诉讼全面开展4年提起诉讼近2万件》,载《检察日报》2021年9月16日,第2版。

[4] 刘加良:《刑事附带民事公益诉讼的困局与出路》,载《政治与法律》2019年第10期。

[5] 汤维建:《刑事附带民事公益诉讼研究》,载《上海政法学院学报(法治论丛)》2022年第1期。

[6] 谢小剑:《刑事附带民事公益诉讼:制度创新与实践突围——以207份裁判文书为样本》,载《中国刑事法杂志》2019年第5期。

[7] 刘艺:《刑事附带民事公益诉讼的协同问题研究》,载《中国刑事法杂志》2019年第5期。侧重研究刑事诉讼与公益诉讼协同问题的还有卞建林等,参见卞建林、谢澍:《刑事附带民事公益诉讼的实践探索——东乌珠穆沁旗人民检察院诉王某某等三人非法狩猎案评析》,载《中国法律评论》2020年第5期。

私益诉讼应以共通事实和个别事实为标准分阶段审理。[8] 在司法实务中,最高人民法院和最高人民检察院也在积极作出努力。例如,针对争论颇多的诉前公告问题,两单位于2019年年底联合发布《关于人民检察院提起刑事附带民事公益诉讼应否履行诉前公告程序问题的批复》,明确需要履行诉前公告程序。理论研究的深入和司法实务的探索,为刑事附带民事公益诉讼的进一步发展提供了诸多支持。不过,细察观之不难发现,目前的关注点多集中于起诉主体、被告范围、管辖、诉前公告、案件线索协同等涉检察机关方面,偏重对起诉条件的研究而忽视对审判程序的研究,少数论者也仅是部分论及审判顺序、调解与撤诉等问题。然而,刑事附带民事公益诉讼涉及刑民交叉、公私益交叉等多重法律关系,除起诉条件外,其在第一审程序、判决类型及效力和启动司法救济程序等审判程序方面均具有特殊性,理论界和实务界应对此有所系统性地回应,但目前暂付阙如。基于此,本文以体系论为方法,在充分考虑刑事附带民事公益诉讼特殊性及与现行制度良好衔接的基础上,集中展开对刑事附带民事公益诉讼审判程序构造的系统化探讨。

二、刑事附带民事公益诉讼一审程序的特殊构造

尽管目前学术界对刑事附带民事公益诉讼的上位法依据仍存在争议,[9]但刑事附带民事公益诉讼在审判程序上应整体遵循刑事诉讼(或刑事附带民事诉讼)规则却几乎不存在争议,这由民事公益诉讼"附带"于刑事诉讼的"附带性"所决定。但是,刑事附带民事公益诉讼基于其特殊的诉讼形态,其相比普通刑事附带民事(私益)诉讼仍有诸多特殊程序构造,而遗憾的是,当前学术界往往仅零星关注到其中部分领域,如审判组织问题、审理顺序问题,却忽略了以系统视角审视刑事附带民事公益诉讼一审程序的特殊构造。为克服零散化、碎片化式研究所带来的不足,笔者通过系统梳

---

[8] 蔡虹、王瑞祺:《刑事附带民事公私益诉讼并审的程序展开》,载《海南大学学报(人文社会科学版)》2022年第1期。

[9] 例如,傅贤国认为刑事附带民事公益诉讼的上位法依据为民事诉讼法,参见傅贤国:《刑事附带消费民事公益诉讼的认识误区及其克服》,载《河北法学》2022年第3期。而周晓、杨雅妮认为刑事附带民事公益诉讼的优先上位法为刑事诉讼法,分别参见周晓:《侵犯公民个人信息犯罪刑事附带民事公益诉讼案件的审理困境和规范应对》,载《法律适用》2023年第2期;杨雅妮:《论刑事附带民事公益诉讼的起诉主体——基于"身份"与"范围"的分析》,载《求索》2022年第6期。随着单独制定"公益诉讼法""检察公益诉讼法"的呼声愈加强大,若将来该两新法能落地,其亦应规定且应着重规定刑事附带民事公益诉讼。

理,明确刑事附带民事公益诉讼至少在庭前准备程序、开庭审理程序、调解与和解程序、撤诉程序等方面存在特殊构造。

(一)庭前准备程序

伴随着“以庭审为中心”的诉讼制度改革,为保证庭审功能的良好实现,健全完备的庭前程序越来越受到关注。而在庭前准备的各项子程序中,庭前会议制度被摆在了显眼位置。开展刑事附带民事公益诉讼应当利用好庭前会议。

根据最高人民法院《关于适用〈中华人民共和国刑事诉讼法〉的解释》(以下简称《刑诉法解释》)第226条,当刑事案件具有“证据材料较多、案情重大复杂的,或控辩双方对事实、证据存在较大争议的,或社会影响重大的,或需要召开庭前会议的其他情形”之一时,法院可以召开庭前会议。对于刑事附带民事公益诉讼,其涉及的案情、证据和法律程序往往比较复杂,且一般具有较大影响力,通常便能满足上述情形;同时,为集中庭审重点,尽量解决在庭前就能依法解决的事项,[10]加快审理程序运行,法院召开庭前会议就更具有意义。但是,庭前会议的召开仍应贯彻必要性原则,以能对庭审程序起到实质性、积极性的推进作用为启动前提。

通过庭前会议,法院可以要求检察机关明确附带公益诉讼部分的诉讼请求,要求被告人明确答辩意见,还可以组织证据交换、归纳争议焦点等。尤其是对争议焦点的整理,甚至能对诉讼审理质量起到决定性影响。有学者还指出,在庭前会议上应“尝试由法院主持对附带民事公益诉讼部分进行调解,形成中国特色的刑事附带民事公益诉讼先行调解规则”[11]。笔者认为,对附带民事公益诉讼部分进行调解的确是一种提高诉讼效率的措施,但因检察机关并不享有完全的实体处分权,[12]基于公益诉讼性质,故调解不应得到鼓励,至少不应受到政策支持(后文详述)。

除应积极有效地开展庭前会议外,法院还应当履行“在立案之日起五日内将起诉书副本送达被告”[13]“在十日内书面告知相关行政主管部门”[14]“在

〔10〕 鲁杨:《完善刑事附带民事公益诉讼程序》,载《人民检察》2018年第10期。

〔11〕 张源:《持续发力完善刑事附带民事公益诉讼规则》,载《检察日报》2019年6月2日,第3版。此外,《刑诉法解释》第228条第2款规定:“庭前会议中,人民法院可以开展附带民事调解”。

〔12〕 张卫平:《民事公益诉讼原则的制度化及实施研究》,载《清华法学》2013年第4期。

〔13〕 《检察公益诉讼解释》第17条第1款规定:“人民法院受理人民检察院提起的民事公益诉讼案件后,应当在立案之日起五日内将起诉书副本送达被告。”

〔14〕 最高人民法院《关于适用〈中华人民共和国民事诉讼法〉的解释》第284条规定:“人民法院受理公益诉讼案件后,应当在十日内书面告知相关行政主管部门。”

开庭三日前向人民检察院送达出庭通知书”〔15〕等通知性工作。需要明确的是,庭前准备程序应由法院与当事人(含检察机关)共同参与,各主体是一个作业共同体,体现协同主义原则。因此,检察机关、被告人也有配合法院开展庭前程序的义务。

(二)开庭审理程序

1.审判组织:由同案刑事审判组织审理

刑事附带民事公益诉讼产生的事实基础在于侵犯刑法法益与侵犯社会公共利益的行为一般乃同一行为,故刑事审判组织审理犯罪行为其实就是在审理侵犯社会公共利益行为,这极大地便利了附带民事公益诉讼审判,具有其他审判组织不可能具备的优势。由此,《检察公益诉讼解释》第20条规定刑事附带民事公益诉讼由法院同一审判组织审理。

不过,对于“同一审判组织”还应有进一步探究。首先要讨论独任制与合议制问题,这涉及适用简易程序还是普通程序。《刑事诉讼法》第215条第2项规定,有重大社会影响的案件不适用简易程序。对于附带民事公益诉讼,是否能因为公益诉讼部分通常具有重大社会影响而限制刑事案件对简易程序的适用?或者说,当刑事案件适用简易程序时,就一定不能提起附带民事公益诉讼?在司法实践中,有直接适用简易程序审理的〔16〕,也有起初适用简易程序而后转为普通程序审理的〔17〕,但绝大多数案件以普通程序审理。公益诉讼案件一般由中级人民法院管辖,不得适用简易程序,而在依附刑事案件成为刑事附带民事公益诉讼后,大量案件将由基层法院管辖。〔18〕笔者认为,在本已经“降级”审理后,若再适用简易程序则显然不合理,故对此处的“同一审判组织”应当限缩解释为普通程序下的合议庭。

〔15〕《检察公益诉讼解释》第8条第1款规定:“人民法院开庭审理人民检察院提起的公益诉讼案件,应当在开庭三日前向人民检察院送达出庭通知书。”

〔16〕赵某生产、销售假药案,湖南省怀化市鹤城区人民法院(2018)湘1202刑初453号刑事判决书;龙某非法猎捕、杀害珍贵、濒危野生动物案,江西省玉山县人民法院(2019)赣1123刑初307号刑事判决书。

〔17〕陈某生产、销售有毒、有害食品案,江苏省张家港市人民法院(2019)苏0582刑初35号刑事判决书。

〔18〕尽管《检察公益诉讼解释》第20条规定附带民事公益诉讼案件将由刑事案件法院管辖,司法实践中大多数案件由基层人民法院审理,但仍有学者认为公益诉讼案件普遍较为复杂、涉及法律众多、社会影响大,主张为确保案件的公正审理与执行需要由中级人民法院管辖更为妥当。参见傅贤国:《论个人信息保护民事公益诉讼之起诉主体——兼论〈个人信息保护法〉第70条之不足及完善》,载《河北法学》2023年第2期。

此外,对合议庭的组成也值得探讨。2018 年施行的《人民陪审员法》第16 条第 2 项规定,一审民事公益诉讼须由陪审员和法官组成七人合议庭。这就与《检察公益诉讼解释》第 20 条规定的由“同一审判组织”审理存在一定冲突。一般情形下,普通一审刑事案件会组成三人合议庭,那在刑事附带民事公益诉讼中,到底是依据《人民陪审员法》组成七人合议庭,还是依据《检察公益诉讼解释》仍由同案三人合议庭审理?从法律效力位阶来看,理应适用更新、效力位阶更高的《人民陪审员法》,但司法实践中却存在大量三人合议庭的案例〔19〕?事实上,针对这种情形,应从刑事附带民事公益诉讼特点出发。在庭审规则上,刑事案件与附带民事公益诉讼案件采取“刑主民从”原则,民事公益部分原则上不得影响刑事部分的审理。若强行将原本三人合议庭变更为七人合议庭,有违“刑主民从”原则,亦不利于诉讼经济。〔20〕对于《人民陪审员法》要求公益诉讼组成七人合议庭所追求的“司法接近民意”〔21〕,则可以通过诉讼公开方式予以一定程度弥补。〔22〕

2. 审理方式:一并审理为原则、分别审理为例外

一并审理与分别审理是法院审理附带诉讼的两种审理方式,前者指在同一程序中同时审理主诉讼部分和附带诉讼部分,后者指先将主诉讼部分审判完成后再审理附带诉讼部分。一般而言,一并审理更符合审理规律,概因侵犯刑法法益与侵犯社会公共利益的行为一般乃同一行为,审理犯罪行为的同时实际就是审理了侵犯社会公共利益的行为,这减少了法官的重复工作,有利于提高审判效能与质量。但是,由于附带诉讼的存在复杂化了整个案件,使得有些案件若一味地强求一并审理将导致对主诉讼部分的审理“过分迟延”〔23〕,这有违附带诉讼制度追求提高诉讼效率的设计初衷。此

〔19〕 杨某生产、销售有毒、有害食品案,河北省顺平县人民法院(2020)冀 0636 刑初 71 号刑事判决书;王某生产、销售有毒、有害食品案,山东省博兴县人民法院(2020)鲁 1625 刑初 137 号刑事判决书。

〔20〕 汤维建作出更广泛地判断,认为公益诉讼案件均适用七人合议庭的规定既不必要也不现实,进而主张附带民事公益诉讼并不是必须有人民陪审员参与,更不是必须组成七人合议庭。参见汤维建:《刑事附带民事公益诉讼研究》,载《上海政法学院学报(法治论丛)》2022 年第 1 期。

〔21〕 刘峥、刘知行:《论人民陪审员制度中的参审案件范围》,载《法律适用》2018 年第 9 期。

〔22〕 毋爱斌:《检察院提起刑事附带民事公益诉讼诸问题》,载《郑州大学学报(哲学社会科学版)》2020 年第 4 期。

〔23〕 《刑事诉讼法》第 104 条规定:“附带民事诉讼应当同刑事案件一并审判,只有为了防止刑事案件审判的过分迟延,才可以在刑事案件审判后,由同一审判组织继续审理附带民事诉讼。”

时,应当开辟制度通道允许对主诉讼部分先行审判,而后再对附带诉讼部分审判,形成分别审理模式。可见,以一并审理为原则,符合“附带”的基本属性;以分别审理为例外,也遵循了案件审判规律,整体上符合附带诉讼制度的设计理念。综上所述,审理刑事附带民事公益诉讼时在通常情况下应当对刑事部分和附带诉讼部分进行一并审理、一并裁判,只有在一并审理将导致刑事部分审判过分迟延时,才可以在先行审判刑事部分后再审理附带民事公益诉讼部分。

3. 审理顺序:遵循先刑后民原则

附带诉讼制度必然面临着审理主诉讼部分和附带诉讼部分的先后顺序问题。按照传统观点,一般认为应当采取先刑后民的审理顺序,但近年来有诸多学者尤其是民事诉讼法学者对此提出诸多指摘。这些指摘集中在两个层面:其一,主张根据《民法典》第187条〔24〕和《刑法》第36条第2款〔25〕的规定,以及现代社会倾向重视民事权利的时势,认为附带民事诉讼所追求的民事责任应当被先行履行故应先行审理;其二,认为先刑后民无法发挥民事部分对刑事部分的反作用影响力,以致削弱附带诉讼的制度效果,如不能落实积极赔偿与量刑挂钩的规定、不符刑事司法宽严相济的政策等。〔26〕诚然,上述指摘存在合理性,但这似乎并不直接关乎审理顺序问题。追求的责任承担与民事部分对刑事部分的反作用影响,其实主要是在裁判阶段而非审理阶段实现的;而不管审理顺序为何,一般都是同时对二者进行裁判。也就是说,虽先审理刑事部分后审理民事部分,但对于二者的裁判却是同时进行,这时就可以充分地考虑责任承担及追求附带诉讼的制度效果。而且,基于刑事证明标准高于等于民事证明标准的制度安排,先审理刑事部分的证据可以极大地便利民事部分的证据审理,这是先民后刑所不具备的优势。再者,刑事审判庭的法官一般对刑事审判更为熟悉,先刑后民更方便法官思

---

〔24〕《民法典》第187条规定:“民事主体因同一行为应当承担民事责任、行政责任和刑事责任的,承担行政责任或者刑事责任不影响承担民事责任;民事主体的财产不足以支付的,优先用于承担民事责任。”

〔25〕《刑法》第36条第2款规定:“承担民事赔偿责任的犯罪分子,同时被判处罚金,其财产不足以全部支付的,或者被判处没收财产的,应当先承担对被害人的民事赔偿责任。”

〔26〕汤维建:《刑事附带民事公益诉讼研究》,载《上海政法学院学报(法治论丛)》2022年第1期;庄玮:《刑事附带民事公益诉讼制度理论与实践问题研究》,载《中国应用法学》2021年第4期;郭小冬:《检察机关提起刑事附带民事公益诉讼的实践争议及理论回应》,载《法律科学(西北政法大学学报)》2023年第5期;等等。

考与审判。因此,先刑后民的审理顺序依然是更为科学的制度设计,对于反对者的指摘可以在裁判阶段重点考虑与实现。

在一并审理时,先刑后民是指在每一个庭审具体阶段都应当遵循先审理刑事部分再审理附带民事部分(重合部分不必重复审理)的原则。如法庭调查阶段,法官在调查刑事证据后就应紧接着调查民事公益证据,而非等刑事部分的前四个庭审阶段〔27〕全部完成后再对民事公益诉讼部分开庭审理。在分别审理时,则应注意:其一,只能是先审理刑事部分;其二,一般不影响先行刑事判决的生效;其三,必须由同一审判组织继续审理。〔28〕但有学者认为,若刑事部分已先行裁判,附带民事诉讼俨然就成为一个"独立之诉",不如干脆裁定移交民庭处理。〔29〕笔者认为,对"独立之诉"的担忧,实际上是对附带诉讼之"依附性"的曲解。"依附性"是所有附带诉讼的前提,但绝不能一味以刑事诉讼存在为纲,要确立"系统化、一体化的程序思路"〔30〕。"依附性"可以提高诉讼效率,这是附带民事诉讼设立的基础之一,但根本目的仍在于维护当事人权益和司法公正。〔31〕因此,只要是对当事人更有利的、不脱离基本刑事诉讼规律和民事诉讼规律的,都应当适用。"独立之诉"虽有失"附带基础"之嫌,但为遵循附带民事公益诉讼的审理规律,减少程序繁复及追求诉讼经济,由原审判组织继续审理是合理的。

4. 公开审理:以刑事规定优先为原则

刑事诉讼和民事公益诉讼关于公开审理的要求分别适用《刑诉法解释》第 222 条〔32〕和《民事诉讼法》第 137 条〔33〕,经比对不难发现,两者基本一致,即当刑事诉讼要求不公开时,民事公益诉讼一般也要求不公开,此时对刑事附带民事公益诉讼不公开审理不存在争议。但是,为监督附带民事公

---

〔27〕 根据《刑事诉讼法》的相关规定,刑事诉讼法庭审理程序分为开庭、法庭调查、法庭辩论、被告人陈述、评议和宣判 5 个阶段。

〔28〕 刘文、刘磊编著:《刑事诉讼原理研究》,厦门大学出版社 2007 年版,第 195 页。

〔29〕 刘金友、奚玮:《附带民事诉讼原理与实务》,法律出版社 2005 年版,第 278 页。

〔30〕 宋英辉、曹文智:《论刑民交叉案件程序冲突的协调》,载《河南社会科学》2015 年第 5 期。

〔31〕 黄再再:《附带民事诉讼制度的二元冲突及协调》,载《南京师大学报(社会科学版)》2003 年第 1 期。

〔32〕 《刑诉法解释》第 22 条规定:"审判案件应当公开进行。案件涉及国家秘密或者个人隐私的,不公开审理;涉及商业秘密,当事人提出申请的,法庭可以决定不公开审理。不公开审理的案件,任何人不得旁听,但具有刑事诉讼法第二百八十五条规定情形的除外。"

〔33〕 《民事诉讼法》第 137 条第 1 款规定:"人民法院审理民事案件,除涉及国家秘密、个人隐私或者法律另有规定的以外,应当公开进行。"

益诉讼以更好地保护公共利益,即使不公开审理也应当允许特定的行政机关、公益组织派代表到场。同理,针对特殊的庭前会议阶段,刑事诉讼要求一般不公开进行[34]而民事诉讼没有明确规定,则刑事附带民事公益诉讼的庭前会议原则上应当不公开,但例外允许特定的行政机关、公益组织派代表入场。

不过,对未成年被告人提起的刑事附带民事公益诉讼却存在特殊情形。在刑事案件中,根据《刑事诉讼法》第285条,审判时被告人不满18周岁的案件不公开审理;但经未成年被告人及其法定代理人同意,未成年被告人所在学校和未成年保护组织可以派代表到场。而公益诉讼案件却并无针对未成年人不公开审理的规定,[35]那此时是否还应公开审理刑事附带民事公益诉讼案件呢?《刑事诉讼法》对未成年人作此特殊保护,实则是考虑到"为了不使未成年被告人精神上受到更多创伤,影响其健康成长,同时有利于教育和改造"[36]。这一点不应被附带民事公益诉讼要求公开审理所推翻。保护未成年人是遵循爱幼传统美德的必然,是服务社会未来发展的要求,甚至"应将未成年人保护提升到一个战略高度"[37],故在法律中应得到尽可能地坚持。比如,已满14周岁的未成年人故意放火烧毁山林,被检察机关以放火罪提起刑事附带民事公益诉讼时,不应公开审理;但经未成年被告人及其法定代理人同意,特定的行政机关、公益组织可以派代表到场。刑事责任较民事责任更严苛,故刑事诉讼中对未成年人的保护更完善,当民事诉讼与刑事诉讼中关于未成年人的保护产生冲突时,应以刑事优先为原则。

(三)允许有限制地调解、和解

在普通的附带民事诉讼中,为尽量一次性解决纠纷,最高人民法院主张应当"切实加大调解、和解的工作力度"[38]。而在公益诉讼中,由于牵涉的利益面广,对于调解及和解存在限制。按照刑事优先原则,附带民事公益诉讼应先适用刑事诉讼规定,但又不能弃公共利益于不顾,那在这两难中应作

---

[34] 《刑诉法解释》第231条第1款规定:"庭前会议一般不公开进行。"

[35] 目前,已经有实务界人士开始关心公益诉讼中的未成年人保护问题。参见张雅芳、李碧辉:《探索构建未成年人保护公益诉讼制度》,载《检察日报》2019年7月18日,第3版。

[36] 肖姗姗:《未成年人刑事立法的选择》,载《暨南学报(哲学社会科学版)》2017年第1期。

[37] 王建敏:《未成年人权益保护问题研究述评》,载《中国青年社会科学》2015年第5期。

[38] 张军、江必新主编,最高人民法院研究室编著:《新刑事诉讼法及司法解释适用解答》,人民法院出版社2013年版,第178页。

出何种选择？

附带民事公益诉讼虽是为“搭刑事诉讼便车”而产生的新公益诉讼类型，但这仍是以不违反公益诉讼本身法理为前提。正如有观点认为：“与其说现有的刑事附带民事公益诉讼是一种形式上的程序依附，毋宁将其视为程序上的附带并合。”[39]换言之，遵守公益诉讼本身应然法理的价值位阶高于诉讼效率。因此，基于公共利益性质，调解、和解在附带民事公益诉讼中不应被鼓励，至少不应受到政策支持。调解、和解时应有以下程序限制：第一，必须遵守合法原则，不得危害国家利益、社会公共利益及第三人的合法权益；第二，在调解过程中必须要履行最高人民法院《关于适用〈中华人民共和国民事诉讼法〉的解释》（以下简称《民诉法解释》）第287条中关于公告、审查等程序；第三，最后应当以“刑事附带民事调解书”[40]结案，不影响刑事部分的继续审判。实践中，对附带民事公益诉讼进行调解仅占到极少部分，[41]说明限制调解已成为实务部门的共识，应予继续坚持。

（四）撤诉后的特殊处理

刑事附带民事公益诉讼的撤诉包括撤回刑事诉讼和附带民事公益诉讼。在普通的刑事诉讼中，检察机关撤回公诉“在司法实践中长期保持着旺盛的生命力”[42]。根据《刑诉法解释》第296条的规定，检察机关只要是在判决宣告前申请撤回公诉的，法院在审查理由后即可视情况准许。这表明检察机关申请撤回公诉的时间截至宣告判决，这一点恰与公益诉讼的规定相冲突。《民诉法解释》第288条规定，公益诉讼原告在法庭辩论终结后申请撤诉的，法院不予准许。这表明普通公益诉讼的撤回起诉时间截至法庭辩论终结，而法庭辩论终结显然早于宣告判决。故针对刑事附带民事公益诉讼的撤诉问题在此即可得到一个初步结论：若在法庭辩论终结前，只要经法院审查同意，检察机关既可以撤回刑事公诉，也可以撤回附带民事公益诉讼；而在法庭辩论终结后到宣告判决期间，法院至多准许检察机关撤回刑事公诉。

---

〔39〕 张袁：《在交互中融合：检察机关提起刑事附带民事公益诉讼的程序考察》，载《安徽大学学报（哲学社会科学版）》2019年第6期。

〔40〕 在最高人民法院办公厅关于实施《法院刑事诉讼文书样式》若干问题的解答中，第34问答的内容表明，对公诉案件中附带民事诉讼部分调解结案的，应当制作刑事附带民事调解书。

〔41〕 胡巧绒、舒平安：《刑事附带民事公益诉讼运行实证观察》，载《犯罪研究》2020年第3期。

〔42〕 张小玲：《论我国撤回公诉的功能定位》，载《中国刑事法杂志》2015年第1期。

若仅有刑事公诉被撤回的,就会出现附带民事公益诉讼失去“附带基础”之情形。此时,法院可以参照《刑诉法解释》第197条第2款规定,对附带民事公益诉讼进行调解;不宜调解或调解不能达成协议的,应当裁定驳回起诉,由检察机关另行提起民事公益诉讼。笔者认为,在法庭辩论终结前,可参照上述“先调解,后裁驳”[43]的做法,在法庭辩论终结后,法院却应径直依据实体法作出裁判。原因在于,法庭辩论是发现案件真实的主要阶段,若法庭辩论阶段未完成,法院就会因缺少裁判依据而不能作出正确判决,故只能“先调解,后裁驳”;而若完成法庭辩论,所有裁判依据已然形成,也保障了双方的程序利益,作出正确判决就成为可能,同时这更有利于及时保护社会公共利益。[44]

但是,当刑事公诉消灭后仍对附带民事公益诉讼进行实体判决,毕竟是缺少了“附带基础”。笔者认为,这其实是一种价值衡量的选择,同前述的分别审理时,刑事诉讼已经结案、附带民事公益诉讼尚处于审理中的情形一致。虽然二者都有缺少“附带基础”之嫌,但仍由原审判组织继续审理,更符合设置刑事附带民事公益诉讼制度的初衷。若法庭辩论终结后,仅仅撤回刑事公诉而导致附带民事公益诉讼前功尽弃,完全违背制度设计的最初目的。为最大限度地保障附带民事公益诉讼的完整运行,应尽量规范检察机关的撤回公诉行为,当然,这不再是本文的研究范围。

综上所述,在法庭辩论终结前,检察机关可以仅撤回刑事诉讼或附带民事公益诉讼,亦可同时撤回,若仅撤回刑事诉讼的,法院可以对附带民事公益诉讼“先调解,后裁驳”;在法庭辩论终结后,检察机关仅可以撤回刑事诉讼,法院此时可以对附带民事公益诉讼径直作出实体判决。值得注意的是,以上所表达的“法庭辩论”均为一并审理程序中的庭审阶段之一,对于分别审理的案件,应根据上述精神参照处理。

三、刑事附带民事公益诉讼的判决及其效力

当前学术界鲜有直接关注刑事附带民事公益诉讼的判决及其效力问

[43] 此处的“先调解”是指公诉被撤回后对附带民事公益诉讼部分的可能性处理,也即将调解作为此时的一项程序应对选项而并非鼓励调解,与前述允许有限制地调解、和解并不冲突。

[44] 基于同样的考虑,笔者认为法院经法庭审理后认为刑事被告人不构成犯罪的,也应径直对附带民事公益诉讼部分一并作出判决,而非依据《刑诉法解释》第197条第1款告知检察机关另行提起民事公益诉讼。

题,一方面或是因该问题属于程序末端问题,而当前的研究进度与热点尚处在属于程序前端和中端的诉前公告、起诉条件、审判组织等问题;另一方面或是将之当然地理解为与刑事附带民事诉讼的判决及其效力存在同质性,故而未予专门关注。但是,判决及其效力作为程序体系中必不可少的部分,在系统论中必然应受到关注,且其相对于普通刑事附带民事诉讼或普通公益诉讼仍然存在一些特殊之处,故应予专门研究。

(一)刑事附带民事公益诉讼的判决

刑事附带民事公益诉讼的判决,是指法院对刑事附带民事公益诉讼案件的刑事部分和民事公益部分依据实体法作出的权威性判定,其在类型、名称、内容上都有着不同于普通刑事判决和民事判决的特点。刑事附带民事公益诉讼的判决类型,因审理方式存在一并审理和分别审理之分,也可分为合并式判决和分别式判决。

1. 合并式判决

合并式判决是最常见的刑事附带民事公益诉讼判决类型,是指在同一个判决及其附件中,同时解决刑罚请求权和民事公益请求权主张。

在刑事附带民事诉讼中,法定的裁判文书名称为“刑事附带民事判决书”。刑事附带民事公益诉讼,在程序形式上最具刑事附带民事诉讼特征,使用“刑事附带民事判决书”能直接表明案件核心的“附带性”,同时表明刑事和民事两个诉讼的根本性质。不宜使用“刑事判决书”或“民事判决书”,这既不能体现“附带性”,也忽略了另一诉讼的性质。[45] 此外,由于在当前普通民事公益诉讼的判决中,尚且沿用“民事判决书”而未使用“民事公益判决书”,故也不宜直接创新“刑事附带民事公益判决书”名称。

在内容上,应遵循刑事判决书的体例制作,这是“刑主民从”的要求。第一,在首部应明确检察机关和被告人的称呼,将检察机关表述为“公诉机关暨附带民事公益诉讼起诉人”[46],将仅作为刑事被告或既作为刑事被告又

〔45〕 在实践中有法院曾使用“刑事判决书”,这是错误的操作。如陶某生产、销售假药案,法院一并审理,在判项包括刑事部分和民事公益诉讼部分的情况下,名称上却仍选择了“刑事判决书”。参见重庆市巫山县人民法院刑事判决书,(2019)渝0237刑初22号。

〔46〕 《检察公益诉讼解释》第4条规定:“人民检察院以公益诉讼起诉人身份提起公益诉讼……”由此,检察机关在提起刑事附带民事公益诉讼时就自然应称为“公诉机关暨附带民事公益诉讼起诉人”。由于“公诉”二字已能表达刑事诉讼,故不宜再复杂地称为“公诉机关暨刑事附带民事公益诉讼起诉人”。这也得到司法实践的认可。参见赵某生产、销售不符合安全标准食品案,江苏省仪征市人民法院(2018)苏1081刑初516号刑事判决书。

作为附带民事公益诉讼被告的被告人称为“被告人”,仅作为附带民事公益诉讼被告的被告人称为“附带民事公益诉讼被告人”〔47〕。第二,在事实部分通常分为4个自然段叙述:分别展示刑事指控的事实、证据、适用法律的意见和民事公益诉讼请求、事实、证据等;被告人的辩驳意见、证据等;法院查明的所有事实,既要写明经庭审认定的被告人犯罪事实,又要写明因被告人犯罪行为致使的公共利益受损事实;据以定案的证据及对异议证据的分析和认证。上述事实、证据有重合的,民事公益部分不必再列出。第三,判决理由应做到对刑事部分和民事公益部分两个“充分论证”〔48〕,并援引民事法律法规作为判决的法律依据。第四,在判项上分别列明刑事判项和民事判项。第五,要在尾部写明上诉期限,应遵从刑事判决的规定,〔49〕明确“不服判决的,可在接到判决书的第二日起十日内,通过本院或直接向上一级人民法院提出上诉”。上诉期限经过后未上诉的,判决生效。

2. 分别式判决

分别式判决是一并式判决原则的例外,是指在刑事部分先予审理的刑事附带民事公益诉讼案件中,对刑罚请求权和民事公益请求权分别作出判决。两份判决文书适用同一案号,但对于后作出的公益诉讼部分判决,案号后可加上“之一”以与先行刑事判决作区分。对于刑事先行判决,因该判决书仅表达刑事事实、理由和判项,在性质上为比较纯粹的刑事判决,故可直接使用“刑事判决书”(附带民事公益诉讼部分经调解结案的,刑事判决与此相同)。对于附带民事公益部分的判决,由于已基本脱离刑事审判逻辑,成为较典型的民事公益判决,故可直接使用“民事判决书”。〔50〕

关于分别式判决的内容。先行“刑事判决书”与普通刑事判决书的制作无异,但应注意与后面判决的衔接,比如写明“本案中受理的刑事附带民事

〔47〕 根据最高人民法院办公厅《关于实施〈法院刑事诉讼文书样式〉若干问题的解答》第28问答:对于既是刑事被告人又是附带民事诉讼被告人的,应列明为“被告人”,且无须另括注“附带民事诉讼被告人”;如果不是同一个人,则需另列“附带民事诉讼被告人”。这与最高人民法院《关于印发〈公益诉讼文书样式(试行)〉的通知》(法〔2020〕71号)存在一定区别,笔者认为前者的规定更恰当。

〔48〕 何帆:《刑民交叉案件审理的基本思路》,中国法制出版社2007年版,第468页。

〔49〕 《刑诉法解释》第380条第2款规定:“对附带民事判决、裁定的上诉、抗诉期限,应当按照刑事部分的上诉、抗诉期限确定。附带民事部分另行审判的,上诉期限也应当按照刑事诉讼法规定的期限确定。”

〔50〕 最高人民法院《关于印发〈公益诉讼文书样式(试行)〉的通知》(法〔2020〕71号)中,最高人民法院亦规定此时应当使用“民事判决书”,案号为刑事案号加上“之一”。

公益诉讼应当同刑事案件一并审判,但为了防止刑事案件的审判过分迟延而先行予以判决,附带民事公益部分另行处理"[51]。后行"民事判决书"应先简要交代先行刑事判决内容,尤其是对事实的认定,[52]再叙对民事公益部分的处理;若事实、证据与刑事部分重合的,可以简化。

以上关于判决书的论述是针对一审判决而言,二审及审判监督程序的判决可参照制作。另外,若附带民事公益诉讼判决存在给付内容,则法院应当依据《检察公益诉讼解释》第12条依职权将判决移送相应执行机构执行。此时,检察机关依法享有监督权。

(二)刑事附带民事公益诉讼判决的效力

1. 先行刑事判决已决事实对附带民事公益诉讼的证明效

如前所述,在分别审理时会先作出刑事判决再作出附带民事公益判决,此时先行刑事判决就会对附带民事公益部分产生效力影响,主要体现于事实认定中的证明效。

刑事诉讼与附带民事诉讼的原因事实具有同一性,这是刑事判决已决事实对附带民事公益部分事实认定效力影响的基础。但是,这并非一定要将刑事判决已决事实状态完全适用于附带民事公益判决。由于刑、民证明标准的不同,刑事判决已决事实会因具体情况不同而对附带民事公益部分的事实认定产生不同的效力影响。

根据《刑事诉讼法》第55条、《刑诉法解释》第72条第2款的规定以及刑事诉讼法理,刑事诉讼针对涉及定罪量刑的事实采用相对较高的"证据确实、充分"证明标准,针对其他事实采用相对较低的"高度盖然性"证明标准,民事诉讼针对一般事实亦采"高度盖然性"证明标准。为切实保护社会公共利益、遵循民事公益诉讼的根本性质及证明标准规律(如自认事实在民事诉讼中属于免证事实,而在刑事诉讼中却无此效果),附带民事公益诉讼应适用民事证明标准而不应盲从刑事证明标准。[53] 因此,在刑事附带民事公益诉讼中刑事诉讼部分的证明标准将高于、等于附带民事公益诉讼部分

---

[51] 陈某东、陈某光非法采矿案,吉林省珲春市人民法院(2017)吉2404刑初271号刑事判决书。

[52] 对刑事判决已决事实,必须通过形式审查和实质审查的双重识别才能予以确定。参见纪格非:《我国刑事判决在民事诉讼中预决力规则的反思与重构》,载《法学杂志》2017年第3期。

[53] 户恩波:《附带民事公益诉讼不能适用刑事诉讼证明标准》,载《检察日报》2018年5月2日,第3版;高星阁:《论刑事附带民事公益诉讼的程序实现》,载《新疆社会科学(汉文版)》2021年第3期。

的证明标准,在此情形下刑事判决已决事实对附带民事公益诉讼部分事实认定将产生特殊事实证明效,[54]并有以下三种情形值得特别注意:

(1)当某事实在刑事诉讼部分经调查、辩论,法官判定相关证据已达到刑事证明标准,认定该事实为真或假,并以此作为判决基础写入判决理由的,在随后的附带民事公益诉讼部分进行判决时也一般直接认定为真或假,但允许当事人提出相反的证据推翻。

(2)当涉及定罪量刑的某事实在刑事诉讼部分经调查、辩论,法官判定相关证据未达到确实充分标准,该事实陷入真伪不明,并以此作为判决基础写入判决理由的,在随后对附带民事公益诉讼部分进行判决时却可能认定为真。

(3)当不涉及定罪量刑的某事实在刑事诉讼部分经调查、辩论,法官判定相关证据未达到高度盖然性证明标准,该事实陷入真伪不明,并以此作为判决基础写入判决理由的,在随后对附带民事公益诉讼部分进行判决时也一般会认定该事实为真伪不明。

以上论证的是先行刑事判决已决事实对附带民事公益诉讼部分事实认定的效力影响,其实同样适用于一并式审理中刑事部分事实认定对附带民事公益部分事实认定的影响,但务必"充分尊重民事审判权的独立性与专业性"[55]。以此便可正确解释,当某一关键证据因达不到确实充分证明标准,使得刑事被告人被认定为"因证据不足的无罪",而在附带民事公益诉讼部分,却因为证据能达到高度盖然性标准,判决被告人承担民事责任这一似乎"奇怪"的现象。

2. 附带民事公益判决已决基本事实对后续私益诉讼的证明效力

"公益诉讼结果对私益诉讼的进行具有证据上、事实上和法律上的拘束力。"[56]在先附带民事公益诉讼判决的已决基本事实产生证明效力,后续私益诉讼当事人均无须举证证明,但对方有相反证据足以推翻的除外。若在

---

[54] 刑事判决已决事实对民事诉讼的效力采证明效,而非预决效、争点效的观点已大致成为通说,参见杨秀清:《刑事判决已决事实对民事诉讼的证明效:理论与规则》,载《行政法学研究》2021年第1期;段文波:《预决力批判与事实性证明效展开:已决事实效力论》,载《法律科学(西北政法大学学报)》2015年第5期;曹建军:《论争点效理论对我国预决效力条款的比较法意义》,载《民事程序法研究》2015年第2期;等等。

[55] 纪格非:《论刑民交叉案件的审理顺序》,载《法学家》2018年第6期。

[56] 汤维建:《评司法解释中的公益诉讼》,载《山东社会科学》2015年第7期。

先附带民事公益诉讼判决作出对被告是否存在法律规定的不承担责任或减轻责任的情形、行为与损害之间是否存在因果关系、被告承担责任的大小等要件的认定,或作出经营者存在不法行为的认定,后续私益诉讼原告可以直接援用,但被告有相反证据足以推翻的除外。被告主张适用对其有利认定的,若法院不予支持,则应继续举证。需特别强调,因案件类型相对复杂,判决中的民事公益内容和刑事内容有着较强的融合性,故对于附带民事公益诉讼的已决基本事实要做谨慎识别。

3. 附带民事公益诉讼判决效力扩张至其他适格主体

根据现行法律,享有公益诉权的主体包括检察机关、特定的行政机关和公益组织。那么,在检察机关提起民事公益诉讼后,其他适格主体能否再起诉? 为此,厘清公益诉权的性质与来源成为先决问题。

通常认为,社会公共利益为不特定的多数人享有,这些权益所有人共同达成某种社会契约,将部分私人利益集合组成社会公共利益,并将社会公共利益通过"公共信托"委托给国家管理。国家因为契约成为社会公共利益的受托人,就有保护信托利益不受侵害的义务。[57] 但国家是一个抽象主体,只能通过具体的组织或个人来实现国家职能,在诉讼领域则表现为将保护信托利益的诉权交给法定主体具体实施,即"诉讼信托"[58],具体为"公益诉讼信托"[59]。由此可见,所有享有公益诉权的法定适格主体所拥有的公益诉权根本性质一致、来源一致,均为依法接受"公益诉讼信托"。[60] 因社会公共利益同一,各适格主体都被赋予完整(相对彼此而言)的诉权,即各自拥有独立的诉讼实施权,可以单独起诉也可以共同起诉,形成类似必要共同诉讼人;如果仅有部分主体起诉并获法院确定判决,其他未起诉主体就不具备再次起诉的必要性和可能性,概因诉讼标的已归于消灭。[61] 《民诉法解释》实质上也是按照类似必要共同诉讼理论处

---

〔57〕 [法]卢梭:《社会契约论》,何兆武译,商务印书馆1982年版,第42页。

〔58〕 赵磊:《信托受托人的角色定位及其制度实现》,载《中国法学》2013年第4期。

〔59〕 汤维建、刘静:《为谁诉讼 何以信托》,载《现代法学》2007年第1期。

〔60〕 需要说明的是,检察公益诉权和其他适格主体享有的公益诉权的根本性质一致、来源一致,与检察公益诉权的行使具有谦抑性之间没有冲突,前者是关于诉权的来源,而后者是关于诉权的行使。当检察公益诉权在实际行使时,就已和其他适格主体享有的公益诉权表现一致。

〔61〕 段厚省:《环境民事公益诉讼基本理论思考》,载《中外法学》2016年第4期。

置该程序。[62] 当某一公益诉讼案件在法院系属后,其他适格主体只能在庭前申请以共同原告身份参与诉讼;判决生效后,其他适格主体便不得就同一侵犯社会公共利益的行为再提起公益诉讼。

同理,检察机关在提起附带民事公益诉讼后,其他适格主体可以在开庭前申请参加诉讼;[63] 未起诉的其他适格主体亦要受到附带民事公益诉讼判决效力的扩张约束,不得在判决生效后就同一侵犯社会公共利益的行为再次提起公益诉讼。如此,既能防止出现前后矛盾裁判,也能防止公益诉讼制度被滥用,还能避免被告陷入重复诉累。但对于附带环境民事公益诉讼存在例外,根据最高人民法院《关于审理环境民事公益诉讼案件适用法律若干问题的解释》第28条,在判决生效后另有证据证明存在该诉审理时未发现之损害的,检察机关或其他适格主体可以再次提起公益诉讼。

四、刑事附带民事公益诉讼司法救济程序的启动

设置必要、合理的救济程序是程序正义的要求。在刑事附带民事公益诉讼中,检察机关和被告人[64] 在满足一定条件下都应当有权提起第二审程序和审判监督程序。其中,基于对检察机关在刑事附带民事公益诉讼中法律地位的重视,学术界已开始探索其在该诉讼类型中二审和再审的法律地位,如胡铭指出检察机关通过抗诉的方式提起再审的程序安排"在一定程度上实现了附带民事公益诉讼的控辩平等,但在某些具体问题上欠缺相应的细化规定"[65]。但从系统论看,这些研究尚不为足。关于刑事附带民事公

---

[62] 毋爱斌:《检察院提起刑事附带民事公益诉讼诸问题》,载《郑州大学学报(哲学社会科学版)》2020年第4期。

[63] 因诉权来源一致,笔者支持其他适格主体可以提起刑事附带民事公益诉讼。此时其他适格主体参诉的,应当依据当事人恒定原则不得变更检察机关的诉讼地位。关于"法律规定的机关和有关组织"能否作为刑事附带民事公益诉讼的起诉主体之详细争议,可参见郭小冬:《检察机关提起刑事附带民事公益诉讼的实践争议及理论回应》,载《法律科学(西北政法大学学报)》2023年第5期;杨雅妮:《论刑事附带民事公益诉讼的起诉主体——基于"身份"与"范围"的分析》,载《求索》2022年第6期;张佳华:《刑事附带民事环境公益诉讼的经验反思与重塑》,载《学术界》2022年第6期;等等。

[64] 在刑事附带民事公益诉讼中,刑事诉讼被告和附带民事公益诉讼被告的范围是否要求一致存在争议,笔者更支持稍占上风的一致论。参见刘加良:《刑事附带民事公益诉讼的困局与出路》,载《政治与法律》2019年第10期。本文以一致论为基础行文。当然,即使二者范围不一致,本文的论述也适用于非刑事被告而仅是附带民事公益诉讼被告的情形。

[65] 胡铭、陈高鸣:《数字时代个人信息保护的困境与程序法回应——以刑事附带民事公益诉讼为切入点》,载《浙江大学学报(人文社会科学版)》2023年第6期。

益诉讼的二审、审判监督程序的审理、裁判，可参照现行普通附带民事诉讼的规定以及前述关于刑事附带民事公益诉讼特殊程序构造处理。目前最亟待明确的是该两种程序的启动问题。

（一）第二审程序的提起

第二审程序可由检察机关或被告人单方提起，也可以由双方同时提起；可单独针对刑事部分或附带民事公益部分提起，也可以同时针对提起（为行文方便，下文将单独针对刑事诉讼部分提起的二审称作“刑事型”二审，将单独针对附带民事公益诉讼部分提起的二审称作“民事型”二审，同时针对提起的二审称作“混合型”二审）。

1.“刑事型”与“混合型”二审的提起

“刑主民从”原则同样适用于第二审程序的提起，拟对刑事附带民事公益诉讼提起“刑事型”或“混合型”二审程序的，应优先适用刑事法律。检察机关欲提起“刑事型”或“混合型”二审的，根据《刑事诉讼法》第228条，应以“抗诉”方式向上一级人民法院提出，在此几乎不存争议，而有争议的是此时检察机关的称谓。在司法实践中，有直接以“抗诉机关”名义提起，将“原审刑事附带民事公益诉讼人”另起一行的；[66]也有将检察机关称为“抗诉机关（原公诉机关暨附带民事公益诉讼起诉人）”的[67]。笔者认为，前者称谓既未表达检察机关的公诉人地位，也未清楚表达检察机关作为起诉方的对抗位置，故更建议采取后者做法。当刑事被告人欲提起“刑事型”或“混合型”二审的，根据《刑事诉讼法》第227条，应利用书状或口头以“上诉”方式向上一级人民法院提起。由于仍处于刑事诉讼体系，此时不能将检察机关冠以“被上诉人”，而应直接称为“原公诉机关暨附带民事公益诉讼起诉人”[68]。

2.“民事型”二审的提起

如何提起“民事型”二审，尤其是检察机关的提起方式到底是抗诉还是上诉存在很大争议。

---

〔66〕付某、史某污染环境罪案，辽宁省鞍山市中级人民法院（2019）辽03刑终258号刑事判决书。

〔67〕滕某生产、销售有毒、有害食品案，四川省广安市中级人民法院（2018）川16刑终175号刑事判决书。

〔68〕在王某非法收购、运输、出售珍贵、濒危野生动物案中，王某同时就一审判决中的刑事部分和附带民事公益部分上诉，在二审程序中检察机关被称为“原公诉机关暨附带民事公益诉讼起诉人”，参见河南省南阳市中级人民法院刑事判决书，（2018）豫13刑终1169号。

(1)检察机关通过上诉提起。对于“民事型”二审程序,应由提起附带民事公益诉讼的检察机关通过“上诉”方式提起,可从以下三方面论证。

首先,由检察机关的身份决定。如前所述,检察机关通过“公共信托”成为公益代表人,又根据“公益诉讼信托”成为公益诉讼人,不管是称作“原告人”〔69〕还是“公益诉讼起诉人”,其地位都与被告“应然平等”。尽管有学者认为“在《民事诉讼法》中设置公益诉讼制度,有违立法体例科学,有违民事诉讼解决私权纠纷的性质”〔70〕,但也不能否认公益诉讼中当事人的平等性。检察机关在公益诉讼中的地位,同样遵循着上述规律。虽然“公益诉讼起诉人”突出了检察机关作为公权力机关的特殊诉讼地位,但这仅仅是为了在程序上区别于普通原告,〔71〕在实质上绝不能以此就凌驾于被告之上。

检察机关在刑事附带民事公益诉讼中存在两种身份,第一种为以公诉机关身份实施刑罚请求权,第二种为以公益诉讼起诉人身份实施民事请求权,两者之间因出庭人员分为“支持公诉”和“支持附带民事公益诉讼”〔72〕而具有区分之必要性和可能性。当检察机关欲提起“民事型”二审时,刑事部分判决在上诉期限届满后生效,故此时仅有公益诉讼起诉人身份尚在运行,属于《刑诉法解释》第378条规定的“附带民事诉讼当事人”,即可对附带民事公益部分“上诉”。有观点认为,只要是检察机关欲启动第二审程序的,即使是“民事型”二审也应当采用“刑事抗诉”方式。〔73〕这实际上是没有看到民事部分的相对独立性和检察机关双重身份的可分性。

其次,检察机关在普通公益诉讼中,也是以“上诉”提起二审程序。关于检察机关如何提起普通公益诉讼第二审程序,最高人民法院、最高人民检察院的前后态度不一。《人民法院审理人民检察院提起公益诉讼案件试点工作实施办法》第10条规定,由提起公益诉讼的检察机关以“抗诉”方式提起二审程序,并由二审法院的同级检察机关派员出席庭审。但随后的《检察公

---

〔69〕姜保忠、姜新平:《检察机关提起刑事附带民事公益诉讼问题研究——基于150份法院裁判文书的分析》,载《河南财经政法大学学报》2019年第2期。

〔70〕廖中洪:《对我国〈民诉法〉确立公益诉讼制度的质疑》,载《法学评论》2012年第1期。

〔71〕有学者认为这种区别毫无必要。参见李浩:《论检察机关在民事公益诉讼中的地位》,载《法学》2017年第11期。

〔72〕附带民事部分一般由检察机关民行部门的检察人员出庭。参见张建春、咸思杰、吕玉琴:《检察机关提起刑事附带民事公益诉讼相关问题的研究》,载《发展》2018年第9期。

〔73〕程建玲:《检察机关提起刑事附带民事公益诉讼的现实困境与制度完善》,载《检察调研与指导》2019年第1期。

益诉讼解释》第10、11条规定，由提起公益诉讼的检察机关以“上诉”方式提起二审程序并派员出庭，上一级检察机关也可以派员参加。实际上，这也是对检察机关在公益诉讼中地位认识变化而引起的变化，检察机关以特殊当事人身份参与公益诉讼得到更多的认可和贯彻。同时，即使检察机关通过“抗诉”提起二审，法院仍是要“以事实为依据，以法律为准绳”对案件进行审理，而不会因“抗诉”就一定依照检察机关的意见作出二审裁判。[74] 所以，基于检察机关与被告的应然平等诉讼地位及“上诉”并未与“抗诉”有实然区别，《检察公益诉讼解释》中规定检察机关通过“上诉”提起二审程序的规定更值得肯定。

最后，检察机关以“上诉”方式提起“民事型”二审已通过实践检验。例如，在陈某某、赵某销售有毒、有害食品案[75]和马真民生产、销售不符合安全标准食品案[76]中，一审宣告判决后，检察机关都是作为“上诉人（原审公益诉讼起诉人）”就附带民事公益诉讼部分单独提出上诉，并取得了良好法律效果。不过，为能够突出刑事附带民事公益诉讼的特性和尊重案件审判经历，将提起“民事型”二审的检察机关称作“上诉人（原公诉机关暨附带民事公益诉讼起诉人）”或许更佳。

综上，检察机关欲提起“民事型”二审程序的，应由提起附带民事公益诉讼的检察机关通过“上诉”方式提起，并出庭参加审判，其上一级检察机关也可以派员出庭。为保护社会公共利益，此时的上诉不仅既是权利，也是义务。

（2）被告人通过上诉提起。在司法实践中，由于检察机关的胜诉率总体大于被告人，“民事型”二审由被告人提起较由检察机关提起更为常见。被告人通过“上诉”提起“民事型”二审不存在争议，难以把握的是检察机关的地位。实践中，有直接回避而不表明检察机关地位和称谓的，[77] 也有将检察机关称为“被上诉人（公益诉讼人）”的[78]。对此，有观点认为后者是“相

---

〔74〕 李浩：《论检察机关在民事公益诉讼中的地位》，载《法学》2017年第11期。

〔75〕 吉林省吉林市中级人民法院刑事判决书，（2018）吉02刑终299号。

〔76〕 山西省临汾市中级人民法院刑事判决书，（2019）晋10刑终302号。

〔77〕 陈某东非法采矿罪上诉案，吉林省延边朝鲜自治州中级人民法院（2019）吉24刑终17号刑事裁定书。

〔78〕 徐州某造纸公司环境污染责任纠纷上诉案，江苏省高级人民法院（2016）苏民终1357号民事判决书。

当有智慧的做法,既充分关照了民事诉讼特点,又保留了第一审中检察机关‘公益诉讼人’这一特殊称谓”。[79] 其实,细细推敲“被上诉人(公益诉讼人)”,明显是遵循诉讼规律和检察机关特殊地位的综合,与《检察公益诉讼解释》规定之“公益诉讼起诉人”有异曲同工之妙。

在被告人提起的“民事型”二审中,也应当结合诉讼规律和检察机关特殊地位来考虑检察机关的称谓。笔者认为,由于“民事型”二审中检察机关仅保留公益诉讼起诉人身份,故可被冠以“被上诉人”,如此还能“恰如其分地、清晰地说明检察机关在第二审程序中的诉讼地位”[80];同时为保留检察机关在刑事附带民事公益诉讼中的特殊地位,故称检察机关为“被上诉人(原公诉机关暨附带民事公益诉讼起诉人)”或为更佳。值得注意的是,此时仍应由提起诉讼的检察机关出庭,其上一级检察机关没有强制出庭义务。

(二)审判监督程序的启动

在我国,启动审判监督程序的方式有三种:法院主动启动、上级检察机关抗诉启动和当事人(含提起诉之检察机关)申请启动。在刑事附带民事公益诉讼中,若原生效裁判文书出现事实认定或法律适用错误的,无论是刑事诉讼部分还是附带民事公益诉讼部分,对于前两种启动方式都不存在争议。值得探讨的是被告人和提起诉之检察机关如何启动审判监督程序问题。

若被告人认为原生效裁判文书中事实认定或法律适用错误,无论是哪一部分错误,因没有法律明确规定,故均可向作出生效裁判的法院及同级检察院、上级法院及检察院申诉。需要说明的是,这里当然包括作出生效裁判的同级检察机关,即提起刑事附带民事公益诉讼的检察机关。虽然向“对手”检察机关申诉会收效甚微,但这作为被告人的权利对被告人没有任何不利,故当然不应被禁止。

若提起刑事附带民事公益诉讼的检察机关认为原生效裁判文书存在刑事诉讼部分错误,检察机关就应以公诉机关身份通过内部报请上一级检察机关抗诉以启动审判监督程序;认为仅附带民事公益诉讼部分存在事实认定或法律适用错误的,这时检察机关就仅保留公益诉讼起诉人身份,可通过

[79]　《环境公益诉讼典型案例》(下),载《人民法院报》2017年3月9日,第3版。
[80]　李浩:《论检察机关在民事公益诉讼中的地位》,载《法学》2017年第11期。

向法院申诉或向上级人民检察机关申诉两种途径以启动审判监督程序。[81]为减少程序繁复和更好地保护社会公共利益，后者方式更为可取。结合检察机关内部报请制度，可优化为“提起刑事附带民事公益诉讼的检察机关通过内部报请上一级检察机关，并由上一级检察机关向其同级法院提出再审抗诉”。值得注意的是，虽然如此途径与刑事再审抗诉的外在表现一致，但其中法理基础却完全不同。

此外，检察机关抗诉必然会启动审判监督程序，而被告申诉却无此效果，导致诉讼权利平等原则在审判监督程序的适用中受到限制。“但这是让检察机关提起公益诉讼带来的固有矛盾，也是一个无解的矛盾。”[82]将这种矛盾限制于该程序问题，而不扩张至实体审理，也是合理的。此时，提起再审抗诉的上一级检察机关和原检察机关均应派员出庭，前者称为“抗诉机关”，后者称为“原公诉机关暨附带民事公益诉讼起诉人”。

五、结语

当前，关于刑事附带民事公益诉讼的研究集中于检察机关侧存在一定的必然性，其中的重要原因之一乃检察机关自 2016 年体制改革削减反贪反渎预防职能后亟须寻找新的工作突破口，而具有广泛性、新颖性、必要性的公益诉讼正好填补了该工作缺口，于是成为检察机关工作的重点发力方向，此后一时期密集出台的检察公益诉讼相关法律、司法解释、司法文件可清晰地印证这一点。公益诉讼成为检察机关的重点研究对象后，强力地吸引了理论界和实务界的目光，使得对检察公益诉讼的关注度甚至高于对普通公益诉讼的关注度；[83]再加上检察公益诉讼基本理论尚未完全健全，产生诸多实践问题（如是否应诉前公告问题就是所涉检察理论未厘清而致），故目前在刑事附带民事公益诉讼中重点研究检察机关侧便存在自然驱动力。但是，刑事附带民事公益诉讼毕竟是一类完整的诉讼，从诉前到起诉、审判再

〔81〕 在公益诉讼中，基于诉讼担当的原理以及检察院与被告的平等地位，检察院可以通过申诉启动再审。参见陈丽军：《论人民检察院提起刑事附带民事公益诉讼》，载《河北科技师范学院学报（社会科学版）》2018 年第 1 期。

〔82〕 李浩：《论检察机关在民事公益诉讼中的地位》，载《法学》2017 年第 11 期。

〔83〕 笔者通过中国知网数据库，分别以“检察公益诉讼”和“民事公益诉讼”为主题词、限定发表时间为“2018 年 1 月 1 日 ~ 2022 年 4 月 18 日”、限定发表期刊为“CSSCI”展开搜索，分别获得 518 篇和 213 篇（两者有重复，后者多篇文章也提及检察公益诉讼）。可见，就此论关注度而言，检察公益诉讼要远高于普通公益诉讼。

到救济程序均甚为重要,从实践中众多的困境与争论来看,对审判程序的研究已经具有了紧迫必要性,而本文恰能在一定程度上解决此“燃眉之急”。

尚应说明的是,本文主要使用的是法教义学方法以对所遇理论和实践问题进行解释、查漏补缺,这虽然在制定法存在滞后性的背景下不失为一个良好的快速解决途径,但最终仍需法规范的进一步丰富与细化。同时,这种丰富与细化应当呈体系,像最高人民法院、最高人民检察院单独针对诉前公告问题做一“批复”是远远不够的。此外,根据《立法法》第11条,作为一项诉讼制度的刑事附带民事公益诉讼只能通过制定法律确定,显然作为司法解释的《检察公益诉讼解释》不能成为其最高位阶的法规范依据,故后续还应通过修法或立法来解决其起诉条件、部分审判程序的特殊构造等程序和实体的法律依据问题。

(胡　佳　审阅)

(李启萱　校对)

公平责任一般条款限定适用论

——以《民法典》第1186条为分析对象

何定洁　陈　娟*

摘　要:《民法典》第1186条将《侵权责任法》第24条规定的"根据实际情况"修改为"依照法律的规定"。对这一立法修订存在无实质变化论、废除论、限定适用论三种理解。无实质变化论可能放任公平责任的滥用,废除论将带来个案的不公正或者发生司法裁判由规则向原则逃逸的现象。笔者认为,对公平责任一般条款应当坚持限定适用论的理解思路,即以"一般条款"+"类型化立法"共同适用为基本原则,以特殊案件单独适用"一般条款"为例外。在单独适用例外的情形中,将行为纳入增加风险发生概率行为—中性非风险行为—社会正向价值行为的分析框架,划定公平责任一般条款的外部边界;同时,从适用主体、因果关系以及考量因素等角度为公平责任一般条款提供完善的内部指引。

关键词:民法典　公平责任　损失分担　一般条款

一、引言

《民法典》第1186条将《侵权责任法》第24条规定的"根据实际情况"修改为"依照法律的规定"。在此之前,《侵权责任法》第24条规定:"受害人和行为人对损害的发生都没有过错的,可以根据实际情况,由双方分担损

* 何定洁,成都铁路运输中级人民法院民一庭副庭长、四级高级法官,法学硕士;陈娟,四川省高级人民法院四级调研员,法学硕士。

失。”这种宽泛的一般化规定,对法官的自由裁量权难以有效限制。司法实践中,不乏有法院为了息事宁人,存在部分滥用公平责任原则的情况,有责无责各打五十大板。由于《侵权责任法》第24条规定在司法实践中裁判标准不统一,从而引起社会公众对公平责任的严重质疑,公平责任反而变得“不公平”。为了解决公平责任一般条款过于宽泛、适用标准不明的问题,《民法典》在立法层面对原《侵权责任法》中的条款表述进行了相应的修改。对于这一立法上的变化该做何理解,《民法典》施行以后,如何重新适用公平责任一般条款成为理论与实务都亟待探讨明确的问题。

二、《民法典》中公平责任一般条款的理解分歧

(一)公平责任一般条款的演变

在我国的立法体系中先后有三个版本的公平责任一般条款。《民法通则》第132条规定:“当事人对造成损害都没有过错的,可以根据实际情况,由当事人分担民事责任。”《侵权责任法》第24条承袭了《民法通则》第132条的基本内容,仅将“分担民事责任”改为“分担损失”,“当事人”改为“受害人和行为人”。《民法典》第1186条将原《侵权责任法》第24条中的“根据实际情况”进行了修改,规定为:“受害人和行为人对损害的发生都没有过错的,依照法律的规定由双方分担损失。”从上述立法史梳理来看,《民法通则》第132条到《侵权责任法》第24条只有用词的部分调整,属于立法技术上的文字微调,从司法实践的理解适用上无实质变化。[1] 但是,《民法典》第1186条将“可以根据实际情况”删去,改为“依照法律的规定”就导致本条款在司法适用过程中存在多种理解。

(二)《民法典》中公平责任一般条款的三种理解

《民法典》第1186条对公平责任的适用条件进行了重要修改,即由原来的“根据实际情况”改为“依照法律的规定”。针对“依照法律的规定”到底指何法律规定这一问题,形成了三种不同的理解。

1. 理解一:公平责任一般条款无实质变化

如果把“依照法律的规定”理解为包含本条规定本身或者包含《民法

---

〔1〕 孙维飞:《通说与语词之争——以有关公平责任的争论为个案》,载《北大法律评论》2011年第2期;郑晓剑:《公平责任、损失分担与民法典的科学性——〈民法典〉第1186条之“来龙”与“去脉”》,载《法学评论》2022年第1期。

典》第6条公平原则,那么确实公平责任一般条款在适用上无新的条件限制,其内容就并无实质性变化。但是,这种理解存在逻辑不通或者说语法上的累赘。“依照法律的规定”如果就是指条文本身,则“依照法律的规定”完全是废话可以删去。如果是指《民法典》第6条公平原则,则也属于同语反复,因为我们知道公平责任本身就是来源于民法上的公平原则。并且,按照上述理解方式容易引起公平责任一般条款的进一步泛化,现在删去过去法条中“实际情况”这一考量因素的限制,“依照法律的规定”又是指本条规定自身或者《民法典》第6条公平原则,那么这个条文就可以被解释为“只要损害发生在无过错的受害人和行为人之间,双方都要分担损失”。[2] 这种理解将可能导致公平责任一般条款适用的进一步泛化。但是,在没有立法或者司法解释对所谓“法律的规定”作出更明晰界定之前,司法实践中,对“法律”采取广义理解,将各种法规、行政规章甚至习惯、法理纳入解释范围不无可能。[3]

2. 理解二:公平责任一般条款废除论

持这种观点的学者认为,从立法目的上讲,原来《民法通则》第132条和《侵权责任法》第24条中关于“可以根据实际情况”的规定赋予了法官在个案中根据具体案件的情形予以损失分担的自由裁量权,这是一种授权性规定。《民法典》第1186条的变化导致该条文从性质上发生了根本转变,变为一个指引性条文。“依照法律的规定”,这个“规定”仅仅指已经类型化的具有损失分担和补偿性质的具体条文,[4] 那就表明其不再可以单独直接使用,而必须结合其他公平责任类型化条文一起适用,法官不能再单单根据实际情况进行自由裁量。[5] 结合公平责任一般条款引起的巨大非议和《关于

---

〔2〕 王成:《〈民法典〉与法官自由裁量的规范》,载《清华法学》2020年第3期。

〔3〕 吴国喆:《公平责任的滥用及其应对:从侵权责任法第24条到民法典第1186条》,载《西北师大学报(社会科学版)》2020年第6期;程茜:《论公平责任一般条款的变迁及适用——对〈民法典〉第1186条之解读》,载《昆明学院学报》2021年第5期。

〔4〕 对于《民法典》中哪些条文属于此类具体规定,尚未达成共识。有学者认为包含《民法典》如第1190、182、183条,参见陆宇峰:《民法典:最大化地谋求人民利益》,载《社会科学报》2020年6月25日,第4版。程啸教授撰文认为包括“紧急避险人对受害人的补偿责任”“见义勇为时受益人的补偿责任”等五种情形,参见程啸:《中国民法典侵权责任编的创新与发展》,载《中国法律评论》2020年第3期。

〔5〕 尹志强:《〈民法典〉背景下公平责任的规范体系与理解适用》,载《贵州省党校学报》2020年第5期;张新宝:《“公平责任”的再定位》,载《法商研究》2021年第5期;郑晓剑:《公平责任、损失分担与民法典的科学性——〈民法典〉第1186条之“来龙”与“去脉”》,载《法学评论》2022年第1期。

〈民法典各分编(草案)〉的说明》中关于完善公平责任规则的相关立法说明[6],可以清晰看到,此次条文修改立法目的就是限制法官自由裁量权。比如,张新宝教授就认为,《民法典》第1186条是对过去公平责任“和稀泥”式裁判的根本转变,其适用范围极大地被限缩,仅当存在法律明文规定时,法院才可以在双方当事人之间进行损失分担。[7] 因此,如果把“依照法律的规定”中的规定限定为具有公平责任性质的类型化立法条文,比如《民法典》第1190条关于丧失意识侵权责任、第1254条关于高空抛物无法确定具体侵权人时的可能加害人补偿责任等立法条文,则现在《民法典》第1186条必须要结合上述公平责任已经类型化的立法条文一起适用。由于必须依托于后续类型化公平责任立法条款,公平责任一般条款不再具有单独适用的空间,从条文适用的独立性和完全性来讲,相当于公平责任一般条款的独立适用实际上被废除。[8] 甚至,梁慧星教授质疑,“《侵权责任法》第24条是一个授权条款,如果法律对实际情况有具体规定的话,这一条款就没有存在的必要了,法官按照法律规定去解决即可。《民法典》第1186条把《侵权责任法》第24条中的根据实际情况改为了依照法律的规定,那么《民法典》第1186条就不具有授权性质了,但现在的问题是法律中并没有与该条款相匹配的规定,这就使这个制度失去了它的价值”。[9] 从此意义上讲,作为一般条款的公平责任实际上已经废除了。

---

[6] 2018年8月27日,全国人大常委会法工委相关负责人在第十三届全国人大常委会第五次会议上所作的《关于〈民法典各分编(草案)〉的说明》中予以说明:“完善公平责任规则。侵权责任法规定,受害人和行为人对损害的发生都没有过错的,可以根据实际情况,由双方分担损失。实践中,该规定因裁判标准不明导致适用范围过宽,社会效果不是很好。为进一步明确该规则的适用范围,统一裁判尺度,草案将侵权责任法规定中的‘根据实际情况’修改为‘依照法律的规定’。”

[7] 张新宝:《“公平责任”的再定位》,载《法商研究》2021年第5期。

[8] 比如,孙大伟副研究员认为,对于《民法典》第1186条的适用如果坚持“一般规定+具体条款”的理论,从适用条件上讲,会发现一般规定和具体条款的构成要件是存在矛盾的,这种矛盾使得只能采取“具体条款”这一单一构成要件标准,这种逻辑上的前后矛盾使得《民法典》第1186条可能名存实亡。参见孙大伟:《公平责任“依法”适用之解释论——以〈民法典〉第1186条为中心》,载《政治与法律》2021年第8期;孟强:《公平责任归责原则的终结——〈民法典〉第1186条的解释论》,载《广东社会科学》2021年第1期;张玉东:《〈民法典〉中公平责任的“变”与“不变”——以〈民法典〉第1186条为中心》,载《烟台大学学报(哲学社会科学版)》2022年第6期。

[9] 梁慧星:《民法典解释与适用中的十个问题》,载《温州大学学报(社会科学版)》2021年第1期。

3. 理解三:公平责任一般条款限定适用论

该观点认为,应当坚持把"依照法律的规定"中的规定限定为具有公平责任性质,属于损失分担补偿类的类型化立法条文。在适用该条时以结合其他公平责任类型化条文为原则,但是允许特殊个案可以单独适用该条文。[10] 也就是说,在案件不属于公平责任类型化立法的情形,又不能适用无过错责任或者过错推定责任,双方当事人又都没有过错,如果不进行损失分担将显失公平,此时法院可以根据案件实际情况援引该条规定进行裁判。[11]

(三)对三种理解的分析评述

1. 无实质变化论将放任公平责任一般条款的滥用

把《民法典》第 1186 条中"法律的规定"理解为包含公平原则等一般性条款是不合理的。理解法律条文不仅要根据文义,还要结合立法背景、立法目的进行理解。当文义解释的范围过宽,甚至和立法目的相悖时,我们必须结合目的解释、体系解释等方法对可接受的文义进行目的性限缩。正如前文所言,《民法典》第 1186 条出台的背景正是公平责任原则的裁判标准不明导致其适用范围过宽,法官拥有自由裁量的空间过大,该原则在法律适用过程中泛化滥用严重,社会效果不好。修订后的条文,立法目的就是进一步明确适用条件,统一裁判尺度,防止公平责任原则的滥用。[12] 如果对《民法典》第 1186 条作无实质变化理解,甚至认为原来立法中"依据实际情况"的限制条件都不存在了,自由裁量空间反而更大。这种理解可能会进一步加剧公平责任原则在司法实践中的泛化滥用,使限制公平责任原则适用的立法目的完全落空。

2. 废除论可能导致司法裁判由规则向原则逃逸

按照废除论的理解,公平责任一般条款的适用必须依照法律的具体规定,法律无具体规定则公平责任一般条款不得单独适用。[13] 但是,立法有

---

〔10〕 主张特殊情形可以单独适用,比较典型的就是一般体育运动中的严重意外伤害事件,持此观点的学者可以参见柯友乐:《〈民法典〉视野下体育运动致害的损失分担——基于公平责任司法适用的实证研究》,载《武汉体育学院学报》2021 年第 9 期。

〔11〕 最高人民法院民法典贯彻实施工作领导小组主编:《中华人民共和国民法典侵权责任编理解与适用》,人民法院出版社 2020 年版,第 208 页。

〔12〕 郑晓剑:《公平责任、损失分担与民法典的科学性——〈民法典〉第 1186 条之"来龙"与"去脉"》,载《法学评论》2022 年第 1 期。

〔13〕 程啸:《中国民法典侵权责任编的创新与发展》,载《中国法律评论》2020 年第 3 期。

其必然的滞后性,一些确实需要得到公平责任救济的案件发生后,我们不可能等到完善了相应立法后再予以救济。[14]“一般条款+封闭式列举”的适用结构,将使得我国侵权法中非行为人原因引发的损害赔偿变得非常有限,这种立法的真空有可能导致公平责任不公平。我们当然可以采取废除公平责任一般条款这种理解方式,但是这并不会导致需要适用公平责任而又没有相应类型化立法的情况消失。当这类纠纷真正来到法院的时候,法官也很难以法律没有规定为由对遭受重大损失的受害人弃之不顾。法典的体系化努力应当尽量将当下和未来可能出现的情形统摄于现在的预设之下,如果现实不断出现新的非过错侵权的情形,现有公平责任规定模式的封闭性将无法提供足够的规范指引。[15]如果严格坚持废除论的观点,那么由于社会生活本身的复杂多变,当出现特定案件,法官可能面临必须要适用公平责任的情形。这时,法官可能采取的裁判思路就是抛弃《民法典》第1186条,将目光转向《民法典》第6条公平原则,直接适用原则裁判。而这种裁判方式,将导致自由裁量权从规则之内逃向规则之外,更不利于裁判标准的明确和裁判规则的统一。公平正义应当被实现,但是更应该在规则之内实现。法官是公平正义的守护者,但更是规则的守护者,法官应当优先在法律规则之内寻求个案公平的实现渠道而非直接诉诸法律原则。

3.限定适用论的优势与不足

限定适用论坚持公平责任一般条款应当结合公平责任类型化条文一起适用的基本原则,但也反对废除论的观点,即承认特殊个案存在依据实际情况单独适用公平责任一般条款的例外。笔者认为,对《民法典》第1186条应当坚持限定适用论的理解思路,这既可以避免无实质变化论对公平责任的泛化理解,同时也可以规避废除论这种“一刀切”式的武断,兼顾了特殊个案救济的可能。诚如卡尔·拉伦茨所言,法律体系的漏洞常常通过不公的实务案例不断显现出来,当司法实践中不断涌现行为人对损害的发生没有过错但不对受害人补偿又明显不公的司法案例时,法官欲对受害人施以补救却无请求权基础,往往处于进退两难之处境,这揭示出现有规范体系已经开

---

〔14〕石冠彬、谢春玲:《前民法典时代公平责任的适用:裁判误区与应然路径》,载《河南社会科学》2019年第9期。

〔15〕冷传莉、曾清河:《民法典时代公平责任的体系定位与未来走向》,载《甘肃政法大学学报》2020年第5期。

始松动,重新转向思考问题的初始阶段。[16] 但是,因为可以单独适用公平责任一般条款的限制条件依然不明,还需要在实务中进一步明确其限定条件,笔者将在文章第四部分展开具体分析。

三、公平责任一般条款限定适用的合理性和必要性

对《民法典》第1186条作无实质变化或者废除论的理解是危险的。虽然公平责任一般条款存在泛化滥用,但是,对公平责任一般条款作不恰当的解读不能解决问题,反而有可能产生新的问题。公平责任一般条款在适用时的自由裁量滥用,一部分可以归结于规则的不明确,另一部分也来源于法官办案中的认知偏差。那么,为什么我们当下应采取限定适用论的理解思路,坚持在特殊个案仍然存在单独适用公平责任一般条款的必要,笔者从以下几个方面进行分析。

(一)弥补侵权责任法弹性不足

现代侵权责任法以过错责任(包含过错推定责任)和无过错责任为二元归责体系。本文探讨的公平责任并非归责原则,而是一种损失分担规则。在现行归责体系下,只有行为人满足客观构成要件即加害行为,违法性要件和主观构成要件故意或者过失的情况下,行为人才须承担责任。[17] 个案中对上述构成要件的满足必须采取或是或否的两极判断,不存在中间状态,这些构成要件不存在弹性。然而,现实的损害发生并不会完全按照法律想象的样子发生,或者在案件审判过程中某一构成要件可能始终真伪不明。实践中出现上述情况将导致受害人得不到应有的救济。因此,为应对上述尴尬局面,我国立法从《民法通则》到《侵权责任法》都规定了公平责任一般条款。当案件过错要件欠缺,因果关系无法查明或者达不到法官内心确信,不存在"行为人"或者"非行为",具备违法性阻却事由等免责事由时,如果案件特殊,在法价值的衡量上确有救济必要,此时运用公平责任一般条款作为一种补充性的救济手段可以弥补侵权责任法的弹性不足。[18]

---

〔16〕 [德]卡尔·拉伦茨:《法学方法论》,陈爱娥译,商务印书馆2003年版,第43~45页。

〔17〕 程啸:《侵权责任法》(第2版),法律出版社2015年版,第207页。

〔18〕 冯德淦:《侵权责任构成要件弥合视角下的公平责任》,载《华侨大学学报(哲学社会科学版)》2019年第6期;孙维飞:《电梯劝阻吸烟案的公平责任分析》,载张志铭主编:《师大法学》第6辑,法律出版社2020年版,第255~260页。

(二)公法缺位下的私法救济

我国保险制度、救济基金等社会化的损害分担机制发展水平较低,难以应对当下频发的各类风险。就个人而言,多数人购买保险意识淡薄,损害发生不能得到社会化的救助,诉诸法院往往成为唯一选择。公平责任一般条款作为一种损失分担规则,是受害人在以归责原则为基础的侵权责任体系下无法得到救济,且又缺乏公法层面的有效解决途径时,给予那些遭受不幸的人社会法意义上的救济。一定程度上可以说,公平责任一般条款是公法缺位下的私法救济条款。一定历史时期下,公共立法不完善,社会保险制度、社会救济制度缺位的情况下,如果侵权法一味强调行为自由的保护,让受害人承担所有损失,忽视对受害人或者弱势群体的保护,在特定案件中会产生法价值上的不妥。毕竟在很多案件中,受害人的巨大损失就是行为人的某种关联的“加害行为”引起的。在公法上的救济缺位的情况下,如果“加害行为人”经济状况良好,而任由受害人陷入困顿并不符合公平的基本理念。[19] 比如,高空抛物类案件,在国外一般依赖于社会保险、专项救助基金、国家救助等公法手段妥善处理,在我国公法层面缺乏这些救助手段,司法处理的方式只能是转向私法的内部救济。[20]

(三)类型化公平责任立法还不完备

现实生活中,确实存在许多特殊情况的案件,如果完全按照传统侵权责任构成要件理论,让行为人完全不承担任何责任,反而会带来法价值上的巨大不妥。现有的公平责任类型化立法无法涵盖公平责任案件的全部类型。选择废除论的理解,否定公平责任一般条款的单独适用,部分原本可以通过公平责任一般条款予以救济的案件将找不到救济渠道。这种特殊情况的案件笔者试举一例,比如非商业性体育比赛中的严重伤害事故。

在一般民众自发组织参与的对抗性体育比赛中,如篮球、足球比赛。参与人甲在比赛中与乙的身体发生碰撞而严重受伤甚至死亡,受害人甲请求乙分担损失,法院该如何处理?在多数一般民众自发组织的体育比赛中,参

〔19〕 对于这一观点,也有学者反对认为,在“十三五”时期,我国已建成世界上规模最大的社会保障体系,在社会保障制度已较为完善的背景下,如不对“公平责任”的适用加以限制,一方面会导致有资力的一方当事人承担社会保障制度的任务,另一方面也会阻碍社会保障机制的健康运行。参见张新宝:《“公平责任”的再定位》,载《法商研究》2021年第5期。

〔20〕 冯德淦:《侵权责任构成要件弥合视角下的公平责任》,载《华侨大学学报(哲学社会科学版)》2019年第6期。

与人都不可能提前购买意外伤害险。伤害发生在甲、乙身体的激烈碰撞过程中,但身体的激烈接触是某些对抗性体育活动的基本特征,这个接触是难以避免的。如果发生意外事故的身体接触本身没有违反体育规则,那么就不能认定行为人存在过错,就难以认定构成侵权行为。对这类案件的处理存在一种观点,即以自甘冒险理论,否定侵权责任。《民法典》第1176条明确规定:“自愿参加具有一定风险的文体活动,因其他参加者的行为受到损害的,受害人不得请求其他参加者承担侵权责任;但是,其他参加者对损害的发生有故意或者重大过失的除外。”新的立法似乎也是在肯定这类观点。但是,不承担侵权责任是不是也意味着完全没有公平责任存在的空间呢?笔者持否定的观点,在非商业体育竞技比赛中,是存在公平责任适用的空间的,原因分析如下。

1. 自甘冒险理论的社会背景

比较法上,国外的“自甘冒险”理论或者“受害人同意”理论限制体育运动中的受害人对侵权人提起赔偿诉讼,有其社会背景。那就是国外的体育商业险发达并且民众购买保险的意识强烈,再加上完善的社会保险和社会福利制度,一般民众不会因为体育竞技中的伤害得不到赔偿而使自身陷入生活的困顿。我国的司法实践在引入“自甘冒险”理论或者“受害人同意”理论时必须考虑不同社会背景这一层面。

2. 自甘冒险理论不适用于严重伤害事故

从体育伤害事故本身而言,行为的客观外观上完全符合侵权行为的样态,比如足球比赛中的划铲、射门,篮球比赛中的争夺篮板等。并且,受害人的损伤也是这些主动行为直接导致的,因果关系明确。“自甘冒险”理论或者“受害人同意”理论认为当事人自愿参加一些有伤害风险的体育活动,已经意识到伤害的发生可能,在当事人已经清楚伤害风险存在的情况下还是参与到比赛中,那么基于诚实信用原则,受害人就应该自担风险。[21] 但是,笔者认为这里的伤害风险存在一个度的区别。对于体育比赛中常见的一般轻微伤害,体育比赛的参与人是可以预见的,对于这类伤害的发生,法律上否定受害人向侵权人提出的赔偿请求有其道理。一来,这类轻微伤害发生频率高,如果都可以诉诸法院请求赔偿,将极大占用司法资源。二来,如果轻微伤害发生,体育运动参与人都面临赔偿风险,这将大大妨害一般民众参

〔21〕 冯德淦:《体育比赛中公平责任适用之检讨》,载《法律适用》2019年第10期。

与体育竞技的意愿。因此,法学理论上发展出的“自甘冒险”“受害人同意”理论更多是要解决这类问题,其目的是阻断体育伤害案件中一般轻微伤害的赔偿请求权。

在严重的体育伤害事故中,损害的程度已经远远超出了受害人甘愿承受伤害的范围,在这类案件中损害的分担并不必然被禁止。比如日本大审院判决就曾认为,孩童做战争游戏,如果损害程度超过被害人甘愿忍受危险的范围,行为人应当负担一定赔偿责任。[22] 如果是商业性的竞技体育比赛,参赛方一般都购买有专门的意外伤害险,不存在损害发生无从寻求救济的情况。对这类案件不需要再寻求公平责任下的损失分担。但是,非商业性体育比赛中严重损害事故,由于没有商业保险的理赔,同时在当前我国社会保障体系水平还较低、社会救助还不完善、立法未将这种事故作公平责任类型化立法的背景下,如果不运用公平责任一般条款予以救济,从法价值考量上是不公平的。

四、公平责任一般条款适用的外部边界和内部规范

笔者上述分析认为,我们当下还需要坚持限定适用论的解释立场,保留公平责任一般条款单独适用的空间,并非认为单独适用公平责任一般条款不存在问题。对于司法实践中公平责任一般条款的滥用是不能否认的,比如,前几年引起舆情哗然的“电梯劝烟案”[23]。这种案件的发生和裁判结果让公平责任成为众矢之的,但是如果仔细甄别案件舆情发生的逻辑,其实错的不在于公平责任或者法条本身,错在公平责任一般条款在该案中被误用。电梯劝烟案二审改判的理由之一是劝烟行为和受害人的死亡没有法律上的因果关系,因此得出本案不存在适用公平责任的基础。[24] 但是,笔者认为本案不宜援引公平责任更为重要的原因是,本案中在不宜吸烟甚至禁烟的公共场所进行劝烟是一种法律上应当得到正面评价的积极行为,从引领社会价值层面该劝烟行为应该大力提倡,而让该行为分担损失不符合社会公共利益,违背公序良俗。该案中,从利益衡量的角度上讲,提倡和维护社会公共利益,引导民众遵守社会公德的价值高于个案中的损失分担。基于此,

---

〔22〕 王泽鉴:《民法学说与判例研究(重排合订本)》,北京大学出版社2015年版,第515页。

〔23〕 冀天福等:《适用公平原则时对加害行为与侵害结果的判定》,载《人民司法》2019年第2期。

〔24〕 冀天福等:《适用公平原则时对加害行为与侵害结果的判定》,载《人民司法》2019年第2期。

本案并不存在适用公平责任的空间。

因此,对公平责任一般条款的单独适用除了要考虑发挥侵权法的救济功能外,从外部来讲,还需要考虑公平责任一般条款与社会公序良俗、行为人自由保障的平衡,从而划定公平责任的外部边界;从内部来讲,在准确适用公平责任一般条款这个问题上,应当坚持限定适用论的基本立场,即以“一般条款”+“类型化立法”共同适用为基本原则,以特殊案件单独适用“一般条款”为例外。同时,在单独适用“一般条款”时,还需要梳理好公平责任一般条款自身的规范构成,明确特殊情况下适用公平责任一般条款的构成要件。

(一)外部边界:不能侵害行为人的基本自由

对于何种行为可以援引公平责任一般条款,笔者认为可以从增加风险发生概率行为—中性非风险行为—社会正向价值行为的分类视角出发,在这样一种频谱上进行基本判断。增加风险发生概率行为有公平责任一般条款适用的空间,而中性非风险行为和社会正向价值行为一般不得援引公平责任一般条款进行损失分担。

1. 增加风险发生概率行为

现实生活中,由增加风险发生概率行为引起的公平责任案件往往是一些意外事故。意外事故发生往往双方都没有过错,但是受害人遭受巨大损失,且受害人不存在其他救济途径,如果这时法律不给予其救济,受害人孤立无援,这在法价值上是不妥的。古典自然法学派一般认为,过错行为引起了损害的赔偿义务,但是也有例外情形不以过错为前提。[25] 判令由增加风险发生概率行为人分担损失是不以过错为前提的典型,其中的原因在于增加风险发生概率行为是开启风险让损害最终发生的最初原因。可以说,没有增加风险发生概率行为就不会发生案件中的损害事故。但是,严格意义上讲,开启风险的行为与损害发生不一定具有法律上的因果关系。比如相约一起野外游泳、漂流,意外事故发生和参与人的邀约行为并不是法律上的因果关系,但是这种邀约行为毕竟增加了风险发生的概率,尽管在法律上此种行为并非禁止的,但是通过损失的分担判定,表明了一种法律上的负面评价。

另外,对增加风险发生概率行为适用公平责任不会严重影响行为自由。

---

〔25〕 张金海:《公平责任考辨》,载《中外法学》2011 年第 4 期。

一是这类事故发生往往是意外,意外也就是发生概率极小,因此不会对一般人的行为自由造成太大负面效应。二是通过让实施增加风险发生概率行为的人分担损失,可以对相关的行为人起到警示预防作用。虽然意外事件的发生往往是不可控的,但是行为人对风险的开启是可控的,让损失分担的公平责任存在,可以引导行为人更加慎重地开启风险,同时在风险开启后,更加合理规避风险,降低风险发生概率产生正面积极引导。因此,公平责任一般条款在一定程度上是起到了风险的预防功能。[26]

2. 中性非风险行为

一般中性非风险行为涵盖了社会中的多数行为类型,这种中性行为既不引起某种特别的风险,也不传递某种正向价值。对中性非风险行为适用公平责任很可能将严重限制行为自由。对中性非风险行为判定分担损失,将使社会中多数人不知所措。此外,在中性非风险行为牵连的损害事故中,中性非风险行为往往不是损害发生的原因,不能援引公平责任一般条款。过去,司法实践中出现过的相约打牌发生猝死,要求其他参与人分担损失的案例,就属于对中性非风险行为适用公平责任的错误典型。

3. 社会正向价值行为

公平责任的援引让行为人分担损失,虽然不同于让行为人承担侵权责任,但是客观上造成了对行为人的负面评价,这种负面评价以及损失分担客观上对行为人造成消极影响,从而制约了行为人的自由。在行为人本身的行为是履行某种法律义务和职责的社会正向价值行为时,这种公平责任的援引反倒不利于树立社会正面价值,这也是前面提到的电梯劝烟案不适合援引公平责任一般条款的原因。因此,在无过错的行为人实施的是一种社会正向价值行为的情况下,更不应援引公平责任一般条款进行损失分担。

(二)内部规范:明确公平责任一般条款构成要件

通过考察行为本身是否为增加风险发生概率行为,我们给公平责任一般条款的适用划定了外部边界。从内部规范本身来讲,我们还需要明确公平责任一般条款的适用主体、因果关系以及考量因素等为司法裁判提供内部规范指引。

1. 严格限制公平责任一般条款适用的主体

从《民法通则》第132条到《侵权责任法》第24条,再到《民法典》第

---

〔26〕 窦海阳:《侵权法中公平分担损失规则的司法适用》,载《法商研究》2016年第5期。

1186 条，公平责任一般条款适用主体的表述从当事人演变成行为人和受害人，而行为人和受害人的内涵小于当事人。笔者认为，这在一定程度体现了立法者限缩适用主体范围的立法用意。所以，应将适用主体严格限于行为人和受害人。实践中，要限缩《民法典》第 1186 条主体的适用范围，通过节制衡平责任，避免其过于原则化，防止司法审判中向一般条款逃逸。[27] 此外，单纯的受益人也应被排除在适用主体之外，因受益人多不是行为人，未作出致害行为，其与损害结果也无法律关系，不符合《民法典》第 1186 条前半句规定的主体构成。而对于受益人补偿问题，法律另有专门规定。

2. 明确无过错和事实上的因果关系为公平责任适用的构成要件

首先，行为人和受害人均无过错是适用公平责任的前提。对于无过错的情形，有学者认为包含三种情况：一是不能确认行为人过错的存在；二是认定第三人存在过错，但是第三人无法找到；三是认定任一方行为人有过错都显失公平。[28] 第一种和第三种情况属于当事人无过错没有异议，但是第二种情况属于第三人有过错，只是暂时没有找到第三人。在这种情况下，基于第三人过错的存在，显然应当适用过错责任而不应适用公平责任原则。对于“过错”认定标准，笔者认为应该坚持一般人在特定情形下的合理审慎注意义务的原则，即对损害的发生应该采取合理的预防措施，如果没有即构成过错。如果即使采取了合理的预防措施损害仍不免发生则属于没有过错。

其次，要求行为人分担损失就必须确认行为人的行为和损害结果的出现至少存在事实上的因果关系。从衡平双方当事人利益的角度来讲，让存在事实因果关系的行为人分担损失具有合理性。[29] 这里事实上的因果关系并非侵权构成要件意义上的因果关系，更多的是一种事实上的关联性，即行为对结果的发生具有原因力。目前，事实上的因果关系主要可以用必要条件规则加以检验，即没有甲则没有乙，则甲是乙的必要条件。必要条件规则认为，凡是损害发生的必要条件均是损害发生的事实上的原因。[30]

---

[27] 王胜明主编、全国人大常委会法制工作委员会民法室编著：《中华人民共和国侵权责任法解读》，中国法制出版社 2010 年版，第 106 页。

[28] 王利明：《侵权责任法研究》（上卷），中国人民大学出版社 2011 年版，第 283 ~ 284 页。

[29] 最高人民法院民法典贯彻实施工作领导小组主编：《中华人民共和国民法典侵权责任编理解与适用》，人民法院出版社 2020 年版，第 206 页。

[30] 最高人民法院民法典贯彻实施工作领导小组主编：《中华人民共和国民法典侵权责任编理解与适用》，人民法院出版社 2020 年版，第 58 页。

3. 将损失重大和经济状况充分纳入考量

对公平责任一般条款适用的前提必须是一方损失严重,如果不予分担而让受害人一方承担将显失公平,甚至让人无法忍受。同时,对于具体的分担比例和数额要结合双方的经济状况等情况合理分担。将公平责任适用范围限定于重大损失的案件,主要在于适用公平责任本身不是侵权法的常规情况。如果损失轻微则完全没有必要让一个无过错的行为人来分担损失。对损失的计算有几个问题值得注意:一是在双方均为受害人的情况,损失的计算为双方损失的差额,由损失较少一方对损失差额进行分担。二是应当减去已经被各种保险、补助等填补的部分损失,仅对剩余的损失差额予以分担。三是在计算损失种类时不应包含精神损失。因为精神损失赔偿的前提是具有过错,这与公平责任的构成要件不符。另外,损失重大与否还和当事人的经济状况密切相关,要具体考虑当事人的承受能力。在先后顺序上,应该优先考虑受害人的经济状况,确认损失是否重大。其次考虑行为人的经济状况确认损失分担比例和数额。在进行损失分担考量时还要进一步结合损害发生的原因力,从而更加公平地在双方之间进行损失分担分配。

五、结语

通过对《民法典》公平责任一般条款三种理解的分析,我们发现在公平责任类型化立法还不完善的情况下,废除论的理解将导致部分应当适用公平责任一般条款的案件无法得到妥善解决。在社会条件还不成熟的情况下,对公平责任一般条款应当坚持限定适用论的理解思路,即以"一般条款"+"类型化立法"共同适用为基本原则,以特殊案件单独适用"一般条款"为例外。在单独适用例外的情形时,将行为纳入增加风险发生概率行为—中性非风险行为—社会正向价值行为的分析框架,划定公平责任一般条款的外部边界。同时,从适用主体、因果关系以及考量因素等角度为公平责任一般条款提供完善的内部指引。

(张亦衡　审阅)

(苏琦航　校对)

学生管理法治化视域下大学生法治意识提升路径*

李双君**

摘　要:提升大学生法治意识是高等教育人才培养的基本要求,在高校治理结构下,管理者应当反思现实的学生管理逻辑与大学生法治意识提升之间的矛盾和张力,重视学生管理工作法治化对大学生法治意识提升的促进作用。要提高学生管理法治化,要坚持将习近平法治思想作为高校治理法治化的根本遵循,坚持以学生为中心的高校学生管理制度建设理念,提升高校治理主体的法治能力,发挥全员育人功能,打造特色法治校园文化品牌,增进大学生法治氛围。

关键词:高校治理　法治意识　大学生管理　管理法治化

一、问题的提出

提升大学生法治意识是高等教育人才培养的基本要求。习近平总书记指出,要"让法治精神从小就在青少年脑海中扎根,在潜移默化中培育"[1]。提升大学生法治意识不仅是为未来培养合格社会公民的现实需要,也是提

---

* 本文系2021年四川大学"习近平法治思想"专项研究课题"习近平法治思想整体性研究"(2021fzsx03)的研究成果。

** 李双君,四川大学马克思主义学院党的建设专业2018级博士研究生,四川大学法学院助理研究员。

〔1〕 习近平:《论坚持全面依法治国》,中央文献出版社2020年版,第232页。

高大学生人才培养质量适应经济社会发展和决胜于大国竞争的时代需要。目前,高校主要通过发挥课堂主渠道作用,例如通过开设“思想道德与法治”等必修课程和专业课程[2]来提升大学生法治意识和能力。这种由国家主导、学校实施的法治教育有着合理性和正当性,大学生法治课程开设与大学生法治意识提升之间也具有很大关联性,能给大学生法治意识的提升提供一定帮助。但要看到的是,这种被动的、以学分追求为目的的、疏离于大学生个体经验与生活之外的义务性活动,虽然保证了大学生在法治教育过程中的“身体在场”,但心理和现实生活同法治的疏离实际上造成了大学生法治教育空间的裂隙,也极大地影响了法治教育的有效性。[3] 仅靠发挥课堂教育主渠道的作用提升大学生法治意识的方式存在路径单一,教育过于理论化、不生动、不直观等局限。[4]

除了课堂教学外,高校对学生最能够施以影响的场合和环境是学生管理工作的过程,它是在学校党委的领导下,由高校学生管理部门、教学管理部门、后勤服务部门共同组成的,由辅导员具体负责、班主任协助、学生干部参与的工作体系运行过程。对于大学生来说,与他们距离最近、最真切的法治环境存在于同学校管理的互动过程中。高校管理者不应忽视学生管理工作法治化对大学生法治意识提升的促进作用。然而,现实的学生管理逻辑与大学生法治意识提升之间存在矛盾和张力,学生管理模式和管理逻辑往往与法治化要求还有差距,法治往往被错误地视为惩罚或者作为处理管理问题的底线原则而被“工具化”。充分认识高校学生管理法治化的积极功能,是改善现有学生管理工作,提高大学生法治意识的前提。

二、学生管理法治化对提升大学生法治意识的积极功能

学生管理法治化是高校治理的重要组成部分,也反映了高校治理能力

---

[2] 中华人民共和国成立以来,在高校明确设立法治课程最早要追溯到1986年国家教委发布《关于在高等学校开设“法律基础课”的通知》,明确高校需要设立“法律基础课”,在公共政治理论课“中国社会主义建设”中讲授社会主义民主与法制内容,这是高校法制课程的雏形。法治教育走上了正式课程的发展路径。1995年国家教委颁布《中国普通高等学校德育大纲》,阐明法律基础课是必修课程,并规定了法律基础课和思想道德修养课程的学时数,本科阶段不少于85学时,专科阶段不少于68学时,高校法治教育的制度化水平不断提高。

[3] 冯军、郑艳菊:《空间理论视域下大学生法治教育的现实审视与优化路径》,载《河北大学学报(哲学社会科学版)》2022年第1期。

[4] 杨忠明、何曾艳:《大学生法治素养提升的路径与方法研究》,载《学校党建与思想教育》2017年第6期。

和高校学生管理的现代化水平。高校治理是针对复杂关联情境下高等教育系统的规范性设计和制度性协调，旨在明晰相关治理主体之间的权责配置、资源调控及相互关系，围绕权力、权利、利益形成一套宏观与微观、外部与内部互嵌互构的框架体系。[5] 法治是高校治理的内在要求，高校治理过程中的法治运用，对大学生法治意识提升有重要作用。

(一)打造高校治理法治化的整体氛围，为提升大学生法治意识提供外在环境

学生管理法治化是高校治理的重要一环，在以治理效果为目标导向的情况下，高校治理主体治理工具越多样，运用的手段越丰富，治理方案就越精细，对问题就越能把握本质切中要害。在高校治理体系和治理能力现代化的趋势下，学生管理具有明确的法律界限，一是不能违反法律要求和法治精神，二是管理方案要受法治监督，不能游离于法治之外。法治为高校治理提供了治理架构体系，在此体系之下，它为高校治理科学化提供空间，为形成透明民主的校园治理文化奠定法治基础。例如，高校在处理管理问题时对法律和规则的遵守程度，学生在维权申诉过程中对规则的了解和运用程度都是透明民主校园治理文化的重要组成部分。不过，要指出的是，法律一般调整的是高等教育等方面的法律关系，高校治理的法治是广义的法治，更多体现的是规则和制度之治。就学生管理而言，高校治理结构中的学生管理的内容、程序、规则适用等方面都需要以"法"的形式进行明确，从而一步步厘清管理边界和责任，这就夯实了学生管理法治化的基础。高校治理中，内部制度规范体系的建立，势必为依法依规开展管理活动提供了"硬约束"。同时，体现法治精神的规则之治等理念和要求，也将通过行政力量进一步渗透到高校学生管理之中，这就无形中为提升大学生法治意识提供了有形的制度环境。

(二)完善学生管理制度规范体系，为提升大学生法治意识提供制度保障

在高校学生管理法治化要求下，学生管理必须有一套健全的学生管理规章制度和具体操作程序，这也是学生管理法治化的基础和前提。通过建立科学严格的管理制度和细致严密的奖惩制度来规范学生的行为，强化学

---

[5] 张衡、眭依凡：《中国特色一流大学治理结构：理论基础、体系架构、变革路径》，载《中国高教研究》2020 年第 3 期。

生遵纪守规的意识,充分发挥制度的引导作用,是提高学生管理法治化水平的重要内容。一是在制度订立方面,在强化制度订立价值,厘清高等院校学生管理相关权利义务基础上,优化内部管理构架,构建既契合法律法规要求与精神,又能展现学校特色的学生管理制度体系。[6] 在学生管理法律制度规范尚未出台的情况下,要通过制订适宜的、行之有效的内部制度,以便在学生管理过程中有章可循。二是在执行制度方面,要做到目标明确、标准统一、可操作性强,同时要赋予学生相应的权利,例如发表见解和主张、申请回避、提供辩论和质证等,构筑基本的公平权衡机制。三是在制度宣传方面,可以采取传统方式和新媒体技术相结合的方式,遵循事先通知制度、信息公开制度、查阅制度等,维护学生知情权。也就是说,从制度建立到制度执行再到制度宣传,在尊重学生基本权利的基础上开展,为提升大学生法治意识提供制度保障。

(三)推进大学生思想政治教育法治化,为提升大学生法治意识提供常态机制

一般来说,大学生管理往往伴随着大学生思想政治教育的过程开展,高校治理活动中的法治教育嵌入有利于将思想政治教育管理行为置于法治之下,从而杜绝管理中的随意性,提升大学生思想组织教育的科学化、制度化和规范化水平,这也是大学生思想政治教育现代化的一种趋势。就内在联系来说,在高校治理过程中,将法治教育嵌入学生管理工作,是法治理念浸润大学生思想政治工作中的有效途径,它将公平、正义、秩序以及道德观念置于大学生思想政治工作之中,有利于引导学生认同和遵守社会主流价值。就发挥作用来说,法治教育嵌入学生管理有利于形成一个真实的规则制度小环境,学生了解规则、执行规则、顺应规则指引将获得学校政策支持的制度性物质奖励或者精神奖励,这对规范学生行为、激发学生制度信仰具有非常强的刺激作用,也为提升大学生法治意识提供常态机制。

三、高校学生管理法治化的限制性表现及内在张力

笔者从诸多高校学生管理工作的案例中选取了依法依规对学生处理的两则案例。诚然,从案例本身来看,经司法行政单位处理过的案件超越了高校学生管理的范畴,不能代表高校学生管理的全部,但从案情性质和处理结

---

[6] 卢少华:《高等学校学生管理法治化基本理论研究》,载《中国法学教育研究》2016年第2期。

果来看,它一定程度上反映了高校学生管理行为和管理逻辑,这对于全方位透视和分析高校学生管理具有积极意义。

案例1:2002年2月23日,北京某高校大学生本科生刘某先后两次将事先准备的氢氧化钠溶液、硫酸溶液投喂、倾倒进北京动物园熊山黑熊、棕熊展区,致使3只黑熊、2只棕熊受到不同程度的损伤,给北京动物园造成了一定的经济损失。事后,学校给予该生留校察看处分。北京市西城区人民法院在一审判决中认为该生行为已经构成故意毁坏公私财物罪,考虑到他能够真诚悔罪,且其在故意毁坏财物犯罪中情节轻微,故免予刑事处罚。

案例2:2023年6月7日,四川某高校研究生张某在微博上发布消息称,深圳地铁8号线上有人拿着手机对她偷拍,视频显示一个中年男子蹲在张某脚边,目不转睛地盯着手机。但很快事情就出现了反转,官方回应称该中年男子并没有任何偷拍行为,双方系误会并已经和解。6月9日,网友认为中年男子无辜遭到诽谤要求该生公开道歉。最终,该生公开道歉,当事人家属也表示原谅该生不予追究。但是社会舆论并没有得到平息,要求张某所在学校对其进行处分,舆情也有愈演愈烈之势。两周后,该生所在大学依法依规对该生进行了处理。处理通报中称,考虑到该生公开道歉,经调解后取得对方谅解,双方达成和解,本着教育与惩戒相结合的原则,学校依据相关纪律处分规定,给予该生留校察看和留党察看处分。

案例1发生在全国知名高校,从侵权事件发生的主体来看,该案当事人都具有一定的专业知识和能力,对硫酸溶剂属性等化学知识非常熟悉,但由于缺乏基本的法治意识,用浓硫酸伤害狗熊,最终堕入了违法犯罪的深渊。案例2中,从个人权益保护来看,防范被偷拍,维护自身合法权益无疑具有正当性,女性对类似行为有所警惕、严加防范,也是自我保护意识的一种体现。但该案例女生在未掌握充分证据的情况下,在网络上曝光他人形象并采取侮辱性字眼对其进行描述和评价,媒体广泛传播发酵,导致他人的社会评价降低,已涉嫌构成侵犯他人名誉权。明知是误会的情况下,仍然对他人进行恶意揣测,并将对方的影像公之于众侵犯他人合法权利,可以看出,学生对维权和侵权的界限不清楚不明晰,法治意识还需要进一步提高。但从高校学生管理法治化角度来看,尚有探讨的空间。

第一,高校学生管理制度执行不到位存在管理疏漏。了解学生性格、家庭、经济等基本情况是管理者的日常工作之一,这有利于对学生进行整体"画像"和行为判断,提升学生管理工作的预见性。从案例1产生的结果可以看出,高校管理者对学生管理还不到位,对学生行为的预见性还不足。案例2则发生在6月上旬,这一时期是学生在校学习的时间,而从学生在校外出现侵权事件来看,一方面,学生管理制度执行存在管理疏漏;另一方面,学生的自我管理和自我规制能力尚显不足,对情绪和行为的控制和调节还较为薄弱。

第二,司法介入学生管理和处分是不得已的选择,而不是高校首选。司法介入是提升大学生法治意识的有效方式,直观的法律裁判过程、法律适用情形以及法律后果不仅拉近了法治理论和现实的距离,辩论中的说理过程以及罪与罚的关联性也对大学生具有极强的冲击力。目前,从高校学生案件的一般处理经验来看,虽然高校没有主导案件处理的走向,但在实际处理过程中却能促进关键有利因素的形成。从案例2中可以看出,在学校和公安部门的介入下,双方当事人进行了和解;学校依据相关纪律处分规定,给予该生留校察看和留党察看处分。即使在司法介入的情况下,也会促使形成有利于学生的法定或酌定情形,正如案例1所指出的,"西城法院在一审判决中……考虑到他能够真诚悔罪,且其在故意毁坏财物犯罪中,情节轻微,故免予刑事处罚"。

第三,从案件结果来看,公众对高校管理学生的立场有所质疑。高校在案件中角色功能与公众之间的认知差异凸显了高校管理法治化亟待提升的新要求,这两个事件发生之后,在社会上都曾引起广泛讨论,有人认为虽然学校对当事人进行了违纪处理,但从得到惩罚的结果来看,学校依然有袒护自己学生的"嫌疑";即使学生违纪甚至违法,学校相关部门会同司法机关沟通,虽然程序上合乎裁判规则,一旦考虑到法定酌定情节,司法机关量刑依然过轻。从高校角度看来,高校则认为问题处理依法依规,合乎法理要求。

四、高校学生管理形态及其法治化限制的理论分析

目前,高校和学生之间的法律关系还并不明晰,在成文法的层面尚未形成法律上或者制度上的权威规定,对二者之间法律关系的探讨还仅停留在理论层面。学界在理论上对二者关系有四种观点,分别是特别权利关系〔7〕、重要

〔7〕 特别权利关系说认为,特别权利人对特别义务人具有绝对的命令支配权,特别权利人可以通过内部规则对特别义务人进行限制,而后者在一般情况下所具有的权利、法律保留和权利保护等条款将不再适用,也没有权利救济途径,这种情形存在于高校成立之后的相当历史时期。

性理论[8]、一元论说[9]、二元论说[10]。在高校和学生之间法律关系尚未厘清的情况下,可以从现实管理实践出发来探讨学生管理模式。就目前来看,高校与学生之间存在行政化管理形态、组织化管理形态和服务式管理形态三种关系。三者相互交织,形成高校处理与学生之间关系的模式。

(一)高校学生管理的行政化形态及其法治化限制

行政化管理形态是高校和学生之间关系规定的最基本的形态。1990 年《普通高等学校学生管理规定》(以下简称《学生管理规定》)对于学生管理有过明确的规定,它是指在学生入学到学生毕业的阶段,对学生学习、生活和行为的规范。2017 年修订的《学生管理规定》则对学生管理的内涵进行了扩展,主要包括学籍管理、校园秩序与课外活动、奖励与处分、学生申诉等几个方面的管理活动。具体来说,高校将倡导的思想观念、价值观念、行为规范通过学生管理制度融入学生学习和生活,通过引导、规范和塑造的作用实现高校管理目的。

高校学生管理具有突出的行政化特征,不仅与社会经济环境有关,也与高校在法律中的定位有关。1949 年中华人民共和国成立之后,国家实行高度集中的计划管理体制,对各行业进行管理和统筹,高校行政管理部门对高校设立、办学要求、内部事务、教学研究等事务进行统一管理,包括学生毕业之后的工作分配,都在政府的指导下通过学校管理部门予以落实,在此体制之下形成了具有高度行政指令色彩的管理模式,学生管理由此也打上了行政化的烙印,虽然之后历经多次改革,但学生管理行政化的基因在一定程度上仍得以继承和延续。从法律定位上来看,高校是有国家法律授权行使国家行政权力的组织,具有行政主体地位,独立承担法律责任。从高校权力的强制性和单方意志性来说,高校也具有行政权的基本特征。因此,高校学生管理权力在一般意义上认为是行政管理权力,以自己的名义独立行使行政

[8] 重要性理论认为,学校为了实现教育目的,授权学校制定管理制度规范,学生也必须遵守该制度规范,除非学生基本权利遭受限制,法律才能给予救济。

[9] 二元论说包括民事法律关系说和行政法律关系说两种,前者是指高校和学生之间是民法中的契约关系,而不是行政法关系,后者则相反。

[10] 高校与学生的纵向型行政法律关系体现在学校作为经法律、法规授权的组织在行使对学生的教育管理权力过程中与学生形成的行政法律关系;高校与学生的横向型民事法律关系体现在高校作为独立的事业型法人享有办学自主权,学生依法自主决定报考学校,接受高质量服务和教育,在此过程中达成教育合同,形成民事法律关系。参见李华:《高等学校与高校学生的法律关系探究》,载《学校党建与思想教育(高教版)》2010 年第 11 期。

权,并且充当行政复议被申请人、行政诉讼被告。从行政体制来说,科层制是高校行政体制的基本框架。高校系统按照行政体制,在科层制制度下形成了上下级的管理关系,明确不同层级的职责或者权利义务关系,由此也形成了以学校本位与权力本位建构的行政化管理模式,学生管理作为学校整体行政管理的末端环节,也体现了行政化的管理特点。

(二)高校学生管理的组织化形态及其法治化限制

单一的行政化管理方式以及通过权威形态的“硬管理”方式有时并不能促进问题本身的解决,反而可能在处理问题过程中产生“次生问题”,影响高校问题处理的主导力。也就是说,解决管理问题虽然重要,但是如何解决问题则显得更加重要。学生管理问题的复杂性向组织化解决学生工作难题提出了挑战,也为高校学生管理的组织形态产生提供了现实空间。在该形态下,高校党委及其所属部门是解决学生管理问题的主导部门或牵头单位,法律和学校管理规则是处理学生管理问题的基本依据,组织行为则体现在对规则解释、措施的裁量以及处理结果的效应预判上。高校的组织化管理形态往往不会将司法介入作为第一位次的处理方式,从心理因素上来说,“家丑不可外扬”的观念往往使高校尽量避免将司法介入作为首选,同时大学自治原则以及大学专业判断是限制司法审查的核心因素,[11]在该原则指导下,司法权面对高校教育惩戒纠纷时,就会保持谦抑的态度与保守的立场,尽量尊重高校的内部处理流程及决定,重修、警告等教育惩戒很难进入诉讼程序中。[12]从学生侵权案件来说,高校在积极同各方搞好沟通协调,避免学生受到司法裁判,维护学校利益和声誉等方面存在强烈的内在驱动。

高校采取组织行为处理学生管理事务具有复杂的原因。其一,高校角色具有多重面向,它一方面承担着人才培养、科学研究、社会服务、文化传承创新和对外交流等五大功能,另一方面又以政治功能的行政单位形态存在。高校无论面临何种管理难题,都需要尽可能地通过解决问题实现“守好自己人”“看好自家门”的管理要求。在不同的情形下,高校的身份和角色的转换,并由此导致行动目标和行动能力的变化,使得高校的行为逻辑呈现出复杂的特征并衍生出实施多重组织行为的考量。其二,高校肩负重要的育人

〔11〕魏海深:《高校治理的司法介入及其法治限度》,载《郑州大学学报(哲学社会科学版)》2016年第3期。

〔12〕陈晓宇:《高校教育惩戒校内申诉程序的建构研究》,载《高教探索》2021年第1期。

功能,它突出体现在执行党教育的路线、方针、政策和社会主义办学方向方面,同时也体现在对大学生的正向引导和激励上。它是以教育者的角色出现的,对学生的惩处并不是教育出发点。大学生在"拔节孕穗期"出现的违反制度和规则的行为,通常被认为是人生的试错,宽容的大学往往也将大学生试错作为教育的重要组成部分。学校若是严格执行学生管理制度和规范[13],处罚决定往往会计入本人学籍档案,这将给其今后的求职和生活造成严重影响。另外,从教师考核和学生就业现实出发,高校往往也不会选择对学生更加不利的惩处措施。

(三)高校学生管理的服务式形态及其法治化限制

提供服务是高校人才培养、科学研究和社会服务功能发挥的重要保障,也是高校管理的重要内容。高校服务主要围绕师生和学校发展提供服务供给,在大量的校内服务场景中,学生是高校的直接服务对象,其接受教育的过程就是服务消费的过程,由此也逐渐形成了高校服务育人的新内涵。最早在20世纪80年代,服务育人是作为教书育人的配套概念提出的,后来服务育人逐步与教书育人、管理育人并列,进入21世纪后,服务育人成为高校育人体系中必不可缺的一环。随着科技进步、人才需求结构和学习模式的变化,服务育人的内涵也逐渐带有"云服务""互联网+"等科技形式。[14]

无论科学技术对学校管理的影响如何,在服务育人理念下,高校提供的服务始终以提质增效为基点,以促进高校管理回归人的本性和公共性为目标[15],这就要求高校学生管理中要体现对学生的人文关怀,也就是经常提到的"以人为本"的导向。同时,学生管理中服务能力和水平的提升,一般也会围绕充分感知和理解学生的意识、情感、认知、行为以及与之相应的偏好,增强师生满意度,针对学生差异性需求提供个性化的内部服务等方面开展

---

[13] 根据我国《高等教育法》第11条,高等学校治理遵循"依法自主办学,实行民主管理"的原则,但该法并没有考虑到高校治理法律关系的复杂性,其第30条规定高等学校在民事活动中依法享有民事权利,承担民事责任,仅确立了高校的"私法人化",是非营利性事业单位法人。该属性只能用于解决高校与一般社会主体之间的私法上的问题,无法解决其与学生、教育行政机关以及法院等国家机关之间发生的公法争议。参见魏海深:《高校治理的司法介入及其法治限度》,载《郑州大学学报(哲学社会科学版)》2016年第3期。

[14] 刘晓婷、王玥:《新时代高校服务育人的内在逻辑与实践路径》,载《思想理论教育》2023年第8期。

[15] 李丽辉:《高等教育治理现代化的逻辑理路与路径选择》,载《西安财经大学学报》2022年第3期。

高校管理服务创新。高校学生管理中的服务是对学生在校期间必要学习生活的物质保障，是党的群众路线在高校的执行和运用，体现的是对学生事务处理的高效便捷，是对学生的保护呵护，是高校管理的有效方式和手段。

五、高校学生管理形态与学生法治意识提升目标之间的偏差

大学生法治意识的培养首先源于对周围法治环境的认知，而不是书本上的法律条文，这与学生对法治的直接感受相关。若学生在现实学校学习生活中体会不到现实法治，感受不到法律的权威，领悟不到法治的意义和力量，而只是将其当作书本上的教条或者学分的追求，大学生法治观念往往很难建立，也无法激发大学生提升法治意识的自主能力。因此，找准学生对管理行为的评价，或许能够为提升大学生法治意识进行有益探索。

(一)单方面的限制：大学生视角下高校学生管理的行政行为偏差

由于高等学校的特殊性，其管理更多地依靠自身约束，管理绝大部分或者说几乎完全依靠内部的管理规范来进行，这些管理规范不是传统国家中心主义法治观念下制定的法律，因此这些制度在严整的规范性、严密的程序性、严格的强制性等方面并不突出。在传统科层制行政管理体系的影响下，高校系统的上下级管理关系和“行政化”管理逻辑，以学校本位与权力本位建构管理模式，追求单方面权力意志话语，造成了学生对高校管理就是对学生进行约束的刻板印象，致使被管理人对单纯的行政化管理接受度不高。

在制定程序上，对于经过广泛讨论而制定出来的各项规章制度，自觉遵守的可能性要更加高一些。在制定管理规章制度的时候，学生作为重要的相关主体，应当参与到整个制定过程中并发挥积极作用，但是学生群体在这个过程中往往是被忽视的。在现实中，制度制定过程中往往没有进行广泛地意见征求环节，学生对制定内容、制定过程往往不了解，学生的参与感不足，于是也就失去了对学生直接进行法治意识培养的机会。在制定内容上，高校在管理过程中制定了大量的制度规范，包括高校党委领导下的中国特色现代大学制度框架、学术委员会等相关制度、校院两级管理体系改革制度以及以立德树人为核心的育人制度体系，虽然这些制度文本对于规范管理者从事管理工作大有裨益，但对学生产生直接的影响方面还存在一定的不足，在制度宣传的广度和深度上还有差距，除了学生奖学金等具有重大利益的规则对学生有直接指引作用外，其他规范鲜能体现出制度的权威性和指引性。更重要的是，这些制度虽是学校校园治理的重要组成部分，是高校运

行的内在要求，但从大学生视角上来看，它往往也被认为是高校管理者的本职和职责所在，与自己关系并不大，参与兴趣不高也就成为理所应当。

（二）兜底式的保护：大学生视角下高校学生管理的组织行为偏差

高校组织行为不仅出自高校的政治机构角色，也出自高校自身肩负的教育功能。从另一个方面来说，高校往往也不愿意将内部纠纷外部化，这促使高校通过组织化的手段去解决管理问题，这种方式也会被认为是保护学生而采取的组织措施，而在管理对象看来这是学校管理中体现的关怀、善意和保护，违规之后就有学校"兜底"，自身利益损失就会被控制到最小。

"兜底"往往也是高校及其部门处理问题所采用的方式。一方面，在"守好自己的门""看好自己的人"条块管理的体制下，高校行政主管单位往往通过"目标管理责任制"和"一票否决"的制度设计将维稳的压力传导至基层，一旦影响稳定的情况出现，负责的层级领导和部门就会被问责。而学生管理问题的复杂性若无法得到及时有效解决，或者解决之后还存在无法挽回的后果，制度化的处理往往就不是最佳选择，而"兜底"即通过多方协调、指向性的定性和裁量往往就成为高校解决学生管理问题的首选策略。另一方面，高校要解决管理问题冲突就需要动用各种资源，通过组织"兜底"方式往往易于操作，例如，学生在宿舍发生斗殴情形，在没有出现无可挽回后果的情况下，学院主管部门往往不寻求较为严格的纪律处分；若遇到被伤害一方家庭困难，高校管理部门往往也会采取给予学生经济困难补助、谈心谈话等多种方式对学生进行体恤关心和安慰。这些措施既符合学校政策，也是学校管理人员加强同学生联系的日常举措。不过，这些被管理者认为是行之有效的管理举措在管理对象来看则并非全部如此。

六、以学生管理法治化提升大学生法治意识的实践路径

在高校治理结构下，要善于跳脱出学生管理中单纯的行政形态、组织形态和服务形态的狭隘思维，要坚持从高等教育现实目标出发，围绕学生管理的法治化要求，发挥高校多元治理主体的功能开展全方位的高校治理。

（一）坚持将习近平法治思想作为高校治理法治化基本遵循

在提升国家治理体系和治理能力现代化的语境下，法治作为国家治理体系的重要组成部分，是治理能力现代化提升的重要前提，高校作为治理体系的重要一环，应当将习近平法治思想贯彻到教育管理全过程。习近平法

治思想是全面依法治国的理论指南和根本遵循,它将法治作为治国理政的基本方式,将党、国家、政府、社会都纳入了全面依法治国的战略布局之中,通过法律规范和法律实施对国家、政府和社会各个领域进行规范引领,最终实现"良法善治"。高校治理主体既是管理者也是教育者,要坚持教育者先受教育的原则,认真学习习近平法治思想及其核心要义,认真对习近平法治思想"十一个坚持"及其内在逻辑展开分析,深入理解悟透习近平总书记关于全面依法治国的系列重要论述,深刻阐释习近平法治思想形成与发展的历史逻辑、理论逻辑和实践逻辑,力求从整体上把握习近平法治思想的科学内涵和指导意义。在教育管理上,要认真落实中央关于学习贯彻习近平法治思想的要求,把习近平法治思想融入学校教育,纳入高校法治理论教学体系,做好进教材、进课堂、进头脑工作。加强课程建设发挥课堂教学的主渠道作用,教育引导广大教师围绕全面依法治国核心内容,采用通俗易懂的语言、生动鲜活的热点事例,对习近平法治思想的科学内涵进行学理阐释,为提升大学生法治思想意识提供一个良好的理论指引。

(二)坚持以学生为中心的高校学生管理制度建设理念

应始终坚持以学生为中心的制度规范建设理念,把体现学生利益、反映学生愿望、维护学生权益作为大学生法治教育和管理工作法治化的目标方向和行动向导。例如,建立健全以大学章程为核心的高校规章制度体系,明确学生在高校的基本权利和义务。积极推进治理过程中学生参与程度,把增进学生福祉、促进学生全面发展作为高校治理的出发点和落脚点,积极引入多方治理主体,使管理对象积极参与规范制定过程,充分发扬民主,尊重学生的知情权等实体权利和程序权利,提升他们对规则的认同和程序的认同,使之成为高校治理的忠实崇尚者、自觉遵守者、坚定捍卫者。高校管理并不是单纯的行政管理,在教育功能上还具有价值引导的职责,通过学生管理的法治化,在实践层面将个体价值的实现与国家、社会的法治规范联系起来,从而促使法治观念养成向社会化、生活化的教育方式转化,达到思想道德修养与法治观念协同并进的效果。学校制度环境作为社会规范和国家法治环境的延伸,给学生遵纪守法提供了真实的法治环境和法治平台,对培育学生的法治自觉起到了萌芽作用,这有利于将学生培养成为知法懂法守法用法的社会公民。

(三)提升高校治理主体的法治能力发挥全员育人功能

高校治理主体范围较广,总体来说,凡是致力于高校治理体系和治理能力现代化的参与者都属于高校治理主体。具体而言，主要包括高校党政干部、教师、思政教师、图书馆和后勤等为学生学习生活提供必要服务的人员。大学生虽然是受教育的主体和育人对象，其实也是高校治理主体之一，特殊之处在于他们也是高校治理效能的参与者、体验者和检验者。从高校治理的主导力量来看，前者提升法治能力无疑对提高大学生法治意识具有关键作用。首先，高校党政干部是高校各项事业改革发展的领导者、组织者和推动者，他们居于高校行政权力的中心，提升高校党政干部的法治能力，不仅能够依法依规推进高校治理，而且能够制约和规范权力的恣意，有利于推动形成办事依法、遇事找法、解决问题用法、化解矛盾靠法的法治环境。〔16〕其次，大力提升高校教育师资队伍和思政教师队伍的法治素质，充分利用宪法宣传日等活动开展法治能力提升培训班，加强高校教师法治教育的制度化和常态化建设。纾解难题时要认真遵照规章制度，积极维护学生的知情权、参与权和监督权，逐步使学生在日常生活中建立起对法治的信任，引导学生遵守法律规范、陶冶高尚情操。最后，作为后勤、图书馆等为学生学习生活提供服务的人员，应依据校内管理服务规范提供标准化服务，完善申诉制度，建立健全矛盾调解、权益保障机制，畅通诉求表达的渠道，引导广大师生依法依规反映诉求、主张权利，切实保障师生的表达权和监督权，着力营造以人为本的法治文化。

（四）打造特色法治校园文化品牌增进大学生法治氛围

中共中央、国务院印发的《关于加强和改进新形势下高校思想政治工作的意见》中明确提出，要广泛开展文明校园创建，组织开展丰富多彩、积极向上的校园文化活动，注重发挥良好校园氛围对大学生法治意识培养产生的积极影响。高校作为大学生学习、生活的地方，应积极营造培养大学生法治意识的校园法治文化氛围。近年来，随着全面依法治国的整体推进，法治校园建设过程中法治校园文化建设也随之丰富起来，各个高校都在打造符合自身校园特色的校园文化品牌，比如通过法治文化竞赛、宪法法律进校园等第二课堂开展诸如宪法宣传日、法治辩论赛、模拟法庭比赛、法律文书撰写比赛等活动；每年举办“国家宪法日”暨宪法周宣传活动，通过主题朗诵、宪法晨读、宪法宣讲、主题讲座、团日活动等多种形式加强师生宪法宣传教育；

---

〔16〕 王菁菁：《试论高校治理现代化路径——以习近平法治思想为指导》，载《江苏高教》2021 年第 6 期。

以法科竞赛促进学生法治意识提升,组织开展具有校园特色的模拟法庭竞赛,举办省际高校辩论邀请赛、“一站到底”法律知识竞赛和普法宣传大赛等赛事,积极培育学生学习宪法、尊崇法律的校园法治文化。这些活动无疑对学生法治意识培养具有充分的作用,同时也要看到,不能将这些法治文化活动仅仅局限于法学专业院系要开展的校园文化活动,而应将所有院校都纳入进来,实现所有专业学生和年级学生的全覆盖。

七、结语

当代大学生肩负着实现中华民族伟大复兴的历史使命,提升大学生法治意识、提高法治能力不仅对于大学生成长成才和高等教育人才培养目标的实现具有重要作用,而且对于全面推进依法治国,促进实现民族伟大复兴历史使命具有重要作用。习近平总书记指出,青年的价值取向决定了未来整个社会的价值取向,而青年又处在价值观形成和确立的时期,抓好这一时期的价值观养成十分重要。“要坚持从青少年抓起,把宪法法律教育纳入国民教育体系,引导青少年从小掌握宪法法律知识、树立宪法法律意识、养成尊法守法习惯。”[17]大学生处在“拔节孕穗期”,是提升法治思维的重要时间节点和关键时间节点,在“以本为本”“立德树人”的工作理念指导下,应当不遗余力地发挥高校治理主体的作用,积极推动“十大育人”体系建设,提升法治在课堂育人、科研育人、实践育人、文化育人、网络育人、心理育人、管理育人、服务育人、资助育人、组织育人中的地位,全方位提升新时代大学生法治意识,引导他们树立起崇高的法治信仰、坚定的法治信念、饱满的法治信心、良好的法治风范,使他们在未来社会主义法治建设中成为依法执政、依法行事、依法办事的重要组织者、推动者和实践者。

(张昊鹏　审阅)

(邹雨桐　校对)

〔17〕 习近平:《论坚持全面依法治国》,中央文献出版社2020年版,第219页。

二倍工资规则结构性问题实证研究

陈永嘉*

摘　要:二倍工资规则作为我国《劳动合同法》特有的一种法律责任,从规则设计来看具有对用人单位的惩罚性和对劳动者维权的激励性,区别于传统法律责任的惩罚性赔偿责任。《劳动合同法》第 82 条的两个条款对应的“违法行为”是“未订立书面劳动合同”和“应订立而未订立无固定期限劳动合同”,本文对此两类案件共计 433 份判决进行实证分析,并对其中体现的三个结构性问题进行了分析和思考:一是《劳动合同法》第 82 条第 1 款与第 2 款之间的逻辑结构问题;二是《劳动合同法》第 82 条与第 14 条第 3 款“视为”条款之间的结构衔接问题;三是对二倍工资规则与经济补偿、经济赔偿金制度的对比分析。二倍工资规则的多重结构性问题造成了实践中大量“同案不同判”现象,而通过与经济赔偿金制度的对比分析,看出二倍工资的计算方式和期限有违“责罚相当”的法律责任设置原则。以上问题导致二倍工资制度运行不畅,劳动者借制度漏洞不当牟利现象与二倍工资请求权行使困境并存。为解决二倍工资的结构性问题,应当重构二倍工资规则,实现《劳动合同法》第 82 条第 1 款与第 2 款的同构。同时应加强劳动监察力度,避免应作为主要责任方式的行政责任的缺位。

关键词:二倍工资　劳动仲裁时效　“视为”条款　结构性问题

* 陈永嘉,贵阳市中级人民法院法官助理,法学硕士。

一、绪论

在法律文本中,法律责任条款与权利、义务性条款构成法律文本的主体部分,因此法律责任条款的规范化设置研究也是一个全新的问题域,需要我们从法学原理出发,对其进行规范分析与实证考察相结合的探究。[1] 我国《劳动合同法》第82条规定了"用人单位自用工之日起超过一个月不满一年未与劳动者订立书面劳动合同"以及"违反本法规定不与劳动者订立无固定期限劳动合同"时向劳动者支付二倍工资的法律责任。作为《劳动合同法》第10条"订立书面劳动合同"以及第14条"无固定期限劳动合同"的法律责任条款,二倍工资规则适用的若干问题一直是学界论争的焦点,在司法实践中也一直存在"同案不同判"的现象,《劳动合同法》修改以及司法解释出台也未对二倍工资适用的相关问题进行回应。在构建和谐劳动关系的目标下,有必要对二倍工资规则进行重新审视,了解其实际运用情况。本文采取理论分析与实证研究相结合的方法,通过对《劳动合同法》第82条第1款和第2款两类案件收集的共计433份裁判文书进行数据分析,并结合典型个案研究,得出二倍工资规则在实际运用中的主要问题与针对这些问题的不同观点,分析其中蕴含的理论问题,运用立法目的分析、立法技术分析以及体系分析等方法,厘清二倍工资规则与书面劳动合同制度、无固定期限劳动合同制度之间的关系及各自的价值定位,找到二倍工资规则的结构性问题,并探索实现二倍工资规则立法目的的可行措施。

法律权利、法律义务和法律责任构成一部法律的基本框架,对于法律责任的定位及其与法律义务的关系,凯尔森认为"法律责任是与义务相关的概念。一个人要对一定行为负责,或者他为此承担法律责任,意思就是,他做相反行为时,他应受制裁"。[2] 张文显教授认为法律责任是违反第一性义务的第二性义务,从而将法律责任理论引入以权利义务为核心的理论结构中。[3] 现在我国普遍接受张文显教授的解释,"法定义务—法律责任"的立法结构贯彻在绝大多数法律规范中,法律责任作为法律的"牙齿",具有维护法律权威,促使人们自觉履行义务的作用。二倍工资规则作为我国特有的法律责任形式,规定在《劳动合同法》法律责任一章,被立法机关赋予了促进

---

[1] 李亮:《法律责任条款规范化设置研究》,中国社会科学出版社2016年版,第15页。

[2] [奥]凯尔森:《法与国家的一般理论》,沈宗灵译,商务印书馆2017年版,第113页。

[3] 张文显:《法律责任论纲》,载《吉林大学社会科学学报》1991年第1期。

书面劳动合同和无固定期限劳动合同订立的重任，而其本身的基础是基于风险社会逐渐形成的惩罚性赔偿理论。[4] 惩罚性赔偿是一种突破传统"补偿原则"的新兴责任形式，广泛运用在社会法领域，在我国最早适用在与市场经济密切相关的《消费者权益保护法》《食品安全法》中。激励原告起诉，遏制违法行为是惩罚性赔偿的重要动因。赵鹏曾以弥补公共资源的不足、发挥个体的效率优势及补救行政机关的懈怠三个理由来论证其正当性。[5] 惩罚性赔偿最大的争议就在于其具有私主体运用私权惩戒的嫌疑，但基于风险社会侵权的普遍性和不特定性以及行政管理资源的有限性，惩罚性赔偿的正当性从实用主义的角度得以证成。惩罚性赔偿以"鼓励维权"为出发点，鼓励公众参与到市场秩序的监督和管理中，并赋予了高于其损害的赔偿请求权。而二倍工资责任的设置，也是基于我国劳动监察力量薄弱，劳动力市场乱象丛生的实际情况，立法机关期待通过鼓励劳动者积极维权来保护自身权益，同时改善劳动力市场秩序，在此背景下，二倍工资制度得以确立。在实践中，二倍工资规则的适用却由于其获利高于损害而不可避免地受到来自各方的严格审视和评价，在司法案例中体现为对二倍工资适用和计算的各种限制。从另一方面说，这些现象也反映了二倍工资规则本身规定模糊及结构混乱等问题，需要引起立法者对二倍工资规则的主动审视和反思，以优化制度设计，更好地发挥二倍工资促进依法用工、规范用工的作用。

二、案件检索情况及基本数据分析

本文从《劳动合同法》第 82 条出发，抽取经济发展水平较高、地域分布较为均衡的五个代表性城市，进行数据检索及分析。为尽可能保证样本的代表性和可分析性，进行了以下分类。

第一类案件：在无讼案例网上以"'二倍工资'+'民事案件'+'劳动合同法'+'第八十二条'+'具体城市名(上海/成都/广州/北京/武汉)'"为搜索条件进行搜索，得到结果 384 例，对其中经过多个审级的案例进行数据合并，[6] 筛除与研究内容无关项后得到结果 267 例。

第二类案件：以"'二倍工资'+'民事案件'+'劳动合同法'+'第八十

---

[4] 刘焱白：《用人单位惩罚性赔偿金的适用研究》，载《法商研究》2013 年第 6 期。

[5] 赵鹏：《惩罚性赔偿的行政法反思》，载《法学研究》2019 年第 1 期。

[6] 如同一案例经过二审终结，搜索结果为 2 条，合并为 1 个案例。

二条第二款'"的条件组合在无讼案例网上进行检索,得到涉及"未订立无固定期限劳动合同"的二倍工资案例247例,筛选剔除重复及无关案件后得到结果166例。[7] 需要说明的是,由于涉及《劳动合同法》第82条第2款"应订未订无固定期限劳动合同"的样本案例较少,采用与第一类案件相同的具体城市限制只得到两个样本,为了解司法实践情况,在数据收集上不可放弃,因此,本文对第二类案件采取全样本统计的方法进行统计。

本文将通过对这两类案件的分析,厘清二倍工资案件在实践中存在的问题,并反思问题背后的原因。但本文的研究仍可能存在一定局限性:一是抽样统计方式存在一定误差。由于二倍工资案件在司法实践中案例众多,对自《劳动合同法》施行以来全国范围内的该类案件进行统计分析数据量过大而难以实现,故只能通过选取代表性城市的方式来进行,而抽样统计相较于全样本统计必然存在误差,对于二倍工资规则适用中存在问题的现象的比例并非全然准确。二是只能统计进入诉讼的案件,无法了解劳动仲裁阶段情况。劳动争议解决机制中仲裁前置是相较于其他民事案件的最大程序区别,而基于劳动仲裁程序的非公开性,本文对在诉前通过调解或仲裁结案而未进入到诉讼程序的二倍工资案件数据无法收集。在仲裁程序中通过裁定方式结案的二倍工资案件,也是司法实践中对二倍工资规则理解和适用情况的重要反映,基于这部分数据的非公开性,本文也无法全面完整地反映《劳动合同法》第82条在整个司法程序中的适用情况,对分析结论会造成一些偏差。

(一)第一类案件检索情况及基本分析

按前文所设定检索条件(二倍工资+民事案件+劳动合同法+第八十二条+上海/成都/广州/北京/武汉),收集整理得到第一类案件的检索情况及分析如下。

[7] 为了便于区分,下文以"第一类案例"指代涉及《劳动合同法》第82条第1款的269例案件,"第二类案例"指代涉及《劳动合同法》第82条第2款的166例案件。

表 1　第一类案件支持二倍工资情况统计

单位:例

地区	支持数量	不支持数量	小计
北京	16	3	19
上海	12	4	16
广州	17	7	24
武汉	26	1	27
成都	151	30	181
总计	222	45	267

注:本文的分类中,"支持"二倍工资包含"部分支持",即法院认定数额与劳动者主张数额因计算基数或期限认定等原因而不一致。

表 2　第一类案件不支持二倍工资理由统计

单位:例

<table>
<tr><th>类别</th><th>具体理由</th><th>数量</th></tr>
<tr><td>时效+"视为"条款限制</td><td>11 个月内已过普通仲裁时效不支持,
11 个月后视为订立无固定期限劳动合同不支持</td><td>32</td></tr>
<tr><td rowspan="10">其他,不符合适用条件</td><td>劳动合同承继,不支持;视为后不支持</td><td>3</td></tr>
<tr><td>劳动者过错未签书面合同,不支持</td><td>2</td></tr>
<tr><td>哺乳期劳动合同自动延续,视为未到期,不支持</td><td>1</td></tr>
<tr><td>倒签劳动合同不影响双方权利义务,不支持</td><td>1</td></tr>
<tr><td>劳动者与用人单位不存在事实劳动关系,不支持</td><td>1</td></tr>
<tr><td>"两块牌子,一套班子",劳动者对不同主体情况明知,不支持</td><td>1</td></tr>
<tr><td>欺诈建立劳动关系无效,不支持</td><td>1</td></tr>
<tr><td>试用期应当包括在劳动合同期内,不支持</td><td>1</td></tr>
<tr><td>双方已通过协商达成协议,不支持</td><td>1</td></tr>
<tr><td>有事实上的劳动合同,不支持</td><td>1</td></tr>
<tr><td>总计</td><td></td><td>45</td></tr>
</table>

从表 1、表 2 可以看出,2008—2019 年 6 月,北京、上海、武汉、成都、广州五个城市涉及"未订立书面劳动合同"的二倍工资案件共 267 例,法院最终判决支持二倍工资诉求的有 222 例(包含部分支持),不支持的有 45 例(见表 1)。从裁判理由来看,仲裁时效和"视为"条款的双重限制是法院不支持

二倍工资的主要原因(见表2)。后文将对此现象进一步分析。

(二)第二类案件检索情况及基本分析

按前文所设定第二类案件检索条件(二倍工资+民事案件+劳动合同法+第八十二条第二款),收集整理得到第二类案件的检索情况及分析如下。

第二类案件中,在案涉事实依据分类上,以"用工满1年未签订书面劳动合同,视为订立无固定期限劳动合同"为理由请求支付未订立无固定期限劳动合同二倍工资的案件有52例,占比为31.3%,以"连续订立两次固定期限劳动合同后未订立无固定期限劳动合同"为理由的有108例,占比为65.1%,以"连续工作十年后应当订立而未订立无固定期限劳动合同"为理由的有6例,占比为3.6%。(见表3)可见在第二类案例中基于"视为"条款而提起"应当订立而未订立无固定期限劳动合同"二倍工资诉求的比例较大,说明对于《劳动合同法》第82条第2款的适用条件,实践中还存在不同的理解。

表3　第二类案件提起诉讼理由及判决情况

单位:例

判决	用工满1年未订立书面劳动合同,视为订立无固定期限劳动合同	连续订立两次固定期限劳动合同后未订立无固定期限劳动合同	连续工作10年后应当订立而未订立无固定期限劳动合同	整体支持/不支持数量及比例
支持	11	19	2	32(19.3%)
不支持	41	89	4	134(80.7%)
小计	52(31.3%)	108(65.1%)	6(3.6%)	166(100%)

从整体支持率来看,基于《劳动合同法》第82条第2款提出的二倍工资诉讼支持率仅有19.3%,不支持率达到了80.7%,可见"应订而未订无固定期限劳动合同"的二倍工资规则在实践中适用效果并不理想,对提起此类二倍工资诉求的劳动者的保护力度较弱。而从不支持理由来看,除了从事实判断上认为并未违反第一性的法律义务,因此不应当适用对应的二倍工资责任之外,对"视为"条款的理解问题也成为法院不支持二倍工资诉求的重要原因(见表4)。

表4 第二类案件不支持二倍工资理由统计

单位:例

提起诉讼理由	不支持理由	数量	小计
用工满1年未签订书面劳动合同,视为订立无固定期限劳动合同	未订立书面劳动合同第1年的二倍工资已过普通仲裁时效不支持,视为订立无固定期限劳动合同不属于应当订立无固定期限劳动合同的情形,不支持	40	41
	已签订事实上的劳动合同,不支持	1	
连续订立两次固定期限劳动合同后未订立无固定期限劳动合同	续订固定期视为合意订立,不支持	86	89
	双方无法协商一致而未签订无固定期限劳动合同,不适用二倍工资罚则	2	
	程序瑕疵,不告不理,不支持,对基于《劳动合同法》第82条第1款还是第2款提起诉讼认定不清	1	
连续工作10年后应当订立而未订立无固定期限劳动合同	续订固定期视为合意订立,不支持	2	4
	《劳动合同法》无溯及力,适用《劳动法》需双方同意,不支持	1	
	已过普通仲裁时效,不支持	1	
总计	—	134	134

三、内外之困:二倍工资规则的多重结构性问题

上文对二倍工资案件进行的基本数据分析展现出在司法实践中法院对劳动者主张的支持率以及不支持原因,可看出对“未订立书面劳动合同”而主张二倍工资的支持率远高于“应订未订无固定期限劳动合同”主张二倍工资的支持率,本文第三部分将从个案角度分析在此两类案件中不支持二倍工资的具体判例思路,并进行逻辑推演,展现二倍工资规则的内部路径及逻辑之困,而后将二倍工资规则与经济补偿、经济赔偿金等法律责任进行对比,展现其外部价值之困,以论证出二倍工资规则的多重结构性问题。

(一)路径之困——“视为”条款与二倍工资规则的多种衔接

对第一类和第二类案件不支持二倍工资理由的统计中(见表2、表4),不支持二倍工资案件是基于《劳动合同法》第14条第3款的“视为”条款而不支持二倍工资,可见“视为”条款在司法实践中对于二倍工资计算起到了较大的限制作用。本部分将结合数据统计,通过个案分析的方式来展现司法实践中的不同裁判思路,并探寻导致这些不同裁判思路的问题根源。

1. 劳动者:基于“视为”条款请求二倍工资

《劳动合同法》第 14 条第 3 款规定:用人单位自用工之日起满一年不与劳动者订立书面劳动合同的,视为用人单位与劳动者已订立无固定期限劳动合同。这一条通常认为与该法第 82 条第 1 款“未订立书面劳动合同”的二倍工资责任相衔接,作为违反该法第 10 条满 1 年之后的法律后果性规定,即“未订立书面劳动合同”的二倍工资责任是“违反第 10 条——(1 年之内)适用第 82 条第 1 款——(1 年之后)适用第 14 条第 3 款”的简单结构,而对于“应订未定无固定期限劳动合同”的二倍工资责任是“违反第 14 条第 2 款——适用第 82 条第 2 款”的简单结构。在对基于第 82 条第 2 款而请求支付二倍工资的第二类案件的统计中(见表 3),有 52 例基于“视为订立无固定期限劳动合同而未订立”请求支付违反第 82 条第 2 款的二倍工资,占比达到第二类案件的 31.3%,可以看出司法实践中“视为订立无固定期限而未订立”成为请求支付“应订未订无固定期限劳动合同”二倍工资的一大诉请依据,即由于对“视为”条款的不同理解,第 82 条第 2 款在“法定义务—法律责任”的连接链条上出现了混乱。

在 52 例劳动者基于“视为”条款而请求按照第 82 条第 2 款支付二倍工资的案件中,典型的思路是结合《劳动合同法实施条例》第 7 条的规定,而将第 82 条第 1 款和第 2 款之间的关系视为基于时间段不同而分别适用。[8] 以图 1 表达这些案件中劳动者诉请支付二倍工资的逻辑。

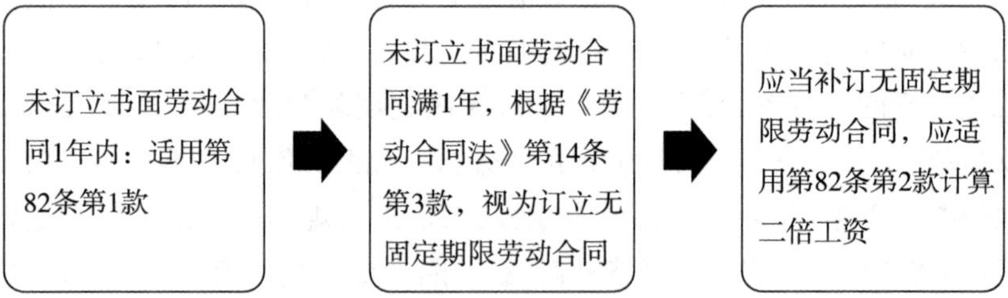

图 1 “视为”条款思维路径(一)

---

[8] 如六盘水双龙混凝土有限公司、涂某林劳动争议案,在贵州省六盘水市中级人民法院(2017)黔 02 民终 546 号民事判决书中,劳动者认为:《劳动合同法》第 10 条中“应当订立书面劳动合同”属于法律的强制性规定。《劳动合同法实施条例》第 7 条对视为订立无固定期限劳动合同之后“应当立即与劳动者补订书面劳动合同”,这里的“应当”和“立即”说明超过一年后视为用人单位与劳动者订立了无固定期限劳动合同,应当立即订立无固定期限劳动合同,未签订书面无固定期限劳动合同的后果是按照《劳动合同法》第 82 条第 2 款的规定处理,即用人单位违反《劳动合同法》规定不与劳动者订立无固定期限劳动合同的,自应当订立无固定期限劳动合同之日起向劳动者每月支付二倍的工资。

图1代表了此类案件的典型思维路径,即在未订立书面劳动合同的情况下,将第82条第1款与第2款的关系认为是基于"未订立书面劳动合同"的不同时间段而分别适用的两个条款,而认为违反《劳动合同法实施条例》第7条"应当补订书面劳动合同"强制性规定的违法后果应对应到第82条第2款上。对此类案件,法院给出了两类判决(见表5),而其中支持二倍工资的10例案件仍然是基于第82条第1款的规定,对建立事实劳动关系1年内未订立劳动合同支持了最长11个月的二倍工资,而未支持二倍工资的案件中有26例判决表明第82条第2款仅适用于违反第14条第2款的情形,视为订立无固定期限劳动合同而未订立不属于第14条第2款情形,不支持二倍工资,可见对于劳动者提出二倍工资诉求的思路,法院并未认同。

表5 基于"视为"条款请求支付《劳动合同法》第82条第2款二倍工资的案件判决结果

单位:例

是否支持	裁判理由	数量
支持	支持未订立书面劳动合同1年内的11个月二倍工资	10
不支持	适用第82条第2款仅限于违反第14条第2款的情形,视为订立无固定期限劳动合同而未订立不属于第14条第2款情形,不支持	26
	已签订事实上的劳动合同,不支持	1
	续订固定期限劳动合同,视为合意订立,不支持	4
	已过普通仲裁时效,不支持	11
	仲裁前置应先提起仲裁,不支持	1
总计	—	53

2. 裁判者:基于"视为"条款限制二倍工资的计算期限

相较于第82条第1款中计算二倍工资"自用工之日起超过一个月不满一年"的明确期限表述,第82条第2款并未明确应订而未订无固定期限劳动合同二倍工资的计算期限,由此可以推定立法机关对"应订而未订无固定期限劳动合同"的二倍工资没有进行期限限制。而在本文收集的第二类案件中,法院判决出现了通过"视为"条款对基于第82条第2款的二倍工资诉讼进行期限限制的情况。如在(2014)海中法民一终字第1116号案件中,法院的裁判思路是认可用人单位应当与劳动者订立书面无固定期限劳动合同,但最终以应当订立书面无固定期限劳动合同的11个月期限限制计算二倍工资〔9〕,从该案判决提取裁判思维路径如下(见图 2)。

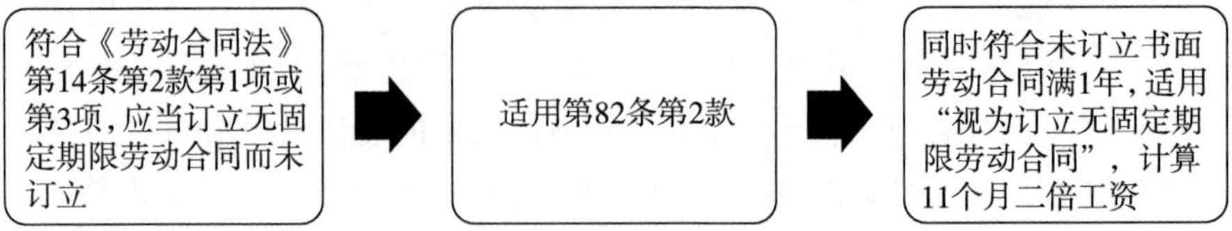

图 2　“视为”条款思维路径(二)

该案中法院在原被告双方符合第 14 条第 2 款第 3 项的情况下,认为用人单位未订立无固定期限劳动合同同时符合“未订立书面劳动合同”,而适用了“视为”条款,基于此对二倍工资计算期限进行了最高 11 个月的限制,同样的裁判思路也出现在(2010)常鼎民初字第 1135 号案件中。而(2015)扶民初字第 602 号等 4 个案件则是符合第 14 条第 2 款第 1 项“连续工作十年”要件的情况下,在适用第 82 条第 2 款的二倍工资规则之时也认为应当适用 11 个月最长计算期限。〔10〕这一类案件中法院的裁判观点体现了“未订立书面无固定期限劳动合同”的两个路径选择。在选择将其作为“未订立书面劳动合同”

〔9〕劳动者黄某与法制时报公司自 2007 年至 2013 年 3 月 26 日存在劳动关系,双方连续订立了三次固定期限劳动合同,2011 年 3 月 1 日第三次劳动合同期满之日起双方存在事实劳动关系。法院认为:依据《劳动合同法》第 14 条第 2 款第 3 项“连续订立二次固定期限劳动合同,且劳动者没有本法第三十九条和第四十条第一项、第二项规定的情形,续订劳动合同”的规定,自 2011 年 3 月 1 日起,法制时报公司应与黄某订立无固定期限的劳动合同。但截至双方劳动关系解除的 2013 年 2 月 26 日,法制时报公司一直未与黄某订立书面的劳动合同。依据《劳动合同法》第 14 条第 3 款的规定,应视为法制时报公司与黄某自 2012 年 3 月 1 日起已订立无固定期限劳动合同。因法制时报公司未与黄某订立无固定期限劳动合同,依照《劳动合同法》第 82 条第 2 款的规定,法制时报公司应自 2011 年 3 月 1 日起至 2012 年 2 月 28 日止,每月向黄某支付二倍的工资。

〔10〕参见石某华、卢某备等与林某桂、何某建生命权、健康权、身体权纠纷案,广西壮族自治区扶绥县人民法院(2015)扶民初字第 602 号民事判决书。法院认为:依照《劳动合同法》第 82 条第 2 款“用人单位违反本法规定不与劳动者订立无固定期限劳动合同的,自应当订立无固定期限劳动合同之日起向劳动者每月支付二倍的工资”之规定,二被告未与原告订立无固定期限劳动合同,应当向原告每月支付二倍的工资。依照《劳动合同法实施条例》第 7 条“用人单位自用工之日起满一年未与劳动者订立书面劳动合同的,自用工之日起满一个月的次日至满一年的前一日应当依照劳动合同法第八十二条的规定向劳动者每月支付两倍的工资,并视为自用工之日起满一年的当日已经与劳动者订立无固定期限劳动合同,应当立即与劳动者补订书面劳动合同”之规定,原告在用人单位自用工之日起早已经满一年,视为原告与用人单位已订立了无固定期限劳动合同。由于不订立书面无固定期限劳动合同属于不订立书面劳动合同的一种,原告主张未签订无固定期限劳动合同,应当支付二倍工资的期限应不超过 11 个月,因此原告请求二被告支付 7 年的工资 182733.60 元,无法律依据,不予支持。

的违法行为来处理时，自然可以根据第 82 条第 1 款的规定适用最长 11 个月的期限限制，但在选择将其作为"未订立无固定期限劳动合同"违法行为的路径下，仍然适用"视为"条款，并认为在法律拟制为订立无固定期限劳动合同后便不再计算二倍工资，适用 11 个月的最长计算期限，体现了法院在计算二倍工资时减轻用人单位负担的偏向。

（二）逻辑之困：《劳动合同法》第 82 条第 1 款和第 2 款之"竞合"推演

前一部分体现了司法实践中对于《劳动合同法》第 14 条第 3 款与第 82 条及《劳动合同法实施条例》第 7 条之间关系的不同认识。其中涉及的案件都只具有"未订立书面劳动合同"或"未订立无固定期限劳动合同"的单一违法现象，可以直接明确的指向适用第 82 条第 1 款或第 2 款。但由于"书面劳动合同"与"无固定期限劳动合同"两个概念在逻辑上并非矛盾或对立关系，两个概念之间必然存在交集，则会存在一个事实同时违反《劳动合同法》第 10 条和第 14 条第 2 款，选择适用第 82 条第 1 款或第 2 款都能符合其适用条件的情况，而在这样的情况下，选择适用第 82 条第 1 款还是第 2 款就出现了两难困境，具体情况（见图 3）。

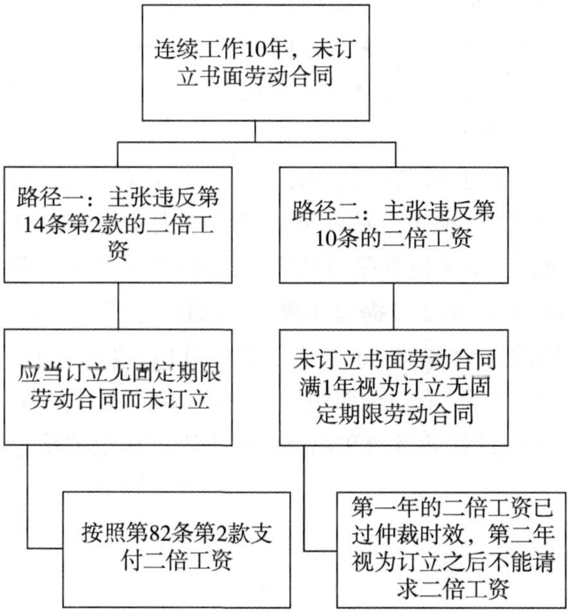

图 3 "视为"条款思维路径（三）

假设一个劳动者从2008年1月1日与用人单位建立事实劳动关系并一直存续,在2019年提起诉讼请求二倍工资,若按照图3的路径一,只摘取其中"应当订立无固定期限劳动合同而未订立"的违法事实,则可以适用第82条第2款,要求支付从2018年1月1日起的二倍工资。但若结合"未订立书面劳动合同"满1年这个事实来看,按照路径二,早在2009年1月1日,双方就已经视为订立无固定期限劳动合同,而2008年1月1日—12月31日的二倍工资早已过仲裁时效,根据"视为"后不能请求计算二倍工资的观点,此时该劳动者就不能得到任何二倍工资。在这两种思维路径下能否适用二倍工资的结果截然不同,而从违法性来说,此假设下两个违法事实同时存在,较之任何一个单一违法行为都更加严重,但却基于"视为"条款的效力无法对用人单位此违法行为施以二倍工资的法律责任。从立法目的来看,二倍工资的立法目的旨在促进书面劳动合同的签订,若按照第一种思维路径,则劳动者和用人单位至少在10年间存在事实劳动关系,劳动者持续处在无书面合同的风险之中。而若按照第二种思路,则在双方建立事实劳动关系的第2年就视为订立无固定期限劳动合同,结合仲裁时效规定,劳动者无法拿到二倍工资。此外,由于时间的单向性,在双方订立事实劳动关系的第2年劳动者就与用人单位视为订立了无固定期限劳动合同,则10年后适用第14条第2款就出现了已经"视为"订立无固定期限劳动合同和"应当"订立无固定期限劳动合同两种情况共存的局面。

同样的思维困境也出现在"连续订立两次固定期限劳动合同之后保持事实劳动关系"的案件中,假设劳动者于2010年1月1日—2012年1月1日连续两次与用人单位订立固定期限劳动合同,2012年1月1日后与用人单位保持事实劳动关系,2014年2月提起仲裁,则按照图4所示路径一请求支付"应订未定无固定期限劳动合同"的二倍工资,可以获得从2012年1月1日—2014年2月的二倍工资,而若按照路径二请求支付"未订立书面劳动合同"的二倍工资,则由于已过仲裁时效和视为订立无固定期限劳动合同而无法得到支持。

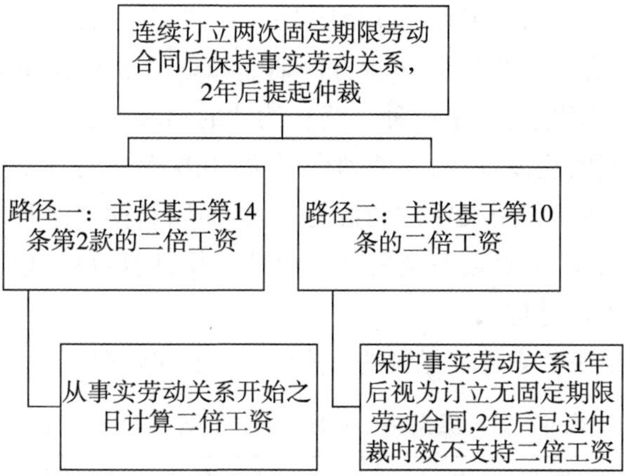

图4 “视为”条款思维路径(四)

以上假设展现了对同一情况进行裁判的多种思维进路,并会导致截然不同的判决结果。在特定事实下产生一个行为同时违反第10条和第14条第2款的强制性规定,从而导致在法律责任适用上同时符合第82条第1款和第2款的“竞合”现象,而由于“视为”条款的存在,适用第82条第1款和第2款的结果截然不同。究其原因,在于二倍工资法律责任设置上的结构不严谨,只考虑到对于两种违法行为都要通过二倍工资来予以惩罚,却忽视了两种违法行为之间存在交集,使第82条第1款和第2款之间必然存在交叉重合区间,导致同一情形可以选择两种不同诉求路径,从而出现适用上的“竞合”。而由于第82条第1款与第2款之间在二倍工资计算期限上异构性明显,基于不同思维路径将得到截然不同的法律效果,从立法层面就注定了“同案不同判”的必然性,因此,对于二倍工资规则,应当从解决其异构性着手,对于符合两种情况的同一事实赋予同一法律后果,避免在同时存在第82条第1款和第2款的违法情形时适用二倍工资规则的困境。

(三)价值之困:各法律责任条款设置及施行效果分析

以上两部分展示了二倍工资规则在实践中出现的裁判困境及思维困境,条款设计逻辑不周延导致了条款竞合可能性,从二倍工资规则内部已出现多种裁判价值取向及多种思维进路。而将二倍工资规则与《劳动合同法》其他法律责任设置进行对比,更体现出了体系性的“责罚失当”。《劳动合同法》规定的民事法律责任主要有经济补偿和经济赔偿,从性质来看,经济补偿具有补偿性,经济赔偿和二倍工资具有惩罚性。从对应的前提性义务来看,二倍工资规则对应的是“订立书面劳动合同”和“强制订立无固定期限劳动合同”的法律义务,经济补偿是对劳动者合同期满离职或者正常离职状况下的补偿,不要求用人单位过错,是一种广泛补偿性的温和义务。经济赔偿是对违法解除劳动合同的法律责任。《劳动合同法》几次草案对经济补偿制度的修改,体现出对劳动者和用人单位利益的平衡,而以其博弈过程反观二倍工资规则的设定,结合本文对第一类案件的统计数据,则显得二倍工资规则对用人单位赋予的责任过重。

1. 请求二倍工资案件社保缴纳及经济补偿支付情况

表6　第一类案件缴纳社保与支付经济补偿情况

是否缴纳社保	数量/例	比例/%	是否支付经济补偿/赔偿	数量/例	比例/%
缴纳	38	14.2	补	98	36.7
未缴纳	208	77.9	赔	15	5.6
未提及	21	7.9	无	154	57.7
总计	267	100	总计	267	100

表7　208例未缴纳社保案件支持经济补偿/赔偿情况

单位:例

<table>
<tr><th>是否提出请求</th><th>数量</th><th colspan="3">裁判情况及理由</th></tr>
<tr><td>未提出,不告不理</td><td>81</td><td colspan="3">—</td></tr>
<tr><td rowspan="4">提出补偿/赔偿请求</td><td rowspan="4">127</td><td rowspan="2">支持</td><td>依据《劳动合同法》第38条、第46条支持经济补偿</td><td>88</td></tr>
<tr><td>支持经济赔偿</td><td>12</td></tr>
<tr><td rowspan="2">不支持</td><td>不存在违法解除/协商一致解除/劳动者过错解除/劳动者主动离职</td><td>16</td></tr>
<tr><td>其他(不存在劳动关系/已过仲裁时效/对仲裁结果未提出异议/仲裁中未提出等)</td><td>11</td></tr>
</table>

从表6可见,在267例未订立书面劳动合同的案件中,明确了用人单位为劳动者缴纳社保的仅有38例,占14.2%,21例案件中并未说明用人单位是否为劳动者缴纳社保,208例案件中明确用人单位未缴纳社保,即未订立书面劳动合同的案件中同时未缴纳社保的比例达到了77.9%。而根据《劳动合同

法》的相关规定，未缴纳社保属于用人单位应支付经济补偿的法定条件，[11]即二倍工资的法律责任和经济补偿的法律责任出现了明显的同向性，但在实际裁判中支持经济补偿的比例只占未缴纳社保案件的48.1%。而从表7对于未缴纳社保案件的具体分析中，可以看出两个现象：(1)未提起经济补偿请求的有81例，占到未缴纳社保案件的38.9%，可见劳动者维权意识较弱，只请求了未订立书面劳动合同的二倍工资，而未请求基于未缴纳社保的经济补偿。(2)16例案件中法院基于不存在违法解除/协商一致解除/劳动者主动离职等原因未支持经济补偿/赔偿，未考虑不缴纳社保属于应支付经济补偿的法定条件，判决不支持经济补偿的裁判正当性值得质疑。同时这16例案件中法院均支持了二倍工资诉求，体现了不同时适用经济补偿/赔偿和二倍工资以减轻用人单位负担的偏向。此外，根据《社会保险费征缴暂行条例》第26条规定："缴费单位逾期拒不缴纳社会保险费、滞纳金的，由劳动保障行政部门或者税务机关申请人民法院依法强制征缴。"由此，法院通常认为补缴社保不属于人民法院受理劳动争议案件的范围，而告知劳动者向劳动行政部门主张。则在应然状态下，未订立书面劳动合同同时未缴纳社保对应的法律责任组合应包括"支付二倍工资＋支付经济补偿＋补缴社保"，但在司法实践中补缴社保需要另行处理，而本文统计的经济补偿与二倍工资同时适用的比例远低于其应然状态，从原因上看，一方面受到不告不理等程序法因素影响，另一方面也体现出法院为用人单位减负的偏向。由此可见，在"未订立书面劳动合同"案件中，劳动者受到多种损害，但通过诉讼程序得到的补偿较少。

2. 二倍工资和经济补偿/赔偿法律责任的对比分析

表8 第一类案件中二倍工资与经济补偿/赔偿支持情况

单位：例

法律责任	数量
支持二倍工资	222
支持经济补偿/赔偿	114
同时支持二倍工资与经济补偿/赔偿	98

[11] 根据《劳动合同法》第38条第1款第3项的规定，用人单位未依法为劳动者缴纳社会保险费的，劳动者可以解除劳动合同；根据《劳动合同法》第46条第1项，劳动者依照该法第38条规定解除劳动合同的，用人单位应当向劳动者支付经济补偿。因此，用人单位未缴纳社保应当是支付经济补偿的法定条件。

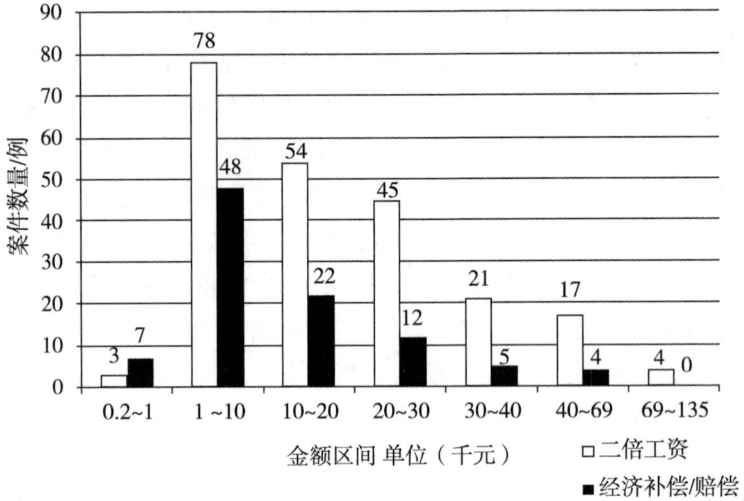

图5 第一类案件支付二倍工资与经济补偿/赔偿情况对比

将第一类案件中同时支持二倍工资与经济补偿或赔偿的案件金额进行整理,得出以上图表。在支持二倍工资的222例案件中,同时支持了经济补偿或赔偿的案件有98例(见表8),从图5对支持二倍工资和经济补偿/赔偿的数额比较来看,相对于支持经济补偿或赔偿的诉讼请求,二倍工资诉求的支持金额较高,计算期间长,且高金额段的占比更大,而经济补偿和赔偿的支付数额更集中于低金额段,在69000~135000金额段还有4例支付二倍工资的案例,但已经没有支付经济补偿和赔偿的案例。可见二倍工资责任相对于经济补偿和赔偿责任来说,对用人单位的负担更重,惩罚性更强。

通过对二倍工资与经济补偿和赔偿责任的对比研究,发现在金额计算上,二倍工资计算金额远远大于经济补偿和经济赔偿金额,体现了二倍工资规则的严厉性,但尽管"未订立书面劳动合同"与"未缴纳社保"具有高度同向性,与之对应的二倍工资与经济补偿责任的同时适用性上却远低于设想。而在金额计算上,二倍工资责任过当地高于经济补偿或赔偿责任,违反了"责罚相当"的法律责任设置原则。因此,对于二倍工资责任的计算金额,有必要按照"责罚相当"的法律责任设置原则予以限制。

四、制度反思——从立法技术回归到制度价值

(一)事实劳动关系存续与劳动者保护负相关现象之反思

从条文设计上,结合图6可以看出,由于"未订立书面劳动合同"的二倍工资法律责任最长为11个月,未订立书面劳动合同满1年则视为订立无固定期限劳动合同,则基于仲裁时效和视为条款的双重作用,导致劳动者权益受到侵害时间越长,得到经济性利益补偿的可能性越小,而将未订立书面劳动合同的时间控制在12个月则是获得最大经济效益的选择。通过对案例的统计分析,能够发现在司法实践中存在大量的事实劳动关系存续期间越长,对劳动者权益保护越弱的现象。从表9中可见,在第一类案件中基于"11个月内已过普通仲裁时效不支持,11个月后视为订立无固定期限劳动合同不支持"而不支持二倍工资的32例案件中,事实劳动关系存续期间达到2~8年占到68.8%,而32例案件中只有11例案件获得了经济补偿或赔偿。可见,对于劳动者出现了事实劳动关系存续期间越长权益保护越弱的现象。

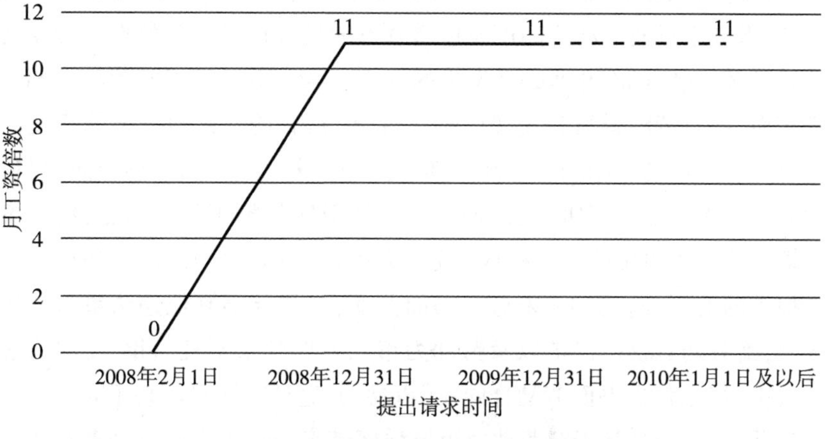

图6 二倍工资请求时间与计算数额对应关系

(假设从2008年2月1日建立事实劳动关系)

表9 第一类案件基于时效和"视为"条款而不支持二倍工资情况

单位:例

不同情况	具体情形	数量	小计
事实劳动关系存续期间	1~2年	10	32
	2~4年	13	
	4~6年	6	
	6~8年	3	

续表

不同情况	具体情形	数量	小计
是否支持经济补偿/经济赔偿	经济补偿	9	32
	经济赔偿	2	
	无	21	

对此现象需要进行反思的地方有两点:第一,时效等原因导致二倍工资无法得到支持,是否是对劳动者的损害?第二,视为订立无固定期限劳动合同后,劳动者权益是否缺乏保障?

首先需要对二倍工资惩罚性赔偿进行再次理解,作为"未订立书面劳动合同"的法律责任,二倍工资条款的立法目的是促进用人单位与劳动者订立书面劳动合同,其对应的并非特定的损害,而是对合同形式的管理秩序。具体而言,其一,事实劳动关系受到我国劳动法保护,事实劳动关系下劳动者的劳动对价仍然能够实现,未订立书面劳动合同并不会带给劳动者必然的损失,同时未订立书面劳动合同可能伴随着不缴纳社保或者其他损害劳动者权益的风险,但这些风险并非必然发生的损害,因此,就缺乏书面劳动合同的违法事实而言,对劳动者没有直接的损害性,但具有诱发其他损害的高度风险性和对劳动力市场秩序的破坏性。其二,对于"未订立书面劳动合同"可能诱发的对劳动者权益的损害,立法通常有直接对应的损害补偿措施,如未缴纳社保情况下用人单位的补缴社保义务,以及发生保险事由之时承担应由社保基金报销的费用等。鉴于"未订立书面劳动合同"伴随其他违法事由的风险性大,会给劳动者权益保护以及劳动力市场秩序带来不良后果,立法通过二倍工资来对"未订立书面劳动合同"予以惩罚,这种惩罚并非基于对劳动者造成的实际损害,而是基于对劳动力市场秩序带来的损害和对劳动者造成损害的风险。故二倍工资制度并不以救济个人为制度目标,而是以惩罚用人单位,实现社会共益为目标。而之所以由劳动者来提出,是由于行政监察资源具有有限性,无法对整个劳动力市场有效监管,而个体劳动者对"未订立书面劳动合同"具有较高的敏感性和直接相关性,因此立法通过将对此违法行为的惩罚请求权赋予劳动者个人,以通过劳动者力量来维护劳动力市场秩序,尽可能阻断劳动者基于未订立书面劳动合同可能遭受的风险。

因此,在惩罚性赔偿理论下二倍工资并非对劳动者直接现实权益损害的赔偿,在此认识下,基于时效限制导致劳动者的二倍工资诉求无法得到支持,并非对劳动者的损害。但是,从司法实践可以看出,在“未订立书面劳动合同”通过视为订立无固定期限劳动合同来保护之后,实践中出现了很多用人单位与劳动者劳动关系终止的现象,而劳动者难以举证证明用人单位违法解除,法院判决用人单位支付经济赔偿金比例较低,因此呈现出事实劳动关系存续期间越长,劳动者权益保护越弱的负相关现象。究其原因,并不在于“视为”条款无法保护劳动者的就业稳定权。“视为”条款下劳动者与用人单位之间的关系与实际订立无固定期限劳动合同受到法律的同等保护,而无固定期限劳动合同并不能保证用人单位与劳动者之间的劳动关系持续存在,只是在违法解除劳动合同之时赋予了劳动者获得经济赔偿金的权利。实践中出现在二倍工资案件中对于经济补偿金和赔偿金支付比例较低的现象,是基于劳动者提出二倍工资诉求时并未提出经济补偿或赔偿金等原因,如在表9的未判决支付经济补偿金或赔偿金的案件中,有17例案件是基于不告不理而未支持。在某种程度上也体现了劳动者对于二倍工资规则的误解,以至于主张二倍工资时忽视了用人单位的经济补偿金或赔偿金责任,而得到不利的裁判结果。但是从“视为”条款本身来看,其实际提供了与订立无固定期限劳动合同平等的保护。

(二)第82条第1款与第2款的异构之反思

根据本文第二部分所作的理论探讨,订立无固定期限劳动合同与固定期限劳动合同的最大区别在于是否能够通过期满终止来解除劳动合同,我国立法在不断强化无固定期限劳动合同并非“铁饭碗”的理念,在倾斜保护劳动者的同时也尊重用人单位的自主用工权。然而,“视为”订立无固定期限劳动合同的二倍工资制度,却增加了对无固定期限劳动合同的误解。

这种误解具体体现为:(1)将“视为订立无固定期限劳动合同”放在与二倍工资责任等同的法律后果地位上,增加了对无固定期限劳动合同的误解。对于这个问题在本文第三部分已进行论述,无论是劳动者认为视为订立而未订立无固定期限劳动合同后仍应支付第82条第2款规定的二倍工资,还是法院认为符合第82条第2款规定情况的二倍工资计算仍要受到“视为”条款的限制而只计算11个月,都体现了对于应订未订无固定期限劳动合同的二倍工资责任认识不清。(2)“应当订立而未订立无固定期限劳动合同”的二倍工资责任过重,有违“责罚相当”的法律责任设计原则。如前所述,未订立无固定期限劳动合同损害的是劳动者的就业稳定权,但应订而未订无固定期限劳动合同并不意味着用人单位当即与劳动者解除了劳动关系,相反实践中有很多劳动者和用人单位继续保持劳动关系,而此时劳动者的就业稳定权只是处在被侵害的风险之中,与其对应的救济方式是支付二倍工资。[12] 与此相对,违法解除无固定期限劳动合同是直接损害劳动者就业稳定权的违法行为,其对应的救济方式是支付经济赔偿金或要求用人单位履行无固定期限劳动合同。根据二倍工资和经济赔偿金的计算方式的差别,未订立无固定期限劳动合同的侵权行为持续一个月计算一个月二倍工资,违法解除劳动合同根据用工年限1年计算一个月工资,且经济赔偿金计算受到时间和数额的双重限制,则意味着"应订未订无固定期限劳动合同"的惩罚比"违法解除无固定期限劳动合同"的惩罚更重,而由于第82条第2款对于二倍工资的计算期限并未予以限制,"应订未订无固定期限劳动合同"的事实劳动关系状态存续期间越长,二倍工资金额与经济赔偿金的差距就越大,即法律对于具有损害劳动者就业稳定权风险的惩罚重于直接损害劳动者的就业稳定权的惩罚,显得舍本逐末,体现出法律责任设计上的失衡。[13]

(三)"视为"条款之反思

"视为"订立无固定期限劳动合同的制度设计无疑是出于对劳动者的保护,而《劳动合同法》中"视为"条款与二倍工资责任条款的关系问题仍存在争议,并导致实践中出现不同的司法裁判结果。如前文所述,实践中出现了依据《劳动合同法实施条例》第7条视为订立无固定期限劳动合同后,"应当"立即补订书面劳动合同,主张应当补订而未补订无固定期限劳动合同的二倍工资。从文义解释来看,《劳动合同法》第82条第2款规定:"用人单位违反本法规定不与劳动者订立无固定期限劳动合同的,自应当订立无固定期限劳动合同之日起向劳动者每月支付二倍的工资。"其中的"本法规定"是指《劳动合同法》的规定,而不包括《劳动合同法实施条例》,而在《劳动合同法》中并没有规定"视为"订立无固定期限劳动合同后的法律后果。故在现有立法结构下将"视为"订立无固定期限劳动合同后"应当"立即补订书面劳动合同规定在《劳动合同法实施条例》而非《劳动合同法》中,能够避免图1的思维路径成立,导致与未订立书面劳动合同计算二倍工资最长11个月的期限限制产生冲突。

进一步反思《劳动合同法》"视为"条款与二倍工资责任条款的关系,可否采取取消二倍工资责任,而直接"视为订立无固定期限劳动合同"?对此《劳

---

〔12〕 罗泽胜:《劳动合同法中二倍工资规则的反思与重构》,载《西南民族大学学报(人文社会科学版)》2018年第6期。

〔13〕 孙志萍:《二倍工资规则适用探究——基于〈劳动合同法〉第82条第1款的实证分析》,载《中国劳动》2017年第6期。

动合同法(草案)》第9条曾将未订立书面劳动合同的法律后果直接规定为"视为订立无固定期限劳动合同",并伴随"补订"书面劳动合同的强制性规定。[14] 而《劳动合同法》最终修改此条规定,一是因为草案征求意见过程中有观点认为这样的硬性规定要求太高,难以操作,更重要的是可能加深用人单位对无固定期限劳动合同是一种负担的认识。[15] 顺此思路,无论是"未订立书面劳动合同"还是"应订而未订无固定期限劳动合同",必然都存在没有书面形式劳动合同的事实,而"视为"订立始终无法达到订立书面合同的形式确定性,因此应当先给予用人单位一个直接的、可计算的法律责任,尽可能通过惩罚性较强的二倍工资达到倒逼用人单位与劳动者订立书面劳动合同的结果,达到符合法律规定的标准劳动关系。若用人单位仍然不订立书面劳动合同,继续保持违法用工状态,则此时倒逼用人单位达到合法用工状态的目标已无法实现,那么法律的首要目的就应当是给予劳动者与合法用工状态下一致的保护,这个保护即"视为订立无固定期限劳动合同",其作用机理在于越过劳动者和用人单位双方的协商,而以"法律父爱主义"的方式,直接认为双方存在与合法劳动关系同等的权利义务关系,而不再考虑用人单位的主观意愿。此时法律认为最重要的并非对用人单位的惩戒,而是对悬而未决的事实劳动关系的法律效果的确定以及对劳动者的保护。这种保护赋予了用人单位在劳动者无过错的情况下不能随意解除或终止劳动合同的第一性义务,并确定了违反此种义务的情况下用人单位应当承担的第二性责任,即支付违法解除劳动合同赔偿金。因此,在视为订立无固定期限劳动合同之前以二倍工资责任对双方订立书面劳动合同进行倒逼,具有合理性和有效性。

(四)惩罚性赔偿责任性质之反思

二倍工资作为惩罚性赔偿,其作用在于实现用人单位对其法律义务的自觉履行,救济未履行法律义务的损害,因此,对用人单位的惩罚并非意味着对劳动者的奖励,二倍工资的经济收益性也不应成为立法保护的目标。因此,尽管本文进行了大量劳动者收益与损害的分析,但并非认为二倍工资责任是个体劳动者实现收益的工具;相反,二倍工资制度要发挥其作用,必须着眼于

---

[14] 《劳动合同法(草案)》第9条第3款:已存在劳动关系,但是用人单位与劳动者未以书面形式订立劳动合同的,除劳动者有其他意思表示外,视为用人单位与劳动者已订立无固定期限劳动合同,并应当及时补办订立书面劳动合同的手续。

[15] 黄海华、蔡人俊:《劳动合同法疑难问题解读——立法过程中一些主要问题的介绍和思考》,中国法制出版社2014年版,第51页。

惩罚性赔偿维护社会共益的目标,即在二倍工资规则中,法律要实现的是整体书面劳动合同签订率的提高。

在二倍工资规则旨在维护社会共益的认识下,本文重点关注了二倍工资规则下的同案不同判和对同一个事实的多种思维路径造成不同后果的现象,以及二倍工资规则本身存在的竞合与异构问题。这些问题不仅造成了个案中劳动者的二倍工资请求权受损,更为严重的是弱化了二倍工资规则之效用,以致劳动者权益保护处于一个不确定的状态,且司法实践中普遍出现司法裁判减轻用人单位负担的偏向,使得劳动者的尊严与立法的权威性被轻视。由此也可看出二倍工资规则的适用效果具有有限性,若对其适用期限和金额上限不给予限定将会导致反作用,造成惩罚失当,消弭其作为惩罚性赔偿的作用,难以有效遏制违法用工。而在此认识下,本文最后一部分尝试提出改善思路。

五、重构二倍工资规则的建议

(一)实现《劳动合同法》第82条内部同构

《劳动合同法》第82条第1款和第2款分别针对"未订立书面劳动合同"和"应订而未定无固定期限劳动合同"的违法行为,而"书面劳动合同"和"无固定期限劳动合同"是在两个不同分类方法下的分类,在概念上并非矛盾或对立关系,因此无法避免一个事实同时符合这两个条款的情况,本文第三部分已经对司法实践中出现的以及可能产生的对第82条第1款和第2款同时适用的情况予以论述,并通过思维路径图来进行展示。而若要继续将二倍工资规则作为"未订立书面劳动合同"和"应订而未订无固定期限劳动合同"的法律责任,就必须在第82条第1款和第2款之间实现同构,使得同一情况无论适用哪一条款,得到的法律后果都相同,从而避免实践中出现的二倍工资规则适用混乱,在不同个案中对保护劳动者权益或用人单位权益任意偏向,进而损害法律权威的现象。在此思路下本文的修改建议有以下几点。

1. 保留对"未订立书面劳动合同"二倍工资责任的现有构架

对于未订立书面劳动合同的二倍工资,按照既有规则,在1年之内计算二倍工资,1年之后视为订立无固定期限劳动合同,并且适用普通仲裁时效,从侵权行为结束之日或视为订立无固定期限劳动合同之日起整体计算1年时效。这样规定的好处在于避免计算期限过长给用人单位带来过重负担,同时能够通过视为订立无固定期限劳动合同保障劳动者就业稳定权。

2. 重构“应订而未订无固定期限劳动合同”的法律后果

从前文来看,第 82 条第 1 款与第 2 款的异构性带来了对同一案件的不同裁判思路问题,而其异构性在选择仲裁时效起算点上也会造成两难。设想在仲裁时效选择上,若采取“分段计算”的方法,从劳动者主张权利之日起往前倒推一年,按月计算,对超过一年的二倍工资差额不予支持,则对于基于第 82 条第 1 款提起二倍工资诉求的劳动者要求过于严格,劳动者必须在事实劳动关系满 1 年之日的 1 个月内提起仲裁才能得到 11 个月的二倍工资,而劳动者本身维权力量较弱,二倍工资规则的惩罚性难以实现。而若采用“整体计算”的方法,从用人单位与劳动者补订劳动合同之日或者视为双方已订立无固定期限劳动合同之日起计算,则对基于第 82 条第 2 款提起的二倍工资诉求没有计算期限的限制,对于用人单位负担过重。因此,必须先实现第 81 条第 1 款和第 2 款的同构,才能进一步明确仲裁时效的适用问题。

本文的建议是,对于“应订而未订无固定期限劳动合同”,按照“未订立书面劳动合同”的法律后果的思路,给予 1 个月宽限期,在 1 年之内计算最长 11 个月二倍工资,1 年之后“视为订立无固定期限劳动合同”并不再计算二倍工资。在此思路下,劳动者在与用人单位连续订立两次固定期限劳动合同之后与用人单位事实劳动存续期间,无论采取第 81 条第 1 款还是第 2 款之规定,都达到相同的适用效果。而在 1 年之后“视为订立无固定期限劳动合同”,直接通过法律拟制手段,通过与订立无固定期限劳动合同同等的保护,实现对于劳动者就业稳定权的保障,若用人单位违法与劳动者解除劳动关系,则以经济赔偿金进行救济。此种思路的缺点在于仍然无法解决劳动者与用人单位连续存在事实劳动关系超过 10 年的情况下的二倍工资适用问题。在此情况下,为了保障劳动者利益,应明确规定劳动者享有在满足应订无固定期限劳动合同条件时订立书面无固定期限劳动合同的请求权,在满 10 年起 1 年之内计算二倍工资。通过此特别规定达到适用第 82 条第 1 款与第 2 款的“实质平等”,解决本文第三部分呈现的多种思维路径造成多种裁判结果的问题。

(二)加强劳动监察执法力度,落实行政执法监督

劳动监察制度旨在对劳资关系进行调控,增强弱势劳动者“议价能力”,促进纠纷解决,但基于我国劳动监察力量薄弱、劳动争议案件基数大等原因,通过劳动监察来实现纠纷化解效果不佳。目前,我国劳动监察方式主要有专项监察、巡视监察、投诉举报监察、书面监察四种,大部分劳动者由于对劳动监察职能职责缺乏了解,并未通过投诉举报等途径寻求帮助,其他劳动监察方式也因

监察力量薄弱而未发挥其应有效用。劳动监察作为对用人单位进行行政监察和惩处的职能部门,必须落实对用人单位违法用工行为的监督和惩罚。这一方面是由于"视为"条款下劳动者仍处于未订立书面劳动合同的事实状态之中,而未订立书面劳动合同往往伴随着未缴纳社保等违法行为,尽管有补缴社保等对应救济措施,但长期处于这种状态将带来大量隐性成本,不利于劳动者保护。因此,需要劳动监察来弥补自力救济的不足。另一方面,政府管理私主体活动是社会法的重要特征,劳动合同的书面形式是政府管理劳动关系和司法机关解决劳动纠纷的重要基础。从劳动力市场的宏观管理和规范劳动关系的职责来看,劳动监察部门也应当做好检查工作,落实对用人单位违法行为的行政监督和惩处。落实劳动监察职能能够使行政监督及惩处机制发挥效用,倒逼企业规范用工,进而降低二倍工资案件基数,以行政责任和民事责任并行的方式"双管齐下"抑制不订立书面劳动合同及应订而不订立无固定期限劳动合同的违法用工现象。

六、结论

二倍工资作为惩罚性赔偿的重点应在于纠正用人单位违法行为,因此,一切制度考量都应从此出发。本文从对劳动者诉求的支持情况出发,对司法实践中二倍工资案件的同案不同判现象进行了分析,并具体从二倍工资规则与"视为"条款的衔接、二倍工资条款内部的"竞合"以及与二倍工资规则与经济补偿、经济赔偿金的对比分析几个方面论述了二倍工资规则的多重结构性问题。同时认为只有实现对《劳动合同法》第82条第1款与第2款的同构,厘清第82条与第14条第3款的关系,才能使二倍工资规则真正在适用上统一明确,从而发挥其效用。此外,劳动监察机构应当发挥其监督惩处功能,对未订立书面劳动合同的用人单位给予行政处罚。

本文将研究焦点放在二倍工资责任的结构性问题上,旨在通过实证及理论分析倒推立法之不足,并在"同构"思路下尝试提出建议,为二倍工资规则运行不畅的问题提供一个新的反思视角。对于二倍工资规则的结构性问题需要从立法或司法解释层面进行较高层次的修改,本文提出的建议只是一些思考方向,对二倍工资规则的研究和改善,仍是一个需要学术界、实务界和立法部门共同努力的课题。

(张婉秋　审阅)

(康思远　校对)